杉田弘子

# 漱石の『猫』とニーチェ

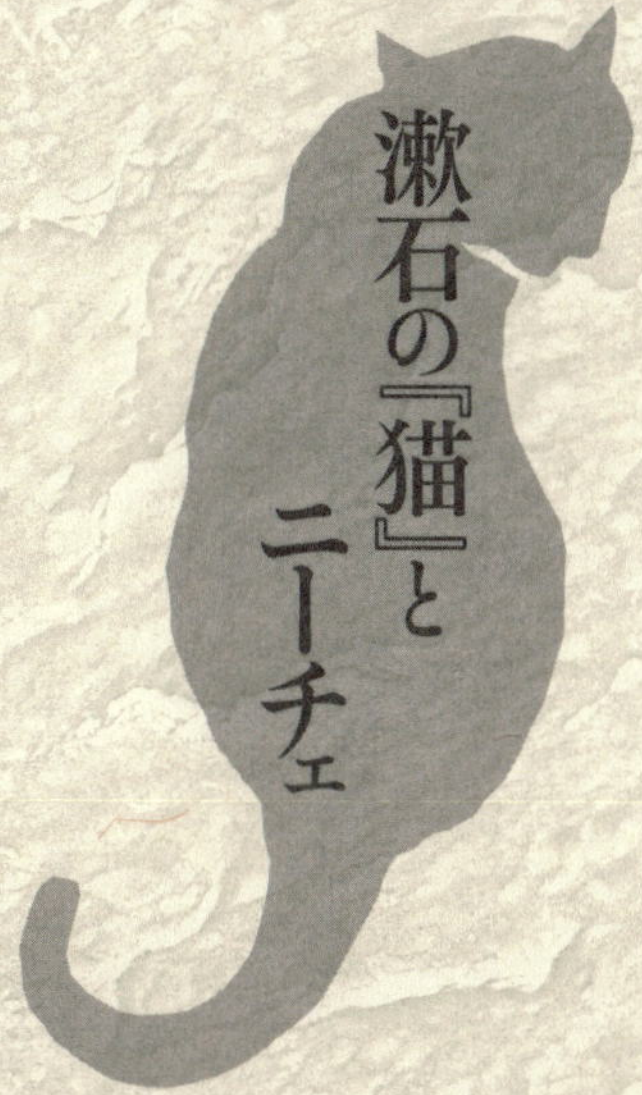

稀代の哲学者に震撼した近代日本の知性たち

白水社

# 漱石の『猫』とニーチェ

装丁　伊勢功治

目次

# ニーチェと近代日本――まえがきに代えて

十九世紀も終わろうとしている一八九〇年代、一般にはほとんど名前すら知られていなかったドイツの哲学者、フリードリヒ・ヴィルヘルム・ニーチェ（一八四四―一九〇〇）の思想が欧米社会で突然脚光を浴びることになった。神の死を宣告する彼の激しいキリスト教およびキリスト教道徳の批判は、ドイツを中心に全ヨーロッパやアメリカの思想界を震撼させたばかりか、近代化、西洋化の道をひた走っていた明治日本にもたちまち伝わり、日本の文壇や思想界に一種のニーチェブームを巻き起こした。

現在ではニーチェは、ヘーゲルやマルクス、ショーペンハウアー、フロイトなどと並んで二十世紀にきわめて大きな影響を及ぼした大思想家の一人と見なされ、二十一世紀の今日においてもなお問題視されつづけている。何代もつづいた敬虔なプロテスタントの牧師の家に生まれ、大学ではギリシヤ・ローマの古典文献学を学んだ。抜群の秀才として大学を出るや否や、二十四歳で早くもスイスの名門バーゼル大学の教授となり、その後も順風満帆の人生が約束されていたはずであった。しかしショーペンハウアーの哲学に心酔し、ヴァーグナーの音楽とその天才的人格を熱狂的に崇拝していた若きニーチェは、しだいに哲学者としての自覚に目覚め、これまで至高の価値と見なされてきた諸価値に疑惑の目を向け始めた。その危機の記念碑が『人間的な、あまりに人間的な』である。ついで『曙光』や『華やぐ知慧』で始まったキリスト教やその道徳の考察は古くからの友人たちにしだいに受け容れられなくなり、彼が異常な高揚感のうちに心血を注いで書きあげた主要著書『ツァラトゥストラはこう言った』（以下、『ツァラトゥストラ』と略記）も反響らしい反響を受け取ることはできなかった。

友人たちと疎遠になったばかりか、このころから彼の本を快く出してくれる出版社はもはやなかった。『人間的な、あまりに人間的な』執筆の頃から始まった絶え間ない頭痛、嘔吐、眼疾に悩み、病苦と、それにもかかわらずいや増してくる認識への情熱のために大学教授の職も捨て、狂気にいたるまでの最後の十年間、ニーチェは健康と思索への沈潜を許す土地を求めて転々とさまよい歩いた。定住の場所もない漂泊の哲学者として、思索と著述のみに生きていたニーチェを襲った絶望的な孤独の恐怖とは、たんに友人を失っていくといった個人的レヴェルの問題ではなく、身をけずる想いで到達したおそるべき認識、ヨーロッパあるいは人類の未来がかかっていると彼が信じた重大な真理が、誰にも理解されずに終わるかもしれぬという認識者としての恐怖であった。『ツァラトゥストラ』以後、ニーチェの著作のスタイルがだんだん攻撃的・嘲笑的な辛辣さを帯びてきたことは誰しもが認めるところである。自分の精神的崩壊をどこかで予感していたのか、とりわけ発狂直前の一八八八年には、まるで憑かれたように恐るべき集中力と創造力でもって次々と著作を刊行していった。彼の最晩年の著作、『善悪の彼岸』や『道徳の系譜』を著者から贈呈されたデンマークの批評家、ゲオルク・ブランデスがその思想に興味を抱き、彼を世に紹介したのはニーチェ発狂の直前のことであった。

こうして一八九〇年代に脚光を浴びたとはいえ、ニーチェの思想は最初轟々たる非難の的となった。ニーチェのような激しいキリスト教批判は当時の社会全体においてはまだまだタブーで、その思想はいわゆる世の識者たちから危険視された。こうした論調はそのまま日本にも反映されることになる。

しかし若者たちは違っていた。彼らはニーチェの影響を全身に浴びた。独文学者のブルーノ・ヒレブラントは一九七八年、『ニーチェとドイツ文学――ニーチェ受容のテキスト』（註1）の巻頭でその受容の実態を分析した結果、一八九〇年代のニーチェの影響は精神史上、ルソーが彼の時代に対して与えた影響にも比すべきものだという。彼は、ニーチェの価値転換の思想はそれまでの世界の見方、解釈の仕方、評価の仕方を転倒し、思考の不動性を爆破し、精神の硬直化という時代の潮流を攻撃したという。そのさい彼は、決定的な影響を受けたのはニーチェと同世代の人々ではなく、ニーチェが最後の著作活動を行っていた八〇年代に生まれた人たちか、その頃はまだ子供だった者だったと述べ、ドイツ文学者たちの名前と生年（括弧内の数字）を列挙している。例えば表現主義の詩人たち、ハイム（一八八七）、ベン（一八八六）、シュタードラー（一八八三）をはじめ、S・ツヴァイク（一八八一）、ムージル（一八八〇）、シュテルンハイム（一八七八）、カイザー（一八七八）、デーブリーン（一八七八）、ヘッセ（一八七七）、リルケ（一八七五）、トーマス・マン（一八七五）、ホフマンスタール（一八七四）、ハインリヒ・マン（一八七一）、ゲオルゲ（一八六八）等々。これはまさに二十世紀前半のドイツで名をなした文学者をほとんど網羅した観さえある。

このように、ニーチェは卓越した表現の力もあって、まず文学青年たちに大きな影響を与えた。一九〇〇年にニーチェの死が報じられると、彼への関心はますます高まり、その影響は欧米はおろか日本にまで及ぶことになった。本書では日本の近代化に苦闘していた人びとが、明治から大正にかけてこうしたニーチェをどのように読み、受け入れ、またどのような影響を受けたかを考察していく。だが、その前に、明治日本が全般的にドイツ文化とどのような関わり方をしていたかを見ておこう。

近代日本が欧米をモデルとしてめざましい勢いで近代化を達成し、アジアでただ一つ欧米諸国に伍して列強の仲間入りをしたことは周知のとおりである。しかし明治維新直後の日本において、ドイツは必ずしも近代化のモデルとして高い位置を占めていたわけではない。この位置を占めていたのは英米であり、学生たちに一番人気があった外国語も英語であった。しかし近代医学だけは最初からドイツ医学の影響下にあった。幕末の蘭医たちは、西洋医学の先進国はオランダではなく、ドイツであることを見抜いていた。

富士川英郎『西東詩話』（玉川大学出版部、昭和四十九年）に収められた「明治時代とドイツ文化」によれば、明治政府は政権をとるやいなや近代的な学制の整備にとりかかった。以前幕府が開いていた学校をもとに、明治二年に大学南校（現在の東京大学の法学部や文学部、理学部などの前身）および大学東校（東京大学医学部の前身）が創設された。南校では英、仏、独の外国語履修のうち英語の学習者がだんぜん多かったという。しかし医学部の東校ではドイツ語のみが採用された。東校は本科で五年、予科で三年勉強することになっており、ここでは、本科で医学の専門教育にあたる者は勿論のこと、予科においても国語や漢文などを教えていた少数の日本人を除いて、教師は皆ドイツ人であった。つまり学生たちはドイツ語以外の教科、一般教養にあたる地理や物理、化学などの講義も皆ドイツ語で聞いたのである。日本にいながらドイツの医学校へ入ったようなもので、この学校の出身者は皆抜群のドイツ語能力を備えていた。大学東校はその後東京医学校と名称を変え、明治十年四月からは東京大学医学部となるが、教育内容はそのまま引き継がれた。こうしたドイツ語中心の授業形態は、東京帝国大学と改称される明治二十年頃まで続いたという。この時代の医学部で教育を受け、明治十年代に陸軍軍医としてドイツへ留学した森鷗外は、到着直後から文学書でも何でもドイツ語の書籍を自由に読みこなした。鷗外のように本業の他に文学活動を行ったのではなく、予科でみっちりドイツ語を学んだ段階で方針転換した人たちもいる。たとえば日本における最初のドイツ文学者、藤代禎助、菅虎雄は、二人とも医学部予科を終えたのち、医学部本科へは進まず独文科へ入り、独文の第一回卒業生となった人たちである。

ところで明治新政府が国家機構を整備していく過程で、幕末までのドイツ軽視とは逆に、ドイツは近代日本国家建設の模範として大きな力をもつことになる。国家の基本となる明治憲法は、ドイツ憲法に学んだ伊藤博文が中心となって案を作り、明治二十二年に制定されたことはよく知られている。この路線は、明治四年から六年まで欧米諸国十二ヶ国の制度や文物全般の実態を調査した、有名な岩倉使節団の綿密な調査結果に基づいている。この使節団は、発足したばかりの新政府最有力の指導者たち、岩倉具視全権大使のほか、薩摩のリーダー格大久保利通、長州を率いる木戸孝允に加え、若年ではあるが欧米訪問の経験もある長州の伊藤博文の四名をトップに、政府関係者や専門随行員多数からなるきわめて大がかりなものであった。なかでも副団長格の木戸は主要各国の憲法に強い関心を示し、これらを徹底的に調査して、ドイツ憲法を範とした立憲君主制をとろうという意図を抱くに至った。ドイツは近代化の後発国であった上、強力な君主制や貴族制をもつ点で日本と国情が似ていたからである。

シドニー・ブラウンは「岩倉使節団に於ける木戸孝允の役割」（芳賀徹編『岩倉使節団の比較文化史的研究』所収、思文閣出版、二〇〇三年）において、アメリカの代表的思想家・詩人Ｒ・Ｗ・エマソンの明治維新称賛のスピーチや、ドイツの宰相ビスマルクの好意的なスピーチに対する木戸の答礼の辞をいきいきと描いている。ドイツ首脳部は使節団を大歓迎し、皇帝とビスマルクは盛大な晩餐会を何回か催した。ビスマルクは木戸の横に座り、さまざまな助言を与えたという。さらにブラウンは、それほど語学のできなかった木戸が各国憲法を正確に理解し、比較検討し、彼独自の判断を下すことができた理由として、各国の言葉を自由に操る留学生たちを活用したことを強調している。当時欧米の大学で学んでいた留学生数は、すでに四百十一人に達していた。およそ上下の身分差に拘泥せず、ざっくばらんに留学生と接触する木戸は彼らから正確な情報を蒐集し、帰朝後ただちに憲法制定に関する意見書を提出したが、欧米旅行中から冒されていた病のため明治十年に世を去った。

その遺志を継いだのが、木戸の推薦を受けて参議となった伊藤博文である。しだいに新政府の中心となっていった伊藤は、明治十五、十六年、憲法調査のためドイツに滞在し、ベルリンの高名な憲法学者グナイストやウィーンのシュタイン教授の教えを受け、暇さえあればドイツ帝国の統治機関を見てまわった。帰朝後の明治十八年、彼は古色蒼然たる太政官制度を廃して内閣制度をつくり、自ら初代の総理大臣となって国会開設にそなえた。また皇室典範の制定、枢密院の設置などにより、国会から超越した天皇制の権力機構を確立することに成功した。他にも天皇制の機構作りとして試験による官吏の任用制、教育勅語の制定のほか、天皇制の最も重要な実力装置である軍隊を近代ドイツの軍制にならって改造した。こうして明治の国家機構はドイツ式のものになっていった。

近代化の過程で果たした留学生の役割は大きいが、こうしたドイツ式国家機構の整備は、ドイツへの官費留学生の急増という結果をもたらした。明治八年発足の文部省貸費留学制度では、明治期の留学生の八十パーセントがドイツで勉学することになったという。官学の中心はドイツ学になり、明治十六年には東京に独逸協会学校が創立された。こうして日本近代史における「ドイツへの傾斜」が始まり、東京大学が東京帝国大学となった明治二十年になると、文学部が整備されてドイツからさまざまな学者が招かれ、医学以外でもドイツ的な学風が強くなってくる。歴史学のリース、哲学のブッセや、ハウスクネヒトなどである。ブッセが帰国したのち、明治二十六年から東京帝国大学で哲学を講じたケーベルは、その高潔な人格と優れた学識ゆえに、漱石はじめ多くの学生に慕われた。明治二十二年、ドイツ人のカール・フローレンツがドイツ文学科に招かれたのは当然としても、歴史や哲学の領域もやはりドイツの学風が中心になる。実際この後も日本の哲学界は、カントをはじめドイツ観念論哲学の研究が主流となっていった。また人文系の学生にもドイツへ行く者が出始めており、ドイツ関係の情報が国内に入りやすい環境が整ってきていた。欧米のニーチェ流行がたちまち日本へ伝わった背景には、日本側のこのような状況があった。

こうした時代背景に加え、日清戦争（明治二十七、二十八年、西暦一八九四年、九五年）の頃から、外国思潮の日本への移入が飛躍的に増大してくる。ニーチェの名が日本で知られ始めるのもこの頃からである。明治二十年代には、当時の英米文学系の中心人物坪内逍遙や、ドイツ文学の権威と仰ぎ見られた森鷗外などの大家はすでに文学者としての地位を確立していたが、イギリスやドイツばかりでなく、フランスやロシア、その他の国々の文芸思潮もどっとなだれこみ、文学者たちに影響を与え始めた。

このように西洋文芸思潮の紹介が増大した原因はいろいろ考えられる。この頃になると文学者の社会的地位も認められはじめ、学制が整って文学を志望する者も多くなり、いわゆる文学人口の厚みが増したという事情が考えられる。さらに日清戦争を契機に、国際的関心が高まってきたという事情もある。しかし、その直接の原因は、急増した雑誌や新聞が海外思潮紹介の場を提供したことが大きかったであろう。日本の出版事業は明治二十年頃から大きく転換し、近代的体裁をととのえ始める。政治的イデオロギーを振りかざした中小の政党機関紙は整理され、『朝日』『毎日』『読売』『萬朝報』などの大商業新聞が新聞界をリードし始めた。なかでも『読売』は逍遥らを客員にむかえ、尾崎紅葉、幸田露伴など当時の大家の作品を発表し、文学新聞としての定評を得てくる。一方、雑誌界でも本格的な評論雑誌の時代をむかえ、『国民の友』や『日本人』の刊行をみた。こうした趨勢があったところに日清戦争が勃発し、報道への関心はいちだんと高まり、新聞雑誌ジャーナリズムは質量ともに発展する。新聞の発行部数は増大し、大出版社の博文館が『太陽』『少年世界』『文芸倶楽部』『婦人世界』などの雑誌をつぎつぎに発行し、評論から文芸、大衆娯楽にいたる幅広い読者層の需要にこたえた。

明治二十八年（一八九五年）一月に創刊された『太陽』は評論を併載し、「総合雑誌」と呼ばれる日本独特の雑誌形態を創始したことに特色がある。雑誌界の王者として知識人たちの歓迎を受けたこの雑誌は、明治後半の思潮形成に大きな役割を果たした。これは、政治、経済、社会、文学など、社会全般の潮流を伝え、批評したが、初期の寄稿家には当時の学界、実業界の主要人物をそろえている。三十年代初期の編集主筆には高山樗牛があたったが、彼こそは日本へのニーチェ移入に大きな役割を果たした人物である。その後の編集陣にも新進気鋭の評論家を起用し、当時大学を出てから博文館で編集にあたりながら評論や創作活動を行った文学青年も多かった。

純粋の文芸雑誌にもこうした状況は反映された。二十年代の初め、すでに鷗外の『しがらみ草紙』(明治二十二年創刊)は文芸評論や翻訳を載せ、逍遙は明治二十三年、早稲田(当時の東京専門学校)に文学部が創設されると英文学を担当し、翌二十四年末には『早稲田文学』を出して文芸興隆につとめた。また明治二十八年一月に東京帝大が『帝国文学』を出すが、これは『早稲田文学』に対抗して文科の学生が主体となってつくった雑誌である。東京帝大哲学科には『哲学雑誌』、史学科には『史学雑誌』があったが、文学雑誌はまだなかったので、文学をふくめた精神科学の総合雑誌をつくろうとしたのである。桑木厳翼、岡田正美、高山樗牛の三人が相談し、それに島文治郎、樗牛の親友姉崎嘲風、『海潮音』の名訳で知られる上田敏などが編集委員となり、井上哲次郎教授や文科大学長の上田万年の認可をうけて発刊の運びとなった。新進の文学者が担当するこの『帝国文学』は尖端的な時代の知識をひろめ、海外文芸の移植につとめ、明治三十年代には当時の文芸思潮を代表する有力な雑誌となった。この雑誌を拠点に、赤門派の新進文学者が『早稲田文学』に拠る早稲田派と対峙することになる。『早稲田文学』は、逍遙が早稲田中学の教頭に就任したため三十一年に休刊し、三十九年になって復刊された。その間『早稲田学報』が三十年に創刊され、校友会誌的なものではあるが、文芸活動の場をも提供した。この他にも創作を発表するための文芸雑誌がふえ、明治文壇全体で多彩な文芸活動が繰り広げられていった。

さらに、洋書の購入を一元化して扱い、読者の便宜をはかった丸善書店が『学燈』を明治二十九年に創刊し、外国の新しい書物の紹介に努めたことにも留意する価値があるだろう。ことに内田魯庵が三十四年に入社してから諸大家の手になる紹介記事を掲載する一方、彼自身もさまざまな筆名で外国思潮を紹介し、ビブリオグラフィーを完備する。こうしてその内容を一段と充実させた『学燈』は、当時の知識青年によってきそって読まれることとなった。

このような出版状況を背景に外国思潮がどっと流入し、その影響を受けつつ新進文学者たちが新たな知識とおのが主義主張を振りかざして、評論、創作活動を行ったのが明治三十年代であった。陸軍軍医を本業とする森鷗外は小倉に赴き（明治三十二年六月）、逍遙は中学校の倫理教育に力を注ぎ、貫一お宮の『金色夜叉』で全国子女の紅涙を絞った紅葉もまた三十六年に他界する。三十年代は世代の交代が進行しつつあった時代である。こうした文壇の状況を受けて、若い文学者たちは野心に燃えて次々と新しい小説を書き、華々しい評論活動を展開した。そのチャンピオンになったのが高山樗牛である。東京帝大哲学科で美術史を学んでいた樗牛は、在学中「滝口入道」によって読売新聞の懸賞小説に入選して文壇の注目を浴びたが、その後は評論家として名をなしていく。帝大在学中から『太陽』の文芸批評を担当していた樗牛は、卒業後も主筆として縦横に書きまくり、老大家、群小批評家と相手かまわず論争し、その率直な意見と流麗な美文で文壇に大きな勢力を占め、鷗外さえ相手に論陣を張った。樗牛は今日では想像もできないほどの成功を収め、とりわけ青年の心に訴えて時代の寵児ともいうべき存在となった。

ニーチェの名前が日本で知られ始めるのも、こうした外国思潮紹介が増大する日清戦争のあと、西暦でいえば一八九〇年代後半の頃からである。当時の雑誌をみると様々な西洋知識や思潮が次々に紹介されていて、まるで手当たりしだいに飛び付いているのではないかと思われるほどだが、一方、その乱雑さの中には、何が何でも西洋文明に追いつこうとする明治人の、切迫した緊張感と意欲の逞しさが感じられる。こうした状況の中で紹介された西洋思想の運命も様々で、単なる一つの知識に終わって次の新思潮の波に呑み込まれてしまったものも多いが、ニーチェの場合は論争の舞台にまで登場して、華やかな脚光を浴びることになったのである。

註

（1）Nietzsche und die deutsche Literatur Band1: Texte zur Nietzsche-Rezeption 1873-1963. Hrsg. von Bruno Hillebrand, München, Deutscher Taschenbuch-Verlag, 1978

# 第一章　明治文壇を騒がせたニーチェイズムと高山樗牛

# はじめに

明治三十四年（一九〇一年）八月、高山樗牛（明治四年－三十五年）の「美的生活を論ず」（以下「美的生活論」とも表記）が雑誌『太陽』に発表されたとき、文壇の耳目は樗牛のこの新奇な主張に集中した。本能の満足こそ美的生活であり、人生の至楽は性欲満足にあると公言し、知識道徳は相対的価値をもつのみ、と主張する論旨の極端さは人を唖然とさせた。しかもそれが、日本主義の主張者として年来国家至上の立場をとり、日清戦争後の三国干渉を国家的屈辱として国民の心情に訴えてきた論壇の寵児の発言であっただけに、いっそう人々を驚かせた。新聞、雑誌はいっせいにこれを取りあげ、美的生活論の是非を論ずる記事が続出する。この波紋は文壇ばかりでなく一般社会でも冗談めいた流行語となり、田山花袋も「当時は何ぞといっては『美的生活をやるかな』などといった」と『近代の小説』のなかで述懐している。そしてそのころニーチェ通の第一人者と目されていた登張竹風（明治六年－昭和三十年）が、樗牛の主張はニーチェ思想に基づくものであると解説したことから、美的生活論即ニーチェ主義という通説がなりたち、美的生活論議はニーチェ論議へと発展する。

一方にはニーチェに心酔し推奨してやまぬ高山樗牛と登張竹風、一方にはこれを「無道徳主義」、「教育の賊」、「社会のバチルス」（黴菌）と酷評する坪内逍遙はじめ早稲田派の若い人々。明治三十四年初秋から三十五年春にかけての文壇は、ニーチェ論議で沸騰した。逍遙と論争したのは主として登張竹風であったが、この間樗牛も暗に逍遙を念頭においた批判文を書き、逍遙もこれに応酬している。すでに美的生活論発表の八ヶ月前、三十四年一月の「文明批評家としての文学者」において一大文明批評家としてニーチェを讃美している樗牛が、竹風と並んでニーチェ鼓吹の急先鋒とみなされていた。
今日では想像もできないほどの影響力をもっていた新進評論家のアイドル高山樗牛と、文壇の大御所坪内逍遙というとりあわせに加えて、西洋でそのころ最も問題視されていたニーチェがそのテーマであったことを考えるなら、西洋の新思想に敏感な当時の文壇の視聴がここに集まったのも当然であろう。樗牛、竹風は最有力誌『太陽』『帝国文学』を舞台に、逍遙は一般にも浸透力の強い『読売新聞』という媒体を通じてそれぞれの意見を発表する。その他の新聞雑誌でも様々な人がこの論議に関する発言をする。こうした経過を通してニーチェの名は一般にも知れわたり、のちに竹風が超人思想鼓吹によって教壇を追われることになる。

明治三十年代といえば、日清戦争による近代国家体制の樹立、資本主義体制の確立を背景に、近代的個我意識が明確化していく時代である。戦争直後の主流的思潮であった国権思想が個人主義的風潮へと転換してゆく過程において、樗牛の「美的生活を論ず」は記念碑的な意味をもっている。本能の至上という形で彼の個人主義を表明した樗牛は、のちの個我的風潮のさきがけをなすものであった。極端すぎる論旨が当初文壇人の反撥を買いはしたが、彼の美文、率直さ、人生論的態度が、青年男女に与えた影響は大きい。逍遙が激昂するほど樗牛らを攻撃したのも、多くの樗牛追随者が存在したことにその一因があった。

いったい樗牛は何ゆえこのような主張をするに至ったのか。彼の個人主義思想はいかにして形成されたのか。この過程にニーチェの影響をみるのは、竹風の解説以来長い間ほとんど定説となっていた。もちろん美的生活論は樗牛自身の思想であり、この評論にはニーチェの語は一言も出ていない。しかし、すでに樗牛はニーチェ讃美者として世に知られており、しかも当時のニーチェ理解の中心が個人主義思想、本能主義思想、無道徳思想という点にあったことを考えれば、樗牛の本能主義とニーチェとの関連を予想するのはきわめて自然であった。

だが、これに異説を唱える研究が発表されたこともある。さらに樗牛自身の言説自体も時として曖昧で、ニーチェ論議がほとんど終焉した明治三十五年五月の『太陽』「無題録」では、美的生活論はニーチェに俟つものではないと述べている。だが同じ記事の中で樗牛は、「予は現代において他の誰よりもニーチエを讃美するものならむ」とも公言している(註1)。

してみると、樗牛の内面においてニーチェはどのような位置を占めていたのであろうか。また明治三十年代の日本の思想界において、ニーチェはどのような役割を果たしたのであろうか。これを明らかにするために本章では、まず当時のニーチェ移入の状況や論争の内容を明らかにし、さらにこの論議の立役者たち、とりわけ樗牛が何を読んで彼のニーチェ像を形成したのか、そのソース・源を探りたい。その上でニーチェイストと呼ばれた樗牛を中心に、明治日本においてニーチェの思想がもった意味を考察する。

## 第一節　樗牛の「美的生活を論ず」をめぐって

### 1　「美的生活を論ず」以前のニーチェ移入状況

日本の最も早いニーチェ心酔者といえばすぐ樗牛の名が思い起こされるが、実際には彼がニーチェを唱える数年前の明治二十八、二十九年(一八九五、九六年)には、すでにニーチェの名は東京帝大の若い学生たちの注目をひいていた。この頃、ロシア系ドイツ人講師のラファエル・フォン・ケーベルが哲学科で、「文章は巧妙であるが、排斥すべき極端な利己主義の思想」としてニーチェを講じた、と桑木厳翼はその著書『ニーチエ氏倫理説一斑』（明治三十五年）の「緒言」で述べている。ケーベルの学生には高山樗牛や姉崎嘲風、桑木厳翼らがいた（いずれも明治二十九年哲学科卒）。また独文科でもカール・フローレンツがニーチェの思想について講じており、登張竹風はその弟子である（三十年卒）。ほとんど無名のニーチェが、ドイツ本国ばかりでなく西洋諸国にもその影響を及ぼし始めたのは一八九〇年代の半ばからで、ドイツでニーチェ全集が最初に出たのはケーベルの東大着任の翌年一八九四年である。著名なニーチェ研究者、K・シュレヒタ他の作成した『国際ニーチェ文献目録』（註2）によれば、全集刊行の翌九五年からドイツではニーチェ関係文献が鰻のぼりに多くなっている。英米でのニーチェの著作が初めて出版されたのは九六年で、『道徳の系譜』がこの年に訳された。続いて九七年には『ツァラトゥストラはこう言った』ほか一巻が訳されたが、この三巻が当時英訳出版されたニーチェ著作の全てである（註3）。こうしてみると、一八九五、九六年に早くもケーベルが東大でニーチェについて講じているのは、ヨーロッパとほとんど同時的な紹介といえる。夏目漱石の「ケーベル先生」にみられるように、その学識と高潔な人格によって学生に敬慕されたケーベルの講義には、哲学科以外の学生も多く出席したという。ケーベルはニーチェの思想そのものに対しては批判的だったが、少なくとも、ヨーロッパの新思想をほとんど同時期に日本の大学で紹介する役目を果たしていたのである。

桑木厳翼は上記の著作の緒言で、ニーチェ思想移入初期の状況についてほかにも様々なことを述べている。彼はここで、二度目の洋行から帰国した帝大哲学科教授井上哲次郎が、明治三十一年一月「富士見軒」に知友を招いて帰朝談を語ったことにも触れ、ドイツでニーチェが流行していることを知った井上がその全集を買っては来たものの、「随分思想界に弊害を生ずると思うたからして、成可くそれは鼓吹しなかった」と述べたことを報告している。しかし厳翼によれば、この帰朝談によって、ニーチェ思想が「一時我々仲間の談柄になった」というのであるから、この会に出席していた厳翼、嘲風、樗牛ら東大卒業直後の新進学士たちは、井上の思惑とは逆に、ニーチェについての関心をかきたてられたであろう。明治三十年には森鷗外もいち早く親友賀古鶴所あての書簡のなかでニーチェについて触れ、「近日入澤達吉来訪独逸哲学上新著述沢山借入おもしろく候就中 Friedrich Nietzsche は余程変なる哲学者に候」と述べている。

活字になったものとしては非常に短いが、姉崎嘲風が明治三十一年三月『太陽』に「ニイチエ思想の輸入と仏教」を書き、三十二年一月『哲学雑誌』には吉田静致が「ニイチェ氏の哲学」を、また三十三年五月から十二月の『帝国文学』では、登張信一郎竹風が「独逸の輓近文学を論ず」を発表している。これら帝大出身の新進文学士たちのニーチェ記事は、いずれも彼の思想に好意的ないし中立的な解説を行っている。井上哲次郎、ケーベル、さらにはのちに東大教授となった桑木厳翼もふくめて、官学アカデミズムにおいてはついに正統的哲学者としての評価を受け得なかったニーチェも、若い人たちの間では未知の魅力をひめた思想家という期待をもって注目されていたと思われる。こうした雰囲気は、樗牛、竹風ら赤門派と呼ばれた人たちが、ニーチェ鼓吹の急先鋒となったことと必ずしも無縁ではないだろう。姉崎嘲風、吉田静致はその後はやばやとドイツへ留学してしまったので、その後の紹介や論争には係わっていない。早稲田では、当時学生だった長谷川天渓が三十二年に、『早稲田学報』で英字解説論文に基づくことを明らかにしたうえでこの思想を紹介しているが、これはニーチェをはなはだ反社会的な思想として描いている。

さて明治三十三年（一九〇〇年）八月、ニーチェ死去の報に接して海外ではニーチェへの関心がいちだんと高まる。これを反映して、三十四年に入ると日本のニーチェ記事も急激に数を増す。竹風の拠る『帝国文学』は一月号巻頭にニーチェの写真を掲げ、竹風、上田敏の紹介が載る。同月、樗牛は『太陽』で初めてニーチェ讃美の評論「文明批評家としての文学者」を発表している。こうしてニーチェの名はようやく一般の関心を惹き始めたが、まだ本格的な紹介記事は出ていなかった。そこで竹風はこの思想の系統的紹介を目指して、三十四年六月から四回にわたり「フリードリヒ、ニイチエを論ず」という紹介記事を『帝国文学』に掲載した。ところがその三回目を発表した八月、樗牛の「美的生活を論ず」が世に出たのである。

## 2 「美的生活を論ず」とその批判

ではまず、問題の樗牛の評論の内容をみよう。七節からなるこの評論の「一、序言」はごく短い文章である。ここで樗牛は「生命《いのち》の為に何を食ひ、何を飲み、また身体の為に何を衣むと思ひ労らふ勿れ。生命は糧よりも優り、身体は衣よりも優りたるものならずや」という言葉を引いて、美的生活とは「糧と衣よりも優りたる生命と身体とに事ふるもの、是也」という（樗牛はさまざまな強調記号を用いているが、ここではすべて黒丸とした）。だが、その内容が具体的に説明されるのは「三、人生の至楽」においてである。

何の目的ありて是の世に産出せられたるかは吾人の知る所に非ず、然れども生れたる後の吾人の目的は言ふまでもなく幸福なるにあり。幸福とは何ぞや、吾人の信ずる所を以て見れば本能の満足即ち是のみ。本能とは何ぞや、人生本然《ママ》の要求是也。人性本然の要求を満足せしむるもの、茲に是を美的生活と云ふ。

道徳と理性とは、人類を下等動物より区別する所の重もなる特質也。然れども吾人に最大の幸福を与へ得るものは是の両者に非ずして実は本能なることを知らざるべからず。蓋し人類は其の本然の性質に於て下等動物と多く異なるものに非ず。世の道学先生の説くところ、理義如何に高く、言辞如何に妙なるも、若し彼等をして其の中心の所信を赤裸々に告白するの勇気だにあらしめむか、必ずや人生の至楽は畢竟性欲の満足に存することを認むるならむ。

このあと、人間は万物の霊長と称せられるようになって以来、その動物的本能の暴露をはばかり、本然の要求に反して虚偽の生活を営むにいたったと主張する。

続く「四、道徳と知識との相対的価値」では、道徳はそれ自体独立の価値をもつものではないとするが、本能を調整し、その持続を助成するところにその有用性は認める。動物は盲目的本能以外に自己を指導する何者ももたぬために、往々にして不慮の災禍にあう。しかし人類は、是非を判断する理性や善悪を知る道念をもつが故に、本能の自由な発動が制限される代わりにその満足の持続を得る。したがって知識道徳は「本能の指導者」、「助言者」にすぎず、「本能は君主にして知徳は臣下のみ。本能は目的にして知徳は手段のみ」と断言する。また「道徳が一方便に過ぎざることは、其の極度の無道徳に存する」と奇抜な主張をするが、それは道徳が努力《エフォルト》を前提としているからだという。樗牛によれば、努力とは障害を排斥するという意味で、「悪念」とは善事を行おうとする際の内心の障害のことだという。つまり善が努力、障害を排除することによって成立するということは、善事はその行為者に悪念を予想していることになる。これはつまり、善人とは多少の意味において悪人であり不道徳の人であり、要するに天下の善人はことごとく悪人だと主張するのである。

　道徳の相対的価値の根拠をこのように説明する樗牛は、一方では美的生活の範囲を著しく拡大する。「二、道徳的判断の価値」の節では、楠公の湊川討死の例をあげ、その心事には至善の観念もなければ目的と手段との別もなく、「唯君王一旦の知遇に感激して微臣百年の身命を抛ちしのみ」と述べ、このような心情に基づく行為は道学先生の窺うを許さぬものとして賞讃している。こうした傾向は「六、美的生活の事例」でもっと明瞭に語られる。ここでは本能以外の事物もその価値が絶対と認められれば、それもまた美的だという。道徳に絶対の価値を見出しこれを人生の目的とすれば、忠臣義士、孝子烈婦の美談も美的行為とするし、研究に満足する学究の生活も、守銭奴も、恋愛に熱中する男女も、ヨーガを行う苦行の徒も、トラピストも詩人も芸術家も皆、美的生活の事例となる。ここにいたって美的生活とは、単なる本能満足や性的満足ばかりではなく、それが何であれ、命を燃え尽くすほどの人生の目的を見出した人々が、死をも恐れずその目的に殉ずる生活を意味し、人間に最終的安心と平和のよりどころを与えるものとして結論づけられている。いうなれば、この評論一編は安心と平和を求める樗牛の人生観を吐露したものともいえる。

美的生活論の最終節「七、時弊及び結論」において樗牛は、「吾人の言甚だ過ぎたるものあるが如し、然れども読者よ、時弊に憤る者の言はおのづから是の如くならざるを得ざる也」と自己弁護する。そして序論の内容を受けて「貧しき者よ憂ふる勿れ。望を失へるものよ、悲む勿れ。王国は常に爾の胸に在り、而して爾をして是の福音を解せしむるものは、美的生活是也」と人生の意義を説き、詠うがごとくこの稿を閉じている。

明治三十四年八月に発表された樗牛のこの新しい主張の反響は、新聞紙上にすぐ現れた。八月十二日、十九日連載の角田浩浩歌客の「美的生活とは何ぞや」、八月十九日、八月二十六日『読売新聞』の長谷川天渓「美的生活とは何ぞや」、そして翌九月以降の雑誌もいっせいにこの評論の批判を取りあげる。『太陽』の樋口竜峡「美的生活を読んで樗牛子に与う」、『文芸倶楽部』の中内蝶二「欲情と嗜好」、『早稲田学報』の「美的生活論とその所以」（筆者不明）、『新文芸』の「八面峰」、『帝国文学』の登張竹風「美的生活論とニイチエ」、『太平洋』の近松秋江「時文雑俎」、その他にも『読売新聞』（中島孤島「文壇近時の風潮について」）、『新小説』（後藤宙外「最近の反動」）、『新文芸』（久保天随「我が所謂美的生活」）、『太平洋』（大町桂月「文壇管見」）等々とつづく。

これらの論調をみると、竹風を除いてはおおむね樗牛の論旨に批判的である。本能満足の礼讃や知識道徳の相対的価値という極端な論旨に反感を示し、内容の論理的矛盾をついているものが多い。中内蝶二や樋口竜峡のような赤門派の若手評論家も樗牛を批判している。しかし、角田浩浩歌客は樗牛を批判しながらも、「樗牛は『人生観の未完成品』をここに発表したが、昨今の文学が写実客観を旨として人生観を軽視している中で、彼がここで人生観を扱ったことは注目に値する」と述べている。たしかにこれらの批判論文では、執筆者がてんでに自分の人生論や本能論を展開している。天渓は本能の分析をし、浩浩歌客は安心立命の生活を説き、蝶二は高尚な嗜好の生活こそ幸福な生活だという。久保天随や後藤宙外もそれぞれの人生観を述べており、樗牛の美的生活論が、それまであまり考察の対象とならなかった所謂「人生問題」考察のきっかけとなったことは否めない。明治三十年代後半には「青年の煩悶」が流行し、生きる意味に悩んだ藤村操の哲学的自殺や、綱島梁川の『予が見神の実験』など人生問題が大きなテーマとなるが、そうした風潮の原流の一つはこの美的生活論に求められるかもしれない。

はなはだ不評判であった批評の中で、美的生活論をニーチェに結びつけて考えているのは竹風と竜峡だけであって、他の執筆者はまったくこれに触れていない。竜峡も美的生活論がニーチェ主義だとはっきり述べたわけではなく、樗牛批判を一通り行ったあと、樗牛や竹風が世にニーチェイストと呼ばれていることを指摘し、「天才が煩悶苦学の余に得来りたる妙想を以て茶話の漫言と同一視し、読下一番直に了し得たりとなすは笑ふにたへたらむや」と嘲笑的に述べているだけである。ここから、竹風ばかりでなく竜峡もまた美的生活論を読んで、ニーチェとの関連を想像したらしいことが推測される。しかし竹風の批評は、樗牛の主張がまったくニーチェの思想に基づくものだと断言し、樗牛批判のなかでただ一編だけ徹頭徹尾樗牛の論旨に賛成した。これをきっかけに十月半ばから華々しいニーチェ論争が始まることを考えると、竹風の美的生活批評は非常に重要である。一方、後藤宙外のように、樗牛を批判しながらも現在の煩瑣迂遠な学風の傾向に対しては「甚だ力ある大打撃」であるとし、「時弊に対する打撃」としての効果を認めた者は多い。竹風にしても賛成の主たる根拠はそこにある。竹風は、樗牛自身が「時弊に憤る者の言」としてその過激な主張を自己弁護したのを側面援護したのだとも思われる。

樗牛が突然このような主張をするに至った背後には、この一年ほど前から彼を苦しめてきた病気との関連が考えられる。親友姉崎嘲風が明治三十三年三月に官費留学生として日本を出発したのち、九月には樗牛もドイツに官命留学する予定であった。ところがその直前八月に、樗牛は突然喀血したのである。樗牛のショックは大きかったであろう。はじめはまだ留学の希望を捨てず、療養ののち翌三十四年四月には渡独しようと準備を進めていた。しかしその希望も空しく病状は改善せず、家族の反対もあって樗牛はまたしても渡航を断念した。当時最も恐るべき死病といわれていた肺疾患をわずらい、度重なる渡航の断念に断腸の思いを経験した樗牛が、しだいにその精神に変調を来してきたことは想像にかたくない。この間の心境の変化は異郷にある姉崎への私信によく表れているが、留学決定一年後にあたる三十四年六月の『太陽』紙上では、「姉崎嘲風に与ふる書」の序文においてみずからの病を公表している。したがってこの年八月号に掲載された「美的生活論」発表時には、樗牛の発病は世間周知の事実であった。登張竹風が樗牛の説はニーチェに基づくと述べた直後、近松秋江は九月二十三日の『読売新聞』「時文雑俎」において、樗牛の主張を病気とニーチェによるものとし、「焉んぞ知らん、半年の日子と一人のニイチェが力に、此の秀才を全く豹変せしめ了らんとは」と慨嘆している。

## 3　竹風の「美的生活論とニイチエ」をめぐる論争

それでは、樗牛の美的生活論をニーチェ思想に結び付けて解説・擁護した登張竹風の「美的生活論とニイチエ」とは、どんな内容のものだったのか。

「吾等は美的生活論を読みて、徹頭徹尾賛同の意を表するものなり」、「美的生活論は近来もつとも痛快なる論文なり」といった評価をまじえながら、竹風は、樗牛の論は「明らかにニイチエの説に根拠を有す」と断言する。その理由は、第一にニーチェも樗牛も本能の満足を人生観の基礎としている。ニーチェの思想は「自由の本能」を基礎としており、樗牛の本能説は同じものを指していると考えられる。第二に自由の本能の満足を樗牛が美的生活と呼んだのは、ニーチェが「余に向ては余が美いと思惟し能ふもののみ美なり」といったことに基づいている。第三に、樗牛が「戮力を要して成れる道徳」を虚偽、悪心あるものと呼んでいるのは、ニーチェの「悪心説（das schlechte Gewissen）」により解釈できる。第四に、樗牛は知識道徳の相対性と本能の絶対性を主張しているが、これはニーチェの「世に真なるものなし、一切のもの全て許さる」という思想と同義である。第五に知識、道徳を無上のものとすれば、それもまた美的生活であるという樗牛の説は、知識そのものをもって己の威力を伸張し、道徳そのものをもって個人の権能を満足させるものと考えられるが、ニーチェの個人主義は威力の満足であり、樗牛の説はニーチェの「威力の意思説」と符号する。そして最後に竹風は、ニーチェの思想も樗牛の説も、ともに「今日の科学万能」、「知識全権」、「人間本能蔑視」の世に対する「詩人の世を憤る声」であるため、徹頭鉄尾樗牛の論文に賛成するものだと主張した。これに加えて竹風は名指しで、長谷川天渓の批評は樗牛がニーチェの思想に私淑していることを知らぬが故の誤解であるから、美的生活論を理解するにはまずニーチェの個人主義を理解せよ、と述べ立てたのである。

これを読んで長谷川天渓は猛然と反撃する。さっそく九月二十三日号の週刊雑誌『太平洋』に、「無用の弁——帝国文学記者に物申す」を書いて「親の勲章を持ち出した児をみて、あれは親の勲章を持つているから剛いと言ふたならば、記者は定めし、其愚を嗤はれるだろう」と嘲笑し、続いて「我輩は高山君の論文その者に就いて卑見を述べたる者なり」、「彼の人は何の説に拠つて其を隠家としたなどと横から口を出すのは寧ろ高山君を侮辱した者と謂はねばならぬ」と逆襲、さらに、樗牛が楠公の行為をも讃美している点がニーチェで説明できるものかどうか説明せよ、と迫った。これに対して竹風はすぐ翌十月の『帝国文学』に「解嘲」を書き、樗牛の論に賛成するのはニーチェの思想に樗牛の主張の根拠があるからではなく、ニーチェも樗牛も時代の煩瑣な学風に対する大打撃だからだと反論した。天渓は、またまた楠公に関する説明がなかったと反論し、美的生活論とニーチェの関係を認めようとしなかったが、一般には竹風の主張はそのまま受け入れられたようである。天渓が「無用の弁」を書いた『太平洋』九月二十三日号では、「放言」というコラムで六峯なる人が、ニーチェの思想はニーチェの人格にして初めて可能なのだから、日本でニーチェ、ニーチェと騒ぐのも本当に虚偽を憎む人でなければ害があるという。同じく二十三日『読売新聞』「時文雑俎」では、すでに述べた近松秋江のように樗牛の論を病気とニーチェによるものとして慨嘆する者もいれば、三十日の『読売』で「文壇近時の風潮について」を書いた中島孤島のように、ニーチェも樗牛も科学主義の反動で出てきたものにすぎないが、向上を目指す声でもあるから同情するという者もいた。

美的生活論の基礎はニーチェにあると説く竹風の主張が受け入れられたのは、竹風が当時ニーチェ通の第一人者と目されていたことによるであろう。また三十四年はニーチェの死の翌年で、年頭からニーチェへの関心が評論界で高まってきていたが、それまでの天渓、竹風、樗牛のニーチェ紹介は、上田敏などを除いていずれもニーチェを本能主義者、個人主義者、真理や道徳の否定者と見なしたものが主流である。ニーチェ思想が一般にこのようなものとして理解されているところへ、ニーチェを讃美した論文、「文明批評家としての文学者」を半年あまり前に書いた樗牛が、本能主張や知識道徳の相対的価値を説いた美的生活論を発表したのであるから、これはニーチェ思想によると解釈された理由は充分あったであろう。

## 4　樗牛のニーチェ像形成

### 「文明批評家としての文学者」のニーチェ紹介

美的生活論がニーチェ思想に基づくという竹風の解説が一般に受け入れられたのは、同時に、樗牛自身がすでに「文明批評家としての文学者」においてニーチェを「文明批評家」という耳慣れない斬新な言葉で紹介讃美し、世にニーチェイストと呼ばれ始めていたことによる（樗牛が直接ニーチェの名をあげているのは全八節のうち最初の一節にすぎないが）。樗牛はニーチェの思想がいかに「神怪奇矯」であり「病的」であるとしても、「詩人の世を憤る声」としてこれを容認し、「文明批評」の精神に基づく主張であると絶讃する。続く二節以下では、ホイットマン、トルストイ、イプセン、ゾラなど、欧米の文学者がニーチェ同様すぐれた「文明批評家」であり、時代精神に指導的な力を発揮していることをあげ、これに対し我が国の文学者が見識もなく、相変わらずの戯作者流の世界に安住していることを嘆き、我が国にも「文明批評家としての文学者」の出現を期待する、というのがこの論文の趣旨であった。したがってニーチェ紹介讃美のインパクトは強いが、その内容はきわめて簡略である。簡略ではあるが、とにかくニーチェ思想の全般的要約、評価であり、個人主義者、偉大な文明批評家という視点で統一された評論である。樗牛のニーチェ紹介や評価でこれほどまとまった文章はほかにないので、彼のニーチェ像を知るのにやはり重要である。

では樗牛は、何を読んで彼のニーチェ像を形成し、これを書いたのであろうか。ここで考えなければならないのは、ニーチェの著作の特異な性格である。その多くはアフォリズム文体で書かれ、取りあげる対象は道徳、国家、政治、宗教、哲学、芸術、恋愛など多岐にわたり、一貫した体系をもたず、独特の心理的省察法を駆使している。また名文をもってなるその表現は比喩的・象徴的で、時としてその真意は捉えがたく、修辞上のパラドックスもあれば、辛辣な警句にも満ちみちている。このためニーチェ思想の全体的展望を得るのは容易ではない。そこで、樗牛がこうしたニーチェ著作を直接読んで紹介文を書いたと考えるより、なんらかの外国論文の解説を手引きにしたと考える方が自然である。

この評論を発表する前後の樗牛の状況を調査すると、テオバルト・チーグラーの『十九世紀文明史』をよく読んでいたことがわかる。樗牛が「文明批評家としての文学者」を発表する一ヶ月ほど前、明治三十三年十一月三十日付、ドイツにいる親友嘲風あての書簡には「Ziegler の有益且有趣味なる書籍は正に落手した」という記載があり、同日藤井健次郎あてには、「姉崎も其後又書をヨコして（中略）且チーグレルの独逸十九世紀文明史、ズーデルマンのロマーン二冊をヨコした」とある。さらに年末十二月三十日付の姉崎嘲風あての手紙では、「ニーチエ、イブセンなどを覗いて、又チーグレルの詳論を参照し、独逸現代文学に就いて多少の観念を得たように思はれる」と述べている。

チーグラー（Theobald Ziegler, 1846-1918）は、ドイツの最も早いニーチェ研究者の一人で、一九〇〇年には『フリードリヒ・ニーチェ』と題する単行本を出版している。樗牛の読んだ『十九世紀文明史』とは、その一年前に出た『十九世紀の精神的社会的思潮』であろう（註4）。これは、十九世紀思潮を網羅的に概観した厖大な著作だが、非常によく読まれ、刊行後二十年間に三十版を重ねたチーグラーの代表作である。この書物でニーチェはかなり大きく取りあげられ、「フリードリヒ・ニーチェ」、「ニーチェの影響」の二節にわたって解説がある。これと樗牛の「文明批評家としての文学者」のニーチェ紹介を照合すると、構成、内容ともに類似していて、ほとんど全文に相関関係が認められる。チーグラーのニーチェ論に比して樗牛のそれは比較にならないほど簡略ではあるが、樗牛がチーグラーのこの著書から適宜取捨したことは十分論証しうる。

## チーグラーをどのように読んだか

それでは、両者のニーチェ紹介や評価を具体的に比較してみよう。チーグラーはニーチェの思想内容を解説した最初の節「フリードリヒ・ニーチェ」の冒頭で、この詩人哲学者を十九世紀の個人主義の代表者と見なし、その資質をきわめて高く評価している。ニーチェはシュティルナー（当時の有名な個人主義者）とは反対に、貴族的で、高雅で、鋭敏な神経と精緻な天分にめぐまれ、ショーペンハウアーとヴァーグナーの弟子として近代的・浪漫的資質を備えている。さらにはギリシア趣味に心酔し、自信に溢れたルネサンス人のように自己に徹した生き方への権利を要求している……。チーグラーが冒頭からこのようにニーチェの資質や人格について好意的に述べていることは、樗牛の好奇心を惹きつけるのに充分だったであろう。この節で著者は人々の意表をつくニーチェの極端な思想について語り、続く「ニーチェの影響」の節では、彼がドイツの青年男女に対して絶大な影響力をふるっている現状について述べる。チーグラーはニーチェを批判しつつも、彼は個性の発展を望む現代青年の要望に応えたのだといい、詩人としてのニーチェの言語能力を称讃している。

一方、樗牛は論文冒頭で、「余、人のニーチエを語るを聞く毎に其書に接するの暇無きを恨みしや久し、頃来閑に乗じて彼が二三の著書を読み其の要領を会するを得しが、初めは其説の太《はなは》だ意表に出づるものあるに驚きぬ」と書く。この奇矯大胆な説をなすニーチェの名前が今や「独逸青年の間に魔語の如く響き渡り」、文学者中にも彼の影響を受けるものが少なくない。これほど人心を捉えた理由は、ニーチェが哲学者というより偉大な詩人、偉大な文明批評家だからだと樗牛は述べる。この導入部がチーグラーのニーチェ解説全体の内容や論調に負うものであることは容易に想像がつく。

チーグラーはつづいてニーチェ初期の思想、歴史観から説明し始める。具体的思想の紹介になると、樗牛は直訳と見紛うほどチーグラーに追随している。チーグラーがニーチェの歴史観について「我々十九世紀の人間は、歴史の過剰飽満に苦しんでいる。歴史は人格を客観化する。すなわち主観を失わせ、人格を弱める。歴史は解剖演習によつて、民族の生の本能を阻害し、また個人の成熟も全体の成熟も妨げる。歴史は調和のとれた人格を不可能にする」と述べているのに対し、樗牛は「十九世紀末の吾人は歴史の多きに勝えざる也。主観を没し人格を虐げ、先天の本能を無視するものは歴史也。個人自由の発達を妨げ、凡ての人類を平凡化し、あらゆる天才を呪詛するものは歴史也」と述べている。非常に似通ったこの二つの文章で異なるのは最後の一文だけである。チーグラーの「歴史は調和のとれた人格を不可能にする」という文章の代わりに、樗牛は、「天才を呪詛するものは歴史也」と書く。これは、チーグラーがニーチェの個人主義の特徴を天才崇拝と説明していることに影響されているのかも知れない。

つづいて樗牛はニーチェの原文を引用しつつ、ニーチェの偽学者攻撃を紹介する。偽学者に樗牛は「ビルヅングフリステル」というドイツ語のふりがなを付けているが、最近では一般的に「教養俗物」と訳されるこの語は、造語の名人ニーチェの造語のなかでも最も有名なものの一つである。樗牛のこの偽学者についてもまた、チーグラーがニーチェ原典から引用している箇所とまったく一致している。さらに樗牛のニーチェ紹介は、『反時代的考察』の内容を中心とする初期の思想に重点をおき、それをニーチェの歴史観、偽学者攻撃、天才論の順序で紹介している。これもチーグラーの書いた順序と全く同じである。ニーチェの原典『反時代的考察』では、偽学者攻撃の出て来る「ダーフィット・シュトラウス」が第一篇、歴史観が第二篇なのだが、この順序を逆にして紹介したチーグラーの構成を樗牛はそのまま踏襲しているのである。

樗牛はさらに、ニーチェは「民主々義と社会主義とを一撃の下に破砕し、揚言して曰く人道の目的は衆庶平等の利福に存せずして、却て少数なる模範的人物の産出に在り。是の如き模範的人物は即ち天才也、超人《ユーベルメンシユ》也」と書き、初期に論じられていた天才論をただちに後期の主要思想、超人に結びつけて解説している。続けて樗牛は「即ち是れ無数の衆庶が育成したる文明の王冠とも見るべきもの也。されば若し衆庶にして自ら自己の為に生存すと思はゞ是れ大いなる誤り也、彼等は唯是の如き天才、超人の発生を助成する限りに於て其の生存の意義を有するのみ」という。チーグラーは天才論を取りあげているが、樗牛のように天才論と超人を同列に並べるような述べ方はしていない。ただし、のちに超人を解説するにあたり、超人のなかに天才の概念を包摂させる解釈も成立しうると述べているので、樗牛はこれに従ったのかもしれない。

このすぐ後、樗牛は超人の概念について説明する。「所謂超人は学者に非ず、識者にも非ず、又歴史的に発達し来たれる如何なる人にも非ず、実に是れ一個の芸述家、創作家なりと断じぬ」。この叙述もチーグラーのなかに類似の文がある。すなわち超人概念を決定するのは、「学者や学問のある人でもなければ歴史的人物でもなく、一個の芸術家、創造者であるところの哲学者である」。両者の相違は、樗牛がチーグラーの「哲学者」という言葉を省略している点だけである。樗牛は詩人としてのニーチェを強調しているので、意図的に哲学者という言葉を避けたのかもしれない。ここで樗牛はニーチェの思想を総括し、「彼れの説は是に到りて現時の民主平等主義を根本的に否定し、極端にして、而かも最も純粋なる個人主義の本色を発揮し来りたるを見る」と述べ、それは「歴史無く、道徳無く、真理無く、社会無く、国家無く、唯個人各自の『我』あるを認むるもの」だという。これはチーグラーのニーチェ紹介を樗牛が概括的にまとめたものである。

最後に、ニーチェの影響について樗牛が述べた箇所もチーグラーがソースであろう。チーグラーは、ニーチェが天才的な強い自我や超人のみを認め、他の一切を奴隷視し、獰猛な獣性を喜んだことを批判する一方、ニーチェの時代的意味を強調して、非個性化の方向に向かっている諸潮流のなかではこうした強い自我主張は必然的なものだったと弁護する。ニーチェの時代は、「ドイツの官僚的軍事国家」における「画一化現象」や、民主主義、社会主義の隆盛による「水平化の傾向」、「反個人主義的傾向」のいちじるしい時代であった。学問の世界に支配的な環境論、つまり環境がすべてを決定するという思想は「宿命論的気分」を濃厚にさせた。「ニーチェが現れて個人の歌を高唱したとき、世界は、社会主義と進化論の時代にあり、環境論、遺伝学説の下に立っていた」。「哲学もまた、その認識論上の煩瑣な論議によって（中略）本能、衝動、感情、意志を忘れていた。そこへニーチェが現れた」。「彼は、先覚者、予言者として、分裂の時代にあふれる大きな憧憬を満足させた」。

　チーグラーのこうしたニーチェ評価は、樗牛のニーチェ評価に大筋ではそのまま受け継がれている。樗牛もまたニーチェの思想を全面的に肯定したわけではない。彼はそれを「神怪奇矯なる個人主義」とも「病的」ともあえて評している。にもかかわらず彼がニーチェを讃美してやまないのは、その主張が、現代批判の精神、文明批評の精神に溢れているからである。「吾人は文明批評家としてのニーチエが偉大なる人格を嘆美するを禁ずる能はず。彼れは個人の為に歴史と戦へり、真理と戦へり、境遇、遺伝、伝説、習慣、統計の中に一切の生命を網羅し去らむとする今の所謂科学的思想と戦へり。徒らに外面皮相の観察を事として精神的生活の幽微を解せざる今の心理学と、認識論の如き一部煩瑣の研究に陥りて本能と動機と感情と意志とを遺却し去たる今の哲学とは、彼れの所謂偽学として排斥する所也。彼は青年の友としてあらゆる理想の敵と戦へり」。こうした樗牛の文は、チーグラーのニーチェ評価を彷彿とさせる。

　樗牛は末尾でチーグラー同様、言語の達人ニーチェを讃美している。このように見るとき、樗牛のニーチェ像は思想の理解からその評価に至るまで、チーグラーの強力な影響のもとに形成されたものと見なさざるを得ない。

# 第二節　逍遙の「馬骨人言」登場す

## 1　世にも珍しい戯作調ニーチェ論

ニーチェ論争が新しい発展段階を迎えたのは、坪内逍遙（安政六年－昭和十年）がこの論争に参加してからである。明治三十四年八月の美的生活論発表後に始まったニーチェ論議は多彩ではあるが、登張竹風や長谷川天渓を始めとする若手評論家が中心であった。しかし十月に入ると、鷗外や逍遙といった文壇の大御所もこの論戦に口を出すことになる。鷗外は十月十四日の『二六新報』に千八という署名で「続心頭語」を書き、美的生活論は「基本家」のニーチェに比べれば極めて優しくおとなしいもので、「爪なきニイチェ、牙なきニイチェ、或は必ずしも恐るるに足らざるか」と鋭い言葉で樗牛を冷笑した。ここで鷗外も当然のように、美的生活論の「基本家」はニーチェであるという前提のもとにこの批評を書いている。しかし鷗外は論戦にこれ以上深入りすることはなかった。のちの作品「妄想」で、時代を騒がせたニーチェに対する感想を若干述べているが、それを読むと鷗外はそもそもニーチェにそれほど興味はなかったようである。

鷗外と比較すれば逍遙は青年の情熱をもってニーチェを論じた。そうはいっても逍遙一流の戯作調で、嘲笑的態度は鷗外と変わりない。「馬骨人言」と題する逍遙のこのニーチェ批判論は無署名で、『読売新聞』に十月十二日から十一月七日まで一ヶ月近くにわたって連載された（この間休んだのは十月二十五日と十一月三日の二日だけ）。しかも二段ないし三段（当時の新聞は一面が六段）の紙面を使った極めて長大な評論である。

標題は「馬ノ骨、人ノゴトク言《モノイ》フ」と斯う手数をかけて訓《よ》んで貰ひたい。（中略）何事も流行向《むき》の事さ。名からして粘《ねば》ばりとニイッチェ〳〵、と言はぬと、此の節の文壇では幅が利かぬげな。自分はニイチェさま信仰でなければ、独逸語も知らぬが、英吉利人の通弁と同国製《じこみ》の蓄音機で、ほんの一二度知りあひのようなものになつたから、ちいとばかり魚《とゝ》まじりの猿真似を申さう。

相撲の立ち会いよろしく「東西」と小見出しを付けたこの文章を皮切りに、「反動と引く浪、寄する浪」、「ニイチェ大師」等、人目をひく小見出しを二十あまりも並べて面白おかしく、しかし嘲罵の限りをつくして書いた評論が、逍遙の世にも珍しいこの戯作調ニーチェ批判であった。

逍遙はまず時代精神を取りあげ、時代精神の反動について述べる。彼の論法によれば、世の中の主義主張というものは一つの主張が極端に達するとその反動として反対の主張が出てくる。そしてこれがまた極端になると、ちょうど子供のシーソーゲームのようにまたその反対の主張が勢いを盛り返す。しかし反動といっても目明き反動もいれば盲反動もいるとして、逍遙は古今東西の宗教家、哲学者、道徳学者、文芸上の有名人たちを俎上にのせ、ルソー、バイロン、ショーペンハウアー、ユーゴーなどは反動のなかでもあっさり色盲か近眼か鳥目の盲反動と判定する。脱俗連がこれだから、現実世界に生きる王侯、武将、政治家、俗学、俗芸の者に至ってはトラホーム患者、そこひ患者、風目、のぼせ目、斜視、いろはも読めぬ文盲、女に目のないデレ目くら等々、呆れるほど沢山の「目性《めしよう》」を述べ立てる（以上の差別的表現は原文ママ。以下も同じ）。これは樗牛や竹風がニーチェ思想を「時弊に憤る詩人の言」と解釈し、「時代精神に痛棒を与えた」ものとして評価していることを問題にしているのであろう。そんなご立派なものかどうか目利きしましょうというわけである。

そこでいよいよ「ニイチェ大師」の学説を紹介する段取りになるが、それは当時の日本のニーチェ信徒、樗牛や竹風を代弁するという形をとる。

帰命頂礼、こちのニイチェ大師は滔々たる全欧羅巴の時代精神に反発し、憤激し、竟《つい》に憤然決起して大胆な新見を唱破せられた豪邁卓落の大天才、不世出の大批評家であらつしやりまするぞよ。

こうしてニーチェという大批評家が時代精神の批判者であること、つまり逍遙のいう時代精神の反動として出てきた者であることを、樗牛や竹風などニーチェ崇拝者の言葉を使って説明する。ニーチェの倫理説の土台は「極端の個人主義」、人類の目的は天才養成にあるが、この矯激の言を吐いたのは悪時代精神の反動である。彼の批判対象の第一は、科学と歴史、ダーウィニズムの科学根性と「歴史討究の死学的精神」、その二は平等主義と禁欲主義と常識主義、同型主義の天才をしめ殺す国民教育、とどのつまりが凡劣の養成、悪時代精神の第三は国家主義と服従主義、ニーチェはこれらの全てのものを排斥した。つまりはニイチェ師の説は「悪時代精神の反動」である。ここで逍遙は樗牛らの紹介を「ニイチェ宗の大綱」としてまとめ、(一)文学芸術の鼓吹、(二)天才の尊崇、(三)独立主義、独断主義、(四)絶対の個人主義、戦争主義、健闘主義、(五)貴族主義、遂欲主義、自恃主義とし、最後にこれを、利己一編主義、唯我満足主義の獅子吼と結論する。

つづいてニーチェの「最晩年の御法談を本として、師が倫理観の髄脳をあら〳〵談り申さう」。世にいう慈悲、献身、克己禁欲、知足遜譲は、不健全、不自然、有害の教えである。これは活きたる人の生活意志、其の本然の意志を抑制して薄弱にする。「遂欲」、「為己」、「唯我」こそが真人の道徳である。「善」の語源は「高」、「強」、「優」などで、太古の社会では強者、優者の命ずる道徳があったのだが、そのうち劣者、弱者に便利な奴隷道徳ができた。これはユダヤ国民（キリスト教）のローマに対する復讐政策で、いくじのない慈悲博愛の病的倫理思想を鼓吹したものだ。真の道徳とは、自由を欲し権力を欲する人の本性をできるだけ発展させるものである。禁欲主義もその実利己主義から出た教えで、強者と闘う力のない者が、他と闘うのをやめて自分の本性と争うようになった者だ。人の踏むべき道は「本性《インスチンクト》の発展」の外にはない。かくて人間の理想は絶対の自由、絶対の独立、大我慢、大気力、我欲一方、人に頼らぬ勇気ある人となる。

ニーチェ晩年の思想をこう要約した後、逍遥は、だがニーチェの説く時代の弊害ぐらいは「かくいふ馬骨でも夙《とう》に心附いてゐた」、「ニイチェの目性《めしよう》」は「高く買つて色盲《いろめくら》、市価《そうば》は斜視《やぶにらみ》、つぶし値は、気の毒ながら障眼《そこひ》だ」と手厳しい。ニーチェの著作は巻数十有余もあるが、始めと終わりで全然見解が変わる。初期の芸術論、芸のための生活論という主張は、若気の浮気沙汰、最晩年の倫理観は、寡聞孤陋のひとり判断の反動にすぎない。その思想には哲学気も宗教気も感じられぬ。歴史的知識は皆無に等しく、献身主義の倫理はローマを亡ぼす苦肉の策だなぞとは、種彦、種員一輩の草双紙にでもありそうな空想的解釈だ。見聞、渉猟の範囲も狭く浅薄で、ゲーテなど引用しているが本当に読んだかどうか疑わしい。いま利己的個人主義の亡魂は俗衆、学者、詩人すべてにとりついて、隠然たる跳梁をしている。帝国主義などは国家的利己主義の仮面にすぎず、五大州にこの精神は瀰漫している。だからニーチェの利己的個人主義の主張などは、悪時代精神の反動どころか「循俗の蕩児」である。

こうして逍遥は、ニーチェはたかが「奇天才、消極格の人物で、蜘蛛男や大女などと軒《どこ》を並べて、あはれ二十世紀の縁日見世物になる位ゐが落《おち》だ」と断言し、最近世の俊才らがニーチェニーチェと騒いでいるが、「畢竟は俊才達の思ひつき、ニイチェ坊の楯蔭で勝手に大気炎を吐かうが為だ。若い衆が発起の臨時祭と同格で、飲みたさ、踊りたさが主で、知らぬが仏の神様はほんのダシ」、と結論している。

## 2　樗牛・竹風の反論から逍遥・竹風の論争へ

樗牛はこれまで、明治三十四年十月の『太陽』で「十九世紀の王冠」と題してニーチェを讃える短い文章を書いたりしてはいるが、その美的生活論に関する若手評論家たちの批判は黙殺していた。だが、樗牛や盟友竹風を当てこすった逍遙のニーチェ談義が『読売』で連日延々と掲載されるに及んで、憤然としたのであろう、十一月『太陽』の「文芸時評」では「ニーチエの批難者」、「ニーチエの嘆美者」と題する反論を書いた。ここで彼は馬骨先生の軽薄さ加減をあげつらい、「馬骨先生は超人や転生のことになると俗学者の知解には入り難いらしく一言も述べておらぬ」とし、さらにニーチェが説くのは「学説以上の理想、学説以上の想像、謂はば人間霊性の呼吸を以て直に人の肺腑に通じるにあるのだ」という。

逍遙はすぐさま十一月二日の「馬骨人言」のなかで樗牛の「学説以上の理想云々」という言葉尻を捉え、ではその「学説以上の理想とやらを、天才の真意を知る批判家に御通弁願ひたい」とかみついた。また、「それにしても思索上何の取り柄もなくて波濤万里を超へて、我が国の英才の精神生活まで豊かにするとは天才とはオツなものだ」、と皮肉をいうのも忘れていない。

樗牛はもはやこれ以上逍遙に応酬することはなかった。樗牛自身、明治三十四年の「文明批評家としての文学者」で超人について説明はしているが、転生説（永遠回帰の教説）については具体的な説明はしていない。この評論では「彼れ〔ニーチェ〕は今のあらゆる学術の訓《おし》へ得るよりも更に〱大なる実在の宇宙に充満するを認めたり。同時に是の実在を認識し、其の秘密に到達せむには、今の所謂学術道徳の甚だ力無きを認めたり、彼れは其の予言者の眼によりて其方法の何者なるかを知りぬ」と非常に曖昧で神秘めいた文章を書いている。この文に転生説という言葉はないが、この教説を暗示しているようにも思われる。永遠回帰は啓示のようにニーチェを突然襲った神秘的な思想で、超人と並んでニーチェの主要作品『ツァラトゥストラ』の中心思想である。チーグラーはその作品解説では触れているものの、まさに象徴的・詩的な方法で説かれたこの教説は、樗牛にも手に負えなかったのかもしれない。そこで結局逍遙に対しては竹風が答えることになる。竹風は明治三十四年六月から系統的にニーチェの思想を紹介するために『帝国文学』で「フリードリヒ、ニイチエを論ず」を連載し始め、六月「文明論」、七月「歴史論」、八月「道徳論上」

まで連載したとき、樗牛の美的生活論が世に出たため、樗牛擁護に追われてこの連載を中断していた。これを復活して十一月に最終回として「道徳論下」を掲載し、このなかで超人論と転生論（竹風の言葉では輪廻説）を論じた。こうして樗牛に代わり、竹風がニーチェ論争の主役に躍り出ることになる。

十一月七日に「馬骨人言」が完結すると、十二月の『帝国文学』で竹風は直接逍遥にあてて「馬骨人言を難ず」という反論を書いた。「余は未だ嘗て、馬骨人言の如く嘲罵の悪文字を羅列したるを見ざるなり」と憤激の情をあらわにし、無署名で発表した馬骨先生の無責任さをなじり、一体どの程度ニーチェを読んだのか、『ザラトフストラ』さえ筆者が読んだかどうかは疑わしい、と樗牛よりも激しい語調で逍遥を攻撃するが、批判の内容は樗牛と同一歩調というに近い。逍遥がニーチェには宗教気、哲学気がないといったことを取りあげ、これは超人説、転生説について知らぬ顔をしている著者の浅薄卑陋を物語るものだと難じ、我々がニーチェを説くのは独逸と同じく、日本の文壇にその思想を説く必然があるからだと主張する。そして自分はニーチェの説を世に広めるため、その詳細な伝記と『ザラトフストラ』の翻訳をするつもりだと息巻いた。実際のちに竹風は『如是経（序品）　光焰菩薩大獅子吼経』と題して『ツァラトゥストラ』の序説を訳すことになる（大正十年）。

一方、逍遥は竹風の反論が出ると、たちまち「『帝国文学』記者に与へて再びニイチェを論ずるの書」と題する文章を『読売新聞』（十二月十八日から二十日の三日間）に連載した。今度は戯作調を棄てて真面目な論戦の態度をとり、「馬骨人言」を書いた動機は、教育に十八年従事してきた者としてニーチェイズムとその軽薄な推奨に公怒義憤を感じたことにあると、説明する。ニーチェも言論の自由により何を書いてもよいが、その説は人類にとって不変絶対の敵である。その無道徳主義は「教育の賊」、「社会のバチルス」、「痛罵に値する邪説」と主張。竹風に対しては今後の論点として、一、時代精神との関係からみたニーチェ、二、倫理主義の上でのニーチェの価値、三、日本の思想界と徳育界からみたニーチェの価値、四、竹風とニーチェイズムとの関係ほか、さらに数ヶ条をあげて、箇条書きで回答するよう迫った。
逍遥は明治十六年、東京帝大を卒業すると英文学を教えるために早稲田に就職したが、二十九年に早稲田中学校が創設されるとその教頭になり、三十五年には大隈重信のあとを受けて校長となった。彼の責務は徳育、実際の倫理教育にあったが、そのような経験のなかった逍遥は不眠症になるほど悩み、倫理関係の書物を読みあさったという。このような立場から彼は、樗牛、竹風に本気で腹を立てたのであろう。
だが逍遥は、もはや黙して語らぬ樗牛ではなく、竹風相手に論争を続けようとした。樗牛は表では正面からの論争を避けたが、裏では竹風とはっきり連携していた。十二月、樗牛は竹風あてに次のような手紙を送っている。文中の「親分」とはもちろん逍遥のことであろう。

劣輩の云為はまづまづ雲烟過眼視せられて然るべく候か。唯親分の常識一点張りの俗論は大に討つべし。小生もこの点については（先輩ながら）一歩も譲らざる覚悟に御座候。来春紙上にもお互いにも大光焔を吐かむは如何に候や。

このほか、十二月には一年の総決算をする意味でニーチェ論議を回顧批判する評論がいくつか出た。『萬朝報』では十一月下旬から十二月下旬まで実数十四回にわたり帝大出身の樋口竜峡が連載した「新思潮論」、『太平洋』十二月十六号の長谷川天渓「歳末文壇」、同十二月三十日号の大町桂月「明治三十四年を送る」などがそれである。竜峡は、樗牛や竹風の唱える新思潮は美的生活論が出るに及んでニーチェ主義であることが判明したが、新学派の説は浅薄残忍で、時代の弊を批判するより時代の弁護というべきだ、しかし逍遥の批判もニーチェ個人の苦悶の声を見逃しているという。天渓は「ニーチェイズム、果たして新思潮の名に値するものなりや」と疑問を呈し、桂月はニーチェにより日本に文明破壊の気風が入ることを憂慮し、ニーチェ紹介に慎重な態度をとることを望んでいる。ニーチェ論議がこの年の文壇を飾る最大のトピックだったことは皆認めているが、その評価に関しては逍遥の批判が論者たちにかなり影響していることを感じさせる。

## 3　翌年春まで続いたニーチェ論争

竹風は年が明けた明治三十五年二月、『帝国文学』に「馬骨先生に答ふ」を書いて逍遙の提出した質問に一つ一つ答えた。しかしこれは、今まで竹風が主張してきたことを逍遙の問いの形式にしたがって整理した感じのもので、とくに新味はない。それよりも同じ二月、竹風が『文芸界』に掲載した「ニイチエの影響」という評論の方が内容も新しく具体性もある。これまで竹風はどの論文においても、ニーチェが時代精神に痛棒を与えたことを抽象的には力説していた。それをもっと具体的に説こうとしたのがこの評論で、ニーチェ思想のドイツに対する影響と日本に対する影響の類似点を十項目にわたって挙げている。

第一に、日清戦争後と同じく普仏戦争勝利にわくドイツの国家至上主義による学術・文芸の圧迫、第二に、日本の自由民権説による議院制度にみる議員の堕落、第三に、天才教育を蛇蝎視する社会主義的発想、第四に、歴史的精神の害。考証あって歴史なく、編纂あって著述なしという日独共通の状況、第五は、日独共通の物質的文明。機械工学の発展は精神文明を腐蝕し個人性を蹂躙している。第六に、ゾラなどにみられる境遇説の隆盛。日本においても小杉天外、小栗風葉、広津柳浪の作品などにその傾向がある。第七に、統計学や社会学の隆盛、これは多数を標準とし個人を没却する反個人的性格をもつ。第八に遺伝説。これは境遇説と関係があり個人の特性を否定するもの。第九は、悟性のみを重んじ人生を死灰枯木たらしめるような哲学の状況。第十は文学の状況。文学とは天才の仕事であるが、ニーチェはその名文により大模範を示した。ニーチェは、以上述べたドイツの状況に対する反動であるが、類似した状況の日本においても同じ役割を十分果たしうる、と。

竹風のこの評論も、樗牛のニーチェ像を決定したチーグラーの『十九世紀文明史』に強く影響されているのは明らかである。チーグラーのいう青年に対するニーチェの絶大な影響の理由を、樗牛も「文明批評家としての哲学者」の中で述べていることはすでに見たが、竹風は樗牛よりもずっと詳しく、十項目に整理して日独共通の時代状況を述べたのであり、その上で日本においてドイツ同様ニーチェの思想が大きな役割を果たすことを期待している。一方、樗牛も同じ二月に寸評の形で似た趣旨のことを『太陽』「無題録」で述べている。「ニーチエの説の当否は暫く措き、そが十九世紀の文明の一大批評たること」は争えない。彼の言は「十九世紀文明の崩壊を宣伝したるもの、これの意義を身読するは、新時代の疑問を解決するにあたり極めて枢要な事なり」という。樗牛のこの寸評は、ニーチェ問題について竹風に「来年も大光焔を吐かむ」と提案した手紙を思い出させる。おそらくこの二人には参考文献等についても連携があったと考えられるが、この問題はのちに再考したい。

翌三月には、逍遙門下の長谷川天渓が『太陽』に「新思潮とは何ぞや」と題する評論を掲載し、これを最後にさすがに喧しかったニーチェ論争も一応の収束をみた。天渓の論旨は、樗牛らのニーチェ主義に拠る新思潮はその名に値しないと攻撃したものである。現代はむしろ個人の権利を強く認め、全ての傾向は個人の自由、発展に帰着している。敵視している平等主義も個人の権利と幸福の増大を計るものであり、煩瑣ゆえに科学主義や知識歴史を蔑視し、個人の快楽を絶対視するのは科学主義の破壊であり、無限の自我の発展は退歩につながり、ついに自我の寂滅をもたらす、という極めて常識的内容である。この年の暮れ、樗牛は帰らぬ人となる。翌三十六年三月、逍遙の愛弟子でイギリスに外遊中の島村抱月はその死を知らずに書いたとされるが、これまでにない激しい筆致でニーチェイズムと樗牛を攻撃する文章「思想問題」を『新小説』に掲載した。これに対しては、竹風が樗牛に代わって同三月『帝国文学』に反論を掲載している。

逍遙の激しいニーチェ批判が、『読売新聞』という大商業新聞に一ヶ月近くも面白おかしくほとんど連日掲載されたことは、ニーチェの名を一躍世間一般に浸透させる効果があっただろう。その門下の長谷川天渓や島村抱月の主張もそれを助けたであろう。一方でまた、逍遥らの主張はニーチェを危険思想と見なす輿論を作りあげることにもなった。早稲田派の人々ばかりでなく、帝大出身の論者も逍遥の見解の影響を受けている。それまで美的生活論を批判してもニーチェ主義を真っ向から排撃した者はいなかったが、逍遥が初めてこれを行ったのである。後年、女子大生だった平塚らいてうがニーチェの本をもっていて校長から注意を受けたとか、登張竹風がニーチェ主義喧伝のために官憲に睨まれ、東京高師の職を辞するに至ったことも、逍遥の激しい論調がいわゆる輿論をリードしたことを物語っている。

このように直近の影響としては逍遥の影響は強かったが、長い目で見たとき、樗牛の主張は若い世代にもっと大きな影響を与えたといってよい。これは第三節で考察したい。また、樗牛はニーチェ論議が一応収まった三十五年五月、「美的生活論はニーチエに俟つものではない」と述べているが、これも後に樗牛の思想を検討する際にまとめて考察したい。

## 4　竹風、天渓、逍遥のニーチェ像のソース

すでに第一節で詳しくみたように、樗牛のニーチェ理解に決定的役割を果たしたのはチーグラーというドイツ人研究者の著作であった。しかし、こうした現象は何も一人樗牛に限られていたわけではない。筆者はかつて、この論争にかかわった樗牛、竹風、逍遥、天渓の四人のニーチェ理解と外国文献との関係について論文にまとめたことがあるが、樗牛以外の人々についても多くの外国文献のソースを発見できた。その詳しい論証は筆者の別稿に譲るとして（註5）、ここではその概略を述べるにとどめておきたい。

## 竹風の多彩な外国文献利用

帝大独文科出身の竹風は当時のニーチェ紹介の第一人者であり、樗牛よりはるかに多くのニーチェ紹介文や論争文を残した。それだけに竹風のニーチェ記事の中にも明瞭な外国文献のソースを多く発見できる。ただ、多彩な文献を参照しているため、そのニーチェ論の調子には統一性を欠く憾みがある。

彼の書いたニーチェ紹介論文の中で最も系統的でまとまっているのは、明治三十四年の「フリードリヒ、ニイチエを論ず」である。このうち第一回の「文明論」と第二回の「歴史論」は、無名のニーチェを世に紹介したあのゲオルク・ブランデスの有名な論文、「フリードリヒ・ニーチエ、貴族的急進主義についての研究」に基づいていると見なしうる。竹風が現代ドイツ文明の様式の紛乱を痛烈に批判し、文明の目的を天才の産出に求めたニーチェ思想について解説した「文明論」は、ニーチェの原典でいえば若き日の著作『反時代的考察』の第一篇と第三篇の内容を紹介したもので、実によくまとまっている。しかし、この「文明論」をブランデスの論文と対照させてみると、それがほとんどブランデス論文第一節の抄訳であることが分かる。冒頭の普仏戦争勝利（一八七一年）に湧くドイツ国民の自負心の高揚の描写も同じであれば、批判についても、ドイツに統一的文明がないと断ずるニーチェに対して、ブランデスがドイツ音楽と哲学の一致、音楽と抒情詩の調和などをあげて反論していることも、そのまま竹風は「文明論」の中にとりいれている。第二の「歴史論」も、ニーチェ歴史観を中心に述べたブランデス論文第二節と符合している。これは『反時代的考察』第二篇「生に対する歴史の利害」の要約紹介なのだが、要約の仕方、問題点の取りあげ方、文章にいたるまで両者は一致している。

第三回の「道徳論上」は、所謂ニーチェの個人主義、本能主義、利己主義の解説であり、君主道徳論、善悪価値転倒論、強者の思想などについて述べたものである。当時西欧でもニーチェ問題の焦点は道徳問題であり、ブランデス論文においても最もニーチェ的かつユニークな思想として彼の道徳観があげられ、主として『道徳の系譜』『善悪の彼岸』を典拠としてこの項目の解説に力が注がれている。しかしブランデスは、ニーチェ道徳観の基礎を「自己への強制」にあるとし、つまり自己に対し不断の強制を課することによってのみ人は自由な人間になり得るとし、自分の法をもち自分自身となった強い人間は他の権威や道徳に拘束されることなく、この意味でインモラリストとなると説いている。だが竹風は、これを人間一般に当てはめ、「人間は、自由の本能を有す。この本能に逆うものは凡へて不可なり」として、ブランデスとは逆の、恣意的本能主義としてのニーチェ解釈を前面に押し出している。竹風はすでにこの一年前、ニーチェを極端な個人主義者、利己主義者として紹介していた。この論旨と整合性をもたせるためにブランデスの解釈をとることができなかったのかも知れない。

最後の「道徳論下」が発表された十一月には、逍遙との論争がおこなわれていた。すでに述べたように、転生説や超人説を知らぬ逍遙の妄を樗牛とともに難じている竹風は、ここで当然永遠回帰や超人の解説をする必要があった。そこで援用されたのはまたもやチーグラーであり、おそらくこれは樗牛の推薦によるものであろう。竹風は転生論をチーグラー同様ニーチェの新しい宗教として解説し、樗牛はこれを読んで激賞している。

## 長谷川天渓と二つの英字論文

天渓は最も早いニーチェ紹介者の一人で、早稲田に在学中の明治三十二年の八月、十一月、『早稲田学報』に「ニーツェの哲学」を発表した。この紹介はニーチェを極端な自我主義者として描き出している点では、のちの逍遙にまさるとも劣らない。逍遙がこの紹介を激賞したとのちに天渓自ら述べているというが、さもありなんと思わせる。天渓の紹介によれば、あらゆるものを破壊し規則を破り自我のみを至上としたニーチェは、神も規律も愛も慈悲も認めない。「而して我の活動する様は、獣類的本能を以てす」。

「去れば姦淫を欲する者は是を行へ、殺人を欲する者は人を切れ、窃盗を欲する者は他人の物を掠奪せよ。自我は唯一無上の君主にして智は其の臣僕なり」。「かくてニーツェは『超人間』を説き、人道主義を根本害悪とする『非人類的怪想』を伝へた」といった調子である。

天渓自身は当時まだニーチェには直接接しておらず、『モニスト』九巻四号の「ケーラス」と「ゴエベル」のニーチェ論を参照したと断っている。Monist はシカゴから出版されていた季刊雑誌だが、その九巻四号にはハインリヒ・ゲーベル他一名の共同執筆論文「フリードリヒ・ニーチェの超人」と、ポール・ケーラスの「哲学原理としての不道徳性。フリードリヒ・ニーチェの哲学の研究」という二つのニーチェ論文が掲載されている。天渓の論文はこの二つの論文から交互にピックアップして訳している。ゲーベルらの論文は約九頁と短いが、ケーラスの論文は五十頁近い長文なので、天渓は、ゲーベルの方はほとんど全文を直訳し、ケーラス論文はところどころを抄訳する形をとっている。先にあげた「姦淫を欲すものはこれを行へ」といった文章はそのままの形では原文には見当たらないが、ケーラスはニーチェが本能主義者であり、動物的本能に従って行動することをも許容すると述べているし、ゲーベルらの論文には、超人は、窃盗、掠奪、征服、破壊以外の何物をも生に求めないという解説がある。これをもとに天渓はもっと具体的で印象的な表現をしたとも考えられる。

「ニーツェの哲学」発表の二年後、ニーチェ論争が始まるとさかんに天渓は竹風を攻撃する。三十四年十月二十一日、『読売新聞』に掲載した「ニーツェ主義と美的生活」のなかでは『ツァラトゥストラ』から引用して、ニーチェは肉体を万物の主人とみなし、物質のみを重んじたという解釈を述べている。これはさきの英字論文から取り出したもので、以前彼が訳さなかった部分をここで引いているのである。その後の「新思潮とは何ぞや」(『太陽』明治三十五年五月)における天渓のニーチェ主義攻撃も、以前彼の紹介論文で示された理解の範囲を出るものではない。

## 逍遙と英国の過激なニーチェ批判

日本のニーチェ論争を沸騰させた立役者は何といっても逍遙である。彼のニーチェ紹介「馬骨人言」は、文体が文体だけに直接のソースを決定することはむつかしいが、内容から判断して『道徳の系譜』から多くをとっているといえよう。「如是我聞」という節では、「尚ほ最晩年の御法談を本として、師が倫理観の髄脳をあらあら談り申さう」という言葉に続いて、ニーチェの禁欲主義否定、善悪の起源、貴族道徳論等々が語られているが、逍遙のいう「最晩年の御法談」とは明らかに『道徳の系譜』の内容を指している。

当時英訳されていたニーチェの著作は三巻だけで、後期作品に集中しており（註3参照）、初期の著作『反時代的考察』は含まれていない。樗牛や竹風のあげる歴史批判や偽学者攻撃、天才讃美などは、チーグラーやブランデスを介しているとはいえ『反時代的考察』を典拠としている。逍遙はこうしたニーチェ初期の思想紹介を論敵である樗牛や竹風の論文によって得ているが、英訳本を手に入れることのできない事情がそれを余儀なくさせていたのかも知れない。

ニーチェ学説の紹介を終えた逍遙はつぎに猛然とニーチェ批判をはじめる。ニーチェの説は「旧道徳を根本より顚覆する純然たる利己一辺主義、唯我満足主義の獅子吼！」と結論し、その個人主義主張は「悪時代精神の反動」どころか、彼は「循俗の蕩児」にすぎないともいう。また竹風あての反論では、ニーチェイズムとその軽跳な推奨に対する彼の公怒義憤について述べ、ニーチェの説は「人類にとつて普辺絶対の敵」、その無道徳主義は「教育の賊」、「社会のバチルス」、「痛罵に相当する邪説」と激しい非難の言葉を投げつけたことは、先にみた通りである。その背後には英国の論調の影響が感じられる。

上記三巻のニーチェ著作が一八九〇年代後半に翻訳されたのをきっかけに、英米でもニーチェ関係論文が突然ふえ始め、一九〇一年（明治三十四年）までに七十篇近くが発表されている。しかし英国でのニーチェの評判は甚だ芳しくない。オスカー・レヴィーの研究『英国におけるニーチェ運動』（一九一三年）によれば、一八九〇年代のニーチェ全集翻訳の企ては売れ行き不振のため中止され、英国でニーチェ全集が出版されるのはやっと一九〇九年から一三年にかけてのことだという（註6）。一般向けの一流雑誌にも様々なニーチェ関係論文が掲載され、その思想が社会問題化していることが窺われる。たとえば一八九六年七月に発表された「ニーチェの哲学」（匿名）は、ニーチェのような著述家がともかくも名声を得ていることは奇妙な兆候だと述べ、彼の説は「人間社会の文明要素全ての敵」、「全種類の宗教、全種類の道徳にとつて公言してはばからぬ敵」と切り捨てる。さらに彼の哲学を「強欲、快楽、暴虐、我欲の哲学」と規定し、そこには「正義、同情、自己克己、その他道徳的なものは何もない」と解説している。この論調は、ニーチェを「利己一辺主義の大獅子吼」として「人類にとって普辺絶対の敵」、「社会のバチルス」と酷評した逍遙を彷彿とさせる。英国通でしかもニーチェに深い関心を寄せていた逍遙が、英国のこうした論調を知らなかったとは考えにくい。

以上みてきたように、ニーチェ移入初期の日本論文と独英の外国文献との関係はきわめて密接である。当時の日本のニーチェ解釈は今日からみればはなはだ幼稚なものとされているが、これは日本だけではなく、むしろ西欧の水準の直接的反映と見なされうる。

## 第三節　樗牛の個人主義とニーチェ

### 1　樗牛の評論活動にみる「社会と個人」

前節までにみたとおり日本のニーチェ論争は西欧の論調の反映であり、その解釈も西欧のそれに大きく依存していることがわかった。急速かつ旺盛な西洋思想吸収の時代にあっては、このような現象も当然かもしれない。わけても樗牛は海外文壇の動向に敏感なジャーナリズムの第一人者である。おりからニーチェ死去によって一段と高まっていた海外のニーチェ流行に興味と関心をもち、この最新の思想をいちやく紹介し唱道したのも無理からぬところがある。では彼が、ニーチェを紹介し心酔を口にしたのは、たんに文壇の一トピックとしての関心を示したにすぎなかったのであろうか。それとも、この思想は、より深く彼の内面の要求に合致する何かを有していたのであろうか。樗牛がニーチェに、正確にはチーグラー＝ニーチェに接する以前からどんな問題意識をもっていたのか、この節ではこうした問題を考察することによって、「社会と個人」の関係についてどのように考えていたのか、ひいてはそれが日本思想界に与えた影響を明らかにしたい。

明治四年、鶴岡に生まれ、仙台の第二高等中学校から東京帝大哲学科に入学して半年たらず、明治二十七年一月、『読売新聞』の懸賞小説「滝口入道」の入選によって中央文壇に出た樗牛は、その後三十五年十二月に夭折するまで九年間の評論活動を行っているが、その時期はふつう三期に分けられる。二十九年の大学卒業頃までを第一期「哲学と創作の時代」、三十年から三十三年頃までを第二期「日本主義の時代」、三十四、五年を第三期「個人主義の時代」、「ニーチェ主義の時代」、「日蓮崇拝の時代」などという。こうした時期区分は便宜的なものであるが、彼の場合には極端に傾向が変るので、この区分もそれなりの妥当性をもっている。

第一期にあたる明治二十八年六月に発表したのが「道徳の理想」である。心性の発達とは要するに明白な自己の覚醒、自己の範囲の拡充だとする樗牛は、西洋文化の洗礼を受けた明治の子として、文壇活動の初期から明白な自我の意識をもっていた。さらに「其の内性の必然なる要求として（中略）社会の人格を高め、其の幸福を進むるに在ることを発見すべし」とする樗牛にとって、自己の覚醒、自己の拡大はなんら社会と対立するものではなく、その内的必然として社会の幸福を増進すべきものであった。社会と個人の間には予定調和のようなものが最初から予想されていて、ここには社会との衝突によって苦悶する自我の悩みはない。明治二十九年八月の「天才論」にみられるように、自我の発展の極致として天才を讃美したのはこの時期の特徴である。樗牛の考えによれば、天才の創るものは自我独立の活動の結果である。それゆえ、主観的だが同時に客観的である。天才は「差別の中に平等を現じ、特殊の間に遍通を寓し、自己の中に世界を包容す。是を以て彼の言ふ所は世界の声なり」。こうして主観と客観、差別と平等、特殊と普遍はすべて天才の自我のうちに包摂される。樗牛は特にシラーの天才論に共感していた。社会の嗜好に同化することなく、自己の精神によって社会を同化するというシラーに感嘆したのである。当時の樗牛にとって、天才の拡大する自我はそのまま社会を益するものであった。

第二期「日本主義の時代」は、明治三十年五月のセンセーショナルな評論「日本主義」に始まる。その後彼はつぎつぎに日本主義を唱える記事を書いた。国祖を崇拝し建国の精神に帰ることを説き、神道を除く全宗教を排斥し、国家的見地による一元的道徳教育を鼓吹して、熱狂的な国家至上の立場をとるようになる。恩師井上哲次郎とともに日本協会を設立したのもこの頃である。樗牛のこの時代に、個人と社会の問題はどうなったか。ここでは個人の発達と人類の幸福の両者を実現する最良の手段が国家主義だという。明治三十年七月の「宗教と国家」は次のようにいう。（引用文中の〃記号は数段落離れていることを示す。）

主観的に個人の円満なる発達を希ひ、客観的に人類の完全なる幸福を望むは、素より人間道徳の理想なり。然れども之を実現する唯一の方法は只、国家主義あるのみ。〃

あゝ国家主義なる哉、日本主義なるかな、人道の花も是の中に開くべく、個人の実も是の中にみのるべし。

彼の国家至上主義は滅私奉公型のそれではなく、個人の円満具足な発展と両立しうるものであり、むしろそのための最良の方法であった。この時期の樗牛においても社会と個人の関係は問題として提起はされても、具体的に深められることもなければ内的葛藤もなく、円満に両立する二つの要素でしかない。

次の第三期「個人主義時代」はどうであろうか。彼は美的生活論の本能主張により百八十度変貌して、徹底した個人主義者となった。この時期には日本主義はもはや唱えない。しかしそれは、日本主義を克服あるいは否定して移行したというより、むしろ自然に日本主義に興味を失ったといった方が正確である。美的生活論を発表する四ヶ月前、明治三十四年四月二十四日の姉崎嘲風あての手紙では、自分のうちに「ロマンチシズムの臭味を帯びた個人主義」があらわれてきたことを報じ、かっての日本主義については、「今に於ても是の見地を打破るべき理由は僕には持ち得ぬ。唯此の如き主義に満足出来ぬ様になつたのは、僕の精神上の事実である」と述べている。もともと彼にとって国家主義は自我発展の最良の手段であったが、個人主義も国家主義も彼のなかでは本質的矛盾を形成していなかった。第二期に国家主義を唱え三期において個人主義を唱えたとしても、それは並列的な関係でしかなく、広い意味で個人主義という言葉を使うなら、彼は始めから個人主義者であった。

しかし第三期に特徴的なことは、その個人主義的傾向が徹底することである。社会の中の個人という発想は消え、個人が全面的に前へ出る。これまでの樗牛は何らかの形で社会を問題とし、予定調和であれ国家主義であれ、個人と社会との関係を位置づける必要を感じていた。第三期においても社会が個人の対立物として否定されたわけではないが、特に社会が問題とされることはなくなる。対立的な意味ではなく相対的な意味で個人が社会に先行しているといってもよい。自我主張の本能満足が第一義となり、知識道徳はその手段として相対化される。この時期にも彼は一連の天才讃美の文章を発表しているが、ここでは強力な我意の人であるが故に天才が讃美され、以前のように天才と社会との関係を問題にしたりはしない。

十万、百万の凡人を割いても一人の天才を得ることを望む、とさえ述べている。樗牛は個人主義に徹することで社会と個人の問題に決着をつけた。その具体的表象が美的生活論である。彼がこうした主張をするに至った経過を具体的に見よう。

## 2 ロマン主義的大文学者出現の夢

樗牛は明治三十四年の正月、ドイツにいる姉崎にあてて「先年五月の頃、丁酉会席上（千葉氏宅）にて『人生とロマンチシズム』という題にて、今の形式的方便主義の社会に純粋なるロマンチック・ムーブメントの起らむことを希望する旨を述べて、多数の人に驚かれ申候」と書いている。三十三年五月といえば、樗牛はまだ日本主義者で通っていたし、発病もしていない。樗牛提唱のこのロマン主義運動には登張竹風も加わっている。ニーチェ論争で共同戦線をはる以前に、彼らにはこのような下地があった。とはいえこのロマン主義の提唱は新しい提唱ではあっても、これまでの樗牛の主張と特に抵触するものではない。英訳の『若きヴェルテルの悩み』を読んで翻案し、ハイネに親しみバイロンを愛好する樗牛は、その浪漫的性向から、逍遙の『小説神髄』以来文壇の主流をなす写実主義的傾向をあきたらず思っていた。すでに三十年六月の「明治の小説」では、写実主義の果たした役判を認めながらも当今小説界の沈滞ぶりを嘆き、「吾等つら〳〵吾邦の状態を察するに、後年に至りてロマンチク文学思潮が土を捲いて再来するの時あらむか。明治文学の最盛期は蓋し其後に来らむ」と述べている。したがってこうしたロマン主義運動への期待は、長年の樗牛の夢の一つといえる。

また樗牛はかなり前から、時代精神を代表する大文学の出現を期待する評論をさかんに発表していた。「時代の精神と大文学」（明治三十二年二月）では、「待合遊廓の通語を知り、芸妓、メカケの内幕を探り、遊蕩社会の応酬に通ずるは尚ほ依然として今の小説家が第一の資格とする所」である。「彼等は時勢の現状を知らず、又其の理想を解せず、所謂る時代の精神と全く風馬牛」である。しかし「大なる文学は、大なる人物と等しく、最も能く時代の精神を代表せるもの」でなければならない、と書く。樗牛が文学者に期待したのは、単なる文学という枠をこえたものであった。文学者は国民の理想をうたい人生の機微を把え、一世を指導しうる大思想家でなければならない。三十三年七月の「煩瑣学風」では、煩瑣学風ともいうべき当今の学界の状況を批判して文学者の任務の重大さを説いている。「文字論理の末に拘泥し」、「分類解析の外に、ファンタジーの大なる力を認めざる」煩瑣学風は、「動もすれば、趣味を没し、人情を没し、常識を没し、また動もすれば人生の大本に対して其の統一的存在を打破するの恐れ」があるという。これは、彼が丁酉会で提唱したいと語った「ロマンチック運動」の内容を、公式に発表した文章に他ならないであろう。

三十三年末、チーグラーの著書を入手してそのニーチェ像に接触したとき、樗牛はまさに彼の夢であった理想的大文学者、時代精神を解し大思想家しての資質をもつロマン主義的大文学者の具体的な姿を、そこに見出したのではないだろうか。もちろんその「神怪奇矯」な個人主義主張の内容は樗牛を驚かせた。だがチーグラーの描き出す「完全に近代的浪漫的なもの」としてのニーチェの根本資質、「貴族的」で「高雅」で「精緻な天分」に恵まれ、「鋭敏な神経」と「耽美的な性格」をもつニーチェは、こうした全性格によって、彼の時代に支配的な「群衆と群衆本能」に対抗する「芸術的個人主義者」である。すでに述べたように樗牛は、自我発展を当然のことと考えるという意味では最初から個人主義者であった。また初期のニーチェの教説である天才讃美や偽学者攻撃は、まさに樗牛が主張してきたこととぴったり一致する。

しかし樗牛がもっと衝撃を受けたのは、ニーチェの影響の大きさ、つまりは時代認識の正確さであろう。チーグラーによれば、十九世紀はその後半に至って群衆社会的兆候を顕著に示してきた。「交通の便が発達したためあらゆる機会に無数の群衆が集合し」、「大都会はいよいよ没個人的大都市となる」。「ここでは最も個性的なものさえたちまち流行となり慣習となり（中略）ついには流派団体をさえ形成する」。これに社会主義的傾向が拍車をかける。「外的生活条件が主要問題となり人格的なもの、内面的なものは第二義的なものとなる」。これに対抗した個人主義の代表者がニーチェだった。青年男女はたちまち彼の主張に熱狂し、その影響はしだいに拡がっていった。彼がこれほど人々の心を捉えたのは、比類のない彼の言語能力による。「詩人ニーチェ」という文学的素質も樗牛が最重要視した素質の一つで、詩人であるが故に樗牛は、彼自身病的と評するニーチェの説も容認するのである。樗牛がチーグラーを介してニーチェに接し、ただちに「文明批評家としての文学者」においてニーチェを激賞したのは、彼の胸に直接響くものがあったからであろう。

それでは、樗牛は一人の理想的文学者の典型としてのみニーチェを讃美し、その具体的主張と彼が解したニーチェ個人主義にはなんら興味をもたなかったのであろうか。たしかに「文明批評家としての文学者」においては、文明批評家としてのニーチェ讃美に力点がおかれ、個人主義そのものが直接称揚されているわけではない。しかし、しばらくすると樗牛は彼自身、個人主義的思想を抱き始める。それが最初に報告されるのは、「文明批評家としての文学者」発表の四ヶ月後、先にも引用した三十四年四月二十四日の嘲風あて書簡においてである。前述のように樗牛は近来の精神的変調を報告し、彼の中の新しい傾向を「ロマンチシズムの臭味を帯びた個人主義」と呼んだ。そして「僕は曾て日本主義を唱へて殆ど国家至上の主義を賛したこともある。今に於ても是の見地を打破るべき理由は僕には持ち得ぬ。唯是の如き主義に満足出来ぬ様になつたのは、僕の精神上の事実である」とも書いた。ここで注目したいのは、嘲風あての手紙の「ロマンチシズムの臭味を帯びた個人主義」という樗牛の表現である。「ロマンチシズム」はチーグラーの解説によればニーチェの基本的資質である。ロマン主義運動を期待していた樗牛が自己のなかに新しく芽生えた個人主義をこのように表現しているのは、彼の個人主義とニーチェの個人主義とのなんらかの関連を予想させる。そこで別の角度から当時の樗牛の状況を振りかえってみよう。

## 3 個人主義主張の背後にあるニーチェ理解

「ロマンチック・ムーブメント」を提唱して間もない三十三年八月、樗牛は喀血した。九月に転地療養した彼は時間的な余裕もできて、この頃からさかんに外国の文学書に親しんだ。留学の夢をまだ捨てていない樗牛には、その下準備の意味もあったであろう。だが世事の雑務から遠ざかり、樗牛の所謂「大文学」の範ともいうべき西洋文学にもっぱら親しんだことは、社会的なものへの関心の喪失という変化を彼にもたらした。明治三十三年十一月の藤井健次郎あての書簡では、「顧れば、此の数十日は夢の如くだ。(中略)ヤレ倫理の、真理の、教育のと、ヤカマシイ無趣味な世の中も、同じ世界にあるのかと疑はれる位のものだ」と述べている。こうした心境に至った樗牛は、社会、倫理、教育などの統一的原理として国家至上の主張をふりかざしていた今までの自分を、遠い気持で眺めたのではないだろうか。おそらくこの主観的心情の変化が、日本主義を唱えなくなったことの有力な一因であったに違いない。常に強い感情的ドライブにより思想形成する浪漫的・主観的性向の強い樗牛の中に、この際ひとつの精神的空白が生じたことは否めない。

個人主義という観点から把えられたチーグラーの文明史は、樗牛のいわゆる時代精神の把握という主張内容に一つの新しい視点を提供したのではないか。文学者における時代精神把握の必要を強調する樗牛はこれまで、それに日本主義という内容を与えていた。だが国家至上主義に対する関心を失った今、彼は時代精神とは具体的には何かという新たな問題を考察する必要があった。このとき、個人そのものを時代の中心問題とするチーグラーの立場に共感し、またこれを新しい示唆として受けとる内面的地盤は、充分に存在しただろう。この書物が重要な契機となって、彼は個人主義を徹底するという新しい方向を見いだしていったのではないだろうか。

樗牛は三十四年二月、チーグラーはその後もひきつづいて精読し、「至極有益の書と思ふ」といった感想とともに、日本で読了しておきたいという希望も述べた手紙を姉崎に送っている。しかし一方、樗牛の病状はますます思わしくなくなり、ついに三月には念願の留学の夢を諦めねばならなかった。精神的にも環境の上でも八方ふさがりの樗牛の内面で、個人主義という新しい方向は一つの活路であり、急速に彼の思考の中心になっていっただろう。五月『太陽』掲載の「姉崎嘲風に与ふる書」はこの推測を裏づけている。(これは手紙の形式をとった公開記事で、実際には嘲風に発送されてはいない。)ここで樗牛は客観的批評を排して主観的批評を主張し、「主観主義は、他方より見て個人主義也。而して文芸の史上に於て最大なる勢力を有せしものを実に是れ個人主義と為す」と解説する。さらに主観主義=個人主義を代表するものとして、バイロン、バーンズ、シェリー、ビヨル《ママ》ネ、ハイネ等、ロマン主義的傾向をもつ文学者の名をあげ、「是を現代の詩人に見れば、ニーチェ、イプセン、トルストイ等の個人主義が殆ど中部欧羅巴の文壇を風靡しつつあるは世人の熟知する所の事実也」と述べている。彼はこうして個人主義の潮流を文芸史的に解説することにより、新しい自己の傾向を根拠づけた。この場合、チーグラーが現代の個人主義者として最も注目しているニーチェの個人主義に、樗牛が無関心であったはずはない。ここから八月の「美的生活論」まではあと一歩である。

美的生活論の内容やそれを契機に起こったニーチェ論争については、第一、第二節で詳述したのでここではふれない。ただ、ニーチェ論争がほとんど収束した三十五年五月、樗牛が『太陽』「無題録」で「美的生活論はニーチエに俟つものではない」と発言したことの意味をここで考えておきたい。客が来て、最近ニーチェを唱道しなくなったのは何故かと詰問したのに対し、憤然として「吾人まだ曾てニーチエを唱道したることなし」と答えたのちに発せられたのがこの発言である。このあと「恐らくはニーチエを讃美することに於いて余は今の何人にも譲らざるものならむ。ただ彼れは彼れたり、余は余たり」といい、さらに、二年ほどまえ丁酉会で話した「ロマンチックと人生」の主旨は美的生活論と同主旨で、自分が年来抱懐してきた感情だともいう。筆者もすでに指摘したとおり、時代精神を解する偉大な浪漫的文学者が日本にも現れることが樗牛年来の夢であった。美的生活論の内容を考えてみても、本能満足の生活をニーチェが「美的生活」と呼んだ事実はないし、忠臣義士や孝子烈婦、守銭奴の行為も、人がそれに絶対の価値を見いだすならばそれもまた美的生活だという本能の拡大解釈論理構築は、もとよりニーチェとは無関係の樗牛の思索の結果である。こうした意味では、樗牛が「美的生活論はニーチエに俟つものではない」と述べたことにもそれなりの理由がある。

しかしすでにみたように、「姉崎嘲風に与ふる書」という公開記事で、主観主義、個人主義を現代ヨーロッパの支配的文芸思潮として強調したことや、彼自身の精神の変調について述べた姉崎あての私信などは、後にみるように樗牛の新しい傾向としての個人主義への関心を示している。しかも樗牛のみならず当時のニーチエ理解では、本能主義者、ただ自我の絶対を主張した極端な個人主義者という解釈が中心であった。細部はともかく、本能満足に絶対の価値を見いだすという美的生活論の根本発想に、ニーチェ本能主義の影響を感じるのは自然であろう。

それにもかかわらず、樗牛が美的生活論とニーチェの無関係を主張したのは、美的生活論の独自性を強調したかったからだと思われる。美的生活論が竹風の解説によりニーチェ主義として世上の論議の対象となったとき、樗牛の説は全面的にニーチェに基づくという解釈が支配的であった。鷗外の冷笑にしろ逍遙の当てこすりにしろ、彼はニーチェに全身を吞まれた単純なニーチェ信奉者という嘲笑を受けていた。まだニーチェ紹介が緒についたばかりのこの時点においては両者の混同ははなはだしく、ついには大真面目で「ニーチェの美的生活説」という表現を使っている記事も出るほどであった。おそらく彼には、自己本来のものが理解されていないという恨みがあったであろう。それが「美的生活論はニーチエに俟つものではない」という発言になったのだと考えられる。

## 4　理想のニーチェと「偉大なイゴイスト」日蓮

美的生活論の発表前後、樗牛はまたしても一連の天才讃美の文章を発表して、天才を社会の名誉、国家の宝観、人類の光明として礼讃する。平等を排しひとり天才を高く評価する樗牛は、天才を迫害する民衆教育主義や道徳主義を憎むともいう。樗牛自身かつて「文明批評家としての文学者」において、「人道の目的は衆庶平等の利福に存せずして、却て少数なる模範的人物の産出に在り。模範的人物とは即ち天才也、超人《ユーベルメンシエ》也。是れ即ち無数の衆庶が育成したる文明の王冠とも見るべきもの也」とニーチェ天才論を解説していた。樗牛の天才論はニーチェ天才論にかなり類似している。ニーチェの影響というより、むしろ彼の解していたニーチェ思想そのものともいえる。

こうして天才を讃美する樗牛は、その具体的な対象を見いだそうとする。それがニーチェその人であり、清盛であり、日蓮であった。

「文明批評家としての文学者」でニーチェ天才論を紹介した四ヶ月後、彼は明治三十四年四月の「平家雑感」で、「さるにても、入道相国こそ男の中の男なりけれ。人をも君をも物の数とも思はざりし不敵の根性は、げに悪逆無道の極みにはあれど、この世をおのが心のまゝにして、飽くまで我意をふるまへるさま、またなくぞ見えし。男たらむはかくもこそありたけれ」と称讃する。また八月に「美的生活論」を発表した三ヶ月後、十一月の「平相国」では、「嗚呼清盛、彼は生れて其の為さむと欲する所を為しき。（中略）悪逆無道の名を後世に流せりと雖も、彼れに於て素より遺憾なかるべきなり。吾人清盛の生を大なりとす」と書く。悪逆無道という一般的な清盛の評価に反して、樗牛が我意の人清盛を讃美しはじめた背後には、彼の理解したニーチェの直接的影響が感じられる。「我のみを尊重し」、強者・支配者の君主道徳を説いた点こそ、当時理解されたニーチェの個人主義思想の中心だった。以前、天才を讃美しながらもそれはそのまま社会を益するものとみなし、常に社会や倫理を問題としてきた樗牛からみれば、悪逆無道を問題にしないどころかそれを称讃する態度は百八十度の転回である。これほど明瞭に「我」を、あるいは強者を讃美するに至ったのは、ニーチェ思想との接触を除いては考えられない。こうして我を至上とする樗牛の個人主義はしだいに明確になっていった。

その後、樗牛はしだいに日蓮に傾倒していく。ニーチェ論議のたけなわであった三十四年十一月、「田中智学の『宗門の維新』」を『太陽』に発表し、日蓮に関する智学のこの書物に対する感激を語っている。ここで彼は、「吾人は日蓮宗に於て一門外漢のみ」と断りながらも、日蓮が北条氏の拒否を問題とせず、法華折伏を行ったことに対して、「嗚呼何ぞ其の主張の厳明にして其の意志の猛烈なるや」とその人格を嘆賞している。これをきっかけに日蓮研究を始め、翌三十五年には「日蓮上人とは如何なる人ぞ」、「日蓮と基督」、「日蓮上人と日本国」など一連の日蓮物を発表した。この日蓮傾倒も、根底においてはニーチェの自我主義、天才主義という理想の路線上にあったことは、彼みずから認めている。

恐らくは、僕は尚ほニイチェの理想に彷徨する者であらう。（中略）僕は日蓮に於て其の信念の為に国家をも犠牲とする偉大なるイゴイストを観た。今日の道学先生的倫理説に勝えざる僕の大なる安慰は、此人の此特質に現はれた。是の如くして安立し得べくむば、天下他に何物も要せざる如く感ぜらるゝのが、僕の目下の病であらうも知れぬ。

三十五年七月、この手紙を嘲風に送った樗牛は年末に永眠した。「光は見附けたけれども、之を世に伝へることは嘲風に頼みたい」ときれぎれに語った言葉が、最後の言葉だったという。宗教学者でもある嘲風にあてて述べたこの「光」とは、おそらく日蓮のことであっただろう。死に臨んで、「偉大なるイゴイスト」日蓮のうちに光を見いだした樗牛とって、その方向を与えたニーチェの影響は相当に根深いものであったともいえる。

もとより、彼のニーチェ像は精緻な研究の上に構成されたものではない。またその解釈は同時代の水準を越えるものではなく、外国の一研究書に負うところが大きい。死の直前、「嗚呼、小児の心乎。玲瓏玉の如く透徹水の如く、名聞を求めず、利益を養はず」と小児をたたえている言葉は、『ツァラトゥストラ』冒頭の教説「三段の変化」において、ニーチェが精神の最終段階として小児をあげていることを思わせもする。あれほどニーチェを讃美した樗牛のことであるから、原典にも接したであろう。また琴線にふれる言葉を拾って自己の心情を表白するよすがともしたであろう。しかし極端な個人主義者、我の主張者というニーチェの基本的解釈においては、彼はまったく他律的であった。

だが、たとえこのような理解に基づくものにせよ、ニーチェの思想は彼の内面の要求に合致し、混迷した精神状況に方向を与え、個人主義者として自己を再形成する原動力となった。樗牛が「我の主張」という一点だけをみつめて、ニーチェ・ニヒリズムの出発点ともいうべき「神は死んだ」という前提や、アンチクリストの精神、大地の思想、彼岸的なものを徹底的に拒否したことなどを問題とせず、この思想を日蓮にまで結びつけてしまうことには大いに疑問が残ろう。しかし、伝統的に道徳がキリスト教道徳を意味する欧米諸国では、アンチクリストは直ちにインモラリストに結びつく大問題であったが、このような土壌のない日本では初めからそれほど問題とされることはなかった。むしろ樗牛や竹風のニーチェ転生論への評価にみられるように、彼らはキリスト教以外のニーチェの宗教的要素を感じ取った。仏教学者の姉崎のニーチェ観にもそのような要素があり、そうした意味では、樗牛が日蓮の人格に心の拠り所を見出したのもそれなりの理由がある。

「予は現代において他の誰よりもニーチエを讃美するものならむ」と自認した樗牛が日蓮にみたのは、「信念の為に国家をも犠牲とする偉大なイゴイスト」であり、極端な我意の人、個人主義者であった。そしてニーチェを介して樗牛の示した強力な自我形成の要求は、危険思想視されたものの、結局は若い人々にしだいに受け入れられていくのである。

最後にその一つの例として、自然主義文学に与えたニーチェイズムの影響をみておきたい。

## 5　自然主義文学におけるニーチェイズムの影

明治三十年代後半になると、もはやニーチェが新聞や雑誌にはなばなしく取りあげられることはなかったが、この時期は知識階級や文学青年が実際に英文でニーチェを読み始めた時代だといえよう。田山花袋の文壇回顧録風の自伝『近代の小説』には、彼が当時読んでいたニーチェの価値転倒の徹底ぶりに驚嘆し、国木田独歩を相手に気炎を上げている情景が生き生きと描かれている。「もっと元に戻れ！原始状態に戻れ！　したいことはどしどしやれ！　人に気兼ねをしている必要はない。あとについて来るものがなくとも構はない。何処までも一人で行くところまで行く。ちっとも凝滞しているところがないからな」。こうした花袋の言葉に、独歩も「面白い」、「賛成だ」などと答えている。花袋も独歩も早稲田出身で、自然主義文学の代表的文学者とみなされている。明治四十年代に入って自然主義は全盛時代をむかえ、博文館『太陽』の主筆となった長谷川天渓は自然主義鼓吹に熱狂した。四十二年二月の臨時増刊号『明治文芸史』の「思想の変遷」では、三十年頃の思想として、個人主義、自我発展主義、超人主義というニーチェ的思想が勢力を占有し、ニーチェ主義の旧慣習的道徳や旧思想の破壊が文芸に絶大な影響を及ぼしたことが述べられている。そして文芸は旧法則に従う必要はなく、まったく個人の自由に任されているという思想は、ニーチェの個人発展的哲学に基づいたもので、「今日の所謂自然主義は其の一産物である」という。

また博文館刊の雑誌『文章世界』は、四十一年五月、田山花袋の編集で「近代三十六文豪」という特集を出す。その中のニーチェ紹介は、明治三十二年に長谷川天渓が紹介した「ニーツェの哲学」とほぼ同じ内容である。しかしその調子はかなり違っていて、「非人類的怪想」といった過激な表現は採られていない。「これは一見奇を好んだやうに見えるが決して左様ではない。彼れは西洋文明の腐敗（中略）に憤懣やらん方なく、最も露骨に、大胆に新道徳を説いたのである」と執筆者はニーチェを弁護し、その根底にある真率さを強調している。これはかつて樗牛がニーチェを讃美したときと同じ評価の仕方である。この紹介は無署名であるが、内容から見て天渓自身が書いたものかも知れない。いずれにせよ、自然主義運動を担ったのは早稲田派であり、『早稲田文学』であり、論争当時のニーチェ主義反対者と目された早稲田派に対し、ニーチェはこのような大きな影響を与えているのである。もっとも、花袋は鷗外の「牙なきニイチエ」という樗牛評を引きながら、「樗牛はニイチェを伝へるのに相応しい人物とは思はれなかつた。ニイチェはもつと強かつた。もつと自我的であつた」と述べ、樗牛のロマンチックな、あるいはセンチメンタルな要素を批判している。花袋は、当時の恩師逍遙の天敵である樗牛を簡単には認められなかったのかもしれない。ただしニーチェを徹底した個人主義者、強烈な自我の主張者と捉えている点では、花袋の理解も樗牛の理解も同じであり、またそれが故にニーチェに感嘆し、讃美していることも両者は共通している。

一世を風靡した論客樗牛も去り、竹風も評論の筆を折るようになると、自然主義反対の立場をとった『帝国文学』にはもはや昔日の勢いはなくなった。明治の末には帝大哲学科出身の生田長江が本邦初訳の

『ツァラトゥストラ』を刊行し、大正に入ると、同じく哲学科出身で漱石門下の阿部次郎や和辻哲郎が厳密な原典研究に基づいて、明治のニーチェイズム時代とはまったく異なる理想主義的ニーチェ像を世に示すことになる。これついては大正時代のニーチェ像として、章を改めて検討したい（第四章）。

## 註

（1）樗牛の引用は主として明治文学全集第四十巻（筑摩書房、昭和四十五年）に拠った。なお本書での人物・作品は多岐にわたるので、典拠は主要人物についてのみ掲げることとし、引用文中の旧漢字は新漢字に改めた。

　また現行の一般的な表記とは異なる引用文中の人名・作品名表記についての註記は、必要最小限にとどめたことをご諒解いただきたい

（2）International Nietzsche bibliography. Edited by H. W. Reichert and K. Schelechta, The University of North Calorina Press, 1960

（3）当時英訳されていたのは、次の三巻である。

Vol I　A Genealogy of morals. Poems. Trans. by Wm A Haussman and J. Gray, 1896

Vol II　Thus spake Zarathustra. Trans. by Alex Tille, 1897

Vol III The case of Wagner. Nietzsche contra Wagner. The twighlight of the idols. The Antichrist. Trans. by Th. Common, 1897

　明治三十六年二月の『学燈』には前記三巻の英訳の着荷報告と紹介がある。もっともこの一年前、三十五年四月の『学燈』には、新着書としてニーチェの抜粋が入荷した旨の広告がある。Nietzsche:

As Critic, Philosopher, Poet and Prophet. (Choice Selections from his works) compiled by Thomas Common

（4）樗牛が『十九世紀文明史』と手紙で書いているドイツ語書籍の原題は次の通りである。Theobald Ziegler: Die geistigen und sozialen Strömungen des 19ten Jahrhunderts

（5）杉田弘子「ニーチェ移入をめぐる資料的研究——日本文献と外国文献の関係」（『国語国文学』、昭和四十一年五月）

（6）次に示すのは最初の英訳全集（一九〇九-一三）で、編集は "The Nietzsche Movement in England"（1913）を書いた Oscar Levyである。The complete works of Friedrich Nietzsche. Edited by Dr. Oscar Levy, 18 vols.

# 第二章　漱石の『猫』とニーチェ

# はじめに

## 『猫』の中でニーチェが登場する二つの場面

天下に何が面白いと言つて、未だ食はざるものを食ひ、未だ見ざるものを見る程の愉快はない。諸君もうちの主人の如く一週三度位、この洗湯《ママ》界に三十分乃至四十分を暮すならい丶が、もし吾輩の如く風呂と云ふものを見た事がないなら、早く見るがい丶。親の死目に逢はなくてもい丶から、是丈は是非見物するがい丶。世界広しと雖もこんな奇観は又とあるまい。

何が奇観だ？　何が奇観だつて吾輩は之を口にするを憚かる程の奇観だ。此《この》硝子窓の中にうぢやく＼、があく＼騒いで居る人間は悉く裸体である。台湾の生蕃である。二十世紀のアダムである（註1）。

これは、出版後百年を経た今なお、日本の近代小説のなかでもっとも愛されている夏目漱石（慶応三年―大正五年）の『吾輩は猫である』（以下『猫』と略記）の第七章で、猫が初めて銭湯をのぞき見する場面である。裸体の集まりに仰天した猫は、このあと延々と衣服哲学を開陳したのち、人間の歴史は衣服の歴史といっていいくらい衣服は人間にとって重要なものだと主張する。「だから衣服を着けない人間を見ると人間らしい感じがしない。丸で化物に邂逅したようだ」、と猫は銭湯の裸体集団を化物集団と同一視することになる。猫はさらに省察を進めて、人間がさまざまな衣服を発明するに及んだ原因に考えをめぐらし、それを「平等」に安んじ得ない人間の本性に帰着するものと結論する。

どんな人間でも生れるときは必ず赤裸《あかはだか》である。もし人間の本性が平等に安んずるものならば、よろしく此赤裸の儘で成長して然るべきだらう。然るに赤裸の一人が云ふにはかう誰も彼も同じでは勉強する甲斐がない。骨を折つた結果が見えぬ。どうかして、おれはおれだ誰が見てもおれだと云ふ所が目につく様にしたい。夫《それ》については何か人が見てあつと魂消《たまげ》る物をからだにつけて見たい。何か工夫はあるまいかと十年考へて漸く猿股を発明してすぐさま之を穿《は》いて、どうだ恐れ入つたらうと威張つてそこいらを歩いた。

この調子で機知縦横に得意の諧謔を弄しながら猿股期、羽織期、袴期などを説明するが、言いたいことは要するに人間は平等を嫌い、競争を始め、どこまでも差別を作ろうとするものだということである。その人間の一団が、この脱ぐべからざる衣服を脱いで平然と談笑しているのを見て、猫は一大奇観とばかり驚いたのだ。このあと当世浮世風呂ともいうべき明治三十年代の銭湯の様相が面白おかしく描き出されるが、ここで突然ニーチェが出てくる。風呂の水が熱すぎて群小の裸体が黄色い声や赤い声でわあわあ喚きたて、一面にたちこめた朦朧たる湯気のなかで一種名状すべからざる音響と混雑と迷乱がおきたとき、ぬっくと立ち上がった一大巨漢が「うめろ〳〵、熱い熱い」と叫んだ。浴場全体がその男一人になったと思われるほどその声と顔が群衆を圧したのを見て、猫は「超人だ。ニーチエの所謂超人だ。魔中の大王だ。化物の頭梁《ママ》だ」と思う。そして帰り道、いくら衣服を脱いで平等になろうとしてもまた赤裸々の豪傑が出てきて他の群小を圧倒してしまう、平等はいくら裸になっても得られない、という感慨にふけるのである。

　銭湯の大男を大袈裟に超人にたとえるなど意表をついていて、漱石のふざけもここに極まった感があるが、それはこの作品を貫く特質であるから別として、この銭湯の場面は諧謔の衣をまとった漱石の人間観察といえる。平等という観点から人間の本性を考え、競争に明け暮れた結果、差別が生じることを、衣服の歴史を素材にしながら述べたて、こうした競争の一大勝者という文脈で超人が出てくる。これが『猫』で漱石がニーチェに言及した第一の場面である。

ニーチェについて二番目に述べているのは、最終第十一章においてである。この章では猫の主人である苦沙弥先生の家に出没する面々、俗界に超然として知的饒舌を楽しむ連中、漱石のいわゆる太平の逸民たる主要人物がほとんど全員勢揃いし、議論に花を咲かせる。悲観的な未来記を語る迷亭は、個性が発展した未来には親子兄弟も離れ、夫婦も分かれる、一緒にいるためにはそれだけ個性が合わなければならぬ、芸術も他人が作った詩文などいっこう面白くもないから消滅するという。これを受けて、哲学者の八木独仙は次のようにいう。

とにかく人間に個性の自由を許せば許す程御互の間が窮屈になるに相違ないよ。ニーチエが超人なんか擔《かつ》ぎ出すのも全く此窮屈のやり所がなくなつて仕方なしにあんな哲学に変形したものだね。一寸見るとあれがあの男の理想の様に見えるが、ありや理想じやない、不平さ。個性の発展した十九世紀にすくんで、隣りの人には心置なく滅多に寝返りも打てないから、大将少しやけになつてあんな乱暴をかき散らしたのだね。あれを読むと壮快と云ふより寧ろ気の毒になる。あの声は勇猛精進の声じやない。どうしても怨恨痛憤の音《おん》だ。

さらに続けて独仙は、昔は一人の英雄が出れば天下の者がその旗下に集まったが、「ニーチエの時代はさうは行かないよ。英雄なんか一人も出やしない。出たつて誰も英雄と立てやしない」。孔子も昔は一人だからよかったが、今はことによると天下がことごとく孔子かもしれないので押しが利かない、そこで不平だから、「ニーチエ見た様に筆と紙の力で」超人などを振り回すのだと解説する。ここで一転、独仙は西洋文明全体の批判を始める。

吾人は自由を欲して自由を得た。自由を得た結果不自由を感じて困つて居る。夫《それ》だから西洋の文明杯《など》は一寸いゝやうでもつまり駄目なものさ。之に反して東洋ぢや昔しから心の修行をした。その方が正しいのさ。見給へ個性発展の結果みんな神経衰弱を起して、始末がつかなくなつた時、王者の民蕩々たりと云ふ句の価値を始めて発見するから。無為にして化すと云ふ語の馬鹿に出来ない事を悟るから。

「王者の民蕩々たり」とは、徳の優れた王の治める民はのびやかでゆったりしていることを意味し、『論語』「泰伯篇」に出てくる孔子の言葉である。「無為にして化す」は『老子』第五十七章に出てくる「故に聖人言う、我無為にして民自ら化す」という有名な言葉で、聖人の治める世では何もしなくても民は自ずから感化を受けるという意味である。つまり独仙はここで、孔子、老子という中国古代の代表的思想家の言葉を引くことによって、西洋哲学に対する東洋哲学の優位を主張しているのである。

ニーチェが出てくる第二のこの場面は正面きった近代文明論である。諧謔味も減り、ふだん陽気で奇想天外な大法螺を吹いては人を担ぎ、一人で悦にいっている迷亭までがペシミスティックな未来記を述べる。個性発展の結果それぞれの個性が衝突をおこし、そのきわまるところ西洋的文明は滅びるという文脈のなかで、ニーチェが出てくるのである。

二つの場面を較べてみると、前者が人間は平等を嫌うという人間性一般の観察に主眼があるのに対し、後者は十九世紀、二十世紀という近代西洋文明の批判に力点がある。このような差はあるが、両者に共通しているのは超人というテーマであろう。漱石の解釈では、超人とは英雄豪傑、さらには孔子のような精神的人物も含めて世に傑出した人物のことである。最初の場面で銭湯の大男を猫が超人と評するのはいかにも突飛で、ユーモラスな色彩が強い。しかし、第二の場面の独仙君の批評はもっと突き放している。十九世紀人たるニーチェに同情しつつも、超人などはニーチェの不平のしからしむるもので、怨恨痛憤の音だという。いったい、このような評価や解釈はどのようなところから出て来たのだろうか。それを明らかにするには、当時の漱石がニーチェの著作をどの程度、またどのように読んでいたかを知らなければならない。

## 英文の書込みが示す『ツァラトゥストラ』の精読

端的にいって、漱石はニーチェの主要著書『ツァラトゥストラはこう言った』(以後『ツァラトゥストラ』と略記)を熟読玩味していた。漱石の蔵書中、ニーチェの著作はティレ(Alexander Tille)の英訳本 Thus spake Zarathustra (1899) 一冊だけである。ここには、ほかに例を見ないほど異常に多量の、漱石自身による英文の書込みがある。しかもこの英訳本の精読は、後に述べる理由により『猫』執筆中の可能性が高い。さらに当時のメモ断片にはニーチェに言及したものが非常に多い。とすると、ニーチェは先にあげた『猫』の中の二つの場面だけではなく、作品『猫』全体ともっと深い関わりがあるのではないか。

『ツァラトゥストラ』英訳本への漱石による英文書込みは漱石全集に収録されており(岩波書店、昭和四十年版では第十六巻)、誰でも容易に眼にすることができる。また、この書込みの一つひとつがティレ英訳本の何ページ何行にあるかという指示もある。数ある『ツァラトゥストラ』の英訳本のうち、ティレ訳はイギリス初のもので、刊行年も古いが、これに関しては平川祐弘「夏目漱石のツァラトゥストラ読書」(氷上英廣教授還暦記念論文集『ニーチェとその周辺』所収、朝日出版社、昭和四十七年)という非常に示唆に富む労作がある。この論文は、現在東北大学の漱石文庫に所蔵されているティレ英訳本と対照しつつ、漱石書込みの英文とその日本語訳を示し、さらにその書込み部分の『ツァラトゥストラ』の章句を氷上英廣訳(岩波文庫版)の日本語によって示している(註2)。この論文は、書込みをテーマ別に分類して、漱石がニーチェのこの代表作をどのように読んだかを追体験しようという試みで、それぞれの章句に対して示唆に富む説明がある。筆者にとっても非常に参考になる論文だが、平川論文が書込み全体の分析を主眼にしているのに対し、本稿では『猫』という作品に対するニーチェの影響を考察することを目的とする。したがって本稿では、『猫』との関連においてのみ書込みを取りあげていきたい。

それでは漱石は、いつ『ツァラトゥストラ』を読んだのであろうか。筆者の推定では、集中して読んだのは『猫』執筆中の明治三十八年頃、それも第六章から第七章を書く間の明治三十八年十一月を中心とする前後の時期ではないかと思われる。その根拠の第一は、何といっても漱石の書き遺している断片群である。

ここでいう断片とは一種のメモであり、漱石全集全巻の編集者小宮豊隆の解説によれば、「自分の書こうと思った論文もしくは小説の筋書き」もあれば、「不図思いついた警句」もあり、「他人の作品を読んで考えた批評」、「抜き書き」等々雑多である。日記よりもはるかに漱石の内面の動きを表わしており、創作メモ的性格も強い。こうした断片にとくに日付は附されていないが、大まかな年代でくくられている。「明治三十八年十一月頃より三十九年夏頃まで」として一括された断片群はちょうど『猫』後半部（七章から最終十一章まで）の執筆時期に重なるが、この断片群のとくに前半には、ニーチェの思想から直接刺戟を受け、それを中心に思索をめぐらしたと思われる数多くの断片がある。ニーチェの名もこの時期の断片に最もよく出てくる。しかもこれらの断片は、他の一、二行の走り書きと違い、断片という名にふさわしくないほど堂々たる長文の論文のようなものが多い。多くの書込みをした読書の後かその途中でそれを整理し、再度それを材料に思索を重ね、長文のものとならざるを得なかったであろう。これが三十八年十一月前後に『ツァラトゥストラ』を読んだと推定する第一の理由である。

第二の理由は、第七章で初めてニーチェの超人が登場することである。明治三十八年元旦から雑誌『ホトトギス』に連載され始めた『猫』は好評を博し、十月にはその初篇が単行本として刊行された。この単行本も非常に好評で、売れっ子になった漱石の文筆生活は多忙をきわめた。当時彼は『猫』のほかに他の小品も同時並行で書いていた。漱石のこの頃の速筆は有名であるが、『猫』七章、八章はまとめて十二月十二日から十七日までの六日間に、四百字詰原稿にして一三五枚を一気呵成に書きあげたという。それも学校はまだ冬休みに入っておらず、学校へ行きながらこれだけの量を書きあげるのは並大抵のことではない。いずれにせよ十二月中に書いた七章に超人が登場するとなると、やはり『ツァラトゥストラ』読書は、ニーチェと関連の強い断片が数多く書かれ始める十一月頃を中心とすると考えるのが妥当であろう。

第三の理由は、漱石が東大で講義した『文学論』において行ったニーチェ紹介との関連である。ここで注意しておきたいのは、漱石がニーチェについて述べたのは『猫』が初めてではないということである。『猫』以前の『文学論』のなかにすでにニーチェの説の紹介・批評が出てくる。キリスト教の道徳を奴隷道徳とし、君主道徳を強者の道徳として賞揚したニーチェの説を簡単に紹介したのち、漱石は、これは何も珍しい説ではない、この二つの道徳は相並んで存在したが、自己のためにする君主道徳は人々が日々実践している道徳なのであえて唱導する必要がなかったまでだ、と批評している。強者の哲学ともいうべき武士道がまだ生きていた明治の子らしい反応である。当時の世界的ベストセラー『武士道』を書いた新渡戸稲造も、第三章で述べるようにニーチェの君主道徳については全面肯定ではないが、一部同情的な見解を述べている。

漱石の『文学論』は、神経衰弱になるほど猛勉強したロンドン時代の成果である。彼が文部省派遣留学生としてロンドンへ出発したのは明治三十三年十月、帰国は三十六年一月。帰国後は一高と東大英文科の講師を兼任した。そして帰国した三十六年九月から三十八年六月まで、東京帝大で講義したのが『文学論』である。この中でニーチェに言及しているのは五篇からなる『文学論』の第一篇だが、ここでのニーチェへの言及とあの『ツァラトゥストラ』読書とは、あまり関係がないと考えられる。というのは『ツァラトゥストラ』の中には、漱石が『文学論』のなかで説いたような形で君主道徳、奴隷道徳を説いた部分はなく、こうした道徳観が詳細に論じられているのはニーチェの他の著作『道徳の系譜』においてだからである。つまり内容的に見て、『文学論』の講義内容は『ツァラトゥストラ』の内容と無関係なのである。

それでは『文学論』での言及は何に拠ったのか。漱石蔵書中には『道徳の系譜』はない。しかし、当時英訳されていた三巻のニーチェの著作には『道徳の系譜』も含まれているので、漱石が何らかの形でこの書物を眼にした可能性はある。だが漱石が文学論で述べている程度の簡単な紹介なら、当時の状況からみて、イギリスでも日本でも簡単にその知識を得ることができたとも考えられる。本書の序論や第一章で詳しく見たように、一八九〇年代後半からニーチェが一躍有名になったのは、デンマークの批評家ゲオルク・ブランデスが貴族的急進主義者としてニーチェを世に紹介したことに始まる。これを機にニーチェ論議が欧米でも日本でも盛んになるが、日本において華々しくニーチェ論争が展開されたのは明治三十四、五年で、これはちょうど漱石の留学期間中に当たる。逍遙の「馬骨人言」のソース探求の際に見たように、この頃イギリスではニーチェ批判の記事が一般雑誌にも多く掲載されていた。漱石がこうした雑誌にふれる可能性は充分にあっただろう。また、帰国した三十六年正月には日本のニーチェ論争は下火になっていたが、それでも前年末に樗牛が世を去ったことを知らなかった逍遙の弟子島村抱月が、二月に痛烈な樗牛批判の論文を発表し、三月には登張竹風がその反駁記事を書いている。そうした状況を考えれば、当時文壇を湧かせたニーチェ思想の中心問題だった道徳思想のアウトラインを知るのは容易なことだっただろう。

いずれにせよ『文学論』のニーチェ言及は、内容から見て『ツァラトゥストラ』読書と無関係とみなすことができる。もっとも、明治三十六年秋から始まる『文学論』の中でニーチェに言及しているのは、帰国後日本の文壇の雰囲気に直接触れた漱石がニーチェに興味を抱いたことを示している。これを契機に漱石はニーチェの主要作品『ツァラトゥストラ』をきちんと自分の眼で読み、自分自身の理解力と判断力をもってその思想について考えてみたいと思ったのではないだろうか。

# 第一節　漱石が共感したニーチェの賤民論

## 1　ニーチェの賤民論と漱石の小人論

×人ニ可愛ガラレルノヲ嬉シキ〻《こと》ニ思ヘル時アリ。人に尊敬セラレルヲ難有シト思ヘル時アリ。人に対シテ円満ナルヲヨキ事ト思ヘル〻《こと》アリ。今ニシテ思ヘバ皆愚ナル〻《こと》ナリ。

×小人に可愛ガラレルハ君子の恥辱なり。小人に尊敬セラル丶ハ君子の耻辱なり。小人と交つて円満なるは君子の恥辱ナリ。小人は君子ヨリ軽蔑セラル可キ運命ヲ以テ世界ニ生レ出デタル者ナリ。小人ヲ軽蔑するは君子の義務ナリ。天下ニ嬉シキ〻《こと》只一事アリ。小人ヲ軽蔑する事是なり（註3）。

これは「明治三十八年十一月頃より三十九年夏頃まで」の断片（二一）の冒頭の文である。断片（二一）はすべて小人論で、このあともここにあげた引用の五、六倍の長さが続く。基調になっているのは、ここに引用したような小人に対する激しい軽蔑と嫌悪感で、小人の恐るべき技量のことをいい、これにいかに対処するかに考えをめぐらす。「小人ヲ遇スルニ君子ノ道を以テスレバ君子ハ常ニ敗ル。小人ヲ遇スルニ小人ノ道ヲ以テスル𣏐《とき》ハ或ハ勝チ、或ハ敗ル。小人ヲ遇スルニ小人以上ノ道ヲ以テスル𣏐《とき》小人ハ始メテ手ヲ束ネテ已ムベシ」と。

断片（二一）を読んでニーチェとの関連ですぐ連想するのは、『ツァラトゥストラ』の賤民蔑視である。それはこの作品のほとんど初めから終りまで至るところで語られている。「序説」ですでに超人の対極の人間というべき「おしまいの人間」が出てくる。偉大なものへの憧れも知らず、ただ快適さのみを求め、健康と長生きだけを気にしているような「おしまいの人間」たち、こうした大衆に見切りをつけ、ツァラトゥストラは以後、道連れ、友、弟子たちだけに自分の教えを説くことにする。

最も典型的な賤民蔑視が表れているのは第二部のうち「賤民」の章である。

すべての清潔なものを、わたしは愛する。不潔な者どもの口をゆがめた笑いと、その渇きを見るのは、わたしには耐えがたい。∥

憎みではなく嘔吐感だ。わたしの人生を虐げたのは！ああ、賤民にも、抜目のない精神の持主がいると気づいたとき、しばしばわたしは精神そのものに嫌気がさしたのだった！∥

いろんな国民のなかで、わたしは言葉の通じない者として、耳を閉ざして暮らした。かれらの利権あさりの用語や、その取引沙汰に縁なき者でありたかった。／わたしは鼻をつまんで、すべての昨日と今日の出来事のなかをふきげんに歩いてきた（註4）。

これらの章句に対して漱石は書込みをしていない。しかし似たテーマを扱った第三部の「古い石の板と新しい石の板」という章の二十一節で、ツァラトゥストラが軽蔑すべき敵はやりすごせと次のように説くとき、漱石は猛烈に反応する。まずニーチェの言葉を見よう。

世には多くの正と不正があり、それを見ていれば怒りがこみあげてくる。／見れば、すなわち斬りたくなる、——のっぴきならぬことだ。だから、遠ざかって、森にのがれるがいい。そしてあなたの剣を眠らせることだ！／あなたがたの道を行きなさい！　そして人民や国民には、彼らの道を歩ませておくがいい！（中略）／まだ光っているのは——商人の手にある黄金だけだというところでは、商人が支配するのは当然だ！

漱石はこの箇所の前後にアンダーラインを引き、激しい筆致で自分の意見を書き込む。

およそもっとも下劣な敵は、われわれに乗ずる機会を与えずに、われわれを陰険な方法で攻撃す

る敵である。こういう人間は自分がしたことの責任を巧みにかわして責任をとらないのだから真に見さげはてたものだ。（中略）

世界にはこのような陋劣な奴が大勢いる。大勢いすぎるくらいだ。私はそういう人間を日本で何人も見てきた。イギリスではそういう人間にさらに数多く出会った。

ここで漱石はイギリス攻撃を始め、こうした国々には誇りもなければ名誉心もない。宗教も力をもっていない。「私はおまえらを憐れむ、おまえら宗教的なる人々よ！」といってこの書込みを終えている。ほとんど自己コントロールを失ってしまったような感情的昂ぶりを見せた書込みだが、同じような書込みは第四部にもある。「王たちとの対話」の章で王が礼節を問題にし、「われわれの所では一切が虚偽であり、腐っている」という言葉に激しい共感を示し、続いて王が「甘ったるくあつかましい犬どもばかりだ。云々」というところにはアンダーラインをひいて true! と書き込む。そして同じ章の「礼節」という言葉にもアンダーラインを引き、またもやここでイギリス人攻撃を始め、やたらにナイス、ナイスを連発するイギリス人の偽善性と無神経さとあつかましさを書き連ねる。

ニーチェの賤民論に対する漱石の反応は、このように、日本ばかりでなくイギリス批判と結びついているが、一方、この賤民論ほど、漱石が我を忘れるほどの共感を示している書込みは多くはない。してみれば、この節の初めにみた断片（二）の小人論が、漱石の熟読したニーチェの賤民蔑視に触発されて書かれたものであるという想像は容易に成り立つ。しかも、今までは人に可愛がられたり尊敬されたりすることを嬉しいと思ったこともあったが、今にしてみればそれは皆愚だ、小人に可愛がられたりするのはむしろ君子の恥辱で、小人は徹底的に軽蔑すべきものだという過激な小人軽蔑論は、ニーチェの徹底した賤民蔑視に刺戟されたものとも考えられる。

ニーチェはさきに述べた引用でも「軽蔑すべき敵は避けよ」といっているが、同じようなことは第一部の「市場の蝿」の章でもっと適確に、心にしみるような表現で述べている。

のがれなさい、あなたの孤独のなかへ！　あなたは、このちっぽけな、みじめな者どもに、あまりに近づいて生きてきた。目にみえぬかれらの復讐からのがれなさい！　あなたに対して、かれらが加えるのは、復讐以外の何物でもない。／かれらにむかって、もはや腕をあげることはやめなさい！　かれらは無数だ。蝿たたきになるのは、あなたの運命ではない。／このちっぽけな、みじめな者は、無数だ。多くの誇らかに聳えた建物も、雨滴と雑草の影響だけで崩れ落ちた。／あなたは石ではないが、すでに多くのしずくのためにうつろになっている。さらに多くのしずくを受ければ、こわれ、砕けてしまうだろう。

このように賤民によって身を滅ぼすな、賤民を避けよというツァラトゥストラの警告は、やはりあの断片に書かれた漱石の小人論に反映しているのではないだろうか。ここで漱石は小人に対応する方法を考え、小人に小人の道を以って対すること、君子の道を以って対すること、小人以上の道を以ってすることなどと方法を分類し、最後の方法によってこそ小人は手を束ねてやむ、と結論している。つまり、今までは小人に対してもっぱら癇癪ばかりをおこしていたが、ここでは一歩引いて小人への対処法を考えるという方向に思考の向きが変わっている。このことは『猫』後半の構成やテーマに微妙な影響を与えていると思われるが、これについてはのちに考察しよう。

ところで、これほどニーチェの賤民蔑視に共感し、あるいは鼓舞され、あるいは影響をまともに受けたとすれば、それはやはり漱石がイギリスでも日本でも小人に悩まされてきたという実感に裏打ちされているからだろう。そこで当時の漱石の精神的状況をみておきたい。

## 2　賤民論共感の素地をなしたもの

### ロンドン時代および帰国後の生活と神経衰弱

すでにさまざまな文献によって明らかにされているように、ロンドン時代の漱石の生活は暗く淋しいものであった。他の留学生に較べてもともと給費も少なく、ロンドン時代の後半はほとんど自室に閉じこもって勉強ばかりしていたので、ついに発狂の噂まで本国に伝わった。発狂は事実ではないにせよ、強度のノイローゼにかかっていたことは事実である。こうした悲惨な生活をかろうじて乗り越えることができたのは、今日とは較べものにならないほどの初期政府留学生としての責任感と、知識人としての誇りであっただろう。そしてまた、「自己本位」の立場である。英文学の本場にわたり、茫然自失していた漱石に、彼ら何物ぞやという気概を与えてくれたのは、実にこの「自己本位」、「自我本位」の四文字であったと、後年「私の個人主義」(大正三年、学習院輔仁会での講演)の中で回想している。本場の英文学者たちのいうことを鵜のみにせず、自己の見識と判断力で、つまり「自己本位」の立場で文学の本質を見きわめようとした漱石は、英文学の読書のみならず科学的研究や哲学的思索も始めた。帰国直後から東大で講義した『文学論』はその記念碑である。

このような辛苦のすえやっと帰国してみれば、『道草』五十八で描いているように妻の実家は破産し、実家にあずけておいた妻は普段着も破れきって、漱石の着物を縫い直して着ている始末である。綿のはみ出た布団に裂けた夜具。漱石は家を探すことから始めなければならなかった。ロンドンで本を買うことに有り金すべてをはたいた漱石の懐中には、ほとんど金がない。そのうえまた三人目の子供が生まれてくる。つわりのひどい妻はヒステリー症状をおこす。まさに内憂外患である。教師はいやだいやだといいながらも、非常勤までして稼がねばならない。金に対する漱石の恨みは深い。金のために時間を奪われれば、本来最もやりたい仕事や勉強は思うにまかせなくなり、イライラが高じる。漱石の神経衰弱は帰国しても直りはしなかった。

千谷七郎『漱石の病跡』（勁草書房、一九七〇年）は、専門家の立場から漱石のノイローゼを内因性鬱病と診断している。この病状は漱石の生涯に三度現れ、一回目は明治二十七、八年頃の一年間、二回目は留学二年目の明治三十四年秋頃から帰国後の三十七年半ばまでの三年有余、三回目は大正元年晩秋から大正三年までの約二年間続いたという。もしそうであるなら、三十八年一月から『猫』を連載し始めた頃は、そろそろこの症状を脱してきたことになる。もっとも千谷博士は、『猫』の材料になった車屋のおかみの饒舌や、前の下宿屋の学生の大声や、隣の郁文中学の運動場の喧騒に漱石が癇癪を起こし、神経をとがらせていたのは、やはり鬱病を基盤として生じたものだと述べている。神経衰弱によるイライラから周囲の俗物、もしくは小人に癇癪を起していた漱石は、『猫』においては諧謔の衣をまといつつも、一種の鬱憤晴らしをしていたような感じも受ける。小人俗物にこのような憎悪を抱き、それをテーマに得意の諧謔の筆を揮っていた『猫』執筆中の漱石が、ニーチェの徹底した賤民蔑視を知ったとき、これに強烈な共感を寄せたのは頷ける。そこで次に、この共感の土台をなしていた漱石とニーチェとの、精神的類似性あるいは異質性について考えておこう。

## 漱石とニーチェの精神構造の類似性と異質性

ニーチェと漱石の気質や経歴、精神構造には非常に似た面がある。あるいはそうした精神構造や気質の類似性が、漱石をニーチェのある面に惹きつけたのかもしれない。この二人に共通しているのは非常に強烈な独立心、自己を恃む気概と誇りである。漱石は留学時代、年齢にして三十四歳の頃、自己本位の立場をとろうと決意し、自分の見識と判断力だけを頼りに自己の立脚地を築こうとした。ニーチェも三十三歳のとき病苦に襲われ、精神的危機におちいり、それまでの自分の身につかぬもの一切から自分を解き放ち、自己のみを頼りに哲学者として認識の道を行く決意をした。こうしてニーチェは安定した大学教授の職も棄て、以後漂泊の人生を送ることになる。この結果、ニーチェの書くものは友人たちの理解を超えたものとなり、ヴァーグナーとの友情も決裂、エルヴィン・ローデのように大学時代の大親友ともしだいに疎遠になっていった。ニーチェはしきりに孤独に逃れよと説いているが、孤独の苦しみは充分すぎるほどよくわかっていた。本来友人たちとの親密な交わりを必要とし、それに無上の喜びを見いだす人であっただけに、友人たちの離反や無理解は苦痛であり、心の痛手となった。この非常に傷つきやすく、感じ易いところも漱石と共通している。こうした感受性の強さがこの二人を詩人にしている要素でもあろう。

ニーチェはもともとギリシャ・ローマの古典文献学の教授だけあって、その文学的素養は深い。『ツァラトゥストラ』にしても、無味乾燥な哲学的著述と違ってアフォリズム的表現に溢れ、その文体には限りない魅力がある。ニーチェはよく詩人哲学者といわれるが、代表作『ツァラトゥストラ』はおよそ普通の哲学的著作とは類を異にした、表現の魅力に充ちた詩的作品である。ニーチェはフランスのモラリスト、モンテーニュをはじめ、ラ・ブリュイエールやラ・ロシュフーコーなどのアフォリズムに強く惹かれ、意図的にこうした文体で書く努力をしている。モラリストとは勿論道徳家という意味ではなく、人間心理を見抜く鋭い人間観察者という意味である。認識への情熱をもつと同時に、その哲学の方法を心理的省察に置くニーチェのような哲学者が、フランスのモラリストたちに強く惹かれたのはもっともなことである。一方、中国人も驚くほどの優れた漢詩を書き、生涯にわたって句作や俳句的境地を愛した漱石が、言葉や表現に敏感であったことはいうまでもない。英訳本への書込みは、ニーチェ思想の理解とそれに関する反応を書くのに忙しく、表現に関する書込みはあまりない。しかし『ツァラトゥストラ』の中の絶唱「七つの封印」という詩には賛嘆の声を発している。ニーチェの文体や表現に対する称讃の念や興味は当然あったであろう。

ニーチェは純粋、潔癖であり、策略や人気取りや嘘、つまり人間の卑劣さが許せない。この点も漱石と似た気質の人である。激しい頭痛と眼疾という絶え間ない病苦と孤独、周囲の無理解という状況にあって、認識への情熱と精神に生きる者、創造者の道をゆく者という誇りだけがニーチェの支えであった。ツァラトゥストラが連れている動物は鷲と蛇、つまり誇りと知慧の象徴である。ニーチェの賤民蔑視は、品性賤しく、精神の高みを理解しない者への軽蔑であった。その意味で漱石の俗物憎悪と同根の精神構造をもつといえる。

しかし漱石の場合は、こうした共感の根底には個人的な精神の型の類似性ばかりでなく、彼が育った日本文化の土壌そのものがあることも見逃せない。君子対小人という用語からしてすでに儒教の言葉である。長年儒教道徳に親しんできた日本人、とりわけその影響のまだ色濃く残っている明治人漱石にとって、小人は度しがたいという発想は自明の理に近い考えで、たいした抵抗もなく受けいれられたであろう。したがって、漱石がニーチェの賤民蔑視に強い共感を表わしているといっても、それは新しい未知の思想に共鳴したというよりも、すでに自分の中にある考えを再確認し、改めて考察の対象としたということだと思われる。

こうした気質や経歴上の類似は認められるが、もとより漱石とニーチェではその資質に決定的な相違がある。ニーチェを駆り立てていたのは認識への情熱であり、たとえ我が身を滅ぼすことになろうとも真理を見極めたいという認識への意志であった。その結果、二千年来ヨーロッパを支配してきたキリスト教的価値観の価値転換をはかり、人類史を真二つに割る者という壮大な自己意識をもつにいたった末、発狂した哲学者である。一方漱石は、近代化を急ぐ明治日本においてどのように西洋文明を受容し、どのようにそれと対決するかという問題に苦しんだ先端的知識人であり、英文学者であった。このため猛勉強した末神経衰弱になり、発狂の噂を立てられたとはいえ実際に発狂したわけではない。

のちに見るように、漱石は宗教や形而上学的問題にも関心をもち、西洋文明と東洋文明の比較考察をしたが、彼の創造の領域はあくまで文学の領域であった。また内心のデモーニッシュなものにとりつかれ、一人孤独な漂白の道を選んだ末破滅したニーチェに較べれば、漱石の方がはるかに社会性のある常識人であり、最後まで愛する友人や弟子、家族に囲まれてその生涯を閉じた。したがって類似点だけを強調するつもりはないが、にもかかわらず気質や精神のタイプの類似性が、ニーチェの賤民思想に寄せる漱石の共感の一因となったのではないかと考えられるのである。

## 3 ニーチェの女性論に対する共感

ここで漱石が強い興味を示したもう一つのテーマ、ニーチェの女性論に触れておきたい。ニーチェの女性観といえば「女のところへ行くなら、鞭を忘れなさるな！」という言葉があまりにも有名であるため、ともすればニーチェは横暴な女性差別論者のように思われがちである。この言葉は『ツァラトゥストラ』第一部の「老いた女と若い女」という章の最終場面で、それまでツァラトゥストラと会話を交わしていた老いた女が、最後に小さな真理としてツァラトゥストラに贈る言葉である。しかし現実のニーチェはもの静かで礼儀正しく、とても女性に鞭を振るうといった粗暴な振る舞いのできる人ではなかったようである。第一章でみたニーチェ誹謗者たちの紹介文でさえ、その道徳論には憤激しても、現実の人柄については立派な紳士であったと述べているものが多い。

この鞭に関わる部分について漱石はとくに書込みはしていない。ここでは漱石の興味を惹いた文章を見ていこう。

「老いた女と若い女」の少し前に友情を論じた「友」という章がある。この章の最後でニーチェは、女性はまだ友情を結ぶ能力がない、女性が知っているのは愛情だけだと主張し、次のように書いている。

女性の愛情のなかには、彼女が愛していない一切のものに対しての、不正と盲目がある。そして、知的にめざめた女性の愛情のなかにさえ、光があるとともに、不意打ちがあり、稲妻と夜が、依然としてある。

これに対して漱石は次のように書く。

愛情は個人的なものである、そして女性の愛において女性は自分にできる愛のすべてを一つの対象に集中する。他者へ与えるものはその女性にはなにもない。それだから女性の愛を得た人にとってその愛は貴重なのである。

漱石の反応は女性の愛情に関するニーチェの言葉に刺激されて、漱石自身の女性の愛についての見解を述べたものとしては意味がある。しかしニーチェがここで言いたかったのは、そのような一般論ではなく、死ぬほどの代価を払って得たニーチェ特有の心理学的洞察ではないかと筆者には思われる。

『ツァラトゥストラ』を書く直前に、ニーチェはいわゆる「ルー事件」と呼ばれる有名な恋愛事件を起こしている。当時二十一歳のロシア貴族の令嬢、ルー・サロメは頭脳明晰で優れた知性の持ち主であり、ニーチェの思想にも理解と共感を示した。独身で三十八歳のニーチェは初めて愛する女弟子を得たと狂喜する。しかし結局、この関係はニーチェの友人パウル・レーとの複雑な三角関係のような経過をたどり、ルーに対する嫉妬と怒りに燃えたニーチェの妹の介入などもあってうまくいかず、破局を迎えてしまった。ニーチェの失意落胆はたとえようもなく、当時は麻酔薬を濫用して自殺の危険がいわれたほどである。

「友」の章でいう知的に目覚めた女性とは、まさにルーのように何事も容易に理解しうる抜群の知性と教養を備えた女性のことを指しているのだろう。たしかにそこには光がある。男性と対等に知的な事柄について議論し、理解し、共感する能力をもった女性は、男性に精神的な満足と喜びを与える存在となりうるだろう。だがそれと同時に、男性間の友情には存在しないような女性特有の不意打ちともいえる行動によってルーはニーチェを傷つけ、この友情は終わった。

この文章に続いてニーチェはもう一度「女性にはまだ友情を結ぶ能力がない」と書き、さらに「女性はいまだに猫である。鳥である。最善の場合でも、雌牛である」と述べている。猫とは、魅力的ではあるが残酷さという爪を隠しもった女性をさす比喩であろう。鳥は自由に空を羽ばたくものとしてよりよいイメージを与える。「最善の場合でも、雌牛である」という文章からは、男装で有名な十九世紀のフランスの女流作家、ジョルジュ・サンドについて、「ものを書く雌牛」と評した『偶像の黄昏』の中のニーチェの言葉が思い出される。サンドは当時としては最も解放された女性としてパリの社交界でもてはやされたが、奔放な男性関係でも有名であった。ショパンや文学者のミュッセとの恋愛は有名である。リルケやフロイトなどヨーロッパでも第一級の知性をもつ男性たちの関心を惹いたルー・サロメの男性との交遊にも、サンドに似た奔放さがある。しかし「雌牛」にはもっと暖かく穏やかなイメージもある。『ツァラトゥストラ』第四部の「求めてなった乞食」の章には、慈愛そのものといえる山上の垂訓者が反芻する雌牛を讃美している場面がある。ニーチェが女性について「最善の場合でも雌牛である」といっているのは、暖かく、ゆっくりと物事を反芻する女性のことかもしれない。

「友」という章にはこのように女性に関する洞察があるが、ニーチェの女性観が最もよく表れているのはやはり「老いた女と若い女」という章であろう。ここで漱石がアンダーラインを引いている文章の一部を次に紹介しよう。

女にとっては、男は一つの手段である。目的はつねに子供なのだ。だが、男にとっては、女は何であろうか?

真の男性は二つのものを求める。危険と遊戯である。だからかれは女性を、最も危険な玩具《おもちゃ》として、求める。

男性は戦いのために教育されなければならない。そして女性は戦士の休養のために教育されなければならない。それ以外の一切は、愚劣である。

この箇所へ漱石は傍線を引いたが、それがここでのニーチェの女性観に対する漱石の共感を表わしているかどうかは、ただちには明言できない。しかし強い興味をそそられたのは事実であろう。他の書込みで、イギリス人はみな女の奴隷だとしてその腰抜けぶりを批判している漱石のことである。ここでそれとはまるで反対の主張をするニーチェの文章を読んで驚き、東洋の男性として一種の親近感を抱いたのではないかという想像もできる。しかし、これに続く次のニーチェの逆説的な一句に対して、漱石は批判の言葉を述べている。

あまりにも甘い果実——それは戦士の口にあわない。だから戦士は女性を好むのだ。どんなに甘い女性でも、やはり苦いものだ。

これに対し漱石は次のように書く。

ばらばらの思想を結び合わせただけで一つのまとまった総体をなしていない。

漱石の批判は、どんなに甘い女性も苦いものであるが故に、戦士は女性を好むのだという考えと、女性は戦士の休養のために教育されなければならないという直前のニーチェの主張の間に、充分な論理的説明がなされていないことをいいたいのであろう。しかしその前の引用文には、男性は女性を危険な玩具として求めるという文章があることを考えれば、二つの引用文の関係は脈絡のないものだとはいえない。危険な要素があればこそ、男性が女性に惹かれるということは充分あり得る。むしろこの書込みは、ニーチェの女性体験と漱石のそれとの違いを表しているように思われる。つまりニーチェのこの一連の文章には、やはりあのルー体験が影を落としていると思われるのである。心をずたずたに引き裂かれ、ルーやレーとの別れを決意しながらも、依然としてルーを忘れることのできなかったニーチェの心情がここには投影されている。漱石には、これほど深刻な女性体験はなかったのかもしれない。

しかし、これに次ぐニーチェの心理学的省察に基づく女性論に対しては、漱石ははっきりと強い共感を示している。

女性が愛するとなったら、男性はこれを恐れなければならない。愛しだしたら女性はあらゆる犠牲をささげる。そのほか一切のことにはなんの価値もおかない。

とニーチェがいうとき、漱石は true と書く。

女性が憎みだしたら、男性はこれを恐れなければならない。なぜなら、魂の深部で、男性はせいぜい悪であるにすぎないが、女性は劣悪であるから。

これに対しても漱石は true too と書く。

――「さあ。いまこそ世界は完全になった!」――愛のすべてをささげて服従するとき、女性はみなこう考える。

これを読んだ時、漱石は驚いて次のような書込みをしている。

これは東洋的である。このような考えをヨーロッパ人の著作の中に見いだすとは奇妙奇態だ。

ニーチェがここで描いているのは、ルーとは別のタイプの女性のことだと思われる。つまり、兄ニーチェの愛を奪ったルーへの嫉妬と憎しみに怒り狂った妹が念頭にあったのではないか。四歳で父を失ったニーチェは、その後すぐ弟も失い、兄弟姉妹は二歳年下の妹エリーザベトだけだった。幼い頃からこの二人は非常に仲がよく、ニーチェもラーマという愛称で呼んで妹を可愛がった。彼女は何につけても優れた兄を心から愛し崇拝した。長い間やはり独身だった妹は、成人してからもたびたびニーチェのもとを訪れ、日常茶飯の生活に疎い兄のために家事万端を整えるといった献身的タイプの女性だった。敬虔な母もまた子どもたちへの愛に満ちていた。ニーチェはナウムブルクの聖堂付属ギムナジュウム（高等中学校）に通っていたが、十四歳になった時、ドイツでも成績抜群の生徒を集める名門プフォルタ校の特待生に選抜され、親元を離れた。この学校は全寮制で生活面も勉学面も非常に厳しく、入学当初ニーチェは激しいホームシックにかかり、休みになると愛し信頼する母や妹の待つナウムブルクの家に飛ぶように帰ったという。

その信頼と愛を崩壊させたのがあのルー事件である。妹は母親まで味方につけ、怒り狂ってルーをドイツから追い出そうとしたその復讐のすさまじさは、ニーチェの著作の運命まで変えてしまうのだが、これについて述べるのは後の機会にゆずる。漱石はもとより、このようなことを知る由もなかっただろう。しかしニーチェの東洋的女性観は漱石を驚かせた。それと同時に女性が憎みだした時の恐ろしさや、女性という種族のもつ劣悪な資質についてのニーチェの指摘は、「女子と小人は養い難し」という孔子の言葉を連想させたであろう。こうしてニーチェの女性論もまた賤民論と並んで、ニーチェの東洋的要素として漱石が強く意識した思想であった。

## 4　『猫』後半の構成、テーマ、人物造型への影響

ニーチェの女性論はこのように漱石の関心を惹いたが、『猫』への影響となると、あの創作メモというべき断片には小人論ほど大きく取りあげられてはいない。漱石に大きなインパクトを与えたのは、すでに述べたように当時執筆中の『猫』の大きなテーマである俗物攻撃、小人攻撃に関連のある賤民論である。では、その影響はどのような形で現れているのだろうか。

第一にそれは、『猫』後半の構成、あるいはテーマに影響を与えていると筆者は考える。坂本浩『夏目漱石──作品の深層世界』（明治書院、昭和五十四年）では、『猫』の構成が論じられている。漱石自身が初篇出版（明治三十八年十月）のさい序文で、「此書は趣向もなく、構造もなく尾頭の心元なき海鼠の様な文章」と自ら書いたことから、結構の不首尾が定説化してしまっているが、八章で漱石がこの書物について「層々連続すると首尾相応じ前後相照らす」といっていることに著者は注目し、当初は設計図がなかったとしても、書き進むうちに内的構想が確立されたことを指摘している。筆者も基本的にこの意見に賛成である。それでは、小人論との関係ではどういうことになるか。

『猫』はもともと人間批評の書ともいえる。瀬沼茂樹『夏目漱石』（東京大学出版会、一九七〇年）も指摘している通り、「この無名で無心な猫の眼を視点とすることで自己と周囲を活写する、それによって自己を含めた人間の我儘、虚偽、虚栄、競争心、要するに愚劣や不合理を明らかにする」ものであろう。猫の主人で漱石の一面をあらわす苦沙弥や、そこに集まる太平の逸民も弱点を具えた人間たちで、猫の諧謔の対象から外されてはいない。また猫自身も絶対的立場に立つ審判者ではない。とはいえ苦沙弥一派の知識人に対してより多く作者のシンパシーがあることは明らかで、これに対する実業家金田や鼻子夫人、その娘、またこの一家をとりまく外部の人々は俗物として徹底的に攻撃されている。超俗的知識人グループ対俗人グループの構図ははっきりしている。さまざまな小テーマがいくつも出て来るが、寒月君と金田令嬢の結婚話を軸にこの俗物攻撃は進められており、これが前半のひとつの流れを作っているとみてよいだろう。

しかし第八章の落雲館生徒との戦闘を最後に、このあとは苦沙弥の癇癪の爆発や、いわゆる直接的な俗物攻撃は出て来ない。しかもこの第八章で、あの東洋哲学者八木独仙が初めて登場する。独仙は漱石の一面を表す人物といわれるが、漱石は漢学的素養が深く、禅の覚者の境地に憧れてかつて参禅までしたことがある。したがってこうした人物が造型されるのは至って自然だともいえる。稚気満々たる苦沙弥先生が落雲館生徒たちとわたりあった話を聞き、独仙は東洋風の心の修養を説く。つまり、ここでは俗物に対する対処法のひとつが説かれているのである。こうした眼でみると、第八章以降は苦沙弥の癇癪の対処法が一つの流れになっている。八章ではまずかかりつけの医者、甘木先生の催眠療法を受けるが失敗する。このあと独仙が出て来るのである。

第九章は、苦沙弥が鏡を取り出してアバタの研究をしているところから始まるが、これも悟道に達するための自己省察を戯画化したものとも読める。顔面に幼児期に患った天然痘の跡を残す漱石が、あばたを気にしていたことはよく知られている。このあと、迷亭の連れてくる、頭にチョンまげをのせた昔気質の老人も心の修養を説く。この章で苦沙弥は、天道公平という未知の人物から何やら意味の判然としない手紙を貰うが、そこに高邁な思想があるような気がしてひどく感服する。しかし迷亭がやってきて、天道公平は独仙にかぶれて気狂いになった男で、いま巣鴨の精神病院にいることがわかる。主人は、世の中の方が気狂いで公平の方が普通ではないかと思ってわからなくなり、考えるのを放り出す。

第十章では、苦沙弥の姪の雪江さんがやって来て、独仙の「地蔵と馬鹿竹」という講演を聞いたことを話す。力持ちも、策を弄する利口者も、巡査もならず者も動かすことのできなかった地蔵が、素直で正直な馬鹿竹の一言で動いてくれるという話である。この間、苦沙弥の家に以前入った泥棒がつかまった話や、金田の令嬢に艶書を出して退学されそうになっている学生の話などが点綴されているが、八章、九章、十章の大筋は、小人や俗物に対する癇癪持ちの苦沙弥の心のもち方、あるいは対処法が一貫したテーマになっている。これはあの漱石の創作メモともいうべき断片（二）に対応しており、その淵源となったニーチェの賤民論や「賤民から逃れよ」という警告が漱石の心境にある変化をもたらし、『猫』の構成やテーマや、独仙のような人物造型に影響していると考えられるのである。ここではそれを指摘するにとどめ、その詳しい検討は次節以降に行いたい。

# 第二節　漱石の超人解釈、救済と永遠回帰

## 1　銭湯の肯定的超人像と反平等思想

それでは、突如ニーチェの名が出てくる『猫』第七章の、あの風呂場の超人はどんな意味をもっているのだろうか。これも小人論と関係があると考えられるが、『ツァラトゥストラ』との関係でみれば、あの「明治三十八年十一月頃より明治三十九年夏頃まで」の断片（二）よりも、むしろ断片（一）との関連が強いと思われる。この断片の内容をまずみてみよう。

○民ノ声が天の声ならば天の声は愚の声なり。∥

○邪なる人云ふわれに金力あり、威力あり、大衆あり。正しき人を攻めて、攻めて、正しき人の膝を屈する迄攻めよと。∥
日は空しく天に懸らず、水は自ら流る。正しき人の勝つは日の天にかゝり、水の流るゝが如く自然なり。∥
群盲曠々たり。正義を以て只紙上の空名となす。（中略）かの庸衆の喧噪し、紛擾し、小智小術を講じて一秒、一分、乃至一刻の計をめぐらして得々たる如き者は悉く蟻群の如く微弱なり。（中略）正義の士は彼等を賤しむのみ。彼等を軽しとなすのみ。

これらの文章は断片（二）から主要な部分を拾って並べたものだが、その内容は断片（二）の小人論と密接に関連している。しかし冒頭の「民の声は愚の声」という言葉や、「群盲」、「庸衆」、「蟻群」といった

衆愚に通ずる表現は一種の大衆蔑視の発言で、反平等思想を感じさせる。この反平等思想もまたニーチェの思想の大きな特徴で、その賤民蔑視と非常に強い関連をもっている。

『ツァラトゥストラ』第二部の「賤民」の章直後の「毒ぐもタランテラ」は、平等の説教者の正体をあばいた章として有名である。彼らは隠れた復讐心の持ち主で、「権力にありつかない独裁者的狂気が、諸君のなかから、『平等』を求めて叫んでいるのだ」とニーチェはその心理を洞察し、次のようにいう。

わたしは、これらの平等の説教者たちと混同され、取り違えられたくない。なぜなら正義はわたしにこう語るから、——「人間は平等ではない。」

また、人間は平等になるべきでもない！　かりに、わたしがそう言わないとすれば、わたしの超人への愛は、いったい何だろう？∥

生そのものが、柱をたて、階段をつくって、自己自身を高く築きあげようとする。生は、はるかな遠方を眺め、至福の美を望み見ようとする。——そのために、生は高みを必要とするのである。

高みを必要とするから、生は階段を必要とし、階段とそれを登っていく者の相剋《そうこく》を必要とする。生は登ろうとし、登りつつ自己を克服しようとする！

『ツァラトゥストラ』のなかで最も代表的な平等思想批判といえるこの章に漱石の書込みはない。しかしこの少し後での「学者」という章で「なぜなら、人間は平等でないからだ——正義はそう言う」というニーチェの言葉に対して、漱石は次のような書込みをしている。

人間は平等である。人間は平等ではない。前者から出発すれば仏教やキリスト教に到達する。後者から出発すればカーライル、ハックスレー、ニーチェ、その他多数に到達する。

また『ツァラトゥストラ』の最終第四部、「ましな人間について」という章の第一節で、賤民は神の前では平等だというが、その神は死んだ、賤民の前ではわれわれは平等であることを欲しない、とツァラトゥストラが語るのに対し、漱石は「神のまえでは我々は平等だ、ただし神がいないということを除外して。賤民〔この場合のティレの英文訳は mob〕の前では我々は平等ではない」とニーチェの主張の同義反復のような書込みをしている。

ここで漱石の断片（一）に戻って、その内容とニーチェの反平等思想との関連について考えてみよう。この漱石の断片で展開されているのは一種の衆愚論である。邪なる人と正義の士が対比され、邪なる人は金力、威力、大衆を味方につけて正義の士を攻めるが、最終的には正義の士が勝つということが、昂揚した調子の文章で述べられている。「正義を以て只紙上の空名」とする群盲、「喧噪し、紛擾し、小智小術を講」ずる庸衆、蟻群といった言葉は、すべて賤民蔑視、衆愚観につながる。しかもこの大衆は金力、権力をもつ邪なる人、漱石の大嫌いな金持やその力を行使する『猫』の実業家金田のような人物につく。断片（二）と断片（二）は小人を扱っているという点では非常によく似た発想ではあるが、しかし（二）は個々の個人を問題にしている小人論であるのに対し、断片（一）は大衆、庸衆という集団としての小人を問題にしている。漱石自身、この断片（一）の書込みでティレの訳語と同じく mob（衆愚）という言葉を使っている。「蟻群」という言葉も、ニーチェが凡庸な大衆に対して使う畜群を連想させる。また漱石はここで「正しき人」、「正義」という言葉をさかんに使っているが、これも不平等を認めることこそ正義だとくり返すツァラトゥストラの言説に刺戟されたとも考えられる。

ただし、邪なる人を、すでに金力や権力をもっていて大衆を操作する人としたのは、ニーチェの平等の説教者とはまったく異なる。社会思想として平等を説く者の心理を解剖し、いまだ権力の座についていない社会主義者の心底に独裁者的狂気はひそむというニーチェの指摘は鋭く、二十世紀を支配した革命家たちの権力闘争のすさまじさを見抜いていたかのような感さえある。しかしこうしたテーマに漱石はまるで関心を示していない。ニーチェは現実的には政治的活動とは無縁な人であったが、民主主義や社会主義は生の衰退の兆候として激しく憎悪した。ニーチェの反平等思想は、当時の社会主義者や民主主義者の運動をはっきり意識しており、平等を正義のごとく説く彼らは実は自ら権力の渇望者なのだ、というところにその主張の主眼がある。だからこそ人間の不平等を是認することの方が正義だ、と価値を逆転させているのである。しかし、こういうところに漱石の関心はなかった。もともと漱石はニーチェのような反社会主義者とはいえない。もちろん漱石も運動に参加したりはしていないが、明治三十九年八月二日の深田康算あての書简には、「小生もある点では社会主義故」という言葉もみられる。したがって漱石が反平等に共感するのは衆愚との関係においてのみである。

こうして平等の問題は人間性一般の問題になる。漱石にとって、衆愚はとうてい自分と同等のものとして認めがたい存在である。「学者」の章の書込みでは、平等思想の結果出てくる釈迦やキリストにたいし、不平等思想から出発したものとしてカーライル、ニーチェ、ハックスレーを並べている。カーライルは英雄を説き、ニーチェは超人を説いた。ハックスレーの『人間不平等論』（On The Natural Inequality of Men）については、漱石の読んだ『ツァラトゥストラ』の訳者ティレが序文で紹介している。こうしてニーチェの反平等思想は、漱石において、超人思想と強く結び付いて理解されることになった。書込みこそないが、平等の説教者を批判した「毒ぐもタランテラ」では、ニーチェ自身、もし人間が平等でないと言わないとしたら「わたしの超人への愛は、いったい何だろう」といって、人間不平等論を超人への愛と結びつけて解説している。生は高みを必要とし、高みをめざして登る人間の相剋・競争は生自身が要求するものだからというのである。

これはまさに『猫』第七章、超人の出てくる風呂場の人間不平等論の論理に対応しているであろう。ここではまず人間の不平等意識が衣服の歴史によって説明されているが、内容はともかくそれは、当然漱石の親炙していたカーライルの『衣装哲学』を連想させる。カーライルはさきの『ツァラトゥストラ』の不平等論に対する書込みでも、ニーチェと並ぶ不平等論者としてその名が挙げられた。しかし差別の象徴である衣服を脱いで人間たちが化け物集団と見まごう奇観を呈したとしても、ここでは裸という形で一種の平等な人間関係が成立している。そこへ現れた裸の大男を超人に見立てるという奇想天外な漱石のユーモアは、つい最近まで論壇を沸かせていたニーチェの主要思想「超人」をわかりやすく戯画化し、人々の笑いを誘ったであろう。だが、それは、単なる思いつきといったものではない。この超人はまさに漱石が不平等思想と直結して理解した超人像であり、この場所で取りあげられる必然性をもっている。猫が思わず「超人だ！」、「化け物の頭梁だ！」と叫んだ大男は、「うめろ〳〵、熱い〳〵」という大声で他の群小を圧倒してしまう。このあと猫は、人間は赤裸の平等になってもそれに甘んずることができず、差別を欲するものだという感慨にふける。これは漱石の一種の人間論である。

たとえニーチェの言説に触発されたにせよ、こうしたテーマを取りあげること自体、それに呼応する漱石自身の内的動機があったからであろう。漱石はニーチェ流の精神貴族である。高みに登ろうとする人である。自己本位の立場を確立しようと孤独な闘いを闘い、異郷の地で神経衰弱になるほど猛勉強をした人である。「かう誰も彼も同じでは勉強する甲斐がない。骨折つた結果が見えぬ。どうかしておれはおれだ誰が見てもおれだといふ所が目につくようにしたい」と願ってまず猿股を発明したというのは、自己嘲笑の響きをもってはいるが、漱石自身の体験的競争心理だろう。この競争の結果、一頭地を抜くものが超人であるとすれば、このかぎりでは超人は漱石の容認し得るものである。猫が銭湯の大男を評して「超人だ」というとき、否定的ニュアンスはない。漱石の超人理解の一面を示しているだけである。

これまでみてきたニーチェの賤民論、また限定つきではあるが不平等論と結び付いた超人像は、漱石が共感し得るニーチェの思想である。漱石はニーチェを非常に主体的にまた批判的に読んでいる。超人は一般的にこの頃のニーチェ思想理解のキーワードであっただけに、それをめぐる漱石の思索の跡は随所にみられる。また超人が、漱石の場合のように神経衰弱を代償にして達しうるものであるとすれば、にわかに超人を全面的には首肯し得ない漱石の心境があったであろう。そしてこれは『猫』最終章の独仙の超人論につながっていくものと思われる。次の節では超人解釈の批判的側面をみていきたい。

## 2　釈迦、キリストと対比した批判的超人解釈

×神ハ人間ノ理想ナリ。理想トハ二個ノ異ナル意義ヲ含ム。自己ノ有スル凡テノ良好ナル点ヲ自惚ノ顕微鏡ニカケテ見タル𬼀《とき》ハ光彩陸離タル神トナリ。是一義ナリ。（中略）わが隣人朋友ヲ甚ダシキ陥欠アル人物ト思フ。完カラズ、（中略）已ヲ得ズ、人間以上ノ神ヲ仮定シテ慰籍《ママ》トス。是神ノ第二義ナリ。

此故ニ神ハ尤モ大ナル自惚ヲ有スル人間ガ作リタルカ又ハ尤モ人ヨリ逆待《ママ》セラレタル人間ガ慰籍ヲ求ムル為メニ作リタル者ナリ。

前者ノ極端ニ達スレバ自己即チ神ナリ。釈迦是ナリ。（ニイチエ）ハ多少之ニ類似スレ𪜈《ども》　後者ノ極端ニ至レバ自己即チ神ノ子ナリ。耶蘇是ナリ。

これはあの「明治三十八年十一月頃より三十九年夏頃まで」の断片（三二）の冒頭部分である。神についての思索であるが、この断片には釈迦、キリストと並んでニーチェの名前が出ている。この断片の思索もまた『ツァラトゥストラ』読書を契機になされたものであろう。漱石の蔵書『ツァラトゥストラ』英文本には、宗教との関連でニーチェの思想を考察している書込みが数多く見出されるからである。

『ツァラトゥストラ』という作品の主要テーマは二つある。超人と永遠回帰がそれである。超人のテーマは冒頭から鳴りひびいているが、超人に関する漱石の書込みは、ほとんど仏教とキリスト教との対比を

伴っている。第一部の「隣人愛」の章で、ニーチェが隣人愛よりも遠人愛を説くと、漱石は次のような書込みをする。

おまえの隣人たちから一人の理想的な人間を創りだせ。おまえの隣人たちを愛せよ。しかしこの理想的な人を崇拝せよ。すると見よ。彼は神である。彼になるよう努めよ。そうすればおまえは「超人」である。仏陀は「超人」であり、キリストもそうである。ニーチェの「超人」はこの理想的な人間の最悪の局面である。

この書込みは、さきにあげた断片（三）の内容と関連があると思われる。この断片でもまた、仏陀、キリスト、ニーチェの超人を同列に並べて三者とも超人と見なしているが、しかしこの「隣人愛」の章での書込みでは、ニーチェの超人を「この理想的人間の最悪の局面である」と否定的なニュアンスで述べているのは、何を意味するのであろうか。すでにみたように、漱石は高きを目指す人間の目標物としての超人には特別違和感はなかった。しかし、超人をめざすが故に隣人愛を否定するというニーチェの論理には、納得がいかなかったのではないだろうか。隣人愛否定への抵抗感が根底にあったからこそ、「隣人愛」の項にこのような書込みをしたのではないか。

ニーチェが隣人愛よりも遠人愛を説いたのは、自分自身を充分に愛することができないため自分に不満をもつ者が、隣人愛という一見無私の美徳にかくれて、隣人を自分の善良さの証人にしたいという利己的な心理的動機を見抜いたからだった。そこでニーチェは隣人への愛よりも、遠い未来や超人を予感させるすぐれた友への愛を説いたのである。

わたしはあなたがたに隣人を教えようとはしない。友を教える。友こそ、あなたがたにとって、大地の祝祭、超人の予感であるべきものだ。／／

わたしはあなたがたに友を教えよう。その内部で、世界がすでに完成している友、（中略）完成した世界をいつでも贈ろうとしている創造する友を。
最も遠い未来を、あなたの今日の原因としなければならぬ。あなたの友の内部に、あなたはあなたの原因としての超人を愛さなければならぬ。

ここにあげた「友」の章の中の言葉を、その前に引いた漱石の書込みと比較してみよう。「おまえの隣人たちから一人の理想的な人物を創り出せ」という漱石の書込みの中の隣人という言葉を、『ツァラトゥストラ』の「友」という言葉に置き換えてみると、その文意はニーチェと同じものになる。つまり漱石の超人理解は、ニーチェの主張とほとんど同じ論理構造になる。優れた友を範として超人に到ろうとするニーチェの主張には、漱石も異存はないということになる。しかし、そのために隣人愛一般を否定してしまうニーチェの論理は受け入れがたいということなのであろう。衆生への慈悲を説く釈迦、隣人への愛を説くキリストにたいし、ニーチェの隣人愛否定は人倫の普遍的態度を否定する思想として、漱石には生理的に受け入れがたい考えであったのだろう。ほかにもこれに関連するいろいろな書込みがある。もう少し隣人愛に関する漱石の書込みをみよう。

第三部「重力の魔」で再びニーチェが隣人愛を否定し、自己への愛を説くとき、漱石は次のような書込みをする。

自分自身に対する愛が第一である。隣人に対する愛は第二である。そのことは熟慮すれば誰にでもわかることであろう、そのことは学問する人には科学的にも立証されることであろう。第二義的な愛が慣習と伝統によって第一義的な愛とされる時、混乱が生じる。そしてひとたび融合がおこると両者をふるいわけて区別することができなくなる。実際的にいえば問題はただ自分自身を叡智をもって愛するというだけである。そうすればたいていの場合それで「自分の隣人を愛する」と同じことになる。

この漱石の反応はきわめて常識的反応である。自分に対する愛が第一で隣人愛が第二であるというニーチェの主張を、漱石は当然のこととして受け入れる。しかし、叡智をもって自分を愛すればそれでたいていの場合、隣人を愛することになるという理由から、ニーチェの隣人愛否定には拒否的態度を示す。彼には、ニーチェが超人のためとはいえ、これほど執拗に隣人愛を否定する理由が理解できなかった。これはやはりヨーロッパ人ニーチェと日本人漱石の問題意識の落差によるものであろう。重力の魔とは、これまで人々を支配してきた価値観の象徴であり、ツァラトゥストラの宿敵である。この節で説かれているのは、重力の魔から解放されて高みに昇ろうとする生き方である。ニーチェが自己への愛を説くのはそのためである。

「神は死んだ」という根本認識からキリスト教の批判を行ったニーチェは、彼がキリスト教道徳の中心モラルとみなした隣人愛や、他者への同情にひそむ偽善性を痛烈に批判した。利他主義にひそむ利己的動機を摘発するニーチェの潔癖さは、ナイス・ナイスを連発するイギリス人の偽善性に嫌悪の情をもよおす漱石に共通するものがある。自己への愛を第一とする点でも、漱石はニーチェと同じく自我教徒である。しかしヨーロッパでは科学の進歩とともに、人々はだんだん奇跡の宗教たるキリスト教の神を信じなくなってきた。キリスト教崩壊の危機を感じ取り、それに伴うニヒリズムの到来を必然的なものと感じていたニーチェは、倒れなければならないものならこの手で倒せという、能動的ニヒリズムの立場をとって孤独な闘いを闘い続けていた。こうしたニーチェと漱石では、倫理感の基礎となる社会的背景の理解や認識がまるで異なっている。ニーチェ、あるいはツァラトゥストラにとっては、キリスト教的価値観を転覆させ、新しい価値観を告知することこそ問題であり、誰もが知る隣人愛の教説の価値転倒は、最もインパクトの強い主張であった。一方、ニーチェのような問題意識をもっていない漱石が、隣人愛一般を否定するニーチェの過激な言辞に強い違和感、抵抗感を抱いたとしても無理はない。また個人的資質からみても、漱石はニーチェよりもはるかに社会性の強い人であった。小人や俗物への敵意に燃えたとしても、すでにみたように最後まで家族に囲まれ、友人、弟子を愛し、慕われもした漱石には、隣人愛一般を否定するような感覚はなかっただろう。

第二部の「同情者」への書込みも、同じようなキリスト教、仏教と対比させた超人理解を示している。

「一人を愛し皆を憐れめ」と女がいう。

「皆を愛しおまえ自身を憐れめ」と人がいう、するとそれがキリスト教になる。

「皆を愛しおまえ自身をも愛せ」と人がいう、するとそれが仏教になる。

「お前自身のみを愛せ」と人がいう、するとそれがニーチェの「超人」になる。

これは漱石が自己愛と他者への愛との関係を、「愛する」と「憐れむ」という二つのキーワードを使って整理し、キリスト教、仏教、ニーチェの超人の違いを明らかにした表といえる。最初にまったく唐突に女が出てくるが、これだけでは何故ここに女が出てくるのかわからない。しかし『ツァラトゥストラ』の構成、章立ての順序を考えれば、これは容易に理解できる。第一部の後半には、本稿でその書込みをすでに検討した「友」、「隣人愛」、「老いた女と若い女」の章がある。現在問題にしている「同情者」の章は第二部の冒頭近いところに位置しており、この章を読む少し前に漱石は「友」や「老いた女と若い女」の章を通じてニーチェの女性観を知り、それに強い興味や共感を覚えて書込みをした。その際、女性の愛について思索をめぐらしたことがここで思い出されたのである。「友」の書込みでは漱石自身、女性の愛は一つの対象に集中すると述べている。ここ「同情者」の章で超人への愛や他者への同情が問題にされているのを読んだとき、反射的に漱石の頭には女性の愛の形が思い起こされたのだろう。そこで「『一人を愛し皆を憐れめ』と女がいう」と書き、これがきっかけとなって、愛と憐れみという二つのキーワードを使って上記のような対比を作り上げたのだと考えられる。

「愛する」というのは強い能動的感情だが、「憐れむ」は他者の状況によって呼びさまされる同情憐憫、受け身の感情であって、愛する場合ほど強い感情ではない。女の愛は他者、それも一人の男性にたいする愛であって、自己への愛は問題になっていない。これは献身に喜びを見いだすことを女性の本質とみたニーチェの女性観、それに共感した漱石の女性観と一致する。しかし女性が愛の対象以外の他者に対して全く冷淡無関心かといえば、そうではない。女性の優しさは愛の対象以外にも向かう。それを漱石は憐れむという言葉で表現したのであろう。そしてこの二つの言葉を使ってキリスト教、仏教、ニーチェの超人の比較を行ったのではないだろうか。その結果、キリスト教は他者を愛し自己を憐れみ、つまり自己以上に他者を愛し、仏教は他者も自己も同じように愛し、ニーチェの超人は自己のみを愛するという結論に至ったのである。漱石自身、すでに見たように「重力の魔」の章で自己への愛と他者への愛を比較して、当然のごとく自己への愛が第一と書込みをしているから、その立場は漱石の理解する仏教やニーチェに近く、やはりキリスト教とは距離がある。しかし「自己のみを愛せ」と自己愛を強調してニーチェを解釈した背後には、ニーチェの隣人愛否定に拒否感情があったからではないか。自己を愛しつつも慈悲を徳とする仏教の寛大さにたいし、ニーチェの超人を狭く偏狭なものと感じたのだと思われる。

漱石は『ツァラトゥストラ』を読み進めながら超人を理解しようと思索を重ねるうちに、このように東西を代表する二大宗教、キリスト教と仏教に思いを馳せることになった。そして結果的にこの読書を通じて、東西文明の比較とその優劣、個人主義思想の意味、十九世紀の文明批判にまで『猫』の中で論じることになるのである。ここで『猫』最終章で独仙が超人を評して言った言葉、「怨恨痛憤の音」の意味などを含め、漱石のもう一つの批判的な超人解釈をもっと詳細に論じたいところであるが、そのためには、漱石の関心をひいた救済や永遠回帰のような形而上学的問題をも前もって考察しておいた方がよいと思われる。

## 3　神なき世界における救済と永遠回帰

漱石とニーチェには完全に一致する形而上学的前提があった。それは徹底した無神論者だったことである。第二部冒頭近くに、「至福の島々」と題する美しい章がある。このなかに次のような章句がある。

神は一つの推測である。しかしわたしの願うところは、あなたがたのその推測が、思考に許された可能性のなかに限られることだ。

あなたがたは一つの神を、思考することができるか？　できない。――しかし、あなたがたには真理への意志がある。この真理への意志とは、一切のものを、人間が思考することができ、見ることができ、聞くことができるものへと変えようとする意志である。あなたがたは、あなたがたの感覚でつかんだものを、究極まで思考しなければならないのだ！

これがニーチェを駆り立てていた認識への情熱である。人間の思考し得ない神の存在を否定し、徹底的な論理的思考を貫くことを勧めたニーチェの考えに対し、漱石はgoodと書いて評価した。

これは第一部でニーチェがさかんに説いた大地の意義に共通する思想であり、ニーチェの基本認識である。大地の思想は第一部の冒頭近い「世界の背後を説く者」や「身体の軽蔑者」において説かれているが、こうした章には漱石の書込みはない。大地の思想とは、天国、つまり彼岸を否定して徹底した此岸の立場に立つことを意味している。第一部でおおよそ彼の思想を説き終えたツァラトゥストラは再び山の孤独に戻り、彼の知恵を充実させていた。しかし彼の教えが危殆に瀕していることを夢で知ったツァラトゥストラは再び山を下り、人々に最初に説くのがここ「至福の島々」の章であり、神を否定し論理的思考を勧める章句である。

漱石からみれば、神について思考したといっても、もともと彼にとって神は人間の創造物であって超越的存在でもなかった。漱石は論理的思考力の強い明晰な頭脳の持ち主であっただけに、ニーチェのこうした説明は当然のこととしてgoodと評価したのであろう。また漱石自身にこうした無神論的前提があればこそ、いわゆる大宗教であるキリスト教や仏教と無神論者ニーチェの超人を同列に並べ、愛や憐憫といった対人的態度を切り口に、それぞれの特性を明らかにしようといった発想を持ち得たのであろう。

こうした考えは漱石のみならず、日本人にとっては決して珍しいものではない。徳川幕府が正式に官学として認め、それによって子女を教育した儒教の中心は、人倫の道を説くこと、つまり人としてあるべき姿を教育するという道徳教育であって、神信心を説くことではなかった。「怪力乱神を語らず」というのが儒教の立場である。仏教においても漱石の強い関心を惹いていた禅宗などは、座禅のように心の修行に力点がある。仏教にも他力本願を旨とする、プロテスタントの恩寵思想に似た真宗のような宗派もあるが、これは漱石の視野には入って来ない。仏教といえば「自己自身を愛せよ」というのだから、これは漱石なじみの自力本願の禅宗になる。

さりとて、これは、日本人に宗教性がないことを意味しているのではない。救いを宗教に求める心性もまた広く日本人に共通している。漱石もまたかつて神経衰弱になったとき、鎌倉円覚寺の山門を叩いて参禅したことがある。超人を考えることがきっかけにせよ、宗教や神にこれほど思いをめぐらすのは、単なる文化的興味や哲学的興味ばかりでなく、自己の精神の安定、心の救済が依然として大きな問題だったからであろう。しかもそれは、神なき世界での救済である。そこで漱石にとっては、無神論者ニーチェがどのように救済の問題を説くのか、非常に興味をそそられたのではないか。

ところが、その期待は見事に裏切られる。ニーチェの救済論は論理的にはまったく首肯しがたいもので、漱石の目には支離滅裂としかいいようのないものであった。『ツァラトゥストラ』第二部も終わりに近い

「救済」の章には、さまざまな書込みがある。その章の中で漱石の発している最も激しい言葉は、「かつて人間によって発せられた最大のナンセンス」という書込みであろう。この言葉は、ニーチェの「わたしは未来の断片たる人間たちのあいだをさまよっている者なのだ。わたしが予見するあの未来の断片たる人間たちのあいだを。──」という文章の余白に書かれている。漱石がさらに激しく反応しているのは、時間と意志の問題を扱ったところである。

すべての「そうあった」を、「わたしがそのように欲した」につくりかえること──これこそわたしが救済と呼びたいものだ。

ニーチェがこう書いているのに対し、漱石はまるで眼前の人間に罵声を浴びせるような激しさで次のように反論する。

結構だ、しかしどうやってそれを実現するのだ。できるならやってみろ。世界はおまえのために創られたのではないぞ。おまえは怪物──キュクロプスのような片目の怪物だ。

過去に起こった事実を、不愉快な事実を含めてすべて自分の意志だったと考えることは、もちろん普通には理不尽な思考である。意志することは自由にすることだとニーチェがいうとき、漱石は意志とは牢獄に閉じこめることだとやりこめる。「救済」の章には反撥の書込みがいろいろあるが、漱石のこうした反応も無理はない。これは永遠回帰の思想を前提にしなければ解けない章だからである。しかもこの章では、永遠回帰の思想はまだ完全には説かれていない。ニーチェは、恐るべき思想と呼んでいた永遠回帰を受け入れたとき、彼はすべての運命を受け入れる「運命愛」の境地に達した。このようなこともまだ全然語られていない。理解しろという方が無理なのである。

時間を直線と考えず曲線と考え、すべてのものはかつてあったままの姿で回帰するなどという思想は、合理的・科学的発想になれた現代人の常識では受けいれがたい荒唐無稽なものであろう。それは、伝統的な仏教の輪廻思想になれた日本人にはもちろん、古代ギリシャの思想家ピュタゴラスが説いた回帰思想を知る現代西洋のインテリにとっても、容易に受け入れられるものではなかった。ギリシャ古典文献学者だったニーチェはそのことをよく知っていた。しかしこの思想こそ、ニーチェの思想の重大なかなめであった。この思想はスイスのシルヴァプラーナの静かな湖畔で啓示の如くニーチェを襲った神秘的真理体験であり、ニーチェにとっては絶対的真実であった。しかしこの思想にはひとつの弱点がある。あれほど賤民や小人を唾棄したニーチェだが、こうした賤民もまた回帰することになる。ニーチェ自身の生も孤独や病苦にみちた悲惨なものであった。永遠回帰の思想を受け入れるということは、これらの苦痛も卑小なものも、善も悪もすべてを受け入れ、生存全体を肯定することを意味する。これを受け入れるには人格の成熟がなければならない。このためツァラトゥストラは第二部の終りでもう一度山へ帰るのである。

## 4 「必然が自由と化す」境地への共感

氷上英廣訳『ツァラトゥストラ』(岩波文庫)の解説で指摘されている通り、この著書の第一部と第二部が超人の思想に重点をおき、対社会的・対人類的な内容となっているのに対し、「永遠回帰」の出てくる第三部は、批判・攻撃よりも自己との対決、内面への転回が中心になっている。しかも「永遠回帰」の教説も理論的に説くのではなく、「幻影と謎」の章に見られるような比喩的暗示的な形で、神秘的な雰囲気を漂わせながら語られている。漱石はこの章には何の書込みもしていない。そのような語り口では永遠回帰に共感をもって読み進み、理解することができなかったとしても当然だろう。『ツァラトゥストラ』にはニーチェの思想のすべてがあるが、これを読んだだけではニーチェは分からないともいわれる。比喩や象徴に満ちみちたこの作品にはさまざまな解釈を許す余地があり、その意味内容は簡単には把握できない。

しかし、第三部全体を支配する内面への沈潜と肯定の境地、至福の境地は、これを読み進める漱石の心にも微妙な変化を与えていったと思われる。第三部の終り近い「古い石の板と新しい石の板」は、来し方を振り返り、これまでの教説をまとめた三十の節からなる章である。その第三節では、漱石が猛反撥していたあの時間と意志をめぐる救済説を再度ツァラトゥストラが説いている。ここでも漱石は、「われわれがしてしまったことはしてしまったことだ」と論理的反駁を繰り返しているから、ニーチェの救済説を完全に受け入れたというわけではない。しかしここに出て来る「偶然の救済者」という言葉にはアンダーラインを引き、「ここには深い意味がある」(There is deep sense in this)と書く。そして「キリスト教徒の救済のセンスはノンセンスそのものだ」というおまけまで付いている。この場合、キリスト教の説く救済よりもニーチェの救済思想を高く評価していることは明瞭である。これを書く直前、漱石は前節の中に出て来る「必然が自由そのものである」という言葉にアンダーラインを引いて、こうした境地に達したニーチェを高く評価するかなり長い感想を書いていることからもそれは分かる。それでは、この言葉の出て来るニーチェの章句を引いてみよう。ツァラトゥストラは山中で生まれた彼の「大いなるあこがれ」について次のように語る。

しばしば、このあこがれは笑いのさなかに、わたしを引きさらい、高く、遠く、運んでいった。わたしはおののきながらも一本の矢になり、太陽に酔いしれた恍惚を貫いて飛んだ。

——どんな夢もまだ及んだことのない遠い未来へ、どんな芸術家が夢想したよりももっと熱い南国へ、神々が舞踏し、衣をまとうことを恥とするかなたへ。——

——わたしは、こんなふうに比喩で語り、詩人たちと同じように舌足らずなことを言うよりほかない。まったくわたしは、自分がいまも詩人であるよりほかないことを恥じている!——

そこでは一切の生成が神々の舞踏であり、神々の気まぐれであると思われた。そして世界は、一切の繋縛から解き放たれて、本来のおのれのすがたにたちかえるところ、——あまたの神々が永遠の追いかけっこを演じているところと思われた。あまたの神々がたがいに拒否したり、また耳を傾け、仲直りしたりする至福の境地と思われた。——そこでは、一切の時間が、瞬間に対するたのしい嘲笑だと、わたしに思われた。そこでは、必然が、自由そのものであり、自由の刺《とげ》とたのしく遊びたわむれるように思われた。——

これに対し漱石は次のような書込みをする。

世界でもっとも幸福な男とは、必然が自由そのものと化するような男である。これが数多くの禅僧や儒者たちが目標として学んできた実際上の目的であった。そしてかれらは西洋の学者たちによってかつて到達されたいかなる地点よりもはるかに高い完成の域に到達した。キリスト教徒たちはこのような自由があるとはかつて夢想だにしたことがない。それは、多数のため、弱者のため、女のため、奴隷や無力で自分ではどうにもできない人々のための宗教である。そして連中はそれをもっとも文明開化した国々の唯一の宗教と呼んでいるのだ。連中の思い上りには際限がない。連中は毎日毎朝自分自身に向かって謙遜を説教するがいい、そうすれば百年も経てば謙遜がなにであるかわかるようになるだろう。

イギリス滞在中の苦い体験がこんなところにも出ているが、ここで漱石がキリスト教を攻撃している根拠は、キリスト教を弱者の宗教とみるニーチェの思想とまったく同じである。つまりキリスト教を弱者の宗教、女の宗教、奴隷の宗教とみる立場である。必然と自由の一致の境地をうたうニーチェはキリスト教を否定し、大地の意義を説き、神なき世界でこうした宗教的回心にも似た内的変化を遂げた。覆面の聖者という評もあるニーチェは宗教的心性の強い人で、神のいない世界で、彼独自の思想によって全的肯定の境地に達したかにみえる。ニーチェが達した「必然と自由の一致する」境地とは、まさに漱石の求める境地であった。しかしそこに達する過程で、ニーチェが説く救済や永遠回帰は、強靱な知性をもつ漱石にとっても、一読ただちに理解し追跡することは不可能だったであろう。しかし、そのとき反射的に思い出すのは、漱石自身がなれ親しんできた禅僧や儒者の達した高い境地であり、彼らとの共通性である。この人たちの達した人間としての完成の域への思いが、ここに触発されたのではないだろうか。この場合、ニーチェと儒者・禅僧は共通性をもち、キリスト教とは一線を画すものとして漱石には認識されているのである。

漱石はニーチェの救済や永遠回帰のもつ意味を正確には理解しなかったが、永遠回帰の思想を理解することは誰にも難しい。誰もニーチェのもったような神秘的体験を追体験することはできないからである。永遠回帰の思想が注目されるのは、実存主義的ニーチェ解釈が主流になってからのことで、これ以降、この思想に対する実存的決断、主体的決断の意味が問われるようになるのである。漱石がこの書物を読んだ時代の解釈では、永遠回帰はニーチェの描いた壮大なヴィジョンにすぎなかった。ちなみに漱石の読んだ英訳本の訳者ティレの序言においても、永遠回帰は非論理的思想として問題にされていない。しかし、この永遠回帰の意味がわかって初めて超人の意味も把握できるであろう。超人とはこうした永遠回帰のもつ暗黒面を克服した者のことである。漱石の超人理解からこうした理解が欠けるのはやむを得ない。

第三部の最後を飾る「七つの封印」という詩は、『ツァラトゥストラ』のクライマックスともいえる永遠回帰の讃歌である。これは「然りとアーメン」の副題通り、一切の肯定、全的肯定の境地を歌いあげた詩である。これまで自分の来た道を振りかえってその全てを肯定し、永遠回帰の思想にも堪えうる人間的成熟をとげ、善悪の彼岸にたち、軽やかに星の世界で舞う者、いわば覚者の境地の歌である。漱石は「この七つの小篇にはすばらしい詩がある」と書入れをしている。たしかにニーチェのレトリックの力、詩人としての表現力は誰しもが認める。これこそニーチェの最大の力のひとつであろう。漱石が fine poetry と書くとき、詩を感ずるばかりではなく、彼の心底にはこの詩の内容そのものに対する高い評価があったと思われる。漱石はたとえ永遠回帰の思想を介してではなかったにせよ、東洋哲学の伝統を介して、儒家や禅家の理想とするのと同じ高い境地にニーチェが達したことを認めたのだと思われるのである。

## 第三節　独仙を中心とする『猫』後半のテーマ

### 1　独仙の登場と東洋哲学の優位

すでに筆者は賤民論・小人論を扱った第一節で、ニーチェの賤民に対する徹底した軽蔑が苦沙弥先生、つまり作者の漱石の気持ちに変化を与え、『猫』後半では癇癪対処法というテーマが一つの流れとなって構成や人物造型にも影響を及ぼしたのではないか、と述べた。ここで再度考えたいのは、『猫』第八章で東洋思想の優位を主張する哲学者独仙がなぜ造型されたかという問題である。独仙なる人物を登場させた背後には、『ツァラトゥストラ』読書によって触発された、あの高い自由な境地への共感と憧憬があったからではないかと思われるのである。

坂本浩『夏目漱石――作品の深層世界』は、独仙の淵源は漱石の旧友太田達人にあるのではないかという。彼は、「私は彼を想ひ出すたびに達人といふ彼の名前を思ひ出す」と漱石が『硝子戸の中』で語っている人物である。悟達の人という感じで、神経質な漱石とは対照的な鷹揚な性格で、哲学書などもよく読んでいたというから、たしかにこのあたりに独仙の原型がある可能性は考えられる。

山羊髭を蓄えているから「八木」、独仙の「仙」は仙人からきたのだろうが、「独」は独立孤高の「独」か、独善の「独」か、それともドイツの「独」かよくわからない。しかし勝手な想像をするなら、高山樗牛の親友、姉崎嘲風がドイツ留学中に私淑したパウル・ドイセンをもじった可能性があるかもしれない。ニーチェ同様語呂合わせが好きで、『猫』の第五章に出てくるように東ローマ最後の皇帝コンスタンチン・パレオロガスをもじったオタンチン・パレオロガスという名で奥さんを呼んだりする漱石のことである。そのくらいのことはやりかねないが、もちろん証拠はない。ドイセンはギムナジウム時代からのニーチェの親友で、仏教に心酔していたショーペンハウアーをニーチェとともに崇拝し、ついには高名な仏教学者になった。ニーチェにも仏教にもひとかたならず縁の深い人となれば、その語呂合わせで独仙という名を思いついたとしてもおかしくはない。姉崎嘲風はニーチェ鼓吹の急先鋒であった樗牛の親友であり、また漱石の留学と重なる時期にドイツで勉強し、帰国後漱石が東大の英文科で教えた頃には文学部の同僚でもあったし、二人の間に多少の交流もあった。そんな関係を考えれば、漱石が姉崎の師であるドイセンの名前を借りることも、まんざらあり得ないことではない（註5）。——閑話休題。

さて、東洋哲学者として登場した独仙がさかんに主張するのは、古来東洋の儒者や禅僧が悟道に到るためにとった心の修養という方法である。落雲館事件その他の不満を滔々と述べる苦沙弥に対し、独仙はそんな下らぬ者を相手にするな、といって西洋と日本の比較を始める。

僕はさう云ふ点になると西洋人より昔しの日本人の方が余程えらいと思ふ。西洋人のやり方は積極的積極的と云つて近頃大分流行《はや》るが、あれは大なる欠点を持つて居るよ。第一積極的と云つたつて際限がない話しだ。いつ迄積極的にやり通したつて、満足と云ふ域とか完全と云ふ境にいけるものぢやない。向《むこふ》に檜《ひのき》があるだらう。あれが目障りになるから取り払ふ。と其向ふの下宿屋が又邪魔になる。下宿屋を退去させると、其次の家が癪に触る。どこ迄行つても際限のない話しさ。西洋人の遣り口はみんな是さ。ナポレオンでも、アレクサンダーでも勝つて満足したものは一人もないんだよ。人が気に喰はん、喧嘩をする、先方が閉口しない、法庭《ママ》へ訴へる、法庭で勝つ、夫で落着と思ふのは間違さ。心の落着《らくちやく》は死ぬ迄焦つたつて片付く事があるものか。

こういって独仙はなおさまざまの事例をあげ、「西洋の文明は積極的、進取的かも知れないがつまり不満足で一生をくらす人の作つた文明さ」と結論する。この西洋文明批判は最終第十一章の独仙の十九世紀文明批判につながっていくから、これはあとで考えることにしたい。

このあと独仙は、東洋古来の消極主義もまたよいものだという。山があって隣国へ行けなければ、「山を越さなくても満足だと云ふ心持ちを養成するのだ。それだから君見給へ。禅家でも儒家でも屹度《きつと》根本的にこの問題をつらまへる」と説法する。

何でも昔しの坊主は人に斬り付けられた時電光影裏に春風を斬るとか、何とか洒落た事を云つたと云ふ話だぜ。心の修業がつんで消極の極に達するとこんな霊活な作用が出来るのじやないかしらん。

「電光影裏に春風を斬る」は沢庵和尚の「不動智神妙録」に出てくる話で、鎌倉の無学禅師が大唐の乱で捕らえられ斬られようとしたとき、この偈を作ったところ、相手は刀を捨てて走り去ったという話らしい。いずれにせよ悟達の人である。ここで禅家や儒家を持ち出して心の修業や悟達の境地を説くのは、あの「自由と必然の一致する境地」に関して述べた漱石の書込みの感想と一致しているのである。

## 2　狂人天道公平の手紙とニーチェ

若し我を以て天地を律すれば一口《いつく》にして西江《せいこう》の水を吸ひつくすべく、若し天地を以て我を律すれば我は則ち陌上《はくじよう》の塵のみ。すべからく道《い》へ、天地と我と什麽《いんも》の交渉かある。……始めて海鼠《なまこ》を食ひ出せる人は其《その》胆力に於て敬すべく、始めて河豚《ふぐ》を喫せる漢《おとこ》は其勇気に於て重んずべし。海鼠を食《くら》へるものは親鸞の再来にして、河豚を喫せるものは日蓮の分身なり。苦沙弥先生の如きに至つては只《ただ》干瓢《かんぴょう》の酢味噌を知るのみ。干瓢の酢味噌を食《くら》つて天下の士たるものは、われ未だ之を見ず。……親友も汝を売るべし。父母も汝に私《わたくし》あるべし。愛人も汝を棄つべし。富貴《ふつき》は固《もと》より頼みがたかるべし。爵禄は一朝にして失ふべし。汝の頭中に秘蔵する学問には黴《かび》が生えるべし。汝何を恃《たの》まんとするか。天地の裡《うち》に何をたのまんとするか。神？神は人間の苦しまぎれに捏造せる土偶のみ。人間のせつな糞の凝結せる臭骸のみ。恃むまじきを恃んで安しと云ふ。咄々《とつとつ》、酔漢漫《みだ》りに胡乱《うろん》の言辞を弄して、蹣跚《まんさく》として墓に向ふ。油尽きて燈自ら滅す。業尽きて何物をか遺す。苦沙弥先生よろしく御茶でも上がれ。……

人を人と思はざれば畏るゝ所なし。人を人と思はざる者が、吾を吾と思はざる世を憤るは如何。権貴栄達の士は人を人と思はざるに於て得たるが如し。只他《ひと》の吾を吾と思はぬ時に於て怫然《ふつぜん》として色を作《な》す。任意に色を作し来《きた》れ。馬鹿野郎。……

吾の人を人と思ふとき、他《ひと》の吾を吾と思はぬ時、不平家は発作的に天降る。此《この》発作的活動を名づけて革命といふ。革命は不平家の所為《しょい》にあらず。権貴栄達の士が好んで産する所なり。朝鮮に人参多し先生何が故に服さざる。

在《ざい》巣鴨　天《てん》道《どう》公《こう》平《へい》　再拝

少々長い引用となったが、これは天道公平なる人物から苦沙弥先生のもとに届いた手紙の全文である。なかなかの名調子で、苦沙弥先生が感服するだけのことはある。しかし意味は支離滅裂で、何のことか判然としない。その意味を主人が考えあぐねるのも無理はない。だが逆に考えれば、漱石が狂人の手紙らしくうまく書いているということでもある。天道公平は独仙の弟子ということになっており、「什麼《いんも》」、「西江の水を吸ひつくす」など禅に関係のある用語を使ってそれらしい雰囲気を出しているが、内容的には禅や東洋思想であって、独仙がらみだけでは解けない。むしろこれは、漱石の理解し共感したニーチェの戯画化、あるいはニーチェにかぶれた漱石自身の戯画化と考えれば辻褄があってくる部分もある。そうした視点からこの手紙を点検してみよう。

冒頭の「我を以て天地を律すれば一口にして西江の水を吸ひつくす」はまさに禅的発想で、悟達の境地に至った人はひと口で西江の水を呑みほす、というのだから気宇壮大である。西江とは中国広東省の大河、それを吸い尽くすとは世界を自分のものにするという意味である。漱石は渡英以前に「明治三十四年の断片」ですでにこの言葉をあげているから、もともと気に入っていた禅の言葉なのであろう。さらに続いて「若し天地を以て我を律すれば我は即ち陌上の塵のみ」というのは、逆に天地が自分を支配しているとすれば、自分は路上の塵にすぎないという意味だから、これは普通一般の常人、凡人の心理状態である。このフレーズの背後には悟達の境地に対する漱石の憧憬があるのだろうが、このような憧憬をここで再び触発したのは『ツァラトゥストラ』読書だった可能性がある。

先を急がず手紙に戻ろう。次に海鼠や河豚が出てくるが、これは食い意地のはった漱石自身の戯画化とも読める。しかしこの海鼠や河豚を最初に食べた者の勇気を鎌倉時代の新しい宗教の開祖、親鸞や日蓮に結びつけているのは、大袈裟でおかしみがある。一方これはまた、ニーチェの創造者を連想させる。ツァラトゥストラは「新しい石の板」に書くべき新しい価値の表を求めて、善悪を決定する創造者の道を行くことをしきりに説いた。しかしその道には苦難が多く、多数の者を敵にまわし、闘わねばならない。そのためには勇気が必要である。第一部の「創造者の道」の章では、そうした苦難の道を行く勇気ある創造者の姿が共感をもって描きだされている。勇気と創造者の結合である。この創造者の勇気を河豚や海鼠を最初に食した者の勇気と結びつけているのは、いかにも漱石らしいユーモア感覚である。

ここで創造者の勇気を取りあげたのは、この頃の漱石自身が、学者としての未来を棄てて、創造者の道を行こうとしていたことと関係があるようにも思われる。大学で教えるのがつくづくいやになっていた漱石は、全霊を傾けて本来やりたかった創造者、つまり筆一本で立つ文筆家の道を行くことを考えていた。しかし実際に行動を起こすとなればそれは大問題である。「干瓢の酢味噌を食《くら》つて天下の士たるものは、われ未だ之を見ず」は、そんな陳腐なものを食べている凡人が天下の士などになれる訳がないという意味なのだろうが、これも漱石の揺れる心を表しているようにもとれる。

次の「親友も汝を売るべし」以下の文言は、もし創作の道を行くとしたら何を頼みにしたらよいか、という設問を仮定してみれば、話しが繫がりやすくなる。親友も父母も恃むに足らず、富貴、爵禄ももとより恃むに足らずという章句は、新しい道に踏み出したときに予想される現実的・精神的困難に関わっているであろう。学者業をやめれば当然学問に黴が生えることも起こるわけで、これも『ツァラトゥストラ』の「学者」の章を思い出させる。芸術家として創造者の道を選ぶことも考えていた当時の漱石にとって、ニーチェの言葉は、学者をやめれば後戻りできないし、それだけの覚悟がいることを思い出させたかもしれない。では何を頼みとすればよいか、神であろうか？　これはまさにニーチェの最も重要な問題、中心的課題である。神は人間が苦しまぎれに作った土偶で恃むに足らないと天道公平は言うが、神が人間の作り出したものだという前提はニーチェも漱石も同じである。酔っぱらいが怪しげな言辞を弄し、よろめきながら墓に向かって行くうちについに煩悩も消え果てたとしても、後に何を残すであろう。苦沙弥先生、目を覚ましなさいとカツを入れている。「よろしく御茶でも上がれ」とは『碧巌録』第二十二則の評唱「喫茶去」のことで、真意は目を覚ませということらしい。

つぎに「人を人と思はざれば畏るる所なし」とばかり調子が変わるのは、賤民から逃れよというニーチェの言葉と同じく、「人のことなど気にしなければよいよ」と気分一転し、目を覚まして元気になろうと思ったのである。が、その瞬間、あの激しい俗物憎悪を思い出したのであろうか、「権貴栄達の士は人を人と思はざるに於て得たるが如し」、つまり、漱石の宿敵ともいうべき金持や権力者や俗物の方が、かえって人を人と思わぬ点では勝っているという感慨であろう。続いて「只他の吾を吾と思はぬ時に於て怫然として色を作《な》す。任意に色を作し来れ。馬鹿野郎」と突然怒気を爆発させる。彼ら俗物は人を人とも思わぬくせに人から無視されると憤然とする。勝手にしろ、馬鹿野郎という心境で、ここでつい彼らに対する怒りがまた爆発し、漱石の日常的常套語が出てしまう。

最後の「吾の人を人と思ふとき」以下の章句では革命が問題にされているが、天道の結論は、革命家は「権貴栄達の士が好んで産する所なり」というものである。これはすでに小人論で見たように、金持や権力者は庸衆・大衆を使って自分の気に入らぬ者に嫌がらせをするといった漱石の発想に通う。しかし革命を問題にすること自体は、あの小人論の場合と同様、ニーチェの反平等を説いた教説を思い起こさせ、何やらそこから刺激を受けた発想のようにも読める。このフレーズの最後に突然「朝鮮に人参多し先生何が故に服さざる」と出てくるのは奇想天外のようだが、これはさきの「よろしく御茶でも上がれ」と平仄が合っており、かつ薬効とみにすぐれた朝鮮人参でも飲んで元気になり、革命でも起こしたらどうだと言っているようにも解せられる。

このように読んでみると、支離滅裂にみえる天道公平の手紙から、漱石がとくに関心をもったニーチェの思想がすけてみえる。だからこそ苦沙弥先生は大いに感服し、意味の朦朧とした天道の手紙の意味を探ろうと考え込んでしまったのであろう。「若し我を以て天下を律すれば」から始まる最初の文章には、心の霊活な作用を説く禅的雰囲気があって独仙との関係を感じさせるが、あとの内容は独仙とはあまり関係がない。やはりこれはニーチェであろう。

ここでまた『猫』執筆当時の断片を見てみたい。すでに何度も出した「明治三十八年十一月頃より三十九年夏頃まで」と称する断片群は、(一)(二)(三)までは番号が振ってあるが、その後の断片には番号がついていない。そればかりか、(三)以後の断片群の前には「手帳の右より左へ」という標題がついている。編者の解説によれば、漱石は手帳の右からも左からも書く癖があったそうで、ここからはもっと自由に思いついたことを書くというスタイルに変えたのであろう。この(三)以後の断片群の中に、天道公平の手紙の土台をなしていると考えられ文章がある。

×日を積んで月となし。月を重ねて年となし。年を畳んで墓となすとも……

×何が故に神を信ぜざる

×己を信ずるが故に神を信ぜず

×尽大千世界のうち自己より尊きものなし

×自を尊しと思はぬものは奴隷なり

×自をすてゝ神に走るものは神の奴隷なり。神の奴隷たるよりは死する事優れり。況んや他の碌々たる人間の奴隷をや〳〵

寂滅為楽の後極楽に生るゝは此世にて一寸たりとも吾が意志を貫くにしかず。一個半個の犬を撲ち殺すにしかず。

われは生を享く。生を享くとはわが意志の発展を意味する以外に何等の価値なきものなり……

ここでは自己の意志発展の価値をきわめて高い調子で断定的に述べている。自己を極端にまで主張し、神を否定するのは、まさに漱石の理解していたニーチェの超人理解の立場そのものである。これを東洋風の文脈に書き直せば、「我を以て天下を律」し、また「神は人間の苦しまぎれに捏造せる土偶のみ」と考える天道公平の言葉になる。この少しあとの断片群にも「黠者《かつじや》をして乗ぜしむるは汝の正義に背くなり／

陋者をして侮らしむるは汝の気品に背くなり」といった調子で、愚者、富者、権者を弾劾し、「彼等は其利器を用ゆる事 愈《いよいよ》急にして、其失 愈《いよいよ》顕はる。是天下の道なり。帝王の尊と雖之を奈何ともする能わず」と勇ましい句が並ぶ。このあたりの内容は、ニーチェの賤民論や不平等論の刺激を受けて書いたと思われる断片(一)や(二)と同工異曲のものである。こうした断片は、天道公平の手紙の末尾に出てくる権貴栄達の士を弾劾する章句に通ずる。この断片群の中に「天下の道なり」とあるのは、天道公平という名前の由来を暗示しているようにも考えられる。

さらにこのあとも、「一人の朋なきを憂へず。只卑しきを耻づ／妻子なきを憂へず只陋なるを耻づ／父母兄弟なきを憂へず只曲れるを耻づ」と述べて、信念は絶対に曲げないということを書き連らねる。これは、朋友も父母も富貴爵禄も恃まぬ天道公平の原型であろう。さらにいえば、己を高しとして賤民を蔑視したニーチェ、俗物に腹を立てる漱石にも通ずる。細かいことをいえば、この少し後の断片には、海鼠や河豚を偉大な宗教の開祖、日蓮や親鸞の勇気に結び付けた覚え書きもあれば、干瓢の酢味噌という単語のみのメモもある。それゆえこうした断片群の内容からも、天道公平の手紙はニーチェの思想と強い関係があると考えられるのである。

### 3　常人論と狂人論

このように、主人公がしきりに天道公平の手紙に感服してその真意をさぐっていると、迷亭が現れて、天道公平は狂人であることがわかる。これも発狂したニーチェと重なりあう。漱石自身、神経衰弱に苦しみ、ロンドン時代には発狂の噂が本国にまで聞こえ、強制送還されそうになった。狂人に対する関心は人一倍強かっただろう。その上、自分もいつか狂人になるのではないかという恐怖をもっていた可能性もある。その夜、苦沙弥は狂人と常人について考えをめぐらす。

　自分が文章の上に於て驚嘆の餘《よ》、是こそ大見識を有して居る偉人に相違ないと思ひ込んだ天道公平事実名《ことじつみよう》立町老梅は純然たる狂人であつて、現に巣鴨の病院に起居している。迷亭の記述が棒大のざれ言にせよ、彼が瘋癲院中に盛名を擅《ほしい》まゝにして天道の主催を以て任ずるは恐らく事実であらう。かう云ふ自分もことに因《よ》ると少々御座つて居るかも知れない。同気相求め、同類相集まると云ふから、気狂《きちがひ》の説に感服する以上は——少なくとも其文章言辞に同情を表する以上は——自分も亦気狂《きちがひ》に縁の近い者であるだらう。よし同型中に鋳化せられんでも軒を比《なら》べて狂人と隣り合せに居を卜《ぼく》するとすれば、境の壁を一重打ち抜いていつの間にか同室内に膝を突き合せて談笑する事がないとも限らん。こいつは大変だ。

　文章上「驚嘆」し、「是こそ大見識を有している」と思った偉人とは、やはりニーチェであろう。この頃読んだ、感嘆するほど見事な文体で書かれ、大見識をもつ偉人と思わせた書物といえば、まず『ツァラトゥストラ』ではないか。『ツァラトゥストラ』への書込みは異常に多い。それも眼前の人と対話するような熱気を含んだ書込みである。さらに、それに触発されて書いたと考えられる断片が数多くある。その上、このようなインパクトを与える要素が『ツァラトゥストラ』という書物自体にある。もともと聖書を意識して書かれ、人々の魂に直接語りかけるような文体をもった作品である。英文学の知識を得るような頭脳的労働と違って、存在のあり方、実存そのものを問うような書物である。だからこそ漱石が全的に反応したのであろう。

　ところで「同気相求め、同類相集まる」から、気狂いの説に感服する以上自分も気狂いの気があるのではないかと思い、「こいつは大変だ」とばかり脈を計ったり、頭が熱いかどうかを確かめるのだが、『猫』本文では逆上の気味はない。それでも安心できないで、今度は健康人と自分とを比較する。その結果、周りの人間たちも狂人と称すべき人間ばかりで少し安心する。独仙君のいうことも何だか非常識、おまけに気狂いの子分が二人もいる。ふざけまわる迷亭も陽性の気狂い、珠ばかり磨いている寒月もその気あり、金田夫妻も同類、落雲館の諸君子も操狂、してみると社会全体が狂人の集合かもしれぬ。「気狂が集合して鎬《しのぎ》を削つてつかみ合ひ、いがみ合」っているのが社会で、「分別のある奴は却つて邪魔になるから、瘋癲院というものを作つて、こゝへ押し込めて出られない様にするのではないかしらん。すると瘋癲院に幽閉されて居るものは普通の人で、院外にあばれて居るものは却つて気狂である」と考える。ここで苦沙弥先生は「何が何だか分からなくなつた」という言葉で思索を中断し、ぐうぐう寝てしまうのである。

猫は苦沙弥について「狂人と常人の差別さへなし得ぬ位の凡倉《ぼんくら》」と評しているが、苦沙弥先生が「瘋癲院に幽閉されて居るものは普通の人で、院外にあばれて居るものは却つて気狂である」と考えたのは、ニーチェやその思想に共鳴した自分の方に正当性がある、という思いがあったからだろう。

独仙も気狂いの子分が二人もいるというので、だいぶ信用を失墜し、彼のいうことも「なんだか非常識」とかなり評価が下落している。つまり漱石は独仙を通して単純に東洋哲学の鼓吹のみを主張しているのではない。これをもっとはっきり表しているのは、迷亭の叔父で封建時代の遺物のカリカチュアのようなな、あのちょんまげ頭に山高帽子をいただき、だぶだぶのフロックを着込んだ老人の登場である。この老人は天道公平の手紙の話の間に挟まって登場してくるが、彼もまた独仙風の精神の修養を説く。

凡て今の世の学問は皆形而下の学で一寸結構な様だが、いざとなるとすこしも役には立ちませんてな。昔はそれと違つて侍は皆命懸けの商売だから、いざと云ふ時に狼狽せぬ様に心の修養を致したもので、（後略）

こう独仙と同じようなことをいい、さらに敵と真剣勝負をするときの心のあり方を説く。ところが、この老人が帰ったのち、苦沙弥が「あの伯父さんは仲々えらい所がある様だ。精神の修養を主張する所なぞは大《おお》いに敬服していゝ」というと、たちまち迷亭が「君も今に六十位になると矢っ張りあの伯父見た様に、時候おくれになるかも知れないぜ。確《しっ》かりして呉れ玉へ」と警告する。それでも苦沙弥が伯父さんの肩をもって、「時と場合によると、時候おくれの方がえらいんだぜ」、「東洋流の学門は消極的で大に味《あじわひ》がある」と独仙の受け売りをすると、迷亭は、独仙が十年前の寄宿舎時代からこの消極的の修養の話をしているがその割には胆力がなく、いつか睡眠中にネズミに鼻の頭をかじられたとき、毒が回らないかと大騒ぎをしたことを暴露する。

これは漱石のバランス感覚であろう。単純な苦沙弥も、陽気な法螺吹きの迷亭も、東洋哲学者の独仙も、実は漱石の分身だともされるが、性格の違うこうした人々の軽妙洒脱な会話のうちに、さまざまな主張の相対化と客観化が行われ、議論の奥行きも増してくる。こうして独仙も弱点を露出することになるが、『猫』後半で狂言回しともいうべき重要な役割を演じていることに変わりはない。第八章の独仙、第九章の天道公平やちょんまげ老人につづき、第十章ではまた独仙自身が登場して馬鹿竹の話をするのである。

## 4　独仙の講演「地蔵と馬鹿竹」

この馬鹿竹の話は日本の民話にでも起源をもつのか、漱石の創作なのかわからない。だが白痴を聖なる者とみなす伝統はヨーロッパには至る所にある。博識の漱石のことであるから、西洋起源の似た話を知っていたかもしれない。いずれにせよこうしたテーマの着想も、あの『ツァラトゥストラ』読書に関係があるように思う。というのは例の書込みに、愚者について感想を述べたところがあるからである。第四部「覚醒」の章の It is thine innocence not to know what innocence is（無邪気とは何であるかを知らないことがあなたの無邪気さだ）というツァラトゥストラの言葉にアンダーラインを引き、この句に触発されたように、ニーチェがここで説いていることとはあまり関係のない次のような文を書いている。

無邪気な人間が好かれるのは、かれらが無邪気であるからではなく、かれらがわざとらしくないからだ。このわざとらしさというのは時々非常に恐るべきものとなる。馬鹿者はかれらが無邪気である限りはつきあえる仲間である。女は自分たちがしていること、自分たちが言っていることをいつも自覚しているから、つきあえる仲間とはならない。女はかつて無邪気であったためしがない。しばしばあまりにわざとらしさが過ぎる。孔子は何世紀も前にこう言った、「女子と小人は養いがたし。」西洋人にこれを読ませて熟考させたいものだ。しかし私には西洋人がこの真理を認めるだろうとは思えない。というのは西洋人はみな女の奴隷だからだ。かれらは愚かしい女、邪悪な女、思いあがった女のためになら何事でもする。そして女をスポイルするためならいかなる労も惜しまないのだ。

長い書込みだが、ここに全文引用したのは無邪気さと馬鹿者の考察があるからばかりではない。女の技巧性を指摘し、孔子の言葉をひき、西洋との比較をしていることが、やはりあの独仙の講演と類似しているからである。この講演は淑徳婦人会という女性ばかりの集まりで行われている。力持ちも、策を弄する利口者も、巡査もならず者も動かすことの出来なかった地蔵が、素直で正直な馬鹿竹のお願いの一言で動いてくれたという話を終ったあと、独仙は次のように講演の趣旨を説明する。

今日《こんにち》は御婦人の会でありますが、私が斯様《かよう》な御話をわざ〳〵致したのは少々考があるので、かう申すと失礼かも知れませんが、婦人といふものは兎角物をするのに正面から近道を通つて行かないで、却つて遠方から廻りくどい手段をとる弊がある。（中略）御婦人に在《あ》つては可成《なるべく》只今申した昔話を御記憶になつて、いざと云ふ場合にはどうか馬鹿竹の様な正直な了見で物事を処理して頂きたい。あなた方が馬鹿竹になれば夫婦の間、嫁姑の間に起る忌はしき葛藤の三分一は慥《たし》かに減ぜられるに相違ない。人間は魂胆があればあるほど、其魂胆が祟つて不幸の源をなすので、多くの婦人が平均

男子より不幸なのは、全く此魂胆があり過ぎるからである。どうか馬鹿竹になつて下さい、（後略）

女は魂胆がありすぎるから自分も周囲も不幸にする。魂胆はすてて正直な馬鹿竹のようになれという講演の趣旨は、さきの書込みの「馬鹿は無邪気だから好かれる、女はわざとらしさがありすぎるからつきあいきれない」という論旨に通ずる。やはりこの話は『ツァラトゥストラ』読書に触発された着想であろう。

ニーチェの女性論に関する書込みを通じて、漱石がおよそ西洋人らしくないニーチェの女性観に驚きと共感を示したことはすでに述べた。先に挙げた無邪気な馬鹿者の書込みの中で、突然孔子の「女子と小人は養いがたし」という言葉が出てくる。これはニーチェの東洋的女性観に対する漱石の共感が背後にあったからではないだろうか。漱石はニーチェの女性観に東洋を感じた。そしてこの東洋的なもの、反西洋的なものは独仙によって代表される。あの無邪気な愚者に関する書込みは、女性をめぐる孔子と反西洋的言辞で終っているが、ここに東洋的哲人独仙がこの講演を行う理由があったと考えられる。この場合、ニーチェは西洋人の側には含まれておらず、東洋的女性観の持ち主として、独仙が女性に対して行った講演の触媒の働きをなしていると考えられる。

# 第四節　近代西洋文明批判と救済

## 1　二十世紀の共有病、神経衰弱

ここでやっと本章冒頭で取りあげた、独仙の超人論の出てくる『猫』最終第十一章にたどりついた。再確認すると、第十一章の中心テーマは近代西洋文明批判である。個性発展の結果、それぞれの個性が衝突を起し、そのきわまるところ西洋的文明は滅びるという文脈の中でニーチェの超人解釈が出てくる。これは独仙が主役になって語るが、迷亭の悲観的な未来論も、個性の発展の結果、親子、夫婦、芸術に至るまで他との共存が不可能になって人類に未来はないという主張であるから、発想は共通している。個性の発展がすべての元凶である。

ではこの個性の伸長、自我の問題と漱石は、どのような関係にあったか。自我の問題はすでにロンドン時代から漱石にとって最も枢要の問題であった。自己本位、自我本位の四文字が英国の生活の惨めさから救ってくれたことはのちに漱石自ら述べている。また西洋的・近代的自我を確立して開国日本の文明開化のために奮闘努力するのは、時代の要請でもあった。つまりそれは、内的にも外的にも漱石のような先端的知識人のレーゾン・デートルだったといえる。ニーチェに興味を抱いたのも、彼の思想の中心が自我の絶対の主張にあり、ニーチェを極端な個人主義者と見なす当時の一般的解釈に拠ったためだろう。そしてニーチェの主要著作『ツァラトゥストラ』を彼自身の眼で読みはじめたとき、その主要思想と喧伝されていた超人が隣人愛まで否定することに違和感をもったとしても、あくまで自己の道を行く者の努力目標として漱石にとっても容認し得るものであった。

ところがこの態度が豹変する。ここでまた『猫』執筆当時の断片をみてみたい。

> 昔の人は己を忘れよと云ふ。今の人は己を忘るゝなと云ふ。二六時中己の意識を以て充満す。故に二六時中大《ママ》平の時なし。

この断片は、先の天道公平の手紙とニーチェとの関連を思わせる強力な自我主張の断片群の直後に書かれている。『猫』執筆時期の断片は『猫』後半の内容に関係するものが多く、とりわけ近代西洋文明批判に関連するいくつかの重要な長い断片には、ニーチェ読書に触発されて書かれたと推測されるものが多い。

いま挙げた断片は短くはあるが、直前の強力な自我主張に対して突然批判的となっている点が眼を引く。
　ここでは「己を忘れよ」という昔の人と「己を忘れるな」という今の人を対照的に並べ、これまでの主張とは一転して、いつも自意識で充満していては「二六時中大平の時なし」と断ずる。この断片の「昔の人」は東洋哲学者流の考えをもつ人で、「今の人」はニーチェ張りの自我主張の人であろう。『猫』の内容でいえば、これは天道公平が狂人と知ったときの主人公苦沙弥の心境の変化に対応している。天道の手紙を読んで「自分が文章の上で驚嘆の余《よ》、是こそ大見識を有している偉人に相違ないと思い込んだ」人間が狂人だと知って驚いた苦沙弥は、その夜、狂人と常人の差について思索をめぐらす。その内容はすでに見たようにニーチェの思想に依拠し、その上狂者となったニーチェを強く意識して書かれているとすれば、天道公平がニーチェの戯画化である可能性はますます強くなる。そしてその夜の狂人論・常人論の思索は、ニーチェの強力な自我主張にのぼせた漱石の自己戯画化ともとれる。東洋哲学者や東洋哲学流の考えに対する関心は独仙の登場する第八章から顕著であったが、しだいにそれは第十一章のテーマである時代の問題と関連づけられてくる。次にあげる自意識分析の長い断片は、前頁にあげた「昔の人は」に始まる断片の少し後に書かれている。

○Self-conscious の age は individualism を生ず。社会主義を生ず。levelling tendency を生ず。団栗の背くらべを生ず。数千の耶蘇、孔子、釈迦ありと雖と《ママ》逐に数千の公民に過ぎず。（中略）
○Self-conscious の結果は神経衰弱を生ず。神経衰弱は二十世紀の共有病なり。
人智、学問、百般の書物の進歩すると同時に此進歩を来したる人間は一歩一歩と頽廃し、衰弱す。其極に至つて「無為にして化す」と云ふ語の非常の名言なる事を自覚するに至る。然れども其自覚せる時は既に神経過敏にして何等の術も之を救済する能はざるの時なり。

この断片は、漱石がこれまでに理解した超人思想の問題から始まっている。冒頭の「Self conscious の

age は individualism を生ず」という文章はまさにニーチェの個人主義、自我意識を思い起こさせる。ついでそれが社会主義を生み、水平化の傾向（levelling tendency）を生むという文章は、すでにみたように反平等主義を前提に超人を説くニーチェが、平等の説教者である社会主義者の正体を暴き、彼らの権力を望む独裁者的狂気を語った教説に関連している。漱石はニーチェのように反平等の立場から社会主義を否定したわけではなかったが、人間に差異があることは肯定していた。しかし次に来る「団栗の背くらべ」、「数千の耶蘇、孔子、釈迦ありと雖と遂に数千の公民に過ぎず」といった章句には、ある種の無力感が漂っている。皆が自己の個性を主張すれば、数千の釈迦、キリストは生まれても、それに従う者が現れるとは限らない。それを考え大きな疲労感に襲われたのであろう。しかも頂上に達するまでには非常に大きな努力と緊張を要し、神経衰弱にもなる。漱石自身がその見本であった。

「Self-conscious の結果は神経衰弱を生ず。神経衰弱は二十世紀の共有病なり」という次のフレーズは彼の時代批判の核心をなすものであろう。自分自身の体験から推して、二十世紀を神経病の時代とし、人智、学問、百般の書物は進歩しても、人間は頽廃、衰弱していくのだという漱石の主張は、自分の体験を土台としているかぎりでは実感がある。このような状態に陥ったとき、反射的に東洋哲学の代表者であり、かって漱石自身が研究したこともある老子の「無為にして化す」が名言であることを悟る。しかし、時すでに遅し。神経過敏の者に施す手はもはやないのである。とはいえ、自己の体験をそのまま西洋文明全体の将来予想に短絡的に結びつけ、「神経衰弱は二十世紀の共有病なり」と主張するには、漱石はあまりに知の人、論理の人、学者である。もっと確信のもてる論拠を求めたのではないだろうか。この点でも筆者は『ツァラトゥストラ』読書の影響を考えるのであるが、これについてはのちに述べるとして、いまは先述の自意識分析の断片に戻りたい。

この断片で漱石はさらに続けて、全世界で最初に神経衰弱にかかる国民は人文の最も進んだ国だといい、その有様を次のように述べている。

父子ノ関係を疎にし。師弟の情誼を薄くし。夫婦の間を割き。朋友の好みを減ずる傾向なり。昔人の如き関係にては到底今日ノ程度ノ神経にて堪へ得べからざるが故なり

英国人はこの傾向に resist スル為に home と云ふものを非常に重んず。home は神聖にして他人の妄りに乱入しがたき所とす。日曜にも平日にも妄りに来客に接せず。彼等はこれにあらざれば神経を鎮静する能はざるなり。他日もし神経衰弱の為めに滅亡する国あらば英国は正に第一に居るべし。

彼等のコノ傾向は彼等の近世文学を見て徴するを得べし。Henry James etc. カカル minute analysis を以て進まゞ《ママ》人間は只神経のカタマリ、ウルサキ刺激ヲ受クル動物、煩瑣なる挑発に応ずる器械なる事を証明す。只人間がコマカクなるのみなり。キワドクなるのみなり。神経衰弱の用意をなすにとゞまるのみなり。

Homer の時代を見よ。Chevy Chase の時代を見よ。

彼等の病的なるは自然の刺激を以て満足する能はず。人為的に此等の刺激を創造して快なりとなす。愚なる日本人は此病的なる英人を学んで自ら病的なるを知らず。（中略）

○英人の文学は安慰を与ふるの文学にあらず刺激を与ふるの文学なり。人の塵慮を一掃するの文学にあらずして益人を俗了するの文学なり。彼等は自ら弊竇の中に座して益其弊を助長す。阿片に耽溺せる病人と同じ。

英文学批判はさらに続き、誹謗の言葉はますます激越の度を強める。無能、ダラシナキもの、浅墓なるもの、蛙の足に電気を通じてピクピクさせたる如きもの、巾着切りの文学、衰亡の文学……、こうした評価は最後には英国人そのものに及び、「天下に英国人程高慢なる国民なし」、「英人はスレカラシの極、巾着切り流に他国人を軽蔑して自ら一番利口だと信じて居るなり。神経衰弱の初期に奮興せる病的の徴候な

り」という言葉でこの長い断片を終えている。

漱石の英国嫌い、英国批判はこれまでにもいろいろ見てきたが、これなどは極めつけの部類に入るであろう。ここには明治三十年代の日本人漱石の実感したカルチャーショックが生々しく描かれている。実際目の当たりにした英国人の自我意識の強さ、「ホーム」を神聖視せざるを得ない英国人の家庭のあり方などを考えたときに、こんな生活をしていたらみんな神経病になるだろうと漱石が思ったのは事実だろう。また漱石自身も、彼らと接触して生活するうちに神経病を再発した。しかし『猫』本文では、このような明らさまな英国批判は影をひそめている。代わりに、同じ文脈で現れるのが西洋近代文明全体の批判なのである。父子・夫婦といった家族関係や、師弟・朋友などの親密な人間関係が崩壊しつつある社会でホームを神聖化し、そこにしか安息を見いだせぬ英国人たちに、漱石は神経衰弱的傾向をみる。これは迷亭のあの悲観的未来記、個性発展の結果親子も夫婦も別れ別れになるという未来予測に繋がっている。しかもこれは、二十一世紀に入った我々の社会の現実でもある。その意味でこの予測は漱石の鋭い洞察力を感じさせる。

また、次に述べている英文学批判も、専門の英文学を猛烈に勉強した結果得た洞察であろう。Homerはもちろん古代ギリシャの叙事詩人ホメロスのことだが、Chevy Chaseは十五世紀イギリスのバラード作者だという。漱石は『文学評論』第三編でも彼の詩を英詩の中で最も面白いと評価し、とりわけそのシンプルな文体を称讃している。ここで漱石は古い時代の文学に比べて精緻な分析を特徴とする難解なヘンリー・ジェームズの例を挙げ、当代英文学者たちの病的な性格を指摘する。つまり彼らは自然の刺激だけで満足することができず、人為的に刺激を作り出すことに喜びを見いだすというのである。漱石は、当代の「英人の文学は安慰を与ふるの文学にあらず刺激を与うるの文学なり。人の塵慮を一掃するの文学にあらずして益人を俗了するの文学なり」と述べるが、これは一つの卓見であろう。またこの文章からは、文学の創作一筋の道に進みたいと考えていた漱石が、どのような文学を理想と考えていたか、その文学観もうかがわれる。

漱石のペシミスティックな未来予想が、こうした当代英文学の評価や英国人の人間関係の観察を土台に築かれたものであったにせよ、これに何らかの契機があったとすれば、やはりそれは『ツァラトゥストラ』読書にあったと筆者は考える。次にそれをみていきたい。

## 2　第四部における現代人の危急の叫び

十九世紀後半の西欧文学では、人間精神の退廃傾向がとりわけ文学の領域において顕著であった。懐疑主義、ペシミズム、デカダン的享楽主義が当時のヨーロッパ文学の大きな特徴だった。発狂後のニーチェが一八九〇年代のヨーロッパ思想界や文学界でブームとなり、彼の説く超人が流行したのもこの世紀末思潮と関係がある。西欧にみられる衰退、退化、デカダンスはニーチェの常套句であり、彼自身このデカダンスを生き、経験したと述べている。同時にこうした傾向をヨーロッパ人の生命力の衰退の徴候として、その危険をいち早く見抜いて警告したのもニーチェであった。

十九世紀ヨーロッパ文明の批判が『ツァラトゥストラ』のなかで色濃く出ているのは第四部である。第四部に入るとこれまでとはがらりと傾向が変わる。ツァラトゥストラの教説自体は、第三部の最後に歌い上げられる永遠回帰の讃歌「七つの封印」で終わっている。ニーチェ自身も三部までで この書物をいったん完結させようとした。しかし諸般の事情で第四部が書かれたのだが、その内容はツァラトゥストラの教説ではなく、彼に救いを求める人々の話である。冒頭で、年老いて心満ち足りたツァラトゥストラは、いつかまた下山して人々のもとで没落する、つまり生を全うする日を待っている。そのとき突然聞こえてきたのは、現代人の危急の叫びである。
「悲鳴」の章でまず現われるのは予言者だが、彼は「大いなる疲労」の告知者である。ショーペンハウアーを思わせるこの予言者は、「一切は同じことだ。何ひとつ甲斐のあることはない。世界は無意味だ。知識が増大すればするほど、息の根がとまってくる」と説いている。この矛言者が発している深い淵から轟くような長い叫びにツァラトゥストラは注意を向ける。するとツァラトゥストラは、それは黒い憂鬱の海から聞こえて来る、助けを求める人間の叫び声だと気付くのである。

　知識の増大が息の根をとまらせるという予言者の言葉は、人知、学問の進歩と同時に人間は衰弱するという、あの断片の中の漱石の言葉に通ずる。未来を大いなる疲労といい、現代を黒い憂鬱の海と呼ぶニーチェの言葉は、神経衰弱を二十世紀の共有病と断ずる漱石の言葉と対応する。危急の叫びを上げてやってくるのは「ましな人間」、「高級な人間」たちで、いうなれば超人ではないが、普通よりましな人々である。あの予言者をはじめとして、彼らは皆憂鬱にむしばまれ、苦悩し、ツァラトゥストラのもとに救いと慰めを求めてやってきたのだった。

　もちろん、救い、あるいは慰めに関して、漱石とニーチェの間には相違がある。それは漱石が、憂鬱・苦悩の原因を個人主義に帰したことである。個性の発展に帰したことである。ニーチェはこのようなことは語っていない。自己への愛を通し、超人への愛を通して高みへ登っていくことこそ、一貫してニーチェの立場であった。このような上昇志向、自我発展は、勉学に励んだ漱石の基本的立場でもあったはずだが、漱石は一転、このように自意識を充満させては「大平《ママ》の時なし」と感じた。心の平和、魂の救済は自意識ではちきれそうになった自我の発展では得られない、と。それに何よりもニーチェは発狂した人だった。第四部のツァラトゥストラのような、聖者にも似た、穏やかな晩年を過ごすことはできなかった。精魂こめた主要作の不評と無理解に絶望し、その後は一転して熱に浮かされたように、毒舌と嘲笑、激しい戦闘的精神に充ちた著作を立て続けに書き、四年後には破滅した。ツァラトゥストラはニーチェの造型した人物であってもニーチェその人ではない。こうなると超人によるニーチェ流の自我発展も救済に至る道ではない。

神経病に悩む漱石にとって魂の安らぎ、救済は切実な問題であった。救済の道は東洋流の自己滅却にこそ存在する。このように漱石は確信したのではないだろうか。天道公平が狂人であることを知って驚いた苦沙弥が、自分にもその気があるのではないかと思って不安になったことはすでに述べた通りであるが、天道公平がニーチェの戯画像であるとすれば、初めから漱石は発狂者ニーチェを問題にしたことになる。猫は「主人は凡人と狂人の区別もつかぬ凡倉」と評しているが、主人の思考は判断停止であったとしても、天道を完全に否定したわけではない。逆に狂人が普通の人で、普通の人が狂人ではないかという逆転の発想をすることで、天道を擁護している面もある。

「普通ノ人ハ大概気狂ダ」(明治三十六年七月、菅虎雄あて手紙)という発想がもともと『猫』執筆以前からあって、ニーチェの戯画らしい天道公平をめぐる狂人論を書いたとすれば、発狂したニーチェと自分を重ね合わせていることになり、ここからもニーチェにどこかシンパシーを抱いていたと考えられるのである。このことを最後に考察しよう。

## 3　ニーチェとの対決、そして救済

今まで検討してきた自意識分析の断片のほとんどすぐ後に、もう一つ、この自意識分析の断片を発展させ、『猫』最終章の独仙の超人解釈の原型となったと思われる長い断片がある。

○ニイチエハ superman ヲ説ク、バーナード、ショーモ ideal man ヲ説ク Wells モ giant ヲ説ク。

Carlyle モ hero ヲトク。
此等ノ人ノ hero ヲトクハ Homer ガ Iliad ヲ歌ひ、Chevy Chase ニ勇武ヲ歌フトハ全然趣ヲ異ニス。

この断片では、ニーチェの超人に似た説を唱えた人たちを「英雄を説く人」としてひとまとめに論じている所に特徴がある。現代は「パーソナリチー」をできるだけ膨張しようとする世だが、その上自由の世である。彼らは自由を主張し個人主義を主張し、パーソナリチーの独立・発展を主張するが、この理想を現実化しようとすると他人の自由と衝突して身動きならなくなる。そこで彼らは事実の上にこの理想を求めるのではなく、それを文筆の上で試みる。つまり白紙に向かって superman を説く。彼らの ideal man は不平の表れであり、したがってホメロスの愉快も、チェヴィー・チェイスの簡潔さもない。このように漱石は主張する。

この断片に続けて漱石は、彼らは個の独立を求めた結果「自由ノ甚シキ不自由ナルコトヲ悟レリ」と、現代文明の大きな問題をいちはやく的確に捉える。エーリヒ・フロムは一九四一年に『自由からの逃走』を出版し、自由と独立の重荷に耐えかねて権威への服従や画一性への同調を求める大衆の性格構造を分析した。そのおよそ三十数年前、漱石もそれと軌を一にする考えを示している。そして知性の人である漱石は充分自覚的に、自由よりも分に安んじる封建の世の気楽さを説くのである。ここでも釈迦、孔子らが引き合いに出され、昔は孔子を聖といい、釈迦を仏といい、耶蘇を神の子と唱えて、自己は遙かにこれに及ばぬ者と考えた。今日はわれも孔子、われも釈迦と思う世だから、隣の車夫も肴屋も釈迦、孔子の時代である。したがって崇拝者も弟子ももつことはできない。弟子なき孔子と釈迦は裸体の天子のようなものだといい、最後に漱石は次のように書く。

孔子釈迦トナツテ天下ニ孤立セバ切角パーソナリチーヲコ丶迄ミガキ上ゲタ甲斐ナキナリ。十年苦学シテ予期ト正反対ニシテ巡査ニ採用セラレタルガ如シ。彼等は巡査ヲ以テ満足スル能ワズ巡査以上ニ出デントスレバ社会ノ秩序ヲ破ラザル可ラズ茲《ここ》ニ於テ毫ヲトツテ長嘯シテ其不平ノ気ヲ紙上ニモラス。Superman 是ナリ。

「十年苦学シテ云々」とはいかにも漱石らしい奇抜な比喩だが、この不満の吐け口を社会に求めようとすれば社会の秩序を乱す。そこでこの不平を紙上に書いたものが Superman だというのが漱石の結論である。この断片で注意したいのは、最初は超人に似たヒーローを唱えた人物たち、バーナード・ショーもウェルズもカーライルも、ニーチェとひとまとめにして論じられていたのに、最後の結論ではニーチェの超人だけが取りあげられていることである。『猫』本文の独仙の発言でもニーチェの超人のみが大きく取りあげられ、他の人たちは消えてしまっているが、この断片の内容はほとんどそのまま独仙の現代西洋文明批判として『猫』に採用されているのである。本章冒頭ですでに引用した文章だが、断片の内容と比較するため、ここで再度、独仙の発言を引いておきたい。

とにかく人間に個性の自由を許せば許す程御互の間が窮屈になるに相違ないよ。ニーチエが超人なんか担ぎ出すのも全く此窮屈のやり所がなくなつて仕方なしにあんな哲学に変形したものだね。一寸見るとあれがあの男の理想の様に見えるが、ありや理想じやない、不平さ。個性の発展した十九世紀にすくんで、隣りの人には心置なく滅多に寝返りも打てないから、大将少しやけになつてあんな乱暴をかき散らしたのだね。あれを読むと壮快と云ふより寧ろ気の毒になる。あの声は勇猛精進の声じやない。どうしても怨恨痛憤の音《おん》だ。それも其筈さ昔は一人えらい人があれば天下翕然《きゆうぜん》として其旗下に集まるのだから、愉快なものさ。こんな愉快が事実に出て来れば何もニーチエ見た様に筆と紙の力で之を書物の上にあらはす必要がない。だからホーマーでもチエギイ、チエーズでも同じく超人的な性格を写しても感じが丸で違ふからね。陽気ださ。愉快にかいてある。愉快な事実があつて、この愉快な事実を紙に写しかへたのだから、苦味はない筈だ。

続いて独仙がいうには、ニーチェの時代は英雄なんか一人も出ない。今は孔子が何人もいて、ことによると天下がことごとく孔子かもしれない。だから孔子だといばっても押しが利かないから不平だ。そこで超人などを書物の上で振り回すことになる。「吾人は自由を欲して自由を得た。自由を得た結果不自由を感じて困つて居る。夫《それ》だから西洋の文明杯《など》は一寸《ちよつと》い、やうでもつまりは駄目なものさ」。これに反して、心の修行をする東洋の方が正しい。個性発展の結果みんな神経衰弱を起こして始末に負えなくなったとき、それを悟ってもどうしようもない。「アルコール中毒に罹《かか》つて、あ、酒を飲まなければよかつたと考える様なものさ」、といって独仙の科白は終わる。

ここまでを見ると、独仙発言の趣旨は先の断片と大体同じだが、ニーチェに対してだけは、断片の場合以上に大きく取りあげられているうえ、その評価も手厳しくなっている。『猫』でニーチェの超人哲学は彼の理想ではなく不平だと言っているのは、断片の論理によればカーライルの英雄などにも適用されるはずだが、「大将少しやけになつてあんな乱暴を書き散らした」とか、「あの声は勇猛精進の声じやない。どうしても怨恨痛憤の音だ」と書くのは、ニーチェだけに向けられたかなり批判的な書き方である。

どうしてこういうことになったのか。独仙発言のもとになった二つの断片で共通して扱われているのは、個人主義であり、自我発展の問題であり、ニーチェの超人であった。とすると、漱石の関心の出発点はニーチェの超人哲学にあり、したがって他の人をさしおいてニーチェの超人だけを問題にしたのは、当然といえば当然かもしれない。しかし、ニーチェとイギリスの三人の英雄論者を一括して、現代は崇拝者も弟子ももてない時代だから、彼らはその不満を紙の上に書き散らしたという漱石の主張は、必ずしも事実に符号しているとは思えない。ニーチェの超人哲学の反応は執筆当時には惨憺たるものであったが、世紀末前後には全ヨーロッパで多くの熱狂的崇拝者をもっていたし、バーナード・ショーがニーチェの崇拝者であったことは有名である。カーライルも生前から世界的名声を得た人であり、明治日本でも尊敬を集めていた。漱石自身カーライルを非常に敬愛していたことは周知の事実である。英雄待望論者が、一般論として不平をもつ人であるということはできるかもしれないが、しかし全ての英雄論者がやけになって、怨恨痛憤の音を漏らすとまではいえない。やはりここはニーチェだけに向けられた評価である。

ニーチェが他の三人と異なる点は、ニーチェが発狂した人だということである。ニーチェが発狂したことに思いを致したとき、漱石にはニーチェは人を救う人ではなく、彼自身が時代の徴候である神経病患者だったのではないかという疑念が生じたのではないだろうか。そしてニーチェに自己投影した漱石は、ちょうど神経衰弱に悩む自分が『猫』で積年の思いをぶちまけ、書きたいことを書き殴って鬱屈した思いを発散したように、ニーチェも「少しやけになつてあんな乱暴を書き散らしたのだ」と考え、俗物憎悪から逃れられない自分の例などから推して「あの声は勇猛精進の声じやない。どうしても怨恨痛憤の音だ」とニーチェの超人を論じる際に、「あれを読むと壮快と云うより寧ろ気の毒になる」と同情しているのは、そうしたシンパシーの表現かもしれない。だが漱石は、もはやニーチェに救いを求めることはできない。やはり東洋思想こそ優れているという強い思いを抱いた。こうして独仙の超人論は、漱石の到達した最後のニーチェ解釈、超人解釈となったのである。

ニーチェの超人思想に対して最終的に否定的評価をしたからといって、漱石がニーチェの影響を受けなかったわけではない。むしろその逆であろう。『猫』のなかでニーチェの超人に言及されているのは、たしかに七章と十一章の二箇所だけである。しかしその背後には、精密な『ツァラトゥストラ』の読書があり、その際なされた膨大な量の英文書込みは、ニーチェの教説の対する漱石の無類に激しい直情的な反応を示している。さながら眼前の人に対するような熱を帯び、それはいかにも自己本位を説く漱石らしく、反撥したり、同感の意を表したり、ニーチェに触発された漱石自身の感想や思索を表すさまざまな文章に満ちみちていた。そしてその結果は断片として整理され、重要なものが最終的に『猫』に取り入れられたのである。

漱石のツァラトゥストラ読書の特徴は主体性に溢れ、確固とした自分の立場を堅持していることである。それは日本人、東洋人としての立場であり、神経病に悩み救済を願う病者の立場であり、かつて英国に住んでいた異邦人としての感性であり、英文学者としての専門的知識に基づく見識である。このようなニーチェとの知的・精神的格闘の結果生まれたのが日本文化と西洋文化という対立軸であった。そこで造型された東洋的哲人独仙は『猫』後半で大きな役割を演じ、漱石の最も切実な問題であった救済の問題は癇癪に対する対処法という形で作品に投影され、この作品後半の流れを作った。それればかりではない。「ツァラトゥストラ＝ニーチェ」を介する漱石の思索は、『猫』のみならずその後の作品にも影を落としているが、ここでなされた西洋文明批判、東洋哲学優位の主張は、漱石最晩年の思想「即天去私」にまで連なっていると筆者には思われる。

影響とは、他の人の思想を丸呑みにしてその信者になることでもなければ、模倣的作品を書くことでもない。それは、強い興味をもつことができる対象に出会ったとき、自分を失わず誠実にその対象と向かいあうことにより、自分の中から自分らしい新しい何かを育てていくことだと筆者は考える。漱石のニーチェとの関係は、まさにそういったものではなかっただろうか。『猫』がたんに泰平の世の逸民の高級な知的饒舌に終わるのではなく、東西文化の文明批評や現代西洋文明批判に基づく未来予想にまで発展し得た背後で、ニーチェの果たした役割は大きい。これこそ、言葉の真の意味で影響といえるのではないだろうか。

## 註

（1）『猫』本文の引用は、漱石全集第一巻（岩波書店、昭和四十年）に拠る。原文の漢字には全てルビがふってあるが、必要と思われる場合だけにとどめた。

（2）英語訳『ツァラトゥストラ』への漱石の英文書込みは、前掲漱石全集第十六巻（昭和四十二年）に収録されている。なおその日本語訳は本文中にあげた平川祐弘論文の訳を使わせていただいた

（3）「断片」の引用は前掲漱石全集第十三巻（昭和四十一年）による。

（4）本章での『ツァラトゥストラはこう言った』の引用は、岩波文庫版の氷上英廣訳を使わせていただいた。

（5）明治期に出版されたニーチェ解説関係の書籍には、登張竹風の『ニーチェと二詩人』および桑木厳翼の『ニーチエ氏倫理説一斑』の二冊があるだけである。厳翼は樗牛や姉崎の同期であったが、いち早く東大哲学科の教授となった。この書の緒言については本書の第一章でいささか触れたが、ここではこの書物の末尾に付されたドイセンの『ニーチェの思い出』の抄訳に触れておく。名門プフォルタ高等中学校以来ニーチェの親友であったドイセンの、生涯にわたる美しい友情の物語は厳翼を感動させ、抄訳を思い立たせた。山中で孤独の日々を送る病み衰えたニーチェには、もはや若く雄々しく誇り高かったころの面影はない。別れ際に涙さえ浮かべていた痛ましい姿が、ドイセンが見た精神に異常をきたす前のニーチェの最後の姿であった。厳翼の本が出版された明治三十五年には樗牛はまだ存命しており、漱石も英国から帰国していない。『猫』を書くまでまだ充分時間がある。帰国後東大で同僚となった厳翼の著書をのぞき見て、漱石は案外はっきりしたドイセンのイメージを持っていたかもしれない。もちろん推測に過ぎないが。

# 第三章　『武士道』とニーチェの強者の哲学

# はじめに

一九七〇年代前半、筆者が五年ほど住んでいたドイツやアメリカなどで書店を覗くと、人気のある能や禅、日本庭園の本、割腹自殺したばかりの三島由紀夫の本などともに、必ずといってよいほど並んでいたのは新渡戸稲造（一八六二―一九三三）の『武士道』（原題 Bushido, The Soul of Japan）であった。現在でこそ日本のさまざまな分野に関して、外国人による研究書や文献が多く見かけられるが、当時はそれほどでもなかっただけに、十九世紀末から二十世紀初頭にかけて国際社会で大成功を収めた『武士道』のロングセラーぶりに驚いた記憶がある。経済大国を目指してひた走っている日本人の原動力を知ろうとするとき、この書物は、日本開国のときと同じく、欧米人が日本人の行動原理を知る手引きとして注目されたのであろう。最近では、日本でもヒットしたアメリカ映画『ラストサムライ』製作の参考にされたといわれ、二〇〇六年には、大ベストセラー『国家の品格』（藤原正彦著、新潮新書）の中で新渡戸の説く武士道精神が強く推奨されたことによって、『武士道』はまたもや世の注目を浴びることになった。政府の教育基本法改正をめぐる議論においてもこの書物は問題にされ、新渡戸の著作は賛成派からも反対からも支持を得ていたという。百年後のいまも、とかく話題の多い書物である。

明治三十一年（一八九八年）に米国で執筆され、翌三十二年、フィラデルフィアの The Leeds and Biddle Company から英文で出版されたこの書物は、世界的に大きな反響を呼び起こし、ただちに日本でも東京の裳華房から同じく英文で刊行された。英語教科書として採用した学校は数十校に及び、明治三十五年には英文を学ぶ学生のために、新渡戸の友人桜井鷗村による訳註書まで出たという。増補改訂第十版（明治三十八年）の序で新渡戸みずから記している通り、この本を読んで感動した当時のアメリカ大統領セオドア・ルーズベルトが本書を友人たちに配ったという話は有名である。またこの本は、ドイツ語・フランス語・ロシア語はもちろん、中国語・ノルウェー語・ハンガリー語等々、多くの言語に翻訳された。開国まだ日の浅い日本を諸外国に紹介し、かつ独自のイメージを与えるのに少なからぬ役割を担ったといえるだろう。

明治三十二年と言へば日清戦争の四年後、日露戦争の五年前であつて、日本に対する世界の認識の尚未だ極めて幼稚なる時代であつた。其時に当り博士が本書に横溢する愛国の熱情と該博なる学識と雄勁なる文章とを以て日本道徳の価値を広く世界に宣揚せられたことは、その功績三軍の将に匹敵するものがある。本書が世界の輿論を刺激し、広く各国語に翻訳せられたるも亦当然である。

これは新渡戸の弟子で戦後東大総長となる矢内原忠雄が『武士道』を訳した際、その序文に記した言葉であるが、まさに正鵠を得ている。

日露戦争の終わる明治三十八年（一九〇五年）、英文による『武士道』はすでに九版を数えていたが、この年に増補第十版が米国ニューヨークの C. P. Putnam's Sons 社および日本の丁未出版社から刊行された。日本語に翻訳されたのもこの増補版からである。最初の訳は桜井鷗村が明治四十一年に丁未出版社から出版したが、決定版は何といっても名訳をもって知られる矢内原忠雄の訳業であろう。同じクリスチャンとして新渡戸を心から敬愛していた矢内原は、著者の死後五年目の昭和十三年、増補第十版をもとに岩波文庫として世に出した。昭和四十四年に出版された教文館の新渡戸稲造全集第一巻収録の『武士道』もまた、矢内原訳を底本として校訂している。

新渡戸の『武士道』は、もとより当時の日本がおかれた国際的状況を反映して愛国的情熱に満ちあふれ、旧来の日本の道徳的価値を世界に向けて賞揚しようとする姿勢が全篇にうかがえる。しかしこれは、たんに時流に迎合した書物ではない。文久二年、維新以前に南部藩勘定奉行の三男として盛岡に生まれた新渡戸は、厳格な武士道教育によって訓育され、札幌農学校では明治最初期の熱烈なクリスチャンとなった。卒業後しばらくしてアメリカのジョン・ホプキンス大学で三年、続いてドイツのボン、ベルリン、ハレの大学で四年と、つごう七年に及ぶ米独滞在中に、農政学や農業経済学の学術的研鑽に励んでいる。その後は母校の札幌農学校、京大、東大などで教えたが、教育にも熱心で、明治三十九年から大正二年まで一高の校長をつとめ、大正七年には東京女子大学の初代学長となった。こののち彼は、すぐれた人格識見のゆえに、当時の国際社会で高い尊敬と信頼を集めた日本人として、国際連盟の事務局次長として活躍した。

日本道徳論ともいうべきこの『武士道』は、武士道教育に関する体験的・現実的知識と東西の該博な古典的教養に裏づけられ、さらにキリスト者としての幅広いパースペクティヴを伴っていた。一方、学者、教育者らしくできるだけ公平な客観性をもって比較考察され、西洋の読者たちにも理解しやすいばかりか、強い説得力をもったきわめ水準の高い日本文明論であった。頑迷固陋な封建道徳の鼓吹とはおよそ無縁な書物というべきであって、今もって外国書店の店頭をかざり、古典的名著として読者に親しまれているのも充分に理由がある。

ところで、『武士道』には孔孟の教えや日本人の例と並んで、枚挙のいとまがないほど多くの欧米思想家や文学者が登場するが、なかでも筆者の関心を惹くのは、わずかではあるがすでにニーチェが取りあげられていることである。執筆時の明治三十二年には、日本ではまだごく少数の人々にしかニーチェの名は知られていない。第一章で見たとおり、東京帝大でドイツ人講師のケーベルやフローレンツが明治二十七、八年頃から少数の学生にニーチェを講じていた程度で、明治三十三年のニーチェの死以前は、一般にはこの哲学者はほとんど無名であった。その後明治三十四、五年にかけて、日本では文壇史上の一事件ともいうべきニーチェ論争が起こり、内実はともかくその名だけはあまねく知られることになったのである。明治三十二年の『武士道』初版からすでにニーチェの名が見られるとすれば、著者は日本で最も早いニーチェ読者の一人ということになるが、残念ながらこの英文初版にはニーチェの名は出て来ない。したがって、この著作にみられる四ヶ所ほどのニーチェへの言及は、明治三十八年の増補改訂の際に加えられたものと考えられる。

この頃すでにニーチェは日本でも最新流行の哲学者であったから、新渡戸が彼の著作や解説を読んでいたとしても不思議はないが、明治の最も熱烈なクリスチャンの一人であった著者が、アンチクリスト（反キリスト者）たるニーチェに対してどのような関心を抱いたかは、依然として興味のある問題である。欧米でニーチェが毀誉褒貶の嵐の中でうけた猛烈な批判攻撃は、ヨーロッパ文明の根底を支えるキリスト教の問題に深く悩んだ末ではあったが、ついに彼がアンチクリストを公言するに至ったことに対する、キリスト者たちの憤激によるものであった。では明治のクリスチャン新渡戸稲造は、ニーチェをどのように評価したのであろうか。そしてまた、新渡戸が情熱をこめて説いた武士道の道徳とは、強者の哲学といわれ武人の徳を賞揚したニーチェの思想と何らかの類縁性をもつのであろうか。本章ではこうした問題を明らかにしたい。

## 第一節　ニーチェの「山嶽」と日本人の独創的性格

全十七章からなる『武士道』の構成は、四つに大別できよう。第一の部分は、第一章「道徳体系としての武士道」、第二章「武士道の淵源」といった全体的歴史的展望を示す導入部、第二は第三章から第十一章までで、具体的に義、勇、仁、礼、誠、名誉、忠義、武士の教育及び訓練、克己など、武士が実地に身につけていくべき諸道徳が各章にわけて解説されている。さらに続いて第三には、開国日本を訪れた外国人を驚倒させたあの切腹や仇討ちの解説をした第十二章「自殺及び復仇の制度」のほか、「刀・武士の魂」、「婦人の教育及び地位」、一般大衆に及ぼした「武士道の感化」等、テーマ別に分けて論じた日本武士道の特殊性に関する章が並ぶ。そして最終部では、第十六章の「武士道は尚生くるか」、第十七章の「武士道の将来」という標題のもとに、制度的基盤を失った武士道精神が今後も日本の道徳的支柱でありうるかどうか、その将来的展望について著者の見解が披瀝されている。

『武士道』の導入部の末尾、つまり第二章の末尾で、早くも新渡戸はニーチェの名を挙げている。

鋭敏なるフランスの学者ド・ラ・マズリエール氏は十六世紀日本の印象を要約して曰く、「第十六世紀の中頃に至る迄、日本に於ては政治も社会も宗教もすべて混乱の中にあつた。併し乍ら内乱、野蛮時代に返る如き生活の仕方、各人が各自の権利を維持する必要――之等はかのテーヌによりて『勇敢なる独創力、急速なる決心と決死的なる著手の習慣、実行と忍苦との偉大なる能力』を賞賛せられたる第十六世紀のイタリー人に比すべき人間を、日本に於ても作り出した。日本に於てもイタリーに於けると同様、中世の粗野なる生活風習は、人間をば『徹頭徹尾闘争的抵抗的なる』偉大なる動物となした。而して此の事こそ日本民族の主要なる特性、即ち彼等の精神並に気質に於る著しき複雑性が、第十六世紀に於て最高度に発揮せられた理由である。インドに於て、又支那に於てさへ、人々の間に存する差異は主として精力若くは知能の程度にあるに反し、日本に於ては此等の外性格の独創性に於ても差異がある。さて、個性は優美なる民族並に発達せる文明の徴《しるし》である。ニイチエの好んだ表現を用ふるならば、アジア大陸に於てはその人を語るはその平原を語るのであり、日本並に欧州に於ては特に山嶽によつて人を代表せしめる、と言ひ得るであろう」と。

ド・ラ・マズリエール氏が評論の対象としたる人々〔日本民族〕の一般的諸特性について、吾人は之から筆を進めよう(註1)。

この引用のほとんどは、新渡戸が興味を抱いたフランスの哲学者、ド・ラ・マズリエールの日本論の一部の要約紹介である。日仏比較文学者の私市保彦氏(武蔵大学名誉教授)の協力を得て調査した結果によると、ラ・マズリエール侯爵(一八六四-?)は旅行家でもあり、日本を訪れた可能性も考えられるという。彼は日本、中国、インドに興味を抱き、一九〇七年には『日本　歴史と文明』と題する三巻本を出版している。しかしそれ以前の一八九九年、ちょうど新渡戸が『武士道』を刊行したのと同じ年に『日本の歴史についての随想』という著作も出しており、これは直ちに英訳されている。『日本　歴史と文明』は一九〇五年の『武士道』改訂版より後の刊行であるから、新渡戸が参照したのは『日本の歴史についての随想』の方だと考えられる。筆者はこの書物は未見であるが、一枚の地図と十九枚の版画が掲載された四百八十頁のかなり浩瀚な書物だという。

新渡戸の引用によると、ラ・マズリエール侯爵は、十九世紀フランスの批評家・文学史家イポリット・テーヌによる十六世紀イタリア人への高い評価を援用しつつ、当時のイタリアと同じく内乱状態にあった十六世紀日本人の独特の性格を、イタリア人にも比すべきものとして賞讃している。彼は日本人の性格の独創性にインドや中国との差異を見いだし、「個性は優美なる民族並に発達せる文明の徴」だと主張する。こうした文脈の中で突然ニーチェの名が登場する。つまり「ニイチエの好んだ表現を用ふるならば、アジア大陸に於てはその人を語るはその平原を語るのであり、日本並に欧州に於ては特に山嶽によつて人を代表せしめる、と言ひ得るであろう」と述べるのである。これは要するに、日本と欧州については平地より高くそびえ立った山嶽によつてその国の人々の国民性を代表させることができるが、その他のアジアの国々では、人について語ることは山嶽とは対照的な平原、つまり普通の人々を語ることと同じだという趣旨の発言であろう。この場合の山嶽とは、高く傑出した個性ある人物や、指導者、その民族がもつ高い目標物を意味していると考えられる。

ここでマズリエールは「ニーチエの好んだ表現」として「山嶽」という比喩をあげている。この言葉は『ツァラトゥストラはこう言った』において極めて頻繁に使われている比喩である。ツァラトゥストラは故郷を捨てて山中にこもり、十年にわたって太陽からの贈り物に感謝しつつ孤独と智慧を愉しんでいる。第一部の「読むこと書くこと」という章では、血でもって書かれた箴言が山頂に例えられる。血とは精神のことである。そして「山頂の空気は稀薄で清らかだ。危険はつねに迫っている。精神は快活な悪意にみちている」と描写される。「山上の木」の章では、高みを目指して苦難の道を行く青年が疲れ果てて、人に理解されることもなく山上の木にもたれて谷間を見下ろす情景が描かれている。これらの例に見られるように、山や山頂、山嶽は、それぞれ新しい智慧に溢れた人間、血の結晶ともいうべき精神の体現、高みを目指す青年の目標物といった差異はあるにせよ、いずれも人間が苦難を賭して達しようと努力する高み・目標の比喩である。これはニーチェが人間の目指すべき目標として説いた超人思想とも関連している。マズリエールのニーチェの引用は短く、この引用の正確な真意はどこにあるのか推測するより仕方がないが、この執筆者が日本人の性格に他のアジア民族にみられない独自性と個性を見いだし、日本人を賞讃するという文脈のなかでニーチェを援用していることは間違いない。

日本人に好意的なこのような文章を読んだ新渡戸は、武士道の淵源を説いた第二章末尾にこれを引用し、続く三章以降の具体的な武士道徳目の解説へつなぐ橋渡しの役割を与えた。十六世紀といえば、日本では誰もが知る戦国時代の英雄たち、四百年以上を経た現在でも人気を誇る武将・英傑が輩出した時代である。イタリアの十六世紀、つまりルネサンスの時代でもまた、古い価値観にとらわれない群雄が割拠した。この時代には、善悪を問わず生の活力に満ちあふれた個性的で魅力的な人物が輩出した。たしかにこの時代の日本とイタリアには似通った要素がある。

ところで新渡戸が引いたあの文章の中で、マズリエールがテーヌとともにニーチェの名をあげているのは、偶然とばかりは言えない。なぜなら、テーヌは晩年のニーチェと文通のあった数少ない著名人の一人だからであり、デンマークのゲオルク・ブランデスと並んで、当時のヨーロッパでニーチェが最も評価した批評家であった。心血を注いで書き上げた『ツァラトゥストラ』がほとんど認められなかったとき、無名のニーチェはこの二人の文芸批評家に、『ツァラトゥストラ』後の否定のパトスに充ちた戦闘的著書『道徳の系譜』と『善悪の彼岸』の二冊を贈呈した。のちにニーチェがブランデスによって取りあげられ一躍有名になったことは先に述べたが、テーヌもこの贈呈に対しては好意的な礼状を書き、ニーチェはこれを非常に喜んでその後も自著を彼に贈り続けている。

しかし実証主義的歴史家として知られ、科学的文学批評の方法を確立したといわれるテーヌを、ニーチェは全面的に支持したわけではない。良きヨーロッパ人を自負し、ドイツ文化を徹底的に批判した晩年のニーチェは、「テーヌ氏はヘーゲルによって毒されている。このヘーゲルの影響で彼は偉大な人々や時代を誤解している。ドイツの息がかかるところ、文化は台なしになる」(『この人を見よ』第二章三節)と批判している。とはいえ、テーヌはスタンダールやバルザックを非常に高く評価し、ニーチェが「わが生涯の最も美しい偶然の一つ」と呼んで愛したスタンダールに関する本も書いている。スタンダールもニーチェも、ともにルネサンス期の人間に強く魅せられたが、それは陰謀や残忍さも辞せず、強烈な個性を貫徹する当時のイタリア人が彼らの心を捉えたからである。またテーヌにはマズリエールの引用で明らかなように、ルネサンス人たちに対する高い評価があった。

こうしたことは、マズリエールもすでに知っていたかもしれない。彼はニーチェより二十歳も年下で、ニーチェの死の前年に出版された『日本の歴史についての随想』を書いた頃には、ニーチェはすでにヨーロッパの若者たちの崇拝の対象になっていた。つまりマズリエールはテーヌの資料もニーチェの資料も十分利用できる立場にあり、彼が十六世紀日本とイタリアの独創的個性を高く評価したとき、テーヌとニーチェを結び付けて「山嶽」というニーチェ特有の比喩的表現を借用したのは、かなり理由のあることだったようにも思われる。

ただしマズリエールの論を紹介した時点では、新渡戸自身のニーチェに対する評価は明らかにされてはいない。日本人に好意的な外国人の日本人論を導入部で紹介することにより、次の具体的な武士道の徳目解説への橋渡しをするという文脈の中で、ニーチェは触れられているにすぎない。

## 第二節　具体的徳目解説のなかのニーチェ

### 1　「敵を誇とする」心情

それでは新渡戸が、ニーチェの思想に実際に興味を抱いて取りあげているのはどのような思想か。それは第一に、「敵を誇とする」心情である。

これは具体的に武士の徳目を解説した「勇・敢為堅忍」と題する第四章に出てくる。ここで著者は、武士の勇、敢為堅忍の精神について語り、「大勇」と「匹夫の勇」の違いから説きおこす。そして真の勇者の高貴な模範として、例の信玄と謙信の闘いを描き出すのである。信玄の死を聞いて謙信は「敵の中の最も善き者」を失って慟哭したと記した後、著者は、北条氏によって生活必需品である塩の供給を断たれた信玄の窮状を聞くと謙信はただちに塩を送った、という日本人にとってはあまりにも有名な故事を説明し、これに関連して次のように述べている。

　ニイチエが「汝の敵を誇とすべし、しからば敵の成功はまた汝の成功なり」と言へるは、能く武士の心情を語れるものである。

　新渡戸が引用した文章は『ツァラトゥストラ』第一部のなかの「戦争と戦士」と題する章に出てくる。ニーチェが戦士という言葉を使う場合、認識の戦士として、勇敢な戦士の高貴な諸徳を愛したという側面を多分にもっている。「戦争と戦士」という章の最初は、「わたしたちは、好敵手からは手加減されたくない。また自分が心底《しんそこ》から愛している人たちからも、そのように扱われたくない」という文章で始まっている。また、「たとえあなたがたが認識の聖者とはなりえなくとも、せめて認識の戦士となってほしい！　戦士は聖者の伴侶であり、さきがけだ」という。さらに、「あなたがたの敵をこそ捜し求めなければならない。あなたがたの思想のために、あなたがたの戦いを戦わなければならない！　たとえあなたがたの思想が敗北しても、あなたがたの思想の誠実が勝利を得なければならない！」ともいう。このような文脈のうちに、新渡戸が引用している「汝の敵を誇とすべし、しからば敵の成功はまた汝の成功なり」という文章が出てくるのである。こうしてみると、ここでいう戦士とは、世間一般の批判に右顧左眄することなく、世間の常識となっている価値基準をも覆すような勇気をもって、新しい価値を創造する認識の戦士、敗れてもなお自己の思想に誠実な認識の戦士、を指す比喩的表現となっている。

　ニーチェが発狂直前に書いた自伝『この人を見よ』の第一章七節には、『ツァラトゥストラ』の中のこの章句の解説ともいうべき文章がある。つまり好敵手となるべき自分の戦闘的・攻撃的対象について、散文で詳細に説明している。ここでニーチェは「戦闘的な哲学者は人間だけではなく、問題のたぐいにまで決闘を挑む」という。そして公明正大な決闘の大前提となるのは「おのれの全力量、敏活さと腕前を賭しうるような抵抗――自分と同格の相手を克服すること」だと述べ、その兵法として次の四原則を挙げている。

第一に、「勝ち誇っている事柄にだけ、攻撃を加える」。第二に「自分が単独で危険に曝される場合にのみ、攻撃をする」。第三に「個人攻撃は決してしない」。ただ把握しにくい一般的危機を、誰の目にも見えるようにするための強力な拡大鏡として個人を利用することがあるといい、その例として若い頃の著作『反時代的考察』の中のダーフィット・シュトラウスへの攻撃と、晩年のヴァーグナー攻撃をあげている。第四に「個人的な手心の加わらない、なんら因縁つきの背景などのない事柄のみを攻撃する」という。それどころか攻撃は、ニーチェにとって一種の好意の証、感謝の徴、その事柄や人物に対する敬意の表明でさえあるという。これは相手として不足のない好敵手ということを意味しており、新渡戸の引用した「汝の敵を誇りとすべし」という考えに通じる。

こうした論理をニーチェは彼のキリスト教攻撃についても適用した。牧師の子であったニーチェは、自分が「キリスト教の側から災難や妨害を加えられた覚えがないからこそ、戦いを挑む資格が私にはあるのだ」と考える。

　　最も真面目なキリスト者たちが、私にはいつも好意をよせてくれた。私自身は、キリスト教の峻烈な敵ではあるが、数千年の宿命であるものを、ある個人の責任に帰するというようなことはまったくない。

この文章によってニーチェは『この人を見よ』の戦士の説明を終わるのである。

このようにニーチェの戦争や闘争は、認識の問題を扱う場合の態度や創造的行為の比喩として用いられることが多い。しかし、それはやはり、現実の戦闘行為や勇敢な戦士にたいする共感から発したものと考えられる。ニーチェは終生変わらぬ讃嘆の念を以てカエサルを評価した。近代ではナポレオンを崇拝したが、彼はカエサルの再来とみなされた。もともとニーチェは古典文献学者であって、古代ギリシャやローマの歴史文化によく通じており、ギリシャ・ラテンの古典語の専門家でもあった。キリスト教の問題を考えるときも対立軸として考えられているのは、キリスト教以前の古典古代の文化である。最晩年の著作『アンチクリスト』においてニーチェは、ヨーロッパ二千年の歴史をユダヤ対ローマの対決というドラマチックな図式で捉えている。古代ローマ繁栄の推進力となったのは、かの強大を誇るローマ軍団である。ヨーロッパ、アフリカ北部、アジア（中近東）と三大陸に及ぶ広大な地域に版図を拡げ、古代最大の帝国を千年近くも維持した、強壮な精神と武人の徳をもつ古代ローマ人。それに対してユダヤ人の起こした宗教、キリスト教の価値観が彼らを内から滅ぼしたとする。

このような解釈からニーチェは、キリスト教的価値観を古代における奴隷の反乱、古代における価値転換とよんだ。刊行当時、非常に問題視されたニーチェの思想、君主道徳と奴隷道徳という発想の根元にはこのような考えがある。これについては『武士道』のなかで新渡戸も取りあげているので、のちに改めて考察したい。いずれにせよ、日本の武士道を解説しようとする新渡戸が、『ツァラトゥストラ』の「汝の敵を誇りとすべし、しからば敵の成功はまた汝の成功なり」の言葉を目にして、「能く武士の心情を語れるものである」と述べているのは、日本人にとっては受け入れやすい感想であった。

## 2　誠を重んずる武士道と利を重んずる商人道徳

『武士道』のなかの具体的徳目を論じた箇所で、もう一つニーチェの名が出てくるのは、「誠」について考察された第七章においてである。誠、つまり真実を重んずる武士の道徳律はきわめて厳しく、武士の一言は証文すら無用とするほど絶対の権威をもっていた、と新渡戸はいう。二枚舌はしばしば死をもって償われた。それは利害打算とは無縁な、もっぱら品性あるいは名誉の問題であって、武士の高い社会的地位がそのような厳格さを彼らに要求するのである。この「武士の一言」に相当する言葉として新渡戸はドイツ語の Ritterwort を挙げ、この語は「正確にこれに当たる」と述べている。Ritter は日本の武士ともいうべき騎士、Wort は言葉を意味するから、これはまさに「武士の一言」にぴたりと符合する。新渡戸は騎士道との類似性を指示することによって、西洋の読者に武士がいかに誠実さや真実を重んじたかを示そうとしたのであろう。

こうした関連から著者は、日本においては士農工商ということばが示すように、武士と商人という二つの階級が対極的な社会的地位を占めてきたことを説明する。名誉を重んずる武士は虚言や利害打算を憎んだ。したがって利害打算をなりわいとする商人を社会の最下位の者とみなした。商人も高いモラルをもち得るが、それは武士のモラルとまったく異なる淵源をもつ。武士のそれは、名誉を重んじ、虚言をにくむところから出ている。虚言は弱者の特質であって、武士はこれを弱さの証として軽蔑する。一方、商人のモラルの高さ、あるいは正直の美徳は、「それが引きあう」という利害の発想から出ている。新渡戸はアングロ・サクソン民族の高い商業道徳に深い尊敬を払いながらも、その窮極の根拠が「正直は最善の政策」というところにあることに抵抗を感じ、「若し正直は虚偽よりも多くの現金を得るが故に之を守るのだとすれば、私は恐れる、武士道はむしろ虚言に耽ったであらうことを！」とさえ断言する。武士の徳は徳自身のためであり、報酬という発想は断固として受けいれがたい。いやむしろ、軽蔑の対象ですらあった。

このあたりを読むと、まるでニーチェを読むような感じさえ覚える。ニーチェは、有名なイギリス人嫌いであるが、その理由の主なものの一つは、彼らの功利主義的発想にあった。最大多数の幸福を唱えたジェレミー・ベンサムに始まり、ジョン・スチュアート・ミルやハーバート・スペンサーと続くイギリス功利主義哲学者たちの説く道徳は、学問性を装ってキリスト教道徳を焼きなおした賤民の道徳、畜群の道徳であるとして、ニーチェはほとんど罵倒といえるほどの激しさでこれを批判した。新渡戸のように、理由はともあれアングロ・サクソン民族の商業道徳の高さを尊敬するといった寛大さは、ニーチェにはない。彼の近代理念批判はとりわけイギリス流の功利主義的発想に集中している。超人や高貴な人間類型を説くニーチェは、凡庸化し平均化するすべての発想にたちまち賤民臭をかぎつける。

また、武士のモラルと商人のモラルの起源をそれぞれ別のものとして説明する新渡戸の解釈は、ニーチェの主人道徳、奴隷道徳の発生史をまったく別のものとする解釈の仕方に似ている。ニーチェの場合、教授職を捨てて放浪の思索生活を始めた最初の著作、『人間的な、あまりに人間的な』第一巻にはすでに、「善悪の二重の先史――貴族階級から発するものと奴隷階級から発するもの」(四五節)と題するアフォリズムがある。『人間的な』以後、道徳の歴史とその起源に関する考察は一貫してニーチェ思想の重要な部分を占めてきたのである。

それでは、新渡戸稲造は「誠」についての文脈のなかで、ニーチェについてどのようなことを述べているのか。彼は、「正直」という徳が西洋では近世産業の育てた商業道徳として発達したことを指摘し、その関連で次のように述べるのである。

武士道は「或ものに対して或もの」(quid pro quo)といふ報酬の主義を排斥するが、狡《さか》しらなる商人は容易に之を受容する。信実《ママ》はその発達を主として商工業に負ふ、とレッキーの言へるは極めて正しい。ニイチエの云ふ如く、正直は諸徳の中最も若い――換言すれば、それは近世産業の養児である。此の母なくしては、信実は素性高き孤児の如く、最も教養ある心のみ之を養ひ育てるを得た。かかる心は武士の間には一般的であった。併し、より平民的且つ実利的なる養母の無かりし為、幼児は発育を遂げ得なかつたのである。産業の進歩するに従ひ、信実は実行するに容易なる、否、有利なる徳たることが解つてくるであらう。

『ツァラトゥストラ』第二部の中の「有徳者」と題する章で、ツァラトゥストラは道徳的な人々にむかって、「あなた方はやはり代償を受け取るつもりなのか、あなたがた有徳者たちよ！」と問いかけている。「徳に対してその報酬を、地上の生活に対して天国を、あなたがたの今日に対して永遠を受け取りたいというのか？／そして、わたしが報酬係や支払係などはいないと教えると、あなたがたは腹をたてるのか？」という。さらに「ああ、私を悲しますのはこのことだ。物事の奥底に、報いと罰という嘘が持ちこまれたことだ。そればかりかあなたがたの魂の奥底にまでその嘘が持ち込まれたことだ」と嘆き、「復讐、罰、報い、報復などの汚らわしい言葉に関わるには、あなた方はあまりにも清らかだということ。これがあなたがたの真実のはずだ」ともいう。ここからは、徳高いキリスト者の清らかな魂が、報酬、罰、報いといった嘘の教義にまみれていることへの嘆きさえうかがえる。このように嘘やまやかし、虚言を憎み、誠実や真実を重んずる言葉はニーチェの著作のいたるところに見いだされ、ニーチェはほとんど生得的にこのような潔癖さを備えていたように思われる。こうした意味で新渡戸の説く武士の誠実、真実は、ニーチェの思想や資質と非常に親近性をもっている。

　しかし、先に挙げた引用の中で新渡戸が、「ニイチエの云ふ如く、正直は諸徳の中最も若い――換言すれば、近世産業の養児である」とニーチェの言葉を援用しつつ、正直・誠実という徳の育成を近世産業の功績とし商業道徳の発展に寄与した、と肯定的な論理を展開させているのは、何かの誤解のように思われる。あれほどイギリス流の功利主義的モラルを嫌ったニーチェが、このような解釈をすると考えられないからである。出典を調べてみると(註2)、「正直は諸徳の中で最も若い」という言葉は、『曙光』四五六番の「成長中の徳」と題するアフォリズムのなかで使われている。短いアフォリズムなので、その全文を引用してみよう。

　成長中の徳――古代の哲学者が徳と幸福の一致について唱えたような、またキリスト教が「まず神の国を求めなさい。そうすれば、これらのものは、すべて添えて与えられるだろう」といったような主張や約束は、決して充分な誠実をもってではないが、しかし常に良心の疚しさなくなされたものである。その真理性が大いに希望されたそのような命題を、人々は大胆に真理として、実証に逆らって主張した。――なぜなら人々は徳あるいは神の「より大いなる栄誉のために」(in honorem majorem) 現実を越えたのであり、およそ利己的な意図を持たなかったからである！ いまなお多くの立派な人間が、この程度の誠実の段階にいる。彼らが自己を無私と感じるとき、彼らには真理をも軽く見ることが許されると思われる。

ソクラテスの徳の中にも、キリスト教の徳のなかにも誠実は現われていないことに注意せよ。誠実は最も若い徳のひとつ、まだあまり熟していない、いまもしばしば取り違えられたり誤解されたりして、まだほとんどみずからの自覚に至らぬもの――我々の心しだいで育成も妨害もできる、成長中の徳である。

このニーチェの原文では、誠実という最も若い、目下成長中の徳は、われわれの心しだいで育成も妨害もできるという説明はあるが、近世産業や近世商業道徳との関連は一切説かれていない。文脈からみてこの誠実は、実証に裏付けられた知的誠実さが昔は欠如していたことに関連している。キリスト教についていえば、初期のキリスト教徒は徳や神の栄誉のために、実証の裏付けのない命題も良心の疚しさなしに、大胆に真理として主張した、とニーチェはいう。本来支配者タイプの攻撃的・猛獣的人間が敗者として自由を奪われ、攻撃すべき対象を失ったとき、その攻撃本能や残虐性を自己自身にむけ、良心の仮借に苛まれる――この心理構造や罪の分析は有名で、のちにこれを根拠にニーチェはフロイトの先駆者と見なされることにもなる。要するにニーチェのいう誠実は、良心の呵責と結びついた真理性を問題にしているのである。『道徳の系譜』第三論文二七番「禁欲主義的理想は何を意味するか」で「キリスト教の神に打ちかって勝利をしめたのは何であるか？」と問いを立てたニーチェは、かつての自分の著作、『華やぐ知慧』

三五七番の次のような文章を答えとして引用している。

我々は見るのだ。何がいったいキリスト教の神に打ち勝ったのかを、――キリスト教道徳性そのもの、いよいよきびしく取られた誠実の概念、学問的良心にまで、断固たる知的潔癖にまで、翻訳され昇華されたキリスト教的良心の聴罪師的鋭敏である。自然を、あたかもそれが神の善意と庇護に対する証明であるかのように見ること、神的理性を重んじて、歴史を、倫理的世界秩序や倫理的究極目的の不断の証明として解釈すること、自身の体験を、信仰篤い人々が長いこと解釈していたように、まるで何から何まで摂理であり、暗示であり、一切が魂の救いのために考え出され定められているかのように解釈すること、こうしたことはいまは過ぎ去った。こうしたことは良心にもとる。こうしたことは全ての鋭敏な良心にとって、醜い不誠実なこととして、虚偽として、フェミニズムとして、弱さとして、臆病として考えられる。――何物かによってわれわれが良きヨーロッパ人であり、ヨーロッパの最も古く、最も勇敢な自己克服の相続者であるとすれば、そのような厳格さによってこそ、そうなのだ。

この引用文の後あとでさらに、「すべて偉大なものはそれ自身によって滅びる。自己止揚の働きによって滅びる。これが生の法則の求むるところである。それは生の本質にひそむ必然的な『自己超克』の法則が求めるところなのだ」と続け、「教義としてのキリスト教は、それ自身のモラルによって滅びた。このようにしてモラルとしてのキリスト教もまた滅びていかざるを得ないのである」と結論している。ニーチェの「正直は諸徳の中の最も若い徳」、「目下成育中の徳」という言葉は、こうした知的誠実さの意味でとらえるのが自然であろう。

このようにみてくると、ニーチェが「若い」と呼んだ正直あるいは誠実という成長中の徳は、新渡戸の解したように近世産業あるいは商業道徳との関連で述べられているのではない、といわざるを得ない。

では、なぜ新渡戸はこのように解釈したのだろうか。その原因は、先の引用で挙げていたレッキーに関連していると思われる。「真実はその発達を主として商工業に負う」というレッキーの主張を「極めて正しい」とみた新渡戸は、このレッキーの主張を補強するものとして「ニイチエの言ふ如く、諸徳の中最も若い――換言すれば、それ〔真実あるいは正直〕は近世産業の養児である」と述べているからである。ただしこの表現は曖昧で、レッキーがニーチェの言葉を実際このような形で述べていたのか、あるいは新渡戸が何か他の著作でニーチェのこの箴言を知って、レッキーの発言の解釈として独自にこのような文章を書いたのか、にわかには判定できない。

ウィリアム・レッキーは、ニーチェと同時代に政治家としても活躍したアイルランド生まれのイギリス人歴史家で、その主著は全八巻の『十八世紀イギリス史』といわれる。ニーチェはレッキーの著作の独訳を一冊蔵書としてもっていて、『曙光』の中のアフォリズムの資料として使っている。だが、これもアメリカのメソジスト教会の説教に関する資料として使っているのであって、「成長中の若い徳」とは関係がない。

いずれにせよここで、ニーチェの引用があってもなくても全体の文意に特別変わりはない。ニーチェにたいする言及のなかった初版の『武士道』英文をみると、この短いニーチェの引用の前後の文章は、改訂版とまったく同じで、この引用はあとから新渡戸がふとした思いつきで挿入したことがわかる。ニーチェという哲学者はアフォリズムを好み、気の利いた警句的言い回しが多いので、このような利用の仕方をされがちである。これもその例といえるかもしれない。

つまり、以上の事情をまとめればこうである。新渡戸は、過酷なまでに厳格に誠実・正直を重んじた武士の態度と並べて、日本の商道徳の低さや商道徳に対する不平や批判を聞いていた。新渡戸自身、「締りのない商業道徳は実に我が国民の名声上最悪の汚点であった」と述べている。しかし「之が為に全国民を早急に非難するまえに、それを冷静に研究しようではないか」と提案し、これに続いて封建時代の身分制度のなかで最下位におかれた商人の位置について説明する。この時代の商人たちも、彼らの間では商人としての道徳の掟をもち、それによって胎生状態ではあったが、同業組合、銀行、取引所、保険、手形、為替のような基本的な商業制度を発達させたことを新渡戸は指摘する。また彼は「我国が外国貿易に解放された時、最も冒険的且つ無遠慮なる者のみが港に馳せ付け、尊敬すべき商家は当局者から支店開設の要求が繰返しあつたに拘わらず、暫くの間之を拒否しつづけた」と述べている。こうした文脈のうちにレッキーが取りあげられ、それと関連してニーチェの言葉への言及がなされるのである。そして「産業が進歩するに従ひ、真実は実行するに容易なる、否、有利なる徳たることが解つて来るだろう」と新渡戸はいう。ここにこそ彼の主張の眼目がある。

要するに彼はこのような形で、今後の商工業の発展に伴い、悪評高い日本の商道徳が向上することへの期待と弁明を行っているのである。したがってここで、「正直は諸徳の中で最も若い」というニーチェの言葉を今後の商工業発展に結び付けて援用したのは、彼の主張を補強する格好の言葉として使っただけで、それ以上の深い意図はなかったものと思われる。

## 第三節　結論部におけるアンチクリストの評価

### 1　ニーチェの君主道徳論・奴隷道徳論への言及

『武士道』の中で最後に新渡戸がニーチェを取りあげているのは、この書物全体の結論ともいうべき最終第十七章「武士道の将来」においてである。「悲しい哉武士の徳！　悲しいかな武士《さむらい》の誇！　鉦《かね》太鼓の響を以て世に迎へ入れられし道徳は、『将軍達王達の去る』と共に消え行かんとする運命にある」。武士の魂によって訓育され、限りなく武士道の徳を愛した著者は、社会的基盤を失った武士道が滅ぶべき運命にあることをこのように切々とした口調で嘆いている。そして日本の武士道に似たヨーロッパの騎士道と比較しつつ、両者が消滅の過程で経験したことの差について次のように語っている。

〔両者の差異は〕騎士道は封建制度から乳離れしたる時、基督教会の養ふところとなりて新に寿命を延ばしたるに反し、日本に於ては之を養育するに足る程の大宗教がなかつた事である。従つて母制度たる封建制の去りたる時、武士道は孤児として遺され、自ら赴く処に委ねられた。

これに続き新渡戸は「現代の戦争は武士道の絶えざる成長に対して大なる余地を供しない。武士道の幼時に於てこれを哺育したりし神道は、それ自体すでに老いた」と書いたのち、「中国古代の聖賢はベンサム・ミル型《タイプ》の知的成り上がり者〔新来者〕によつて取つて代わられた」と断じているのにはいささか驚きを感じる。「中国古代の聖賢」とは孔子や孟子らを指すことは明らかである。第二章「武士道の淵源」では、武士道形成の過程で果たした日本古来の神道や仏教の影響も論じられ、厳密な道徳的教義の面では儒教が最も豊富な淵源であったことを指摘し、次のように述べている。

孔孟の書は青少年の主要なる教科書であり、また大人の間に於ける議論の最高権威であった。併し乍らこれら聖賢の古書を知つて居るだけでは、高き尊敬を払はれなかつた。孔子を知的に知つて居るに過ぎざる者をば、「論語読みの論語知らず」と嘲る俚諺がある。〔中略〕その意味する処は、知識は之を学ぶ者の心に同化せられ、その品性に現われる時に於てのみ、真の知識となる、と言ふに在る。

筆者が驚きを感じたのは、最終章ではこうした儒教の聖賢に今や取って代わったのが、ベンサム＝ミル型《タイプ》の知的成上り者だという新渡戸の表現や感じ方である。知的成上り者という表現にすでに彼らに対する批判的・否定的ニュアンスが感じられるが、さらに読み進むと、それがもっと具体的に明瞭になってくる。

今や武士道の日は暮れつつある。而して吾人はあらゆる方向に向つて美と光明、力と慰藉の他の源泉を求めて居るが、未だ之に代るべきものを見出さないのである。功利主義及び唯物主義の損得哲学は、魂の半分しかない屁理屈屋の好む処となった。

これはまさに、ニーチェがイギリス功利主義に対して行った厳しい批判と全く軌を一にした発想である。第七章では「アングロサクソン民族の高き商業道徳」に対する尊敬の念とともに婉曲に批判されていた功利主義が、ここでは「魂の半分しかない屁理屈屋の好む処」といった非常に激しい言葉で批判されている。しかしこの引用に続いて新渡戸は、「功利主義及び唯物主義に拮抗するに足る強力なる倫理体系は基督教あるのみ」ともいっている。

それでは、武士道に代わるべき新しい時代の道徳体系について論じているこの章において、ニーチェの思想はどのような形で問題にされているであろうか。関連する部分を次に挙げてみよう。

武士道は特に治者、公人及び国民の道徳的行為に重きを置いた。之に反しキリストの道徳は殆んど専ら個人、並に個人的にキリストを信ずる者に関するものであるから、個人主義が道徳的要素たる資格に於て勢力を増すに従ひ、実際的適用の範囲を拡大するであらう。ニイチエの所謂専制的自己主張的なる主人道徳は、或る点に於ては武士道に近い。併し乍ら若し私にして甚しく誤つていないならば、之は同じくニイチエが病的なる歪曲によりて、ナザレ人の謙遜なる、自己否定的なる奴隷道徳と呼びたるものに対する一の過渡的現象若くは一時的反動である。

この引用の前半ではまず、武士道道徳とキリスト教道徳を比較しつつ、武士道は「治者、公人及び国民の道徳的行為」、キリスト教道徳は「個人、並に個人的にキリストを信ずる者に関するもの」として、両道徳の特質の相違が公人の道徳、個人の道徳という対極的な面でとらえられている。その上で、「個人主義が道徳的要素たる資格に於て勢力を増す」という条件付きで、キリスト教道徳が「実際的適用の範囲を拡大するであらう」と予測する。

このようにキリスト教道徳を問題にしたのち、後半ではニーチェの主人道徳（君主道徳）が取りあげられる。この場合、新渡戸はまずニーチェの「専制的自己主張的なる主人道徳は、或る点に於ては武士道に近い」と述べて、両者の親近性を認めている。しかし「ナザレ人の謙遜なる、自己否定的な」キリスト教道徳を、ニーチェは「病的なる歪曲」によって「奴隷道徳」と呼んだと説明され、ニーチェの主人道徳は、キリスト教に対立する「一の過渡的現象若くは一時的反動」として、否定的ニュアンスをもって叙述される。

新渡戸は内村鑑三や宮部金吾とともに札幌農学校の二期生として学び、来日アメリカ人校長クラークの熱烈なキリスト教精神に感化されてその間接の弟子となり、明治初期の最も熱烈なクリスチャンとなった。妻も同じクエーカー教徒のアメリカ人女性であり、彼の信仰は終生変わることはなかった。その彼が、ニーチェのキリスト教奴隷道徳論を受け入れることができなかったのは当然であろう。ここに至るまでニーチェの言葉をかなり好意的に引用してきたにもかかわらず、結論部においてはニーチェの主人道徳を否定的に叙述しているのは、やはりニーチェがアンチクリストだったからである。

本稿ではこれまで、新渡戸が『武士道』のなかでニーチェに言及している箇所を取りあげ、彼がニーチェの強者の哲学をどのように理解し評価したかを考察してきた。それでは、最終的にニーチェの主人道徳を病的として斥けた新渡戸は、実際に将来キリスト教が武士道に代わる道徳体系になり得ると信じていたのだろうか。そこで次に項を改め、その点に関する新渡戸の発言を考察しておきたい。

## 2　武士道道徳とキリスト教道徳

新渡戸は、武士道が「治者、公人及び国民の道徳的行為」だとした。武士道の諸徳が治者、公人の道徳と呼ばれるものであったことは、多く説明を要しないであろう。西洋流にいえばノブレス・オブリージュ（noblesse oblige）の考え、支配階級・貴族階級はその身分にふさわしい義務をもつという考えに通ずる。しかし新渡戸がこれに加えて、武士道を「国民の道徳的行為」とも呼ぶのは、その徳が国民全体を感化し、これが国民性・民族性となったと考えているからである。第十五章「武士道の感化」はこうした新渡戸の考えを説いた章である。

武士道の徳は我が国民生活の一般的水準より遥かに高きものであるが、吾人はその山脈中更に頭角を抜いて顕著なる数峯だけを考察したに過ぎない。太陽の昇る時先ず最高峰の頂をば紅に染め、それから漸次にその光を下の谷に投ずるが如く、先ず武士階級を照したる倫理体系は時を経るに従ひ大衆の間からも追随者を惹きつけた。

この引用では武士階級を山脈に例え、そのうちでもとくに群を抜いて高く聳えたいくつかの峯、つまりとりわけ傑出した人物だけを考察することによって、その徳に感化された国民性を論ずることができるという考えが示されている。それはこの書物の第二章で、新渡戸が最初にニーチェの名前を取りあげたあのマズリエールの考え、「日本並に欧州に於ては特に山嶽によつて人を代表せしめる、と言ひ得る」という考えと呼応している。武士道の倫理体系は大衆をも惹きつけたとする文章に続いて、彼はさらに「徳は罪悪に劣らず伝染的である」と述べ、「仲間の間にただ一人の賢者があればよい。然らば凡てが賢くなる。

それほど伝染は速かである」というR・W・エマソンの言葉を引用している。

ラルフ・ウォルドー・エマソンは、平民主義者であるが、この点に関して新渡戸は「平民主義はその指導者として天成の王者を興し、貴族主義は王者的精神を民衆の間に注入する」と述べている。つまり「如何なる社会的階級も道徳的感化の伝播力を拒否し得ない」と考える新渡戸は、王者的精神こそ民衆を教化する重要な要素であって、階級は問題ではないといっているのである。またこれは、武士道道徳は支配者階級の徳であるが、そのすぐれた王者的精神が大衆を魅了し、追随者を惹きつけたのだということも説明している文章である。

こうした新渡戸の考え方はニーチェにも共通している。ニーチェは貴族主義者といわれるが、この貴族主義は必ずしも出生上の貴族を意味するのではなく、精神的に高貴な人間類型、いわゆる精神貴族を意味している。ニーチェもまた新渡戸と同じく、終生アメリカの哲人エマソンに深く傾倒した人であった。彼の『随想録』はボロボロになるまでニーチェが持ち歩いた終生の愛読書であり、そのさまざまな影響が指摘されている。こうしたニーチェの一面は、ニーチェ研究者ではない新渡戸もおそらく知らなかったであろうが、筆者には、これは同じく強者の徳を説くこの二人の共通項のように思われる。

ところですでにみたように、新渡戸は、武士道が治者、公人の徳であるのに対し、キリスト教道徳は個人の道徳だとした。さらに、滅びゆく武士道のかわりに彼が期待するキリスト教道徳は、「個人主義が道徳的要素たる資格に於いて勢力を増すに従ひ、実際的適用の範囲を拡大するであらう」と述べていた。分かりにくい表現であるが、おそらくこれはキリスト教の愛の精神に対する期待を意味していると考えられる。同じ「武士道の将来」を扱った最終章では、新渡戸はキリスト教の中心思想が愛であることを力説している。また武人の徳を説いた後に「戦《たたかひ》の本能の下に、より神聖なる本能が潜んでいる。即ち愛である」ともいう。新渡戸の属するクエーカー教徒たち、フレンド協会の人びとはとりわけ愛を重んじ、愛による同胞への奉仕活動を重んじた。彼がキリスト教の道徳について考えるとき、彼の体験したこのようなキリスト教道徳の愛の形が具体的に思い浮んだ可能性は高い。

続いて新渡戸は、武士道が典拠とした孔子や孟子、王陽明の思想に触れ、キリスト教的愛の教えが武士道の教えの中にも存在することを指摘したのち、次のような意見を述べている。

今日吾人の注意を要求しつつあるものは、武人の使命よりも更に高く更に広き使命である。拡大せられたる人生観、平民主義の発達、他国民他国家に関する知識の増進と共に、孔子の仁の思想——仏教の慈悲思想も亦之に付加すべきか——は基督教の愛の観念へと拡大せらるるであらう。人は臣民〔subjects〕以上のものとなり、公民〔citizens〕の地位にまで発達した。否、彼等は公民以上である——人である。

この文章でまず示されているのは、今日の世界でわれわれに要求されているのは、武人の使命よりも高い使命だという考えである。人生観が拡大し、平民主義が発達し、国際的知識の増大とともに、孔子の仁の思想は、仏教の慈悲の思想も含めて、キリスト教の愛の観念に拡大されるだろうと新渡戸はいう。彼は孔子の仁の思想もまた武士道の大切な徳の一つであるとして、第五章「仁・惻隠の心」で詳述している。

孔子も孟子もくりかえし説いた仁は、治者のもつべき至高の徳であり、このような王者に忠誠を誓うものが臣民（subjects）であり、その発展したものが公民（citizens）である。そして、愛の宗教であるキリスト教が問題にするのは、公民以上のものとしての人間個人だというのである。

新渡戸がキリスト教道徳を個人の道徳的行為とするときの個人は、こうした意味での個人と考えられる。それは階級道徳である武士道が直接対象とした武士という一部の人たちよりも、また単なる市民よりも、もっと広い人間的で普遍的な愛をもつ個人である。したがって新渡戸のいう「個人主義」という言葉は、武士道よりも高い普遍的な価値をもつ肯定的概念として使われている。「個人主義が道徳的要素たる資格に於て勢力を増す」というのは、愛という道徳的要素をもった個人主義が力を増すという意味であり、そうなれば、儒教の仁も仏教の慈悲も包含するキリスト教道徳がもっと実践されていくということであろう。

原理的にこのような願いをもっていた新渡戸は、しかし、実際にはキリスト教道徳の支配する未来が実現するとは考えていなかったように思われる。第十六章「武士道は尚生くるか」には次のような文章がある。

近頃二三の著者は新日本の建設に対し基督教宣教師が著大なる割合の貢献を為したといふことを証明しようと試みた。私は名誉の帰すべき者には喜んで名誉を与へるが、しかし右の名誉は未だ善良なる宣教師達に授与せられ難きものである。(中略)今日までの処基督教伝道が新日本の性格形成上貢献したる処は殆ど見られない。否、善かれ悪しかれ吾人を動かしたものは純粋無雑の武士道であつた。現代日本の建設者たる佐久間、西郷、大久保、木戸の伝記、又伊藤、大隈、板垣等現存せる人物の回顧談を繙《ひもと》いて見よ——然らば彼等の思索及び行動は武士道の刺激の下に行はれし事を知るであらう。

新渡戸は、日本近代化の原動力となったのが武士道精神であったことを明言し、キリスト教の伝道の力はほとんど認めていない。このあと、世界人類の中でも飛び抜けて厳格な名誉の観念をもつ日本人の性格こそ近代化成功の原因だとするヘンリー・ノルマンの見解を、我が意を得たりとばかり引用する。これは、幼少のころから徹底して叩き込まれた名誉の観念こそ、武士の誇りを支える中核的観念だということを新渡戸は体験的に知っていたからであろう。彼はさらに、「我国に於ける基督教伝道事業失敗の一原因は、宣教師の大半が我国の歴史について全然無知なることにある」と批判する。

新渡戸は、宣教師たちの伝道事業には不満を抱いていたが、彼は何といっても明治草創期以来の筋金入りのクリスチャンである。原理的にはキリスト教に日本の将来を期待するのも当然である。最終第十七章の最後で彼は、将来キリスト教と唯物主義（功利主義を含む）が世界を二分し、「小なる道徳体系は何れかの側に与《くみ》して自己の存続を計るであらう」と予測する。そして「武士道は何れの側に与するであらうか」という問いを立てるが、その答えは黙して語らない。彼個人としては、もちろんキリスト教を選んだであろう。また日本がそうなることを望んでいただろう。しかし新興の唯物主義、功利主義の勢力は強く、当時のキリスト教の普及率や宣教師の布教状況からみても、武士道がキリスト教によって存続を計るといった将来予測はできないと感じていたのではないだろうか。

　結語にあたり彼は、まとまった教義をもたぬ武士道は一つの「独立せる倫理の掟としては消ゆるかも知れない」が、人が自己以上に自己を高めようとするとき、ちょうど西洋のストイック主義が体系としては滅んでも徳としては生きているように、武士道においても同じことが起こるだろうという。「その武勇及び文徳の教訓は体系としては毀れるかも知れない。併しその光明その栄光は、之等の廃址を越えて長く活くるであらう」。これが彼の最終的結論であった。そして新渡戸は、彼の親炙したクエーカー詩人の詩を引きつつ、散ってもなお香気を放つ武士道の徳の残り香を偲ぶのである。

## 第四節　ニーチェの主張からみた武士道と強者の哲学

### 1　武士道と強者の哲学の共通点

新渡戸は、武士道とニーチェの説く主人道徳（君主道徳）のあいだに共通する心情を認めはするものの、最終的には熱烈なクリスチャンとして、ニーチェは病的な歪曲によって謙虚なイエスの自己否定的道徳を奴隷道徳と見なしたのだと考え、主人道徳もこの奴隷道徳論と同様に一時的・過渡的現象だとする見解を示した。これはキリスト者として当然予想される結論ではあるが、日本における初期のニーチェ受容の傾向からみれば珍しい理解の仕方である。彼がニーチェ道徳論に否定的評価を与えるのはもっぱらクリスチャンの立場からであって、いわゆる本能主義者、利己的個人主義者という当時の理解に基づくものではない。そこでこの節では、両者の特質を明らかにするため、主としてニーチェの主張を中心に、両者の類似点や異質性を考えてみよう。

ニーチェのいわゆる奴隷道徳や君主道徳が論じられているのは、『道徳の系譜』の第一論文「〈善と邪悪〉、〈善と劣悪〉」においてである。善悪という言葉の語源的考察から始まるこの論文において、ニーチェは善（gut）とは高貴な者・貴族的な者の価値観に従い、高貴、強壮、善、幸福などを意味し、強者の特質をさす言葉であったという。一方、強者から見た悪（劣悪 schlecht）は、むしろ劣った、賤しい、惨めな、不幸な、痛ましいといったニュアンスをもつ語で、弱者の特質をさす言葉であったと説く。しかし「キリスト教の勝利とともに、善悪の価値転換が起こ」り、キリスト教では惨めな者、貧しい者、病人、弱者のみが善き者で、神に敬虔であり、一方、権力ある強者は残酷、淫佚、貪欲で永遠に呪われた悪しき（凶悪あるいは邪悪 böse）な者と見なされた。このキリスト教による価値転換こそ、弱者の怨恨《ルサンチマン》による奴隷の叛乱・復讐であって、それはしいたげられたユダヤ人の僧侶的本能の天才的所産であったとニーチェはいう。以後ヨーロッパ人はこのキリスト教道徳、弱者の道徳、ニーチェの言葉によれば「奴隷道徳」の支配のもとに、健康な生の本能を衰えさせ、昆虫的生の安逸に堕していくのである。第二論文「〈罪〉、〈良心の呵責〉、〈その他〉」では、かつての強者がこの価値の逆転のために良心の疾しさを植えつけられ、病める野獣のようにしだいに強壮な生の活力を蝕まれていく過程が描かれる。「主人道徳」とは、まさにこのようなデカダンスに陥る以前の、自然の生の活力にみちた強者のモラルをさすニーチェ独自の表現である。ニーチェの哲学が強者の哲学といわれるのはこのような主張に基づいている。

キリスト教に対するニーチェと新渡戸の態度は正反対である。アンチクリストたるニーチェは、キリスト教道徳という弱者の道徳に支配されたヨーロッパ人の生の本能が衰えていくことを危惧しているが、クリスチャン新渡戸は、制度的基盤を失った武士道が将来、キリスト教の愛の精神によって受け継がれていくことを期待している。しかし当代の風潮から見てその可能性は保証できない。

すでに見たように新渡戸は、当代流行の唯物主義者やベンサム流の功利主義者を「魂の半分しかない屁理屈屋」と批判していた。これがニーチェのイギリス批判、功利主義哲学批判、近代批判とまったく同じであることもすでに述べた。『この人を見よ』においてニーチェは、『善悪の彼岸』という書物はすべての本質的な点において近代性の批判だと述べ、近代科学、近代芸術はもとより近代政治さえそこに含まれるという。またこの書物は近代的でない、高貴な、肯定的な典型のための「貴族の学校」だと述べている。ここではっきり示されているように、高貴な貴族の概念の提唱は近代性批判とセットになっている。近代の生んだものを批判する根底には、同時代人の矮小化、退嬰、ニーチェの言葉でいえば畜群化、賤民化、一言でいえばデカダンスの兆候に対する彼の強い危機感があることはいうまでもない。

それでは、ニーチェが賤民の対極として高く評価した高貴な人間類型とはどのような人物であろうか。『道徳の系譜』第一論文、二節によれば、それは距離の感覚、順位の感覚をもつ者である。彼らは低級な者、下劣な者、野卑な者に対し自分自身を第一級の者と感じる。この距離《ディスタンツ》の情熱《パトス》により初めて彼らは価値を創造し、行為の善悪の基準を生み出していくのである。このように、順位を明確にする最高の価値判断が激烈にほとばしり出るようなところでは、功利の観点などはおよそ問題とならない。ここでは、打算的な抜け目なさといった微温的な感情とはまさに反正対の感情が支配する。貴族的価値判断とは、下層者に対する支配者族の持続的・優越的全体感情、根本感情を起源として生まれるものである。

ニーチェのこの心理分析は、日本武士道を支えた社会的基盤にそのまま当てはまる。士農工商と分けられた階級の第一位を占めた武士の階級的誇りには、絶大なものがあった。「侍の名に恥じぬようにする」という根本感情が、常人には耐えがたいような行為を耐えさせた。「武士は食わねど高楊子」、「武士の言葉に二言はない」、「侍の子は泣かない」。人口に膾炙したこれらの教訓の数々は、貧窮や飢餓にも耐え、信義は絶対に守り、悲しみや苦しみにも挫けぬ強い精神を培い、社会的モラルの高い人間を育てることを目的としているが、そのさいその基となるのは社会の頂点に立つ武士の名誉感情である。ニーチェ流にいえば、第一級者としての、優越者としての距離の情熱《パトス》である。武士が利害打算を卑しんだことを新渡戸が力を込めて解説していることはすでにみたが、これもニーチェが貴族的価値判断の属性として説くところと一致する。

『善悪の彼岸』第九章「高貴とは何か」の二五七番アフォリズムの冒頭で、ニーチェは「人間というタイプをあらゆる仕方で高めることが、これまでの貴族的な社会の仕事であった」と述べている。そして先に述べたあの「支配階級の距離の情熱《パトス》」は「もう一つのより不可思議な情熱《パトス》」、「ますます新しい距離の拡大をもたらそうとする要求」を生むという。これは要するに人間というタイプを高めようとすることであり、ニーチェはこれを持続的な「人間の自己克服」と呼んでいる。

ニーチェは hart（苛酷）という言葉を好んで使用するが、それは高貴な人間の属性である。しかしニーチェにとってそれは、何よりも自分に向けられたものであった。『善悪の彼岸』二六〇番でニーチェは次のように書いている。

高貴な人間は自らのなかにある力強い者を尊び、また自らを抑える力をもつ者、語ることと黙ることを心得ている者、喜びをもって自らに峻厳と苛酷を加え、かつすべての厳格なもの苛酷なものに敬意を払う者を、尊敬する。

峻厳苛酷に自己を鍛える克己の精神が、武士道の主要な根本的要素であることは論をまたない。新渡戸もその著書のなかでこれに関する一章を設けている。克己の精神は、剛毅、不撓不屈、大胆、自若、勇気などの心性と深い関連があり、まさにこれらは日本武士の美徳であり、また同時にニーチェの愛した徳であった。『ツァラトゥストラ』序説では、「人間は克服されるべきある物である」という文章がリフレインの如く繰り返されている。

以上、武士道とニーチェの思想との共通点をみてきたが、両者の類似点を一言にして要約するなら、厳格なストイシズムの思想である。ニーチェ自身、「われら最後のストア主義者」とも表現している。ストイシズムという思想は新渡戸も彼の著書の最終章「武士道の将来」において、武士道に共通する思想として大きく取りあげ、この思想のごとく武士道の精神も将来に残ることを期待している。

## 2　武士道と強者の哲学の異質性

ここまで新渡戸の思想に沿いながらニーチェ思想との共通点をみてきたが、当然ながら両者に相違点はある。それは、ニーチェが原始的生の活力を讃美するあまり、戦闘的な貴族階級、とりわけ古代ゲルマン人を「金髪獣」と呼んで、あたかもこれを承認するかのような描写をしたことである。これがキリスト教徒ならずとも、良識ある人々の顰蹙を買った点である。『道徳の系譜』第一論文の十一節にその描写がある。この戦闘的貴族たちは、仲間内では思いやり、自制、温情、誠実、矜持、友情などに価値を置く善良な人々だったが、異邦が始まるところでは解き放たれた猛獣と変わらなくなるとニーチェはいう。ここであの有名な金髪獣という言葉が出て来る。「彼らは小躍りする怪獣として猛獣的良心の無邪気さに立ち帰る。おそらくは殺人・放火・凌辱・拷問の相つぐ惨行から、昂然として、また平然として立ち去るのである」と書き、さらに「すべての高貴な種族の根底に紛う方なく認められるのは、猛獣である。獲物と勝利をねらって徘徊している華麗な金髪の野獣である」と叙述する。

さらにこのあと、世界史上に名だたる戦士民族の貴族たちや有名なギリシャ神話上の半神的英雄たちと並べて、ニーチェは日本の貴族、つまり武士、侍を取りあげる。

> ローマの、アラビアの、ゲルマンの、日本の貴族、ホメロスの半神的英雄たち、スカンジナヴィアの海賊《ヴァイキング》――彼らはすべてこの渇望において同じである。その足跡の及んだすべての地方に「蛮人」という概念を残したのは、この高貴な種族なのだ。彼らの最高の文化にも、そのような意識と誇りさえもが、ほのかに見えるのだ。

こういってニーチェは、古代ギリシャ黄金時代のアテネ最高の指導者ペリクレスが、ペロポネソス戦役戦没者の慰霊祭で行った演説で述べた言葉、「われらの豪胆はあらゆる陸と海に道をひらき、いたるところ善きことならびに悪しきことにおいて不滅の記念碑を打ちたてた」という文章を引用する。そして「高貴な種族の、狂気じみて不合理で、まことに唐突な現れ方をするこの豪胆」をペリクレスは賞揚しているのだと解説し、「安全や身体や生命や快適さに対する彼らの無関心と軽蔑、あらゆる破壊の快感、勝利と残虐のあらゆる悦楽に見られる彼等の怖るべき朗らかさと深さ」について語る。

もしニーチェが日本の武士についてこのようなことを書いていることを新渡戸が知っていたとしたら、彼もまた眉をひそめたのではないだろうか。新渡戸が王者の徳として最も高い評価を与えたのは、仁、惻隠の情、弱者や敗者に対する同情の心である。この美徳こそキリスト教の愛、同情の教えに通じるものとして、新渡戸が将来武士道の道徳がキリスト教との関連を深めることを期待した要素であった。したがって優秀な戦士の猛獣性をそのまま認めるような発想は、当然新渡戸の斥けるところであっただろう。この点が新渡戸とニーチェの武人の徳に対する見方を分ける異質性の要素である。

『道徳の系譜』は最初のうちこそ不評であったが、戦後はミシェル・フーコーはじめ多くの思想家に知的刺激を与え続けた。カエサルやナポレオンを高く評価するニーチェが、本書で世界級の戦士民族と並んで日本の貴族を挙げていることは、サムライに対するニーチェの高い評価を意味している。『道徳の系譜』が執筆刊行された一八八七年（明治二十年）、欧米でも日本の武士についての情報はいろいろあったと思われるが、しかしそれでも、ニーチェがサムライを評価したのは日清・日露戦争以前である。当時日本はまだ世界で名をなしているような国家ではなく、極東アジアの一小国に過ぎない。ニーチェは欧米において、最も早くサムライの価値を認めた者の一人だといえよう。

厳密な校訂を経たニーチェ全集（邦訳は白水社）の遺稿の中には、この時期に書いたメモとして「日本における自殺、ハラキリ」という言葉が見られる（註3）。その一年前の一八八六年に刊行された『善悪の彼岸』の二九九番にも、より高い文化における残忍の精神化・深化を論じる分脈の中で「悲劇に詰めかける日本人」という表現が見られる。ニーチェにはフォン・ザイトリッツという日本通、日本文化ファンの友人がいて、その影響からか、冗談半分に妹に宛てて、お金と健康が許せば、快活になるためにだけでも日本に移住したい、という手紙を書いている。この後まもなく一八八八年末には発狂してしまうニーチェにとって、それは叶わぬ望みであった。ともあれ新渡戸が世界に武士道を紹介する十年以上も前に、日本の武人に対する評価と関心を示したニーチェの見識は特筆に値するのではないだろうか。

## 註

（1）『武士道』の引用は新渡戸稲造全集、第一巻（教文館、昭和四十四年）による。ニーチェ関係の引用は、原則としてグロイター版を翻訳した白水社版ニーチェ全集によるが、『この人を見よ』は氷上英廣訳（筑摩世界文学大系44巻、昭和四十七年）を使わせていただいた。

（2）Nietzsche Handbuch. Leben-Werk-Wirkung. Hrsg. von Henning Ottmann, Verlag Metzler, 2000, p534, »Redlichkeit, intellektuelle«

（3）ニーチェ全集（白水社）、第二期第九巻『遺された断想』、「一八八六年夏―一八八七年秋」5〔八一〕の断片。

# 第四章　大正教養派の理想主義的ニーチェ像

# はじめに

大正時代は、ある意味で、西洋の精神文化の本格的受容が始まった時代である。明治という時代が近代国家としての社会的基盤をととのえるために、制度や軍事、産業、近代科学といった即物的な面で、西洋の文物をとりいれるのに急であった時代であったとしたら、日清、日露と二度の戦勝をへて急速に国力をました大正時代は、より個人的に、より内省的に、西洋の思想や哲学、文学などの精神文化的側面を受容しようという姿勢が積極的にあらわれてくる時代であった。たとえば大量の哲学書や思想関係の翻訳ものが刊行されてくる。それまでは原書の読める一部の階層の独占物であった西洋の哲学書なども、翻訳を通じてより多くの人に公開され、近代教育をうけた多くの知的青年層がこれらの書物を耽読する。思潮や思想の概観にすぎなかった西洋思想の紹介も一段と深化され、日本人によるオリジナルな研究も出はじめる。教養主義の時代とも呼ばれた大正時代は、前後を通じて例がないほど哲学の流行した時代であり、キリスト教や仏教など宗教的な関心が高まった時代であった。つまりそれは、近代化された日本人が、自己の精神的立脚地を、内面の拠り所を求めた時代だったのである。

このことはフリードリヒ・ニーチェの受容についてもはっきりと指摘できる。ニーチェ讃美の急先鋒と目されていた高山樗牛の過激な本能讃美の主張、「美的生活を論ず」をきっかけにニーチェ論争が起こって、この名はたちまち日本の知識層の耳には親しいものとなった。しかしその内実は、樗牛ですらニーチェの原典に深く沈潜した気配はなく、当時西洋で支配的であったニーチェ解釈をそのまま受けついで、これを本能鼓吹の主張とみたこともすでに述べた通りである。もちろん丸ごと一冊の翻訳などあるはずもなく、これは明治も最終年に近い四十四年、生田長江訳の『ツァラトゥストラ』をもって嚆矢とする。しかし大正期に入ると、その翻訳や研究、紹介が次々に出はじめる。ちなみにここで大正の初期中期におけるニーチェ関係の翻訳や著作の主だったものをあげてみよう（註1）。

大正二年　『この人を見よ』安倍能成訳　南北社

『ニイチエ研究』和辻哲郎　内田老鶴圃

『ニーチェの人格及哲学』メエビウス著　三浦白水抄訳　警醒社

大正三年　『ニーチェ』久津見蕨村　丙午出版社

大正四年　『悲劇の発生　善悪の彼岸』金子馬治訳　早稲田大学出版部

『ニイチエ超人の哲学』G・ブランデス著　生田長江訳　天弦堂（のち近田書店出版）

『戦の哲人ニーチェ』稲毛詛風　冨山房時事叢書第二十五編

大正五年　『人間的な余りに人間的な』生田長江訳。以後昭和四年まで長江の個人訳ニーチェ全集が新潮社から次々に刊行される。

『独和対訳ツアラツストラ如是説』第一篇　山口小太郎講述　精華書院

『妹の見たるニイチェ』F・ニイチェ夫人著　磯部泰治訳　新潮社

大正六年　『ニイチエ書簡集』和辻哲郎訳　岩波書店

『ニーチエ美辞名句集』山川均編纂　京橋堂

『信の内村鑑三と力のニーチェ』湊謙治　警醒社

大正八年　『ニイチエのツァラツストラ　解釈並びに批評』阿部次郎　新潮社

大正十年　『如是経《つあらとうすとら》（序品）光焔菩薩大獅子吼経』登張信一郎訳注及論評　星文館書店

大正十一年『地獄の征服』（ダンテの『神曲』と『ツァラトゥストラ』を含む評論）阿部次郎　岩波書店

ニーチェ関連の研究文献をこのように時系列に並べてみると、漱石の薫陶を受けた、いわゆる漱石山脈に連なる東京帝国大学哲学科出身の人々の仕事の多さに目を見張る。最初に目を引くのは漱石門下の生田長江の訳業である。あまり多いので詳細はこの表にあげなかったが、明治末の『ツァラトゥストラ』の本邦初訳に続いて長江は、大正時代になってからも『人間的な余りに人間的な　上』(大正五年)を皮切りに、毎年のようにニーチェの作品を翻訳し続け、大正年間に全十巻中九巻までを訳し終えている。昭和四年に最後の『悲劇の出生　季節外れの考察』を訳すことによって、彼はニーチェ全集十巻を個人訳してしまうという驚異的な仕事を成し遂げた。この全集はのちに長江の死の前年、昭和十年五月から新訳決定普及版全集十二巻として日本評論社から再版された。ニーチェの思想を広く一般に知らせたという意味で長江の仕事は、ニーチェ受容史のなかで非常に大きな意味をもっている。大正四年には、無名のニーチェを見いだしたゲオルク・ブランデスの研究も、『超人の哲学』として翻訳している。

大正二年から始まっている文献表の最初に名前のあがっている安倍能成も漱石門下生で、彼はニーチェのユニークな自伝として有名な『この人を見よ』を翻訳している。この自伝は内容にいろいろ問題があったため、ニーチェ執筆から二十年も遅れて刊行された曰く付きの書物である。能成のニーチェ関係の主な仕事はこの翻訳だけだが、日本では最初期の翻訳だけに、最新のニーチェ理解や研究に資する点では大きな意味をもっていた。大正二年には、やはり漱石門下生の和辻哲郎の『ニイチエ研究』が挙げられる。まだ二十四歳の大学院生が書いたこの膨大な研究書は、日本における最初の本格的・画期的ニーチェ研究として高く評価された。これは大正期のニーチェ解釈を代表する研究といわれ、現代においてもその価値を失っていない。このほか彼は大正六年、『ニイチエ書簡集』も翻訳している。これは、当時新しいニーチェ全集編集に絶大な権力をもっていた哲学者の妹、エリーザベト・フェルスター・ニーチェ宛の書簡が中心になっている。

ところで、大正期のニーチェ解釈に大きな影響を与えた研究として逸することのできないのは、やはり漱石門下の阿部次郎の『ニイチエのツァラツストラ　解釈並びに批評』である。この著作は和辻の『ニイチエ研究』に遅れること六年後の大正八年に世に出たが、新しいニーチェ像を示したものとして和辻の研究と並び称された書物であった。この二つの著作はテキストに密着したニーチェ研究としては、日本で初めてのものである。和辻の研究がニーチェのほとんど全著作をドイツ語で読破し、無体系の思想家といわれるニーチェの思想を自らの手で体系化しようとした壮大な試みであるとしたら、阿部のそれはニーチェの代表作『ツァラトゥストラ』のみに没入し、これを主体的な立場から解釈批評しようという情熱に支えられもので、多くの読者を獲得した。方法は異なったがこの二人に共通するのは、これまでの皮相浅薄なニーチェ解釈に対する批判的な気持が強く、その思想を正確に伝えようとする学問的使命感に燃えていることである。二人のニーチェ解釈は、明治期の解釈とは一転して理想主義的ニーチェ解釈と呼ばれ、大正期の理想主義的雰囲気を反映している（この二著については節を改めて詳述する）。阿部は大正十一年、ダンテの『神曲』と『ツァラトゥストラ』の評論を含む著作『地獄の征服』も刊行している。

先の表の中には、早稲田系のニーチェ学者・金子馬治の『悲劇の発生　善悪の彼岸』の初訳（大正四年）、樗牛の盟友・登張竹風の仏教経典の文体を擬したユニークな『ツァラトゥストラ』序説の訳『如是経（序品）』、変わったところでは労農派の理論家山川均が編纂した『ニーチエ美辞名句集』など興味深い仕事もある。しかしこれらは大正期のニーチェ解釈を決定するとまではいい難いので、この章では漱石門下から輩出したニーチェ翻訳者・研究者の業績を、漱石との関係も見据えながら検討していきたい。

# 第一節　哲学青年たちの漱石接近

## 1　時代思潮の変化

明治三十年代は時代思潮が急激に変化していった時代である。三十年代初頭は、三国干渉による屈辱のため国民の列強に対する不満が消えることはなかった。だが、そのうちに戦争のもたらした負の遺産も明らかになってくる。日清戦争後日本の資本主義は急速に発達したが、その結果生じたのは政財界の癒着による社会的腐敗や眼をおおうばかりの貧富の格差である。文学者たちの間には悲惨な下層社会の現実を小説に取りあげたり、戦勝の分け前にあずかることなく戦争の犠牲となってあえぐ下層社会の人々に同情を寄せ、平和主義を主張するキリスト者たちも現れた。

この結果起った大きな変化は、社会主義の台頭である。幸徳秋水が『廿世紀の怪物帝国主義』を刊行したのは明治三十四年。労働運動と社会主義を結合させた社会民主党が結成され、即日弾圧されたのもこの年であった。時あたかも日露戦争勃発の前夜であり、幸徳秋水や堺利彦などの社会主義者は当時もっとも急進的だった黒岩涙香ひきいる『萬朝報』で非戦の論陣をはった。日露戦争前はキリスト教社会主義者と幸徳秋水や堺らの社会主義者が共同して非戦論を展開していた。無教会派の著名なクリスチャン内村鑑三もそのころ『萬朝報』に所属していて非戦論を展開し、多くの青年が彼に心酔していた。しかし明治三十六年秋、開戦を不可避と考えた黒岩涙香が主戦論に転じたため、幸徳、堺、内村らが退社し、幸徳や堺はただちに『平民新聞』を発行して非戦の主張をつづけた。幸徳は日露の労働者の連帯による戦争反対をロシア社会党に呼びかけ、明治三十七年七月、戦争反対決議をした第二インターナショナルのアムステルダム大会に、日本代表として片山潜を送っている。

さらに有名なのは、トルストイが明治三十七年七月『ロンドン・タイムズ』に掲載した日露戦争をめぐる非戦論である。幸徳は齢八十に近いこの世界的大文豪の情熱みなぎる非戦の訴えに感動し、堺とともに徹夜でこれを翻訳して『平民新聞』に発表し、この老いたる大文豪の勇気を絶讃した。トルストイのキリスト教的人道主義による反戦論が、日本のキリスト者や文学者、知識青年たちに与えた影響は大きかった。ベストセラー『不如帰』の作家徳富蘆花はトルストイの人道主義に感激してロシアまで行き、この文豪を訪問した。また大逆事件の際は首相桂太郎や天皇に幸徳らの赦免を嘆願した。幸徳らの処刑後、明治四十四年には一高弁論部の招きに応じて「謀反論」と題する講演を行い、彼らを自由平等の新天地を夢みる志士として称讃したため、当時の一高校長新渡戸稲造が当局の譴責を受けたことはよく知られている。このほか日露戦争時の非戦の主張としては、与謝野晶子の「君死にたまふことなかれ」という大胆な反戦歌を思い出す人は多いであろう。

戦争の可否を論じる問題意識や社会主義思想の台頭といった状況の変化と並んで、もはや国家主義を至上とするのではなく、内面的な自我意識に目覚め、自我の確立や個人主義の主張を問題にし始めたのが明治三十年代後半の文壇・論壇の新しい傾向であった。明治三十四年に発表された与謝野晶子の処女歌集『みだれ髪』は、それまで当然と見なされていた既成の倫理道徳の枠を乗り越えて、奔放な性の解放、官能の喜びを歌いあげて世の人びとを驚かせた。高山樗牛がこれまたショッキングな本能主義の主張と解された「美的生活を論ず」を発表したのは晶子の歌集刊行と同じ年である。

本章の始めに取りあげた生田長江、阿部次郎、安倍能成はいずれも東大哲学科の出身で、彼らの先輩高山樗牛の愛読者であり、その評論に心を奪われた青年たちであった。生田長江の一高入学は明治三十三年、阿部次郎は三十四年、安倍能成の入学した三十五年にも樗牛はまだ存命中だった。彼らのように、人生で最も多感な時期に、自分たちの身近な先輩である論壇の旗手樗牛の熱狂的な評論に心動かされ、日本にも「ニーチェの如き文明批評家としての文学者よ、いでよ」と叫んだ彼の呼びかけに鼓舞されて、ニーチェの良き理解者たらんと考え、同時に文芸批評家・文明批評家としての道を歩もうとした若者が出てきたのも不思議ではない。（彼らより六歳ほど年下の和辻哲郎は明治三十九年の一高入学であったせいか、樗牛の評論に熱狂することはなかった。）

## 2　自我確立への要求

このような時代的雰囲気の中で教育を受けた知識青年は、いかに生きるべきかという人生問題に悩み、その答えを哲学や宗教に求めた。だがそれは容易に得られるものではなく、人生に煩悶し絶望する者も出て来る。これを象徴する事件が明治三十六年五月に起こった藤村操の投身自殺である。当時一高生だった藤村操は人生問題に悩み疲れ、日光華厳の滝の巌頭の木をけずってそこに「巌頭之感」を書き、滝に身を投じた。こうした哲学的理由による自殺はかつてなく、この事件は社会的にも大きく取りあげられた。「煩悶」という言葉が流行し、多くの青年が人生問題に悩んで自殺を図った。

　悠々たる哉天壌、遼々たる哉古今、五尺の小軀を以て此大《この》をはからむとす。ホレーショの哲学竟に何等のオーソリチーを値するものぞ。万有の真相は唯だ一言にて悉す、曰く「不可解」。我この恨を懐いて煩悶、終に死を決するに至る。既に巌頭に立つに及んで、胸中何等の不安あるなし。始めて知る、大なる悲観は大なる楽観に一致するを。

和辻哲郎は高校生活の途中まで書いて未完に終わった『自叙伝の試み』のなかで、数え年十八歳で自死した藤村操の「巌頭之感」に共感した多くの青年たちがこの文章を暗唱したと述べている。このとき十五歳の姫路中学校生だった和辻もやはりこの文章を暗唱した。和辻はこの『自叙伝の試み』のなかで、兄の友人で一高に進んだ魚住影雄の記した藤村追悼文から「真情哀切、語短うして意急、人をして泣かずんば已まざらしむ。天下の詩人軟弱の偽情を歌ふこと久し。君に於て壮烈の真文字を得たり」という文を引いて、「当時そういう感銘をもつてこの文章を読んだ人は少なくなかつたと思う」と書いている。彼は兄の紹介状をもって上京早々、東京帝大の哲学科に進んだ魚住を訪ね、たちまちその弁舌に魅了されて英文志望を哲学科に変えたという。

この魚住影雄は権威に対する反抗心が強く、事務財政の乱れていた姫路中学で校友会を批判攻撃し、これをつぶしてしまったという人物である。上京して私立京北中学校の五年に編入して来たとき、彼は偶然この中学校で学んでいた藤村操と机をならべた。京北中学は仏教哲学者井上円了の創設した学校で、哲学的・宗教的な雰囲気のある学校だったという。キリスト教の洗礼を受けたがそのころ信仰に動揺をきたした魚住は、自殺を考えるまで精神的に追いつめられていた。「巌頭之感」を読んで、友が自分と同じ悩みを悩んでいたことを知り号泣したという。一年遅れて一高に入学した彼は、一校の『校友会雑誌』に「自殺論」を書いた。藤村操の自殺に対する彼の強い共感が、同じ思いをもつ安倍能成を惹きつけたことは想像に難くない。

魚住影雄は学年こそ違ったが、阿部次郎や安倍能成と同じ明治十六年（一八八三年）生まれで、彼らは全員『校友会雑誌』に追悼文を書いている。とりわけ明治三十五年九月入学の安倍能成は操とは同級生だったので、彼の受けた衝撃は計りしれなかった。能成はこの事件のさい、葬儀や遺骸の検証、家族への連絡など実務的な面でも奔走し、のちには波多野精一の媒酌で操の妹と結婚している。彼は操自殺の一ヶ月後、『校友会雑誌』に追悼文を掲載したが、さらに一年後の三十七年五月には再び「我が友を憶ふ」を切々たる美文調で書いている。

君を失うてより殆一歳、嗚呼何れの日か君を思はざりし。自然に接しては君を思ひ、人を見ては君を思ひ、ひとりにしては君を思ふ。君が声まことに聞くべからざるに我が耳屢々之を聞き、君が面影長しへに見るべからざるに、我が目至る所にそれが髣髴の姿を見る。

こうした調子の高い叙述は誇張というより安倍能成の気持の真率な叫びであろう。これを書いた直後、彼は明治三十七年七月の学年末試験に落第した。事件のことや後始末で試験勉強の余裕などなかったのだろう。人生の意味を問うて悩み、彼は当時人びとの心を捉えていた思想家綱島梁川を訪ねている。落第した彼は、一年遅れで一高に入学した魚住と同級生になり親交を結んだが、魚住もこの年暮れに綱島梁川を訪問している。

阿部次郎もまた藤村操の死に強く心を動かされた一人である。山形中学の秀才で特待生だった彼も、魚住と同じく校長排斥運動をやって放校され、わずかの間だが京北中学に在籍したことがある。操の自殺の年、一高の文芸委員だった彼もまた『校友会雑誌』に追悼文を書いた。こうして人生問題に悩み、自我の確立を求め、哲学や宗教に強い関心を抱く安倍能成、阿部次郎、魚住影雄という友人グループができていく（魚住は明治四十三年末、二十七歳の若さでチブスのため急逝）。

ところで、藤村操は短い期間ながら漱石の授業に出席している。明治三十五年に一高に入った同期生、小宮豊隆や安倍能成、のちにやはり漱石の弟子になった国文の中勘助、英文の野上豊一郎に混じってあの藤村操もいた。明治三十六年一月、ロンドンから帰国したばかりの漱石は四月から一高で彼らのクラスの英語を担当したが、藤村操が二日も予習をしてこなかったことをひどく叱ったあと、日ならずして彼が自殺したことを新聞で知って非常に驚いた。野上の回想によれば、これを非常に気にかけた漱石は最前列に座っていた学生に心配そうに小声で、操が何ゆえ死んだのか聞いていたという。漱石はこのことをずっと気にしていたらしく、『猫』や当時東大で講義していた「文学論」のなかでもほんの一言程度だがこの事件に触れているし、のちには安倍能成と藤村操の妹との結婚式にも出席している。

ここで魚住のことに戻るが、彼もまた漱石の知遇を受け、魚住折蘆という筆名で朝日文芸欄を担当した。活動期間は短かったが、今ではこの時代の優れた思想家として注目されている。

魚住の思想で最も一貫している主張は個人主義の主張である。明治三十八年十月、彼は『校友会雑誌』に一高の皆寄宿制度廃止を主張する大論文を発表して、全校をまきこむ物議をかもした。弊衣破帽に象徴される悲憤慷慨、勤倹尚武の一高の伝統的校風を批判した彼は、世界の大勢は個人主義であると力説して、個人主義・自由主義を抑圧する皆寄宿制度の廃止を叫んだ。彼の主張に怒り狂った伝統派の学生の中には、この不埒者に鉄拳制裁、つまりリンチにかけようという動きがあったが、魚住の主張に共感する安倍能成や阿部次郎をはじめ友人らが彼のために弁護してこの一件は収まった。このほか魚住の思想については強い非戦の立場や、仏門に帰依しようとした宗教的傾向などにその特徴がある。

しかしここでは、死の三ヶ月前、四十三年九月に朝日文芸欄に掲載された「穏健なる自由思想家」という論説を取りあげたい。個人主義者・自由主義者としての魚住折蘆の面目躍如たるこの論評には、個人主義の代表者とみなされていたニーチェやイプセンについて短いながら興味深い言及があるからである。

この記事の発表は、大逆事件容疑者として幸徳秋水ら二十六人が逮捕された四ヶ月後のことだった。この論評で彼は、警視庁の苛酷な昨今の図書取締りが、社会主義者や無政府主義者ばかりではなくいわゆる自由思想家にまで及び始めたことを取りあげ、腰の定まらぬ自称自由主義者の態度を揶揄している。「彼等に限つて旧思想が勢ひを恢復して来ると妥協説を吐き、新思想が歓迎せられて来ると物識顔をする。我等浅学の徒は彼等によつて色々新しい事を教へられる事もあるが、其態度は何時でも気障《きざ》で生意気で片腹痛い事が多い」と書き、さらに、「イプセンがどうのニイツェがどうのと云つてその糟粕だに嘗め得ざる蓄音機に過ぎぬでは無いか」と述べ、「西欧における個人権の伸張には深い根拠があつた。長い歴史があつた。徹底したる改造的精神があつた。吾等は上滑りをしてきたのである。鵜呑みをして尚消化せざるに早くもニイツェを云ひイプセンを云ふ。下痢を起さずんば幸ひであろう」と手厳しい。

人生問題や自我の確立に悩む当時の青年たちにとって、いわゆるニーチェイズムの論議が一応収束してはいるが、時代の先端をいく極端な個人主義者というニーチェのイメージは明治四十三年になっても強烈に存在したことがこの記事からわかる。いまだその本格的研究がなされていないにもかかわらず、依然としてニーチェは流行の哲学者であり、かつてニーチェの主張に異を唱えた自然主義の評論家にも宗旨替えをする者もあれば、ニーチェ主義を小説のテーマにする者も現れてくる。そうしたニーチェの理解状況に対する魚住の批判は、彼と親しい一高グループの哲学青年たちの共通認識だったのではないだろうか。彼らが、大正期に入りいっせいにニーチェについて次々と業績を上げていったのは、このような事情が背後にあったからだと思われる。高校入学以来魚住に兄事していた和辻にしても、のちに彼が大著『ニイチエ研究』を書くきっかけは魚住の影響圏にいたからだと考えられる。

## 3　漱石山房の木曜会

青年たちが漱石のもとに集まるようになったのは、漱石邸で開かれていた木曜会の役割が大きい。明治三十六年一月、イギリス留学から帰ってきた漱石はもはや熊本の五高に帰る意志はなく、この年四月から東大と一高の講師として教え始め、明治四十年に朝日新聞に入社するまで四年間教師生活を続けた。当時の学生には敬愛する師の自宅へ押しかける習慣があり、漱石の自宅にも大勢の学生が押しかけた。学生の訪問が多すぎて仕事もろくにできなくなってくるのは、やはり『猫』によって文名のあがった三十八、九年頃からである。

小宮豊隆は評伝『夏目漱石』のなかで、「漱石の帰朝後、高浜虚子、坂本四方太など『ホトトギス』の同人達が訪ねて来て漱石に俳句・連句・俳体詩の類を作らせるに至った」と述べ、「これが漱石の当時の心持に慰藉を与えたことは言うまでもない」と解説している。それとともに熊本の教え子たちや、現在教えている学生も漱石を訪れ始め、漱石邸はしだいに賑やかになった。小宮は当時の漱石邸の雰囲気を伝えるため、ここで漱石自身の手紙(明治三十七年七月二十日付き野間真綱あて)を引用している。「股野大観先生卒業。彼いふ。訪問は教師の家に限る。かうして寝転んで話しをしていても小言をいはれないと。僕の家にて寝転ぶもの、曰く股野大観曰く野村伝四。半転びをやるもの。曰く寺田寅彦曰く小林郁。危座するもの、曰く野間真綱曰く野老山長角」。小宮は続いて「漱石は人を心置きなく寝転ばせるようなものを持っていた」と書いている。この手紙に出て来るのはほとんどが五高の教え子で、最初に出て来る股野大観、つまり股野義郎は『猫』で山芋をもって来る多々羅三平のモデルといわれ、寺田寅彦も首つりの研究をやっている物理学者寒月君のモデルとして有名である。

明治三十八年一月から『ホトトギス』に連載しはじめた『吾輩は猫である』が爆発的人気を呼んだことがきっかけで、この年三月頃から毎月「文章会」という会が千駄木の夏目邸で開かれるようになった。この集まりには、松山時代から親しんだ虚子や、子規の弟子の坂本四方太、前出の寺田、松山中学の教え子で式部官になった俳人松根東洋城、五高出身の野間真綱や東大の教え子野村伝四、中川芳太郎といった気のおけない人々が出席した。『ホトトギス』の写生文を中心に文章を持ち寄って読み比べたり、批評しあったりし、鏡子夫人の『漱石の思い出』によれば、その日は夫人も朝から台所でご馳走を作って歓待し、虚子が『猫』を読み上げると漱石まで一緒になって笑い転げたこともあったという。

漱石の文名が上がるにつれ、これまでの交際関係に加え、滝田樗蔭など出版関係者や東京帝大・一高の教え子などの訪問客がひきも切らず、これでは仕事にならないというので、明治三十九年年九月に木曜日が面会日として定められた。これが有名な「木曜会」で、漱石山房と名付けられた早稲田南町の家に引越してもこの会は続き、大正五年十二月九日に漱石が息を引き取る直前まで十年にわたって続いた。

英文出身の森田草平は最も早い時期の東大出身の門下生だった。森田の親友生田長江も森田とともに三十八年には漱石を訪問している。のちに『赤い鳥』を主宰した児童文学者、鈴木三重吉が英文入学後神経衰弱になり、療養に帰っていた故郷から、長大かつ熱烈な漱石讃美の手紙を送って漱石を驚かせたのもこの年である。病の癒えた三重吉は翌三十九年九月には復学して漱石邸に出入りし始めたが、ここで森田や、すでに漱石邸に出入りし始めていた小宮豊隆（独文）、野上豊一郎（英文）らと交流をもつことになった。

能の好きな野上は同好の趣味をもつ安倍能成を、四十年十一月に漱石山房へ連れて行った。虚子が漱石に野上や能成と一緒に謡の稽古をするよう推薦したからである。能成が謡に誘われたのは、彼が虚子や漱石ゆかりの松山出身だったからかもしれない。阿部次郎が漱石を初めて訪問したのは明治四十二年十一月二十五日で、これは安倍能成の漱石訪問より二年ほど遅い。この日は「朝日文芸欄」（後述）が始まった日で、阿部次郎は翌月にはもうこの欄で「驚嘆と思慕」を書いている。こうして、漱石の朝日招聘の交渉役として活躍した坂元雪鳥などに加え、松山、熊本時代の知己や一高や東京帝大の教え子たちがぞくぞくと木曜会の常連になっていったのである。

## 4 朝日文芸欄における能成、次郎の活躍

絵画に強い関心をもつ漱石の気にいられ、彼の単行本の装丁を担当した橋本五葉や津田青楓などの画家も木曜会には出入りしていた。青楓は明治四十四年六月、朝日文芸欄廃止の四ヶ月前にはじめて漱石を訪れ、その後この文豪の死に至るまで身近にいた。青楓には、『漱石と十弟子』という著作や『漱石山房と其の弟子達』（日本近代文学館蔵）という絵がある（註2）。この絵は漱石晩年の木曜会の雰囲気を髣髴とさせる。奥の左手に火鉢を抱え込んだ漱石こと「則天居士」、その前の座敷中央に陣取ってやはり一人で火鉢を独占し、何やら大声でしゃべっているらしい森田草平、奥の漱石の右手には一人だけ洋服を着た寺田寅彦、その右には安倍能成、ついで羽織袴に端然と背筋を伸ばした松根東洋城こと「式部官」、さらに野上豊一郎、鈴木三重吉と新旧五人の弟子が並んでいる。手前にいるのは小宮豊隆と何か考え事でもしているのかそっぽを向いている阿部次郎の二人である。漱石と八人の弟子が車座のような形で思い思いの場所に陣取っているという構図で、これが青楓の目に映った明治末から大正始めの木曜会の重要メンバーであろう。この車座から離れた場所で、机の前に並んで固まって描かれているのは新参の岩波茂雄と赤木桁平、内田百閒の三人。この中で岩波書店の創始者岩波茂雄だけ本をもって大きく描かれている。彼は漱石や大正教養派の人びとと深く係わってくるので、のちに改めて取りあげよう。

この絵には、明治四十年代に漱石山房の四天王と呼ばれた小宮、森田、阿部次郎、安倍能成の全員が顔をそろえている。年齢的にもほぼ同年配だった彼らは漱石のもとで親交を深め、この時期の評論を集めた四人合著の『影と声』を春陽堂から処女出版している。彼らは、漱石が明治四十二年秋から主宰していた朝日文芸欄の編集や執筆で活躍した面々でもある。この文芸欄は糊口をしのぐにも窮している周辺の優秀な若者に、漱石が多少の経済的援助と世に出るチャンスを与える目的で朝日と交渉し創設したのであった。実際の編集や執筆者との交渉は森田や小宮に任せ、漱石の広い人脈につながる実にさまざまな人が執筆した。ただしニーチェ研究で目覚ましい成果を上げ、漱石最晩年の愛弟子となった和辻哲郎や、『鼻』を漱石に激賞されて世に出た芥川龍之介は執筆していない。彼らが漱石山房を最初に訪れたときにはこの文藝欄はすでになかった。開設二年後の明治四十四年十月に廃止されたからである。

阿部次郎は朝日で連載を終わったばかりの漱石の『それから』を批評しているが、たとえ師の作品であってもあまりに忌憚なく批判するので、世間にはあんなことを書いてもいいのかと驚く声もあった。これは能成や他の弟子たちの書く批評についても言える。彼らにしてみれば、木曜会の自由で対等な師弟関係を、そのまま新聞紙上に再現したに過ぎなかったのかもしれない。漱石の方でも『それから』評に満足し、次郎あての手紙に心を込めた感謝の意を記している。師に対してさえこうだから、論敵に対する筆鋒は鋭い。とくに、当時全盛を極めた自然主義文学の牙城『早稲田文学』一派に対する阿部次郎や安倍能成の論戦は有名である。

たしかに漱石門下の哲学青年たちは、自然主義者と論争し、批判もした。だからといって彼らは確固とした拠り所をもち、自己を確立していたわけではない。彼らは自らを懐疑主義者と自称している。したがって自然主義と対立するというよりも、その理論的破綻は追求しつつもその主張の意味と問題に思索をめぐらせることによって、みずからの思想的立場を築き上げていったように思われる。

## 第二節　漱石門下から輩出したニーチェ研究者

### 1　生田長江

大正期のニーチェ研究隆盛の先鞭をつけたのは、何といっても明治末、生田長江（明治十五年－昭和十一年）が日本で初めて『ツァラトゥストラ』を完訳したことであった。その際、この仕事を長江に勧め、出版社まで世話したのは実は夏目漱石であった。長江自筆の年譜によれば、東京帝大哲学科を明治三十九年に卒業したのち、彼は四十二年五月から一年有半この翻訳の仕事に没頭し、四十四年一月に新潮社からこれを出版した。この間たびたび森鷗外を訪問して難解な箇所の教えを受けたと年譜に記している。当時鷗外のドイツ語力は分野を問わず抜群のものと見なされていただけに、これ以上の良師を見つけるのは不可能だったであろう。漱石、鷗外という近代日本を代表する文学者二人を師として日本初のニーチェ代表作の翻訳を完成させた長江は、その意味で幸運な人であった。その後もニーチェの全著作を個人で訳し、日本のニーチェ受容に大きな貢献をしたことはすでに述べた。

しかし彼は、いわゆる翻訳者としてのみその名を残しているのではない。その真骨頂はむしろ的確な批評眼や明晰な表現力による文芸批評や社会評論、文明批評にあった。高山樗牛を敬愛したのも彼のこうした資質と無縁ではないだろう。高校入学前から、ユニヴァーサリスト教会で洗礼を受け、民友社同人の著作を愛読し、内村鑑三を貪り読むといった思索的傾向の強かった長江が、樗牛の評論活動に鼓舞され、その主張に従ってニーチェを訳そうとしたのにも理由がある。長江の愛弟子佐藤春夫は師への追悼文「先師を憶ふ」において、長江が師事した人物として上田敏、夏目漱石、森鷗外の三人のほか、直接薫陶は受けなかったが高山樗牛の名もあげている。長江はブランデスの『十九世紀文学思潮』を模範的批評として非常に尊重していたという。彼はこの書物の熟読で得た広い視野のもとに評論活動をおこない、彼自身の思想や生き方の方向を与える糧を得たのであろう。

上田敏が馬場胡蝶らとともに明治三十七年に創刊した雑誌『芸苑』に、長江も親友森田とともに同人に加えられた。長江が最初に文芸評論家として認められたのは、この『芸苑』で明治三十九年に発表した『小いて作家論を書いた。評論家の青野季吉は、日本における本格的な作家論は長江より始まると述べたが、それは、長江が文壇の垣の中ではとうてい望めないような角度から文壇を論じ、作品を論ずることができたからだと言う。たしかに『ツァラトゥストラ』翻訳出版と同じ年の暮れに発表された「夏目漱石氏を論ず」をみると、実に生きいきと漱石の特徴が活写されている。人格の高貴さ、イマジネイションの豊かさ、ユーモアの才、学殖の深さなど、縦横無尽に論評し、その本質を見抜く目は鋭い。しかし漱石の思想は彼の人格と密接な関係をもっていないと直言し、漱石に思想家としての偉大は認めないと断言する。こうした態度は能成や次郎に対しても同じで、彼らは自己内面の問題ばかりに沈潜し、社会的問題に関心を寄せないと批判する。

このような社会問題への関心の強さが教養主義者たちと長江とを分ける点であろう。長江は大学卒業直後から与謝野鉄幹、晶子夫妻の知遇を得て、明治四十年には馬場胡蝶や森田とともに晶子を中心とする「閨秀文学会」を作り、女性啓発のための文学講義をした。その聴講生の中にはその後平塚らいてうとして名をなす平塚明子《ともこ》がいた。良家の子女だった彼女は妻子ある森田草平と心中未遂事件を起こして世間を騒がせた。この事件当時、失踪した二人を捜しまわったのは長江であり、憔悴した草平を自宅に引き取って世話をしたのは漱石であった。漱石も新しいタイプのこの女性に興味をもち、三四郎憧れの美弥子として造形化し、このヒロインを「アンコンシャス・ヒポクリット」として描いたことは有名である。明治四十四年、らいてうは雑紙『青鞜』を創刊し、「原始女性は太陽であった」という有名な冒頭の句で始まる一文によって、女性解放宣言を高らかに唱いあげた。この雑誌の創刊には長江の助力が大きかったという。英国の女性解放運動家のシンボル、青い靴下、つまり『青鞜』という雑紙名も長江の発案によるという。彼は近代日本最初期の女性解放運動に大きく寄与しているのである（註3）。

長江は堺利彦や大杉栄のような社会運動家との親交もあった。大正三年頃から彼は文芸批評よりむしろ社会評論に傾き、七年には代議士に立候補した堺利彦の応援演説をしているし、八年には堺の序文付きでマルクスの『資本論』第一分刷を訳している。本章冒頭の表には山川均編著の『ニーチエ美辞名句集』という書物の名があったが、労農派理論の先駆者山川は幸徳や堺とともに早くから社会主義運動に参加して何度も投獄されている。こうした筋金入りの社会主義者がニーチェの美辞名句集を編むのは、今では奇妙な感じがするが、長江と堺との関係を考えれば奇異でもない。ただし長江自身は、のちに唯物論的思想による近代主義を批判して自らを超近代派と宣言し、超近代派による近代主義の超克を訴えた。三十代半ばからは、戯曲『円光』に始まる創作活動にも手を染め、最後には宗教的境地を深めて『釈尊』という大部の著作に着手したが、執筆半ば、昭和十一年五十四歳で世を去った。この最期は日蓮に行きついた樗牛を思わせる。

佐藤春夫は、生田長江の全盛期は「超人社」と名付けた住まいで『ツァラトゥストラ』を訳していた頃だという。超人社は文壇では梁山泊と称され、ジャーナリストや文学青年、文学中年等々が日々出入りした。その多くは有名無名を問わず文壇の野党的人物ばかりで、ほかに大杉・堺系の社会運動家たちもきた。また、後年の彼の運命の暗さに注目する人もいる。漱石門下の紅野敏郎は大正教養派の大部分が功成り名遂げて社会的に幸福な晩年を送ったのに対し、異端者生田長江の思想遍歴の振幅の激しさ、運命の暗さを指摘する。しかし同時に紅野は、最晩年の長江の言葉を引きつつ、彼は真善美の三者が宗教的な「聖」に統合されて「三位一体」となることを信じ、小説『釈尊』の執筆に渾身の力をふるったと指摘する。たしかに彼は大正教養派の人々とは異質であるが、その姿勢の根底には人生の意味を問い、理想主義的なものを目指した大正教養派と相通ずるものがあったともいえる。

## 2　哲学へ回帰した能成と次郎

安倍能成（明治十六年−昭和四十一年）は『ホトトギス』や朝日文芸欄に自然主義文学関係の評論をいくつも書いたが、明治四十三年十月には「現代の殉教者」という題名で、ルドルフ・オイケン（Rudolf Eucken,1846-1926）について述べている。ドイツ・イエーナ大学の哲学教授オイケンは、十九世紀後半の科学万能の物質文明が精神生活の貧困を招いていることを批判し、精神的人格の実現を理想とする生活を説いた新理想主義者で、一九〇八年にはノーベル文学賞を受けた。彼の『大思想家の人生観』（Die Lebensanschauungen der grossen Denker,1890）は、急速に変貌していくヨーロッパ文化の将来に不安を抱き、とりわけ第一次世界大戦前夜の不安の中を生きているヨーロッパの知識人の心を捉え、爆発的な売れ行きを示した。

「現代の殉教者」で能成は、自然と人間との関係からオイケンの思想を説き起こし、近代文明は自然を征服しようとして始まったが、自然に征服されるに終わったというオイケンの見解を紹介したのち、彼の精神生活の主張はこうした現状から自己を取り戻そうという試みだと解説する。また唯物論、機械論、宿命論が怒号している中にあって、彼の思想は狂乱の怒濤のなかにそそり立つ巌のように頼もしいと讃美する。ここには確固とした人生観を求めて青春の彷徨をつづけてきた能成が、この新しい主張に大きな期待を寄せたことが感じられる。「現代の殉教者」という標題は、こうした現状に絶望してデカダンに走った者や官能に溺れた者も現代の殉教者なのだという能成の解釈に基づいている。

彼がこれを書いたのは、漱石が修善寺の大患（明治四十三年八月）で生死の境をさまよい、九死に一生を得た直後だった。病のまだ癒えぬ漱石はこの年十月から翌年四月にかけて、朝日文芸欄連載のために書いた

「思ひ出す事など」の中で、オイケンの思想に触れている。時期的にみて、これが能成のオイケン記事に触発されて書かれた可能性は高い。漱石は、あらゆるイズムを打破するオイケンは自由な精神生活を唱えるが、こんな生活を営むには職業なき閑人でなければならない。きわめて応用範囲の狭い主張を一般に通用する大主義のように説き去るオイケンを「統一病」にかかったのだとも酷評できるが、「大患に罹つた余は、親の厄介になつた子供の時以来久振で始めてこの精神生活の光に浴した」と書く。漱石のオイケン評の根底にはその非現実性に対する批判があるが、逆にそうした生活への渇望もある。漱石らしい批評である。

「現代の殉教者」を書いたのち能成は明治四十四年三月からオイケンの代表作、『大思想家の人生観』の翻訳に従事し、翌四十五年（大正元年）に東亜堂から出版した。原著の「第三篇近世」では、「独逸人文派の生活理想」としてゲーテやシラー、ロマン派の作家達の人生観、思弁哲学者としてフィヒテ、シェリング、ヘーゲル、シュライエルマッハー、ショーペンハウアーのそれが解説されている。さらに十九世紀後半の思潮を「現実主義への転向」という標題でまとめ、フランスの実証主義者コントやイギリスの実証主義者ミル、スペンサー、自然科学及び進化論の人生観も紹介する。そのあとニーチェがこうした現実主義的人生観に対抗したとしてかなり高い評価を与えられている。この本は大正期のオイケン流行の先鞭をつけ、その後多くの著作が翻訳された。

「訳者自序」によれば、彼がこの書物に興味を抱いたのはすでに大学時代で、卒論のテーマ、スピノザに関する部分を読んで共感したことに遠因があるという。大正教養主義の中心人物の一人となる能成は、オイケンの新理想主義に指導的理念の一つを見いだしたといってよい。大正四年には実業之日本社から評伝『オイケン』を出し、『大思想家の人生観』も初版から十三年を経た大正十四年、全面改訳した新版を岩波書店から刊行している。さらに昭和三年には新しく始まった岩波文庫版のため、この著作から七人の哲人を選んで『七大哲人』と題する抄訳を出版しているが、この文庫版で扱われた近世哲学者はスピノザとカントだけで、原著にあったニーチェなどは扱われていない。

大正元年の『大思想家の人生観』初訳に続いて能成は、翌二年にはニーチェの自伝『この人を見よ』を訳した。ニーチェは日本で多くの若者や知識人の興味を惹きつけたが、いまだにその実体は朦朧としている。自伝は著者の人生観や生き方を知る上でまたとない資料である。『我が生ひ立ち』で能成は、この書を翻訳したのは人に頼まれたからだと述べているが、オイケンのニーチェ評価も影響したであろう。

ほかに能成の『この人を見よ』翻訳動機として考えられるのは、西欧思想界で注目を集めていたこの著作の背後事情である。その第一は、すでに述べたようにニーチェ死後八年たった一九〇八年（能成の翻訳出版の五年前）に、突如として部数限定で特別出版されたばかりの曰くつきの書物だったことである。ニーチェ発狂の直前に書かれた絶筆ともいうべきこの遺作は、自己顕示の強い特異な文体で書かれているため、ニーチェ全集の編者たちはその刊行をためらっていた。第二に、人びとの興味を刺戟したのは、この著作が出版される六年前の一九〇二年、精神病理学者パウル・ユーリウス・メービウスの『ニーチェの精神病理的なものについて』が大きな反響を呼んでいたことである。彼はニーチェを直接診察したわけではなく、主として著書と書簡の文体を検討分析した結果、この哲学者の病気は梅毒による進行性麻痺症であるとの診断を下し、『ツァラトゥストラ』のような重要な作品や「超人」、「永遠回帰」、「力への意志」といったニーチェ独自の重要な思想も、麻痺症による狂者の妄想の所産と診断した。このような研究が一般世間をも騒がせたことが、逆に全集編集者にこの自伝出版の決意をさせたのかもしれない。日本ではこうしたセンセーショナルな情報への反応はすばやく、メービウスの研究が刊行された翌年、ニーチェ論争の余塵のまだ収まらぬ明治三十六年四月に、『読売新聞』が「精神病学上よりニーチエを評す、ニーチエは発狂者なり」という紹介文を掲載している。要するに新しく刊行された『この人を見よ』は、彼の狂気と関連して問題にされていたのである。

初版刊行の十数年後、昭和三年に、能成訳『この人を見よ』は全面的に改訳されて新設の岩波文庫に入り、その後も長く読まれつづけた。その序文で能成はニーチェを天才と呼び、いかに奇矯、突飛、誇大と思われても、彼の生活や著作を理解する上でこの自伝に勝るものはないと述べている。大正二年の初訳後、彼の興味は西洋哲学史やカントに向かい、ニーチェに関する仕事はとくにしていない。しかしこの序文からは、彼がニーチェ及びこの著作を評価していたことが分かる。

能成は親友の岩波茂雄の始めた岩波書店の哲学叢書のうち、西洋哲学史の著書二冊を刊行している（大正五年、六年）。その後カントについても藤原正と共訳で『カント道徳哲学原論』（大正八年）を出版、十三年には『カントの実践哲学』を著した。道徳論や実践哲学に興味を示しているのは、いかにも能成らしい。

大正十三年、官命によりヨーロッパに留学、帰国後は京城帝国大学に赴任、昭和十五年からは一高の校長となって難しい時代に母校の教育に専念した。昭和二十一年、幣原内閣の文部大臣として新しい教育制度にとり組み、文化勲章を授与されている。またアメリカ教育使節団と初めて会ったときには、アメリカ側に力は正義なりという立場をとらぬよう要請して、その硬骨ぶりが人々に感銘を与えたともいう。その後も学習院院長、学習院大学長として二十年近くも教育に携わり（昭和三十九年、勲一等瑞宝章）、昭和四十一年まさに栄誉のうちに八十三歳の天寿を全うした。

大正期のニーチェ解釈の代表的研究と見なされている阿部次郎（明治十六年－昭和三十四年）の『ニイチエのツァラツストラ　解釈並びに批評』については、第四節で考察するので、ここではそれ以外の阿部の仕事の特徴をみておきたい。

この大正教養派の典型的な評論家・哲学者からまっさきに思い出されるのは『三太郎の日記』であろう。

この書物は次郎三十二歳の大正三年に『第一』が、四年に『第二』が出版され、七年には『第三』のほかに既刊の第一、第二をまとめた『合本』が出版された。この著作は長いあいだ旧制高校生の必読書といわれ、第二次世界大戦もたけなわの昭和十八年でさえ三十刷を数え、戦後昭和二十三年の改定版第一刷がでた後も増刷を重ねたロングセラー、ベストセラーである。『第一』の自序によれば、この書は大学卒業一年後の明治四十一年頃から考えたことを集めたものというから、まさにこれは青春の悩みと彷徨の記録である。

東北大学教授となった阿部次郎の年下の同僚、国文学者の岡崎義恵は、『三太郎の日記』を彼の生涯の頂点をなす業績と見なしている。彼は「阿部次郎論」において次郎が樗牛の感化を受けていることを指摘し、「樗牛に集まった青年読者は、同様に『三太郎の日記』に吸い寄せられた」、「『三太郎の日記』の情熱は樗牛に比すべき浪漫的な魅力に満ちている」という。そして「学者でありながら、冷静な観察に専念し、自己を離れた客観の世界に沈潜することに満足せず、常に自己の体験から出発して、主観の求めるものを追いつめて行こうとする意欲を示している点も樗牛に近似している」とその魅力を解説する。岡崎によれば次郎が樗牛と異なる点は、樗牛が本能の求めを率直に叫ぶ野性の人であったのに対し、次郎はどんな感情も知性を通過したのちにそれを発表する「教養の人」だった点である。彼は生死の問題から性欲の問題に至るまでこの書物で扱ったが、表現の技巧がこの書の文芸的価値を高めているともいう。つまり次郎は、詩人性と思索性を併せもっている。また彼が思索の対象とした根源的問題は生の不安と性の悩みの二つの問題に尽きると岡崎は考える。そしてこの書物を新理想主義者の心的彷徨の記録ととらえ、「心境評論」と名づけた。ここには島崎藤村の『新生』や志賀直哉の『城の崎にて』などの先鞭を付けるような、生死や性の葛藤に関する思索があると評している。

同様に哲学者の上山春平は、「阿部次郎の思想史的位置」(『思想』昭和三十五年)という論文で、必ずしも阿部次郎に共感をもつものではないと断りながらも、彼の活動の頂点をやはり『三太郎の日記』に見ている。上山もまたこの著作には阿部の文学的資質が最高度に生かされているとし、これは哲学史の系列というより島崎藤村や田山花袋などの告白文学の系統を引くものかも知れないという。しかもそれは単なる文学作品ではなく、哲学的衣装をまとっている点に独自性があると考え、こうした評価のもとに『三太郎の日記』を貫く「弱者の哲学」、観想の立場、センチメンタリズム等々の思想的基調と抽象言語(哲学的衣装)の愛好との関連を明らかにする。

この作品を「弱者の哲学」とみる上山の発想は、文学研究者・岡崎の論文にはない。しかし二人ともこの作品の根本性格についてはきわめて類似した見解を述べている。この作品を阿部次郎の活動の頂点とし、この作品の本質を自然主義流の告白文学に似たものと見、さらに、詩人的要素と哲学的要素を併せもつ表現スタイルに独自性を認めている。

『三太郎の日記』で長いあいだ青春の彷徨を続けた次郎も、この著作の『第二』あたりからその思索の到達点を示し始める。この背景には彼の人格主義の思想がある。朝日文芸欄廃止後しばらくは評論活動も続けた次郎は、若き日の思索をまとめた『三太郎の日記』の完成に努めたが、これと並行して、安倍能成と同じく、哲学書の解説祖述に携わることになった。大正五、六年、岩波の哲学叢書で美学と倫理学を担当し、その一冊が『倫理学の根本問題』である。大正八年出版の『ニイチエのツァラツストラ　解釈並びに批評』も人格主義的色彩が強い。大正八年にはニーチェ評論を含む『地獄の征服』も出版され、このあと彼は学究生活に入るのである。

大正十一年は阿部次郎にとっては大きな節目の年になる。五月に文部省在外研究員として美学研究のためヨーロッパ在留を命じられ、一年半の滞在ののち東北帝大法文学部の美学講座担当となり、十三年には仙台へ移住した。その後の次郎はニーチェよりもゲーテに関心を抱き、また『徳川時代の芸術と社会』の研究や芭蕉の研究をはじめ日本文化に興味を示して、最晩年には「阿部日本文化研究所」を設立した。これは彼の死後仙台市に寄付されている。亡くなる直前には仙台市名誉市民に推され、ふるさと山形に近い仙台の地で彼もまた幸福な生涯を終えた。

## 3　岩波茂雄と漱石、および大正教養派

岩波茂雄（明治十四年―昭和二十一年）は阿部次郎と同じ明治三十四年に一高に入り、寮も同室だった。勉強もしないのに試験ではいつも一番をとっていた秀才の次郎（一番は鳩山秀夫）と違って、岩波はボート部の猛者として全校にその名を轟かした直情径行の熱血快男児であった。ところが彼も藤村操の死に強い衝撃を受けて人生の意味に煩悶し、進級試験を放棄して翌年入学の安倍能成と同学年になり親交を結んだ。しかし二年もたて続けに落第して一高を退学せざるを得なくなり、東京帝大哲学科の選科に入って明治四十一年に卒業する。その後しばらく女学校で教えたのち、大正二年、三十二歳のときに神田神保町に岩波書店の前身である古書店を開業した。

しかし、信州諏訪中州村の父祖伝来の田畑を売って作った資金も長続きせず、最初は資金難にあえいだ。これは商売に不慣れなためでもあったが、古本正札販売を貫いたことが大きい、と安倍能成は『岩波茂雄伝』（岩波書店、昭和三十二年）の中で述べている。彼は岩波について「稀に見る偉い奴だ」と評価し、その偉さの最大の表れとして古本正札販売をあげている。当時古本屋は言い値の半分以下に値切るのも珍しくないたちの悪い商売だったが、彼は正札販売を断固敢行し、その結果、それが全国に普及するようになったという。正直では商売はできないというのが世間の常識だが、岩波はカントの宗教哲学の中の言葉、「為すべきが故に為し能う」（Du kannst, denn du sollst.）という言葉を振りまわして自分の信念とした。

岩波は開店に際して漱石に看板を書いてもらいたいと考え、安倍能成に頼んで漱石山房に連れて行って

もらった。これを機に彼も木曜会に出入りするようになる。漱石は資金のない岩波に何度も資金を貸し与え、大正三年には岩波の処女出版『こゝろ』を漱石自身が費用を出して共同出版した。こうして岩波は古本屋と並んで、開店一年後には出版業も始めた。『こゝろ』の出版に続いて、親友の安倍能成、阿部次郎、上野直昭の三人が編者となって、大正四年に刊行を開始した十二巻の哲学叢書が思いもかけず大当たりをとって何百版も重ねた。哲学叢書の成功の意味について能成は「この書は日本の思想界、ことに若い学徒に与えた影響は、その売れ行きと共に大きかったといってよく、今まで殆ど哲学書が顧みられなかったのに対して、一時の哲学もしくは哲学書流行時代を作った」という。この叢書は大正の哲学ブームに乗ったというより、哲学ブームそのものを作り出した刊行物だというのである。能成の岩波伝によれば、この叢書は二十数年も売れつづけ、初期岩波の財政基盤を固めるのに大きく寄与したという。将来の見通しの立った岩波書店は古本販売から手を引く。

一方、いわゆる大家や教授ではなく、ほとんどが若手学者の執筆によるこの叢書は、安倍能成や阿部次郎など少壮の哲学者を世に出す機会になった。全十二巻のうち能成が担当したのは『西洋古代中世哲学史』、『西洋近世哲学史』の二冊、次郎は『倫理学の根本問題』『美学』の二冊で、他の執筆者は皆一冊だったことを考えれば、能成、次郎の二人がこの叢書の原動力だったことが分かる。若干の著作を除いて西洋の著書の解説や講述であったというが、次郎の『倫理学の根本問題』もミュンヘン大学教授テオドール・リップス（Theodor Lipps, 1851-1914）の同名の著書（Die ethischen Grundfragen, 1899）に基づく講述である。次郎はリップスを「現代の哲学者中、自分に最も多く思想上の影響を与えた人」と呼ぶと同時にその人格を讃え、この書を通じて「物質的功利的打算を駆逐し、人格の威厳と崇高とに対する情熱を喚起する」ことを切望している。

岩波書店はこうして哲学書刊行の書肆としての評価を高め、西田幾多郎の著作をはじめ多くの哲学関係の書籍を刊行し続けた。『合本三太郎の日記』は大当たりをとり、和辻の『古寺巡礼』は『ケーベル随筆集』と並んで人気が高く、創生期岩波の呼び物だった。和辻は雑誌『思想』の編集者としても活躍し、岩波文化人の代表的人物の一人となっていく。

しかし何といっても岩波が大をなした要因は、大正五年の漱石の死後刊行された漱石全集である。刊行の実際にあたっては漱石の中心的な弟子たち、寺田寅彦、松根東洋城、森田草平、鈴木三重吉、小宮豊隆、野上豊一郎、安倍能成、阿部次郎の八人から成る漱石全集刊行委員会が岩波に協力した。五回にわたる漱石全集の刊行は岩波の名を天下に知らしめ、その信用と財政的基盤を固めるのに大きな貢献をした。一方、漱石に関係する資料のすべてを断簡零墨に至るまで集めようとした岩波の執念はこの文豪の全貌を明らかにし、国民的作家としての漱石の評価を定着させるのに寄与した。自然主義全盛のころ世に出た漱石の文学は学者の余技と見なされ、余裕派などと呼ばれて必ずしも文壇の主流とは見なされていなかった。しかし自然主義が衰退した大正に入ってから両者の立場はしだいに逆転し、漱石が日本近代文学の代表的作家と見なされていく。

岩波茂雄は道徳的正義感が強く、正しいことなら必ず成功するという信念をもって出版業にあたった。当局の出版統制がいよいよ厳しくなってきた開戦直前、尊敬する津田左右吉の古代文化関係の著作出版の廉で著者ともども有罪判決を受けると、岩波はすぐさま上告し、四年以上も闘って昭和十九年に勝訴を勝ち取っている。これも彼の気骨を示す一例であろう。この裁判には和辻や天野貞佑も弁護側として法廷にたっている。こうして岩波は商業ベースに乗らないような固い学術書を中心に出版して成功を収めた。彼は大正教養派と呼ばれた漱石門下生などの仕事の多くを戦後に至るまで出し続け、彼らが近代日本におけるひとつの知の伝統を形成することに寄与した。

岩波書店は科学出版の書肆としても大きな功績を上げたが、俳人にして名随筆家、科学者としても一流の寺田寅彦は科学出版のまたとないアドヴァイザーであった。岩波茂雄は昭和二十一年、精神科学・自然科学両面にわたる良心的出版のために、出版人として初の文化勲章を受賞した。左右の立場にとらわれることなく、正義感に基づく信念によって日本文化の発展に寄与した岩波は、この受賞の二ヶ月後、脳溢血のため六十五歳でその生涯を閉じた。まさに徒手空拳で一代のうちに財を築き、功なり名とげた岩波茂雄は、漱石門下の異才といえよう。

## 4　和辻哲郎、青春の悩み

評判の高い和辻の『ニイチエ研究』は第三節で扱うので、ここでは悩み多き青春の問題と漱石との出会いを中心にその生涯をみたい。

兵庫県の寒村、仁豊野の医者の子として生まれ育った和辻哲郎（明治二十二年-昭和三十五年）は、若くして天下の一高一部甲類に主席で合格した秀才で、姫路中学時代から早熟多読、英国詩人に親しみ、バイロンに憧れ、英文志望であったが、既述のように兄の友人魚住影雄の忠告で哲学を専攻した。「私の信条」によれば大学入学後もやはりバイロンやイプセン、バーナード・ショーを愛読していたが、卒業までには哲学にも近づき、卒業後はニーチェやキルケゴールのような詩人哲学者を追いかけたという。

実際和辻は一高に入っても依然として文学青年であり、入学するとすぐさま『校友会雑誌』に小説や評論などを書き始める。東京帝大では『帝国文学』や『第二次新思潮』を舞台に劇評や評論を書き、ショーの戯曲を翻訳したり自ら戯曲の創作も試みた。この『第二次新思潮』は谷崎潤一郎を世に送り出した雑誌として名高い。また『帝国文学』には明治四十三年二月、その辛辣な警句を愛したバーナード・ショーに対するニーチェの影響を論じた文章を掲載している。

その一方、和辻は、高校へ入学した明治三十九年にドイツで刊行された袖珍版（ポケット版）ニーチェ全集を読みふけっていた。哲学科の卒業論文でニーチェを書こうとしたのも当然だが、この希望は哲学科主任教授・井上哲次郎の賛同を得られず、彼の薦めでショーペンハウアーのペシミズムと救済に関する英文論文を書いて、明治四十五年七月に哲学科を卒業した。当時危険思想視されていたニーチェは官学アカデミズムの対象として認められるような哲学者ではなかったのである。しかし和辻は卒業後もニーチェに集中し『ニイチエ研究』を書き上げた。おそらく魚住影雄への兄事によって触発されたニーチェへの関心は、高校、大学、大学院と長期にわたるもので、一朝一夕にあの大著が成ったわけではない。

だが、ニーチェに関する研究を行いながら、文学活動にも非常に関心の強かった彼は、他方で多彩な文学活動をつづけていた。大学卒業後も自分の進むべき道が文学なのか哲学なのか決めかね、迷いつづけた。

和辻が漱石に初めて会ったのはちょうどその頃である。彼は中学時代から漱石にあこがれ、一高ではその英語の授業を聴講した。彼の師に対する思いは乙女の恋心のように純情で、漱石の死後八日目に書かれた「夏目先生の追憶」のなかでは、「十八（満十七）の正月に『倫敦塔』を読んで以来書きたかった手紙を、私は二十五（満二十四）の秋にやっと先生に宛てて書いた」と語っている。その手紙のあまりの純情さに目をみはった漱石が、一高の自分の英語授業にこのような学生が出席していたことに驚き、長文の返事を書いたことも有名である。この「追憶」では、「先生を思い出すごとに涙ぐんでいる」彼の心乱れる有様が語られ、漱石の死の衝撃や悲しみの強さがうかがわれる。そこには漱石の人間性や人格に対する讃美と同時に、明晰な漱石の作品論が展開されている。

和辻は漱石のもとで安倍能成や阿部次郎とも親しくなったが、彼らより六歳も年下だったため、漱石の面識を得たのも彼らよりずっと遅かった。阿部次郎の書いた年譜によれば、明治四十五年九月に和辻夫妻と交際を始めている。これは和辻の『ニイチエ研究』上梓の一年あまり前で、執筆中の和辻はこの著作について次郎にしばしば相談したという。のちにツァラトゥストラ解釈の著書を出す次郎は、この頃からすでに和辻の良き相談相手だったのである。『ニイチエ研究』を書き上げて漱石に捧げたいと思っていた和辻がついに漱石に会ったのは、この大著出版後の大正二年十一月のことだった。翌十二月の木曜会に彼はさっそく出席しているが、漱石は三年後には不帰の人となったので、漱石の謦咳に接した期間は決して長くはない。また『ニイチエ研究』に続く哲学研究として大正四年に『ゼエレン・キェルケゴオル』を出版したが、この書はあまり評判にならなかった。日本ではニーチェと並ぶ実存主義哲学の先駆者の紹介は早すぎたのであろう。

漱石の死後二年のとき和辻は『偶像再興』を出している。これは和辻のいわば学者への転向宣言といわれる随筆集で、大正五年から七年半ばにかけて書いた文章を集めたものである。この中には前述の「夏目先生の追憶」も収録されている。文学者の道か学者の道か、悩み抜いた末に和辻が学問の道を選んだのは漱石の死後であったが、この決断の過程には漱石の影響が感じられる。『偶像再興』初版の巻頭には、安倍能成と阿部次郎への献辞があったという。同じ哲学科出身の漱石門下生として親交を深めた二人の先輩にこの書を献じたことは、この書の漱石との係わりの深さをも暗示する。この著作で和辻は若い頃の教養の大切さを説き、青春の弾性を老年まで持ち続ける奇跡は若き日の教養の真の深さによって実現されるとし、これを実践した漱石の偉さについて述べている。

『偶像再興』出版の翌大正八年に和辻が刊行したのが『古寺巡礼』である。奈良天平の仏像美に注目したこの古寺巡りの旅の記録は、独創的な着目点と、詩人的感性に溢れる見事な文章によって人気を博し、現在にいたるまで読まれ続けている。

大正九年にはアカデミックな研究書『日本古代文化』を上梓、東洋大学教授となって生活も安定し、以後は精力的な学究生活を送った。大正十四年には京都帝大の西田幾多郎の招聘で京都に移り、『日本精神史研究』や『原始基督教の文化史的意義』、『原始仏教の実践哲学』といった視野の広い、当時としては珍しい学際的な優れた業績を残した。この間、昭和二年から三年にかけてドイツへ留学、その船旅の印象をもとに構想した比較文化論『風土』(昭和十年)は一般の人びとにもよく読まれた。昭和九年、東京帝大に移ってからは倫理学第一講座を担当、この時代の最大の仕事は日本初の倫理学体系を築いたことだといわれる。昭和三十年には文化勲章を受賞、彼も学者の生涯を全うして昭和三十五年、七十一年の生涯を閉じた。

## 5 漱石の魅力

最後に、これほど多くの若者、とくに哲学青年まで惹きつけた漱石の魅力とは何か、それを学識教養、人格、作品の三点から考えたい。

小宮豊隆は『猫』の解説のなかで、作者がこの作品を写生文と称したことを挙げ、正統の写生文家は「『猫』の主人公を猫とし、その猫をして、神を論じ人間を論じ、社会を論じ世界を論じ、もしくは苦沙弥や迷亭や、その他の人物を、この『猫』のように描かしめるなどといふ事は、到底夢想もしなかつた筈である」と述べている。さらに当時の文壇の視野の狭さに触れて、男女の恋愛や人情のもつれを書く以外に作家の仕事はないように思われていた時代に、「恋愛を離れ人情を越えるのみならず、見栄や我儘や嫉妬や技巧や——我の固まりが角突合をしている世間を眼下に見下ろし、風が雲を吹き払ふやうに、それらの汚れを、笑つて笑つて笑ひぬかうとする立場に立つて、猫が人間を描き、人間を論じるといふ事は、破天荒の事でもあれば、斬新な事でもあつて、人人を狂喜せしめるのに十分であつた」、とその人気の理由を分析している。

たしかに和漢洋に渉る漱石の該博な知識は、独仙のような東洋的人物の造型を可能にし、心の修養を説く東洋的な禅知識や老荘思想も出て来れば、西洋でただ今流行中のニーチェの超人哲学も話題にのぼる。圧倒的な教養に基づくこうした文明批評的要素が読者を驚嘆させたことはたしかであろう。それに加えて語り口の面白さ、文体の魅力がある。『猫』の文体については、若い頃に通った落語の影響がよく指摘されるが、人々を魅了したのは、いいたいことを自在に表現できる漱石の天賦の才それ自体であろう。若い頃子規を驚かせたのもこの才能であり、それは句作や写生文によってさらに鍛えあげられた。幼い頃から漢学を好み、府立第一中学校をやめて一年間漢文を習うために二松学舎で学んだ経験もある漱石は、漢文脈の文章も漢詩も達者である。これに多読、精読した西洋文脈の文体がある。それらが渾然一体となった漱石の文章は、『猫』の読者にとって大きな魅力だったに違いない。

漱石のどの作品に強く惹かれるかは人それぞれである。しかし彼のもとに集まった青年たちに共通した漱石の魅力は、何といっても小宮の解説も指摘している幅広い教養、学識に基づく見識であろう。漱石の教養は文字通り古今東西に渉っているが、ジャンルからみても文学だけではなく、哲学、心理学、社会学、歴史学にまで及んでいる。本章で扱っている生田長江、安倍能成、阿部次郎、和辻哲郎が共通して関心を抱き、翻訳や新しい解釈ですぐれた業績をあげたニーチェに漱石が通じていたことは、第二章でみたとおりである。

『ニイチエ研究』を書き上げてから漱石の門をたたいた和辻哲郎は、直接漱石から助言や指導を受けていないことはいうまでもないが、和辻がこの書で大きく取りあげた生の哲学者、フランスのベルグソンやイギリスのウィリアム・ジェームズに対して、漱石は強い関心を示し、修善寺の大患後の病床で書いた「思ひ出す事など」の中では、この二人に対する深い共感を語っている。長年遠くから漱石に憧れていた和辻が、朝日新聞に連載されたこの記事を読んだ可能性は充分ある。漱石こそ自分の研究をもっともよく理解してくれる先達と思えばこそ、彼の処女作を献上すべく漱石に会おうとしたのであろう。病床にあっても話題の哲学者たちの最新作をすぐに英国から取り寄せ、大病後で頭が朦朧としていることを嘆きながらもあっという間にそれを読み上げ、活発に反応するその旺盛な知的好奇心や精神活動に弟子たちが驚異と尊敬の念を抱いたのも当然である。

わが道を行った長江は別として、いわゆる教養派と呼ばれた哲学青年たちが漱石に惹かれた第二の要素は、その暖かい人柄と高潔な人格である。安倍能成は漱石の死の半年後に書いた「夏目先生の追憶」の中で、創作上の弟子でも思想上の弟子でもない自分が漱石を敬愛したのは、ことに人格と教養の点だったと書いている。同趣旨のことは『思想』の『漱石記念号』の「『こゝろ』を読みて」(昭和十年十月)にも見て取れる。その三年後、昭和十三年に「小宮豊隆の『夏目漱石』を読む」を書いたころには能成は、師の享年を過ぎようとする年齢となり、人生経験を重ねたいまの方が敬愛の念が強いとさえいえる、と述べるに至っている。「得がたく逢いがたい人間」、「はっきりした核を有した点に於いて天才的な人」であり、「漱石の一生が総ての人々に訴えるのは、その真実な正直な、自己の本然に就かなければ安んじ得ない性格であった」、「珍しく世間的な野心に動かされず、偏に自分の天真を発揮することを志した漱石の生涯は、其の変物と言われ、奇矯と呼ばれたに拘らず、実に人生の大道を歩いた生涯であり、その点に於いては人間修行の誰人の師ともなり得るものである」、「我々は漱石の与し易き人の好さよりも、その死ぬるまで純真を失わなかつた心臓の和かさを思つて、頭が下がる」、と尊敬の念を吐露し、漱石は能成にとって老いてなお人生の師だったことをうかがわせる。

阿部次郎にとっても漱石は、人生の師というべき存在だったと思われるが、彼は能成のように借金を申し込んだり、漱石山房で正月に酔いつぶれるといった開放的な性格ではなかった。漱石一周忌の大正六年十二月、「夏目先生の談話」で次郎は、「先生の門に出入りした者でおそらく自分ほど先生の愛と親しみとを知らずに終わつてしまつた者はないだろう。さうしてそれは九分九厘までは、孤独を愛する、人に――殊に長者に――馴れ難い、可愛いらし気のない自分の性格にある」と述べている。しかし昭和四年執筆と推定される年譜の草稿で彼は、漱石について「人格に於いて特に敬服するところあり。作品に於いても人生の一大事に対する熱意に学べるところ多し」と記している。

「人生の一大事」という言葉は、生死に関わる問題を意味していよう。具体的にはそれは漱石晩年の求道精神を意味し、死を前にして病苦に悩む晩年の漱石が彼の生涯の大問題であった自我を否定し、天につく則天去私の思想を唱え、その実践に怠りなかったことであろう。阿部次郎もまた生きる拠り所を求めて長い青春の彷徨と懐疑の日々を過ごしたが、漱石に出会い、その謦咳に接したことは、のちに彼が人格主義の思想を形成していく上で示唆を与えたに違いない。

和辻についても同じようなことがいえる。漱石死後八日目に溢れる涙とともに書いた長文の「夏目先生の追憶」には、漱石に対する思いや、その人格・作品両面にわたる讃嘆の念が見られる。高校時代には峻厳で近寄り難かった先生は、会ってみるとその印象はまるで反対で、「先生は優しくて人を吸い付けるようであった。そうしてこの印象は最後まで続いた」と述べ、漱石の優しさや感受性の強さ、デリカシーに満ちた心配りなどを具体的につづっている。しかし和辻が挙げる漱石の本質的特徴はその正義感の強さにあった。漱石は人間を愛したが、それ以上に正義を重んじた。「正義に対する情熱、愛より『私』を去ろうとする努力、――これをほかにして先生の人格は考えられない」。こうして「先生は、人間性の重大な暗黒面、――利己主義の鋭利な心理観察者として我々の前に現れた」という。人間を愛し求めながら、不正を憎む気骨ある人格、それが和辻の敬愛した漱石の本質である。世間からは偏屈な奇行家とみられているが、漱石ほど常識に富んだ人間通は滅多にいない、と和辻は能成と同様のことをいう。世間を騒がせた博士辞退も、博士制度にひそむ虚偽、不公平、私情などに対する激しい正義感や強い道徳性の結果である。

このため漱石はたえず癇癪を起こし内からも痛苦を感じた。漱石の禅定はこの痛苦の対策であり、超脱の要求、非人情への努力は、痛苦の過多に苦しむ者のみが解し得る気持である。超脱の要求は現実からの逃避ではなく、現実の征服を目ざしている。和辻は「則天去私」について、「公正の情熱によって『私』を去ろうとする努力の傍らには、超脱の要求によって『天』につこうとする熱望があった」と考える。

たしかに漱石には、能成が無類のお人好しといったほど教え子たちに対する親切心があった。岩波茂雄のように資金に窮する学生には資金を調達し、書斎に並ぶ高価な洋書も弟子たちに惜しげもなく貸した。森田のように社会的批判を浴びる事件を起こしても面倒を見、職のない者には職を探し、文筆で立ちたい者には発表場所を推薦した。そのうえ弟子との関係はあくまで対等で、言いたいことの言える自由な雰囲気が弟子たちにはたまらない魅力だった。野上豊一郎などは木曜会に出席することが、ランデブーにでも行くように楽しかったと回想している。漱石は若い彼らにとって父であり兄であり、友人のような先生ともいうべき存在だったのかもしれない。こうした漱石の優しさは周辺の多くの若者が感じていた。だが、哲学青年たちの師に対する思いは、たんに漱石の優しさに対する思慕の情とは違う。師の人格に対する彼らの傾倒は、漱石自身の倫理的な生き方、道を求め自己を超えようとする努力に向けられていて、優しい人柄に対する思慕の次元を超えている。

漱石の魅力の第三の要素、作品の評価は、このような人格的傾倒と連動している。「夏目先生の追憶」のなかで「小説家であるよりも寧ろ哲人に近かった」と師を評する和辻は、その作品全てに通じる「イデエ」を認める。「我々は先生の作物から単なる人生の報告を聞くのではない。一人の求道者の人間知と内的経験との告白を聞く」という和辻の言葉から、彼のイデエとは、自己超脱を目指す漱石の求道精神であることが分かる。こうした展望の内に、彼は『猫』から最後の『明暗』に至る作品を求道者としての観点から考察する。この漱石評は能成や次郎にも共通している。次郎が漱石晩年の求道精神や則天去私の思想に傾倒したことはすでに述べた。能成もまた「『こゝろ』を読みて」において、『それから』以降の作品のほとんど全てを列挙し、彼の共感を語っている。とりわけ『こゝろ』の分析では、若いときに犯した友人への裏切りという道徳的罪悪感ゆえに自殺する先生の徹頭徹尾道徳的な性格は、作者自身の性格を語るものだと解釈し、評価する。

安倍能成も阿部次郎も和辻哲郎も、生涯先生と呼ぶのは漱石かケーベルだけだったという。次郎は漱石の精神的後継者をもって任じ、木曜を学生との面会日と定め、これを木曜会と名づけていた。彼は小宮豊隆を東北大学に迎えて交流を続けたが、小宮の学生の面会日は水曜だった。大学行政でも活躍した彼らのおかげで、漱石の貴重な書込みのある蔵書や学生時代の成績表、ノートに至るまで、漱石関係の資料が東北大学に大切に保管されているのは周知の事実である。

## 第三節　和辻哲郎の『ニイチエ研究』

### 1『ニイチエ研究』の特徴

#### 原典主義

この節では、大正期の代表的研究と称された和辻哲郎の『ニイチエ研究』を取りあげたい（註4）。若き和辻が青春の情熱を注いだこの著作の特徴の第一は、その徹底した原典主義である。翻訳もほとんどなかったこの時代に、彼はニーチェの主要著作のほとんどを原典で読破してこれを書いた。各章ごとに記された利用文献の書名からみて、彼が利用しなかった主要著作は、『反時代的考察』と『この人を見よ』くらいのものである。和辻は「自序」で、この著作が自分のニーチェであることを強調し、「自分の判断がドイツの大家の判断と合致しない時自分はしばしば烈しい疑懼を感じた」と述べながらも、「しかし自分はなお自分の判断を捨てる気にはなれなかった」、「自分がニイチェを読む時自らの教育者として認めるのはただニイチェだけである」と書いている。これが和辻の原典尊重の理由である。原典主義は、哲学科の恩師ケーベルの説いた研究の基本的態度でもあった。

『ニイチエ研究』刊行と同じ大正二年、安倍能成訳の『この人を見よ』が出ると、和辻はすぐさまこれを読み、情熱的な長文の書評を書いた。精神病学者メービウス（Paul Julius Möbius 1853-1907）が、その著書『ニーチェの病跡』（Über das Pathologische bei Nietzsche 1902）において、ニーチェの狂気の原因を進行性麻痺症と診断したことから、発狂直前に書かれたこの自伝も病的なものではないかという議論を呼んでいた。しかし和辻はこの書評で、断固としてそうした見解に反論している（註5）。

自分はこの書を読んでまず、ニイチェが自己の性質をいかに好く知り抜いていたかに驚かされる。自分はニイチェの著書の多くを耽読してニイチェの性格についての自分の見解を作り上げてしまうまで、この書を読まなかった。その後初めてこの書に接するに及んで、自分が努力して得た大ざっぱな考えは、この書の内にすでにはるかに優れた鋭さと確かさとをもって描かれているのを見た。自分はこの時にもこの天才から頭を殴られたように感じたのである。自分はこの根拠からこの書の内容を病的だとする論者に極力反対する。

のちにはヤスパースはじめ、多くの病跡研究者が和辻と同じような見解を示している。しかしこうした病跡研究が始まって間もない大正二年という時点で、メービウスの論を批判し、この自伝の本質をなすニーチェの自己理解の精確さと鋭さを見抜いて発表した和辻の勇気と、自己の学問的主張に対する自信には驚かざるを得ない。和辻に溢れんばかりの自信を与えているのは、『ニイチエ研究』に結実したあの原典主義である。能成の翻訳に対するこの書評が、翌大正三年に出版された『ニイチエ研究』の第二版及びその後の版において、付録として掲載され続けていることには充分理由がある。

## 権力意志という斬新なテーマ

彼がこの著作で扱ったテーマは「権力意志」である。「超人」や「永遠回帰」は『ツァラトゥストラ』で大きく取りあげられた思想であるが、この頃「権力意志」はまだそれほど大きく扱われてはいない（現在では「力への意志」と訳す場合が多いが、ここでは和辻訳に従い「権力意志」と表記する）。したがって日本ではもちろん、ドイツでもこの頃「権力意志」をニーチェ思想の主要概念として取りあげる研究はあまり多くはなかった（註6）。

和辻は「自序」において、「自分はニイチェがニーチェ『権力意志』を書こうとした時の目次を軸としてニイチェの言説を整理した」と述べている。ニーチェは晩年膨大な断片やメモを遺稿群として残したが、ニーチェがそれらを使って『権力意志』という著作を書く意図をもっていたことは、数々のプランやニーチェ自身の言葉から分かる。『道徳の系譜』には『権力意志――あらゆる価値の価値転換の試み』を目下準備中だという予告があるが、このプランはニーチェ自身によって放棄された。この放棄の経緯について和辻はじつによく知っている。「序論」で和辻はニーチェの生涯をたどりながら、彼の主要著書について解説しているが、『権力意志』についても彼がそれを放棄するに至った事情を説明している。

ニーチェの精神活動の最後の年の一八八八年、彼は『権力意志』執筆の材料の中から抜粋した『偶像の黄昏』を八月後半に完成し、九月には大部な『権力意志』のプランを放棄して四篇からなるプランを立てたが、この中で実現できたのは、『アンチクリスト』だけだったことも和辻は指摘している。ここで和辻が『権力意志』について述べている事柄は今からみても非常に正確である。筆者がこうしたことを問題にしているのは、和辻が参照文献として利用した、ニーチェの妹たち編集による遺稿集『権力意志』が、大きな問題を抱えた書物であることが判明しているからである。

第二次世界大戦後、カール・シュレヒタは、妹あての多くの書簡が妹自身の手で偽造されていたことを発見した。『権力意志』はもともとニーチェの手になる著作ではないと主張し、この著作を解体して一八八〇年代の遺稿として編集し直した。ただし、シュレヒタが編集し直したのは、すでに妹が『権力意志』で取りあげた遺稿だけで、ニーチェの遺稿全体を対象にしたわけではない。その後イタリアのニーチェ研究者、ジョルジオ・コリとマッチーノ・モンティナーリが協力して、厳密なテキスト・クリティークを行った結果、妹の行ったさまざまな捏造や他の人への責任転嫁なども発見すると同時に、ニーチェ自身が『権力意志』というタイトルの書物を刊行する意志を放棄した経緯を確認した。そこでコリとモンティナーリは、もともとニーチェの意志としては存在するはずのなかった『権力意志』の遺稿群を解体し、他のすべての遺稿とともに『八〇年代の遺稿』として出版した。一九六四年のイタリア版に始まり、一九六七年からはドイツのグロイター社、フランスのガリマール社という各国一流の出版社が同時にこの批判版全集と書簡集を発行し始め、日本では白水社が刊行した。この全集にはもはや『権力意志』というタイトルの著作は存在しない。膨大な遺稿群は年代を追って並べられ、大量の註を付したグロイターの全集はもっとも信用のおける全集として、今や研究者には欠くべからざるものとなっている。

そこで強調しておきたいのは、第一に、和辻はたしかに妹編集による『権力意志』の目次に従ってその思想を整理したが、この目次はニーチェ自身によるプランに基づいていることである。第二に和辻は、『権力意志』のプランを放棄したニーチェが、そのために書きためた遺稿群から抜粋して発狂の少し前に書いた『偶像の黄昏』と『アンチクリスト』という二つの著作の重要性を見逃がさず、これらがほとんどあらゆる章で扱われている。つまり和辻にとって、妹たち編集の『権力意志』は、あくまで他と並ぶ一つの資料にすぎないのである。

## 『ニイチエ研究』の構成からみた問題意識

権力意志をテーマとして『ニイチエ研究』を書いた和辻は、どのような問題意識からこうしたテーマを選んだのであろうか。

白水社版ニーチェ全集第九巻（第二期）『遺された断想』の四〇一頁で明らかなように、妹編集『権力意志』の大目次はニーチェ自らが一八八七年三月十七日に作成した目次に従っている。これと和辻著作の目次を比較してみると、その類似と差異が明瞭になる。妹編集の『権力意志』の目次は次の通りである。

第一書「ヨーロッパのニヒリズム」
第二書「これまでの最高価値の批判」
第三書「新しい価値定立の原理」
第四書「訓育と育成」

ニーチェが『権力意志』を書こうとした出発点は、第一書の「ヨーロッパのニヒリズム」の問題であった。ニーチェによればニヒリズムは、キリスト教が支配してきたヨーロッパ二千年の歴史の必然的帰結である。科学の発達によってもはや神が信じられなくなった現代の状況をニーチェは神の死と表現したが、欺瞞にせよ迷妄にせよ、人々に生きる意味を与えてきたキリスト教が力を失ったとき、人々は生きる意味も目標も失って、虚無の暗黒のなかをさまよう精神的危機に陥る。その強い危機感を逆手にとって、ニーチェはこれを積極的に古いものから解放されるチャンスとして捉え、古い価値体系を徹底的に破壊する。これが第二書の「これまでの最高価値の批判」である。こうして自由となった新しい精神は、未来の哲学の展望を描こうとする。それが第三書の「新しい価値定立の原理」であり、その原理として大きく扱われるのが権力意志である。最終第四書の「訓育と育成」では、ニヒリズムを克服した新しい強いタイプの人間の育成が論じられる。ニヒリズムの認識から「訓育と育成」へという構成には論理的一貫性がある。

これにたいし和辻哲郎の『ニイチエ研究』は大きく二つに分けられ、本論第一「新価値樹立の原理」はニーチェの第三書に対応し、本論第二「価値の破壊と建設」は主としてニーチェの第二書に相当する。ニーチェの第一書「ヨーロッパのニヒリズム」と最終の第四書「訓育と育成」は、本論第二の末尾に第五章、六章として題名も変えてわずかに触れられているにすぎない。ここには和辻のニーチェ哲学への関心のありかたがはっきり現れている。ニヒリズムやその解決は彼の問題ではなかった。これは、キリスト教の伝統の圏外に育った日本人和辻哲郎が、この問題についてニーチェのような危機意識を共有できなかったからである。それは近代化が始まって五十年にも満たない当時の日本人、プラトン以来の思惟とキリスト教の伝統をもたなかった日本人、和辻の問題とはなり得なかったのだろう。

それでは和辻の問題とは何であったのか。それは、まだまだ日本近代化のモデルであったヨーロッパ文化を理解すること、ニーチェでいえばその激烈な伝統的価値の批判がどのような根拠からなされたのか、を見極めることにあった。高山樗牛以来、極端な個人主義者、利己主義者、本能主義者、インモラリスト、アンチクリストとして、つまり宗教、道徳、哲学といった従来の最高価値の全面的否定者として知られてきたニーチェは、日本では依然としてその全体像のはっきりつかめない哲学者であった。そのとき理論的主著として刊行された最新の資料が、妹たち編集の『権力意志』であった。これに拠って自分の考えをまとめていけば、原理的なもの、つまり根本思想からニーチェの伝統的価値批判の根拠が明らかになり、ひいてはニーチェ哲学の全貌があきらかになるのではないか。和辻がこのように考えたことは、『権力意志』の第三書「新しい価値定立の原理」を本論第一として自分の著書の冒頭に置き、具体的批判を示す第二書をその後に回したことからみてとれる。

次に遺稿集『権力意志』の「第三書」の小目次と和辻の「本論第一」の小目次を比較してみると、両者はきわめて類似している。遺稿集では「1 認識としての権力への意志」、「2 自然における権力への意志」、「3 社会および個人としての権力への意志」、「4 芸術としての権力への意志」の四章である。これに対し和辻では五章からなり、冒頭の「第一章 権力意志」だけが遺稿集にはない。これは和辻が独自にたてた章であり、彼の権力意志解釈の基本的立脚地や、解釈の前提となる事柄、彼がとくに注目する権力意志の特質を概略的に述べた項目である。そこでまず『ニイチエ研究』の「第一章 権力意志」の内容から見ていきたい。

## 2 『ニイチエ研究』第一章——和辻の権力意志論の前提

### 「生の哲学」の立場

和辻は『ニイチエ研究』「第一章 権力意志」の冒頭で、真の哲学者の条件として「『生命そのもの』として生きること」をあげる（註7）。また真の哲学とは単なる概念の堆積や論理的整合性ではなく、最も直接な内的経験、つまり直覚の思想的表現だという。これは和辻の考える「生の哲学」の定義ともいえる。その結果、芸術はほとんど哲学と同等の高い地位を与えられる。「宇宙生命は不断の創造であるから、直接の内的経験もまた創造的にはたらく。自己表現はこの創造活動である。芸術や哲学は皆ここから生まれる」とし、さらに、真の哲学者の神秘的直覚の表現は、「表現」である以上、暗示的・象徴的でなくてはならないという。ふつう哲学者はまずその直覚を概念で表そうとする。しかしそれが指す実在は常に流動していて瞬時として停滞するものではない。哲学はこの実在に即したものとしてのみ真の意義をもつ。しかし哲学の「体系」は常に固定しようとする。体系学者はニーチェがいう通り精神が生きて成長することを忘れている。こうして体系哲学者を否定する和辻は、「ある天才哲学者の直覚の表現はその時代における最高度の能力」だという。

このような前提のもとに和辻はニーチェ哲学をその一例として挙げ、それは原理によって諸概念に統一を与える体系哲学とはほど遠いが、彼の人格の直接な厳密な論理は一貫してその内にあるといい、その人格を高く評価する。彼の思想は閃光として生まれる。概念より概念を引き出し、結論の上に結論を重ねるといった方法は彼には認められないが、「彼はその全人格的な感動と意欲との最奥に衝き入り、洞察の上に洞察を積む」。彼の心情の地盤が常に流動しているため、閃光を結集した彼の思想には相矛盾した要素も現れる。しかし思想の確立は彼の第一の目標ではないとして、和辻はその不整合性を問題にしない。

このあたりで使われている「最も直接な内的経験」、「直接にして純粋な内的経験」、「直覚」、「生命そのものとして生きる」といった言葉は、当時流行していた「生の哲学」との関係を思わせる。この哲学的潮流は日本でも和辻の書物が世に出る少し前から注目を浴び始めていた。舟山信一著作集の第七巻『大正哲学史研究』(こぶし書房　一九九九年)によれば、明治末から大正前期にかけて、多くの生の哲学者の翻訳、紹介、研究が発表されている。明治末には西田幾多郎がまず生の哲学者として名高いアンリ・ベルグソンの紹介を行っている。「ベルグソンの哲学的方法論」(明治四十三年)や「ベルグソンの純粋持続」(明治四十四年)がそれで、日本最初の独自の体系をもつ哲学書として評価された『禅の研究』を西田が著したのも明治四十四年である。『禅の研究』においては、主客未分離の純粋(直接)経験の立場から、すべての矛盾、対立、発展が統一的に解明されている。その背後には、西田の長い孤独な参禅の経験とともに、ベルグソンやウィリアム・ジェームズの影響が指摘されている。主客未分離の純粋経験という西田の思想は、和辻の「直接にして純粋な内的体験」や後述する「主観客観の混融状態」等の思想に影響を与えていると考えられる。

## 科学の問題——ベルグソンのカント批判に共感

和辻は西田幾多郎についてはとくに触れていないが、ベルグソンがカントの批判哲学を批判したことに共感を示している。ベルグソンによれば、カントは我々が生きている現実の世界、現象世界の背後に、物自体という存在の世界、つまり本体界、実在の世界があると主張し、この世界は人間の理性によっては認識できないことを彼の純粋理性批判によって示した。しかし「純粋理性の批判はカントが理性そのものを批判したのではなくて、デカルト風の機械観やニウトン風の物理学の習慣と欠点とに適応した理性を批判した」のである。「科学が物理学より生物学に、生物学より心理学に進むにつれ、ますます客観的の度を減じて象徴の度を加える事を彼は知らなかった。当時生物学や心理学に比して著しく進歩していた物理学や数学に無条件に屈服したカントは、人の全認識能力から見ればきわめて狭い一部分に過ぎない認識能力を説いた」とベルグソンは述べている。

こうした見解に和辻は鋭い暗示を見ている。和辻によれば、カントのいう認識は先験的総合判断によって整理せられ、言語や概念によって表されるものだけを指しているが、我々の直接的な内的経験は現象の世界以上の物を我々に示す。それは認識能力によって把握するものではなく、認識能力の根本原理となっている強い統一力によって把握できる。我々が純粋にこの統一力として生きるとき、生はすなわち感動であり、認識の形式を絶した認識である。これはただ象徴的な方法によってのみ暗示される。カントが世界をただ主観的産物にすぎないとしたのは、彼を束縛する科学知識が、彼を知力以上の生の深味に突入する自由を失わせたからであった。これに対して「ニイチェは科学的知識の束縛を斥け、直接にして純粋な生を立脚地として認識の能力を見た」のである。

この主張で注目すべき点は、和辻のニーチェに対する関心がまず科学の問題から出発していることである。和辻は著作中でオイケンにしばしば言及しているが、オイケンの『大思想家の人生観』が安倍能成の訳で刊行された明治四十五年は、和辻の著書刊行の一年前に当たる。科学の発達による物質文明尊重の風潮が精神生活を貧困化させたというオイケンの主張は、和辻もよく知っていたであろう。

第二に重要なのは、ニーチェの科学と哲学の関係を考える際に、和辻が重視しているのは認識の問題で、科学的知識の束縛を斥けたニーチェはカントと違って、生の立脚地による別の認識能力をみたことである。科学の問題は『ニイチエ研究』「第二章　認識としての権力意志」の冒頭で詳細に論じられているので、のちにふたたび考察したい。

## 人の知能――生のための世界解釈の道具

和辻によれば、人の知能は生が不断の創造をするための手段だとニーチェは考える。知能は多様豊富な生の活動を整理し、特殊な解釈の世界を造り上げる。それゆえ現象、我々の生きている世界が解釈された世界であるとすれば、主観的産物であるのは当然だが、それは真実の世界から離れたものとしてではなく、真実の世界に即してしかもその一部のみを抽象したという意味であって、客観的根底をもたないということではない。ここで重要なのは、解釈の世界は主観的産物であると同時に、カントと違ってこの世界は客観的根底も持っていると和辻が主張していることである。

和辻によれば、ニーチェはさらに、知能と同じように感覚や理性も真実をつかむためではなく「生のため」に存在するという。ある観念が真実であるかどうかは生のために都合がよいかどうかによって決まるのであって、生の本質からみて仮象であり虚偽であるものも、しばしば生を増進させるために真実とされる。人の認識能力は外から与えられるものでなく、逆に生の深味から萌え出てくるものである。これはまさに逆転の発想である。普通、知能や感覚、理性は真理探究の手段と思われているが、ニーチェは逆にそれらは「生のため」に存在していると考えるのである。

## 意識を動かす根本動力としての本能活動

続いて和辻が取りあげるのは意識の問題である。ニーチェにとって生の本質は人が触れることのできないものではない。それは人の根本動力、本能活動として我々の中にあり、意識以上の感動として意識を動かしている。ニーチェのいわゆる本能は特殊な解釈に汚されていない純粋な生の活動であって、我々の具体的な統一力として働いている。また本能は知力より何倍も鋭い直覚として現われる。直覚といっても直接他を認識するといった「能力」を指すのではなく、生の純粋な充実をいう。人の本質である力は、主客の対立を越えた「感動」そのものである。それゆえ直覚の鋭敏さは、強大な生命を意味しなければならない。あらゆる知識や言語や思想などの支配力を脱して「自己」としてあり、その自己が強烈な生の燃焼である場合、即ち「天才」にあっては、直覚は最も旺盛である。ニーチェはこうした直覚により生の本質を深く強く体現したと和辻はいう。

ここで和辻が「本能」について、それは「人の根本動力本能活動として吾人の内にあり」、「意識を動かしている」ものと述べていることは非常に重要である。本能という言葉は初期のニーチェ解釈の歴史において、欧米でも日本でも最も誤解された言葉の一つであり、ひどいものになると人間のあらゆるむき出しの本能的欲望を野放しにして、強盗殺戮何でも認めるのが本能主義者、ニーチェの主張だといった解釈もまかり通っていた。しかしここで和辻は、はっきりニーチェのいう本能活動を人間の根本動力として表現し、人間の中から意識を動かしているものと規定することにより、いま述べたような本能主義者ニーチェといった解釈を完全に払拭する。彼は「ニイチェのいわゆる本能は特殊な解釈に汚されない純粋な生の活動」だというのである。

## ショーペンハウアーの意志哲学

和辻は「第一章　権力意志」の本来のテーマ、権力意志について語る前に、若きニーチェが心酔したショーペンハウアーの哲学について論じている。

和辻は「ショオペンハウエルの認識論はカントの唯現象的傾向を徹底せしめ、これにインド哲学を加味して夢幻的観念論とも言うべきもの」だとし、「彼は世界が何ら実在的根拠」のない表象に過ぎない、「実在の世界は絶対的に吾人の知能には触れないものだと断じた」という。ここで「カントの唯現象的傾向を徹底させ」ると言っているのは、「人の知能」の項でみたように、カントが我々の生きている現実世界を実在の世界とはみず、その背後に本体界、実在の世界の存在を説いたことを意味している。ショーペンハウアーはカントのこの考えを徹底させたとニーチェは言っている、と和辻は説明しているのである。世界には実体的根拠がないというショーペンハウアーは、カントの継承者である、という和辻の結論は当然であろう。「インド哲学を加味した夢幻的観念論」というのは、後にみるように、この哲学者の仏教への深い関心を念頭に置いた言葉であろう。

しかし和辻によれば、カントと決定的に異なるのは、ショーペンハウアーが「直覚によって、端的な直接な感情的な、主客の対立を超越した認識の可能性を説いた」ことである。これは和辻の説いたニーチェの認識論、直接にして純粋な生を立脚点とする認識論と同じである。和辻はショーペンハウアーの認識論を生の哲学として考えているのである。彼はさらに、ショーペンハウアーが世界の本質と見た「生の意志」は「目前に吾人の身体として現われ」、身体は意志を直接感得するという。和辻はショーペンハウアーにおける身体の意味を強調しているが、これはニーチェと共通する要素である。ニーチェは西洋伝統の霊肉二元論を徹底的に斥け、身体の重要性を説いた。彼の哲学は彼が傾倒したショーペンハウアーの意志の哲学を批判的に継承したものであることを、和辻の説明はよく表している。

る。

ここで批判的といったのは、ニーチェにはショーペンハウアーと決定的に違う要素があるからである。

ショーペンハウアーの意志は「強烈な、しかも盲目的非理性的」なものであって、「論理や理性に律せられない。そこで生は「あらゆる苦患と害悪との根源」となり、「人にとって唯一の解脱の道は自己の本質たる生の意志を破壊するよりほかない」と彼は結論する。自殺が最も良いことだといわんばかりの結論である。仏教の涅槃の境地への憧れもこうした思想の結果である。

これに対しニーチェは生に高潮と歓喜を見出し、生の肯定という全く逆の道を見いだした。彼の有名な処女作『悲劇の誕生』に取りあげられたギリシャ神話の歓喜陶酔の神ディオニュソスは、ニーチェにとっては充実した沸騰する強烈な生の象徴である。「陶酔歓喜は人のあらゆる象徴的能力が最高潮に興奮した状態である」。「人はここでは言語や概念などによらず、渾身のあらゆる力を解放して自己の象徴的表白を極度に推しすすめる。すべての束縛を脱して充実した生の沸騰、強烈な全生命の湧躍がここにある」と和辻はいう。

しかし、ショーペンハウアーのいう生の苦患と害悪はニーチェも否定しない。ただ、ニーチェはこうした苦痛を生に必然のものとして受け入れる。「この苦患のゆえに生を否定するのは、大いなる生、『悲劇的なる生』にかつて触れ得なかった者のことである。そこには生は凝固し拘束せられ、その真実の光輝をことごとく失っている」。ニーチェがなによりも懼れたのは生の凝固であり、苦痛のゆえに生を否定することとは思いもよらなかったことだ、と和辻は解説している。このあと彼はようやく「権力意志」について具体的説明を始める。

## 権力意志という表現の成立過程とその認識論的内容

ニーチェが自ら生き直接に経験した世界は流動する「力」である。時間と空間との解釈によって汚されない「渾然たるある者」である。それは単一でもなければ全体でもなく、ただ強烈な統一力として働いている。この考えはニーチェの青年期から認められるが、明瞭な表現に達したのは『曙光』を書き始めた頃だと和辻はいう。その後ニーチェはこれを「欲動」、「力感」、「力感の要求」、「権力意識」、「権力の愛」、「権力への努力」などとしたが、最終的に「権力意志」という表現が確定したのは『ツァラトゥストラ』においてであった。この経緯からすると、「意志」という言葉が出て来るのは最終段階であるが、結局この言葉を用いることにしたのは、「内から湧き出づる力」を表すためであったと和辻は説明する。ニーチェは物理学にいう力もしくはエネルギーが、力そのものではなく力の作用であることに不満を抱き、これを内的意志によって完成しようとしたのである。

一方、権力という表現はもっと根元的である。この言葉もまたさまざまな試行錯誤の末に生まれたが、それは最初から力をめぐる表現の問題であった。ニーチェが内的体験によって得た世界は、さきに述べたように「流動する力」であり、その力は「渾然たるある者」であり、「強烈な統一力として活《はた》らいている者」である。それが「権力」という言葉に落ち着いたのは、力に「戦闘と征服との性質の有ることを現すために用いられた」からだとされる。

こうして成立した権力意志の内容について和辻が第一にあげているのは、論理と理性の問題である。ニーチェの権力意志は、ショーペンハウアーの意志のように非理性的な盲目の意志ではない。ここで重要なのはすでに見たように人間の理性や論理は先験的に存在するものではなく、内部から湧き出でてきたものであり、権力意志の活動だという点である。したがってこの理性は、人の解釈した世界を支配することはできるが、権力意志自らを縛ることはできないという。

第二にあげているのは、権力意志とは全てを貫いて働いている統一の力だということである。この力は、絶えず行われている「刻々たる進化と創造との内に渦巻いている。自らのうちに『敵』を求め、そうしてその征服をやむなき欲求とする。すなわち分化と統一とは権力意志の中心事実である」。この考えには当時の生物学の影響が感じられるが、実際「第二章　認識としての権力意志」ではアメーバのような原形質の同化力を例に引きながら、人間の認識欲が説明されている。

権力意志の内容の特徴として和辻が第三にあげているのは、主観・客観の対立の否定である。現実の多種多様な活動は、人の知能によって初めて造られたのではなく、最も複雑な、しかも最も渾然とした根本の力の発現である。しかしその雑多と渾融とは、人間の知能によって解釈された雑多混融と同じものではない。ここには種々の力があって相戦い、たえず征服が行われると和辻はいう。つまりこれは、人間の知能が解釈する以前の客観的世界のことをいっているのである。「しかしそれは数的関係ではない。多くの中心がありその同化融合的関係があっても、その一と多とは一であると同時に多であり、多であると同時に一であって、部分と全体というごとき関係ではなく、渾融の内の対立である」。ここまでは人間と無関係な世界のことを述べているのだが、これに続いて和辻は、この状態は我々が純粋な生として生きる時に与えられるという。和辻によれば、そこには主観客観の区別はない。ただ流動する力、内より湧きでて創造に努力する力のみがある。しかもその力は常に闘い常に征服しようとする。流動する力は数えることはできないが、戦うためにはそこに対立がなければならない。それは主客の対立を超越した対立であり、「数的関係にあらざる雑多」である。これは現実の世界に存在する権力意志の状態を、純粋な生を生きる人間が直感的に感じ取り、同じような主客未分離、雑多混融の状態で創造に努めること、言い換えれば闘いと征服に努めることを意味している。このような和辻の解釈からみて、権力意志は人間の認識の問題から出発しそれを要としてはいるが、それだけではなく、宇宙全体に通ずる根源的な形而上学的原理として考えられていることが分かる。

### 「自己」の概念と権力意志

和辻はこの章の最後でニーチェの「自己」という概念を取りあげ、「ニイチェの謂う所の『自己』はすなわちこの権力意志である」という。つまり自己は人間の無意識の深層にあって意識を動かしている動力なのである。また権力意志という以上、それは宇宙の創造原理にも通じる。「自己」(独語の selbst、英語の self) がそうしたものであるのに対し、自我(独語の ich, 英語の I) は意識の表面にあるものにすぎない。自己はたしかにニーチェ思想のなかの重要な概念の一つである。とりわけニーチェの個人主義を問題としていたこの時代に、自己を、充実した生を生きる天才の「人格の頂点」と見なしたことは、これまでの利己的個人主義解釈を転換させるものであった。

これで和辻処女作の「第一章　権力意志」の概要を検討した。ここで明らかになったのは、著者が権力意志を問題にしているのはもっぱら認識の観点からだということである。認識の問題にこそ和辻の権力意志解釈の中心と独自性がある。そこで、この問題をさらに詳細に扱った第二章「認識としての権力意志」を次にみたい。

## 3　『ニイチェ研究』第二章——認識としての権力意志

### 研究の方法——科学の問題

第二章の最初に和辻は認識論の二つの方法、ロックから出て現在実験心理学で用いられている方法と、カントやその継承者が行っている認識能力の批判という方法について述べる。第一の方法は、それが客観的妥当性をもつかどうかが事前に検討されていない。第二の方法はこれをなし得るが、この方法だけでは切実な効用をもたない抽象に終わる。ニーチェは精密ではないが両者の融合を成し遂げたと和辻は主張する。

自己観察のさい驚くべく微妙なものをも感ずる能力のあったニーチェは、彼の芸術的直感を実証研究に注ぎ、人間の認識の目的を明らかにしようとした。和辻のこの説明は、第一章冒頭で述べられた生命そのものとして生き、鋭い直覚をもつニーチェを前提にしている。ついで第一章では和辻がベルグソンのカント批判にヒントを得て、ニーチェはカントと違って科学の束縛を斥けたとしたことに対応して、第二章でもまずニーチェの科学観を問題にする。

ここで和辻は、科学に対して非常に好意的なニーチェの考えを説明する。ニーチェは自然科学の権威を力説したが、科学の勝利は科学的方法によるものとし、自然科学の結論ではなく「ただその方法がすべての他の研究法の独断と凝固とを救う」という。「精神の尊重に反して肉体の尊重、超自然界の信仰に反して現実的事実の信仰、そこに不断の懐疑と開拓がある」。かくのごとき方法は「かつて神の敵・最高理想に対する謀反として取り扱われたが、ついにその勝利を占むるに至った」と和辻はいう。たしかにニーチェは『道徳の系譜』や『アンチクリスト』において、キリスト教からの迫害にあいつつも、なお事実を尊重し続けた科学者たちの誠実な態度をつねに高く評価している。またニーチェ自身最新科学をよく勉強し、彼の思想形成に役立てている。

この結果、和辻は「直覚と科学的方法の融合はニーチェにおいて実現」されたという。しかしそれは自然科学とは色彩の違うもので、「彼が『力』と呼ぶものは『内より動く力』であって機械論的のエネルギーではない。彼が『肉体』と呼ぶものはこの『力』の支配関係的集団であって意志なき元素の機械的結合ではない。霊は肉化せられ肉は霊化せられて、完全な霊肉一致が説かれる」とも表現する。和辻はここでもベルグソンの名をあげ、科学的方法を取り入れ科学を征服してさらに一歩内面生活を深めた点からいえば、ニーチェはベルグソンやメーテルランクの先駆者であるという。

最後に和辻は、ニーチェは科学の征服を真の哲学者の条件としているという。元来哲学者は権力意志の純粋な発動として、価値の創造に努めるべきものである。科学者は専門家としては優れているが、視野が狭い。真の哲学者は「科学者の近眼」を斥けて鋭い洞察の上に立つとともに、「科学者の長所たる現実への情熱」を溢れるほどもっていなければならない。和辻はこのような資質を併せもつニーチェを、「直覚と科学との融合」を成し遂げた真の哲学者として評価するのである。

### 意識

第一章では、ニーチェの重要な思想として無意識世界の発見と、そこで意識を動かす根本動力としての本能、権力意志について述べられていたが、第二章ではその思考過程が詳しく説明される。意識はこれまで哲学にとって最も確実な事実であり、すべての研究の出発点とされてきた。しかしデカルトの「我思う」にせよショーペンハウアーの「我欲す」にせよ、直接な事実とされた意識はまだ充分直接的ではなく、すでに表象された感覚、感情、意志などである。こうした表象をすべて意識から洗い去ったらそれはもはや意識ではないが、この無感覚無意識の状態は虚無ではなく、そこには最も潑剌とした生の力が活動している。

和辻は意識について次のように述べる。

ニーチェが意識と呼ぶ者は感覚から資料を与えられ思惟によって整理せられた者である。（中略）意識の内にある者はすべて整斉《ママ》せられ単化せられ、図式化せられた解釈である。内的知覚の真の過程は意識の面には現れて来ない。

これは要するに、後にみるように、ニーチェがフロイト以前に無意識の世界を発見したということである。フロイトは意識下、あるいは無意識の世界で人を動かしている根本動力をリビドー（性欲）と考えた。ニーチェはこの根本衝動を権力意志と考え、それを本能と呼んだ。その権力意志が意識下で行っている活動が、生のための解釈である。和辻はさらに次のようにいう。

> 意識は終局現象である。真に起こりつつ事件は記号として意識に現われるが、その時には事件はもう終わっている。（中略）／すべて人の活動には意識以上のものが根本動力となっている。ここに着目せずしてたとえば芸術の創作や恋愛などを根本的に理解することはできない。／ニイチェが本能と呼ぶものは、この意識以上の事実を指している。（中略）ニイチェのいう本能は、感覚や思惟のうちに動力として評価者としてひそみ、全然原子的に内容相互の連絡を欠いている意識に対して、方向と活力とを与えるものである。権力意志である。神秘な直接な内的事実である。

こうして和辻は本能を権力意志と同じものと見る。

ニーチェが攻撃した「意識」の誤謬とは、「意識」は「統一」、「実在」、「精神」、「霊魂」などと考えられ、有機体を統一する原理、「人の最高形式」と考えられたことだと和辻はいう。進歩とは「意識的になること」を意味し「無意識になること」は感覚欲念への堕落、つまり動物化と考えられ、精神化こそ究極の目的と考えられてきた。ニーチェによれば「これらの結論ほどはなはだしい迷蒙はない」。「意識は凝固の堆積であり虚偽の貯蔵である。人の身体に食い入っている誤謬である。精神、理性、思惟、霊魂、心理、意志などと呼ばれるものは、一として生の整斉のために造られた抽象的仮構でないものはない」。

ここで和辻が説明しているのは、ニーチェが抽象的仮構の世界と真の生命の世界を区別したことである。現実は我々においては暗く強い、しかも賢明な本能として働く。それは直覚的な、無形式的な、流動的な、表現できない神秘な力である。この生の現実に対応するものは「意識の世界」である。この解釈せられ、図式化せられた世界は、それにもかかわらず通例現実の世界と信じられている。しかしそれは現実の抽象的な一面ではあっても、そのまま現実として認めることはできない。主観と客観の対立は意識の世界の対立によって初めて現れる。一方、権力意志は流動的融合的なものであるとともに、自己の分裂と征服に努める。この分裂と融合は数量的な多と一とを意味するのではなく、一であると同時に他なのである。「意識」の項目では二つのことが明らかにされている。一つは人の根本生命が真の心的活動であり、また意識の動力創造者であること、第二は意識が連絡なく活力のないものだということである。

ここでフロイトとニーチェの関係を補足しておきたい。無意識の世界をニーチェが発見し、そこに意識を動かす根本衝動として権力意志の存在を考えたことは、ニーチェをフロイトの先駆者とする見方の根拠であり、多くの学者が二人の類似性を認めている。フロイトの場合は精神病科の臨床医として多くのヒステリー患者を診察するなかで、患者の意識を問題にするだけでは説明のつかない症例をみていくうちに、無意識の世界で意識を動かしている根本衝動に思い至った。つまり科学者としてこうした仮定を立てるデータがあった。しかしニーチェの場合には、このような科学的データはなく、徒手空拳でもっぱら自己の生の内部に沈潜し、和辻風にいえば生の充実、燃焼のうちに洞察に洞察を重ねた結果、閃光のひらめきにも似た直覚によってこの思想をつかんだのである。

フロイトはニーチェについて「彼の予見と洞察力は精神分析が骨を折って得た成果と驚くほどよく合致する人だ」と『自らを語る』のなかで述懐している。フロイト自身は自分の学説がニーチェの影響を受けたとはいっていないが、アルノルト・ツヴァイク宛の書簡（一九三四年五月十二日）には、ニーチェは「私の若い時代に、近づきがたいような気高さそのものを意味していた」と書かれているという。二十世紀を代表する世界的精神分析学者フロイトをこれほど驚嘆させたニーチェの権力意志の思想を和辻がいち早く取りあげ、その思想のもつ本質や意味を明らかにした着眼点と思考力、分析力はやはり特筆に値するであろう。

## 認識の成立

（その1　認識欲）

ニーチェは意識や感覚的事実よりも無意識の本能、つまり権力意志が確実であることを説いた。ニーチェの考えでは「真実を知ろうとする」認識欲は権力意志である。権力意志は創造的活動として現れ、さらに強く大きく形成するために「力の合体」を行う。「ある力の中心」は力を選択して自己に都合のよい者、すなわち快感を与える者を同化し、そうでないものを拒否する。この傾向が、人においては真実を知ろうとする認識欲として現れる。「アメエバは手のごときものを伸ばして他の物を取り入れ、それが適当でなければ吐き出し適当であれば同化する。ここに認識がある。単なる機械的習慣ではなく意志によって貫かれた記憶と判断とである」。「認識は同化征服の武器となって形成する力を鋭くする。認識なき者はこの武器を有する者のために征服せられる」。しかし認識は一種類の形式だけがあるのではなく、我々の認識対象である世界も、「人の認識」だけに通用するものである。

続いて和辻が取りあげるのは、認識における遠近法の思想である。生が創造のために認識欲を働かせる場合には、そこに「遠近法」が出てきて、創造の必要に応じて無視してよいものと取り入れたいものとを区別する。それは生を無限の分裂より救い、創造の活動を強烈にするためである。「それゆえ認識はある事実の全部を知ろうとするのではなく、同化と成長に必要なだけの最も簡単な一部を抽出してその事実を代表せしめる」。「感覚がはたらけば意識の内には心像がある。表象と言われるものすなわちこれである」。「この表象は意識の内に固執しようとする傾向をもち、感覚が消失したのちにも記憶として残る。すなわち同化した力を自らの内に保存しようとする傾向がここに現われる」。「心像に対しては常に『語』が適用される」。「新しき心像もこの『語』に結び付けられることによって最も容易に同化せられる」。ここで述べられているのは言語の発生の過程である。たとえば犬でも葉っぱでも、この世に同じ犬、同じ葉っぱは存在しない。しかしその差を無視して犬という言葉を適用すれば、非常に便利になるということを言っているのである。

こうして「この『語』から概念が出て来る」。これは近接したものの差異を無視して同一と感ずることが根本事実であり、これを信じることによって混沌を整理し、生に強い統一をもたらすことができる。「雑多の現象を一つの概念として把握し具体的な差異を看過すれば、そこに力の浪費を防ぎ進んで創造に努める道が開けてくる」。概念の発生について説明した和辻のこれらの文章も、語の場合と同じことを言っている。

このように認識欲が生から出て、認識機能が生存と成長との条件の上に発達したというニーチェの主張は、「精神生活は生存活動のためにあり、外界に適応して進歩する」とするジェームズとほぼ一致し、人は初め行為のために省察的になったというベルグソンとも結局一致する、と和辻はいう。「ことにベルグソンはその直覚的方法と科学的方法の融合においてかなり根本的にニイチェと似通っている」、しかしベルグソンは「精神と物質、純粋な時間と空間の対立を残すところはニイチェの徹底に及ばない」とも和辻はいう。

(その2　論理及び理性の起源)

「人の知能は厳密に人中心に考えられなければならない。それは吾人の有機的組織に独特なものである」、と述べる和辻は、論理もまた生のために造られた道具だという。論理は「同一にする」、「同一に見る」という根本傾向から生じた。「ある力を征服し自己の内に取り入れた時、それが生の統一をさらに強めるように活らけば快感が起こり、その統一を破るように活らけば不快感が起こる。このことの記憶が感覚においてすべての印象を快と不快との二つの列に並べようとする。それが快不快に従って同一に見ようとする傾向である」。「『同一の場合や同一の物などがある』という信念は同化の活動を促進する」。判断の根拠はすでにここにある。「論理は真実を知ろうとする意志より出たものではなく、この『同一にしよう』とする傾向から出たのである。同一律は論理の根柢となり、同一の場合の上に世界を築き上げた。不変者・形式・法則・観念・概念などによって流動の世界を凝固せしめ、同化と創造との活動を容易ならしめた」。

これは、先に「語」から「概念」が生じたことを説明した同一率の発想と同じである。この結果、思惟の法則はすべて同一律の開展だということになる。同化傾向はできる限り現実の雑多を抽象概括する。こうした抽象概括には力の経済にとっては大きな効果がある。この力の欲望が、判断の図式をつくり、「物の名」をつくり、「概念」をつくり、範疇をも確立し、法則をつくった。ところが長い経験と試みによってこの法則が現実を整理するのに便利であり、力の経済であることが分かると、人はこの法則の抽象概括的起源を忘れ、「命令的な力」と「普遍的な真理としての信仰」をそこに塗りつける。「論理によって造り上げられた世界は論理によって隈なく説くことができる。しかし論理そのものの根柢は論理によって説き難い。これはただ生より説かるべきである」と和辻はいう。これは論理、理性のできる範囲とその限界を示している。

（その3　主観と客観及び自我と自己）

「ニイチェは実証論が現実を通じてただ事実のみありというのを攻撃し、事実はなし、ただ解釈のみありと主張した。しかし、知られた現象がすべて解釈に過ぎぬとは言っても、それは現象が単に主観的だという意味ではない」と和辻は述べる。「主観という以上はこれに対立する客観がある。そしてその間に融合的関係はない。しかるに力の中心と言わるるものは一方より見れば雑多なる対立であるが他方より見ればば宇宙の本質としての渾融状態である。厳密な統一はあるけれども、不変ではなくして不断の流動であり創造である。力の抗争と征服との関係は、主観客観の対立に当てはめて考える事はできない」とする。

ここで権力意志の活動である「力の中心」は、他方からみれば宇宙の本質である渾融状態だと述べるが、それは権力意志の活動状態として説明されてきた主客未分化の渾融状態が宇宙の本質であると言っているに等しい。つまり権力意志は宇宙を支配する根本原理でもある。宇宙の本質という言葉を使う以上、和辻は何らかの形で宇宙の存在を認めていることになる。とはいえカント的な意味で宇宙を認識できるといっているのではなく、宇宙においても権力意志が働いているという意味なのだが、それでもこのことは重要である。ここからすべてに通じる根本原理としての権力意志を考えることにより、ニーチェは世界の形而上学的説明を企てることができたと和辻は考えたのであろう。要するに、権力意志は単なる人間の認識論の問題であるばかりでない。権力意志は形而上学的世界の構築原理なのである。和辻がこの研究の「新価値樹立の原理」で権力意志を中心にすえ、「認識としての権力意志」につづき「自然としての権力意志」、「人格としての権力意志」、「芸術としての権力意志」という壮大な形而上学体系を提示し得ると考えたのは、生の哲学の立場から認識の問題を徹底的に吟味した結果であろう。認識としての権力意志こそ、この壮大な形而上学体系の重大な基礎、かなめとなるものである。

主観と客観に関してもうひとつ和辻が取りあげているのは、ニーチェが自我を否定したことである。これまで「我」は思惟者として思惟に欠くことのできないものとされてきた。しかし我々が思惟するときには常に「我」は消えている。「我」が意識の内に現れた時には、我々はすでに「我」について思惟している。「いかなる場合にも『思惟するときには思惟者が必ず伴う』ということを直接に経験することはできない。「直接の経験としては『力の感じ』があるだけで、この感じの主体としての『我』は存在しない」。こうしたニーチェの考えはジェームズが主体、あるいは主語としての「我」をもって経過的意識状態とし、『我れ思う』を排して『思想が進行す』を主張したのと同様の傾向」だと和辻はいう。

ニーチェのいう現実は常に推移する力感、生命感である。ある「力の中心」が強烈な現実感を種々な瞬間に経験すれば、そこに「同一」が信仰される。この身体における同一の信仰が最初の「我」である。しかし、この「我」はただちに身体を離れて実体となる。「なぜならあらゆる深い活動が身体の内にあるにもかかわらず、身体は単に外形的な表象に過ぎぬと解せられるからである。それゆえに『我』はあらゆる感動の主体として霊魂、現実、本体、真実などだとせられてしまう」。このように実体の概念は「我」の信仰から生まれた。だがこの関係はしばしば逆転され、実体の概念によって「我」が確保されるという状態になっている。これは「同一」の信仰によって主観が成立するとともに、これに対立する客観が主観を圧倒したからである。ここで和辻は身体から「我」の信仰を導き出すニーチェが、「力の中心」を身体とひとつのものと考えていることを指摘し、これは主客未分離の直接の生としての身体だという。そして身体から「我」を導き出す傾向を、和辻はベルグソンにもショーペンハウアーにもジェームズにも認めている。「我」の否定にたいしニーチェが肯定した「自己」の概念を和辻はここで取りあげる。「ニーチェは主観を仮構だとするが、個体としての権力意志を斥けるのではない」という和辻は、「不変なる者」としての「我」が否定されても「流動の内の統一力」としての「自己」は認める。「自己」は認識される者ではなく、認識する者であるという。また「自己」が征服同化に努めていることをあげ、「心霊・精神・主体我・人格等は『自己』の意味においてのみ容認されるべく、『主観』の意味においては単なる仮構として拒否されるべき者なのである」と述べている。自己とはまさに権力意志そのものなのである。

**認識の形式**

これまで筆者は、『ニイチエ研究』「第一章　権力意志」の内容をより詳細に説明する形で展開されてきた「第二章　認識としての権力意志」を取りあげてきた。そうした対応関係は第三節で終わっているが、第四節、五節の内容も権力意志の思想と関係があるので、その内容にも触れておきたい。

「第四節　認識の形式」で取りあげられている第一のテーマは、カントが直感の形式とした「時間と空間」である。和辻は真実の「自己」を発見した者は「時間の真相と会することができる。それは、権力意志なのである」と述べ、ニーチェの「永久回帰説」にも触れながら、「この瞬間」の権力意志のうちに過去に起こった活動も未来に起こる活動も含まれているという。これに対し空間についてニーチェは、空間はそこにあった物質を取り除いたときに残る空所を指しており、時間と異なってその真の姿をもたないという。要するに和辻はニーチェにおいては「時間も空間も共に後天的であり主観的であるが、時間がその純粋な姿においては活動そのものとして神秘な根柢を持つに反し、空間は単に仮構であって、何らの客観的根柢をも持っていない」と結論する。和辻はニーチェの空間否定に関し、ベルグソンは一種の精神力によって直覚できるものとして空間の客観的存在を許している点で、ニーチェより一歩先んじているとしている。

「認識の形式」の第二のテーマ「因果の関係」については、カントが思惟形式としてあげた十二の範疇の内、ショーペンハウアーが唯一認めた「因果の関係」もニーチェは仮構として斥け、因果の概念から生じた四つの誤謬をあげていることを和辻は紹介する。とりわけその誤謬のひとつとされる自由意志については「ニーチェの自由は必然と目的に縛られない権力意志を意味する。人は自由意志によって動くものではないが、しかし権力意志としては自由である」と述べている。

## 真理の概念

「第五節　真理の概念」の最初のテーマ「真実と虚偽」において、和辻は冒頭からニーチェがカントの真理観を猛烈に批判したことをあげる。和辻によればニーチェは理性の起源を生物学的に「同化」の活動から説いたのと同じく、理性的判断もこの同化の活動から説き、カントの先天的総合判断についてもそれは信念であって真理ではないと主張する。和辻は「真理は生のために有用な観念である」と主張するプラグマティズムの真理観がニーチェの考えにほぼ一致するという。ニイチェの認識論をプラグマティズムとみる見解は、当時の日本では田中王堂の『書斎より街頭に』（明治四十四年）や、中沢臨川・生田長江の『近代思想十六講』（大正四年）においても主張されている。ただし和辻は、「ニイチェが新実証論やプラグマチズムと一致するのは、ただその一部においてである。すなわち真理が実利を前提とするという点」だけであって、実利がまた権力意志という絶対の真理を前提とするという。ここから和辻は、「ニイチェは経験的要素にのみ根拠を置く傾向より一歩を進めて、経験的要素と超越的要素との微妙な調和に成功している」と評価するのである。

ついで「真理の概念」の第二のテーマ「本体と現象」については、その冒頭で「ニイチェは大いなる憎悪をもって本体と現象との峻別を迎えた」と和辻はいう。そして本体と現象についてさまざまな考察を行ったのち、ニーチェの考えによれば「要するに、不変永恒の実在を信ずる人は創造することのできない貧弱な『生に疲れた人』である」と結論し、「本体界もしくは他界の信念は、哲学者において論理と理性に相応する理想界となり、宗教家において神の世界・反自然の世界となり、道徳家において自由意志の世界、最高善・正義の世界となった。これらの世界を造ったのは『生の本能』ではなくて、『生の疲れの本能』であるゆえに、哲学も道徳も宗教もこれらの世界に係わっている以上はデカダンの徴候として取り扱われなければならぬ」と説く。

これに反して、現実をあくまで尊重するのはニーチェの著しい特徴であると和辻はいう。ニーチェは「現実の外に純粋な世界を許さない」。「ここにニイチェがオイケンやベルグソンと異なり、二元論を根本において排斥した結果が現れて来る」という。二元論をとるベルグソンやオイケンにはまだ「争闘の最後における平和が暗示せられている」。しかし現実の世界のほかに何物もないニーチェにおいては「悲劇的気分が本質的」とされる。だが和辻が注意を喚起しているのは「ここに言う現実は科学的客観主義の上に立った現実ではなく、吾人の認識する世界によって暗示せられた現実である。権力意志としての現実である」として権力意志を強調していることである。こうして和辻は「ニイチェは彼一流の象徴主義によって、主観主義と客観主義とを調和し、経験的要素と超越的要素とを融合した」と主張するのである。

以上第四節、第五節の内容を概観したが、ここで共通しているのはカントの超越的認識論を出発点としていることである。「認識の形式」、「真理観」の両面にわたって、カントのそれが単なる主観であり客観的根拠をもたないものとしてニーチェが痛烈に批判していることをまず述べる。その際ニーチェと同じく生の哲学者と見なされている人々との比較考察が行われているのが一つの特徴であろう。「第四節　認識の形式」の「時間空間論」ではカント、ニーチェ、ベルグソンが、「因果の関係」ではカント、ショーペンハウアー、ニーチェが、「第五節　真理の概念」の「真実と虚偽」ではカント、プラグマチスト、ニーチェが、「本体と現象」ではカント的な超越的観念論者とニーチェ、ベルグソン、オイケンが比較されている。しかしいずれの項目においても最後には主観と客観を融合した「権力意志」が持ち出される。そして最終的には、権力意志ゆえにニーチェ哲学は主観主義と客観主義、経験的要素とカント的な超越的要素を融合したものだと和辻は解釈するのである。

## 4　結論

### 認識としての権力意志

和辻の『ニイチエ研究』は当時ほとんどまだ扱われていなかった権力意志をテーマに、ニーチェ哲学の全貌を明らかにしようとした意欲的な労作である。とりわけ冒頭の「新価値樹立の原理」の第一章、第二章で扱われる認識としての権力意志の解釈は、ニーチェの直感と洞察の鋭さを生の哲学の立場から説明したもので、和辻の権力意志理解の要をなすものといえる。和辻のいう天才的直感によりニーチェが捉えた権力意志とは、意識下の世界で意識を動かしている根本動力としての本能であったことが明らかにされる。今まで人間にとって最も確実と思われてきた「意識」はむしろ最終現象であって、意識はそれ以前に権力意志が生のために整理し、解釈したものに過ぎない。ここから「我思う」という思惟の主体と考えられてきた我、「自我」は否定される一方、意識下の世界の権力意志と同じものとされる本能、「自己」が、絶え間ない生の創造の源として尊重される。従来の解釈で動物的本能主張や利己的個人主義主張の根拠と見なされて物議を醸してきたニーチェの本能の概念が、このような認識論的根拠をもつ思想であることを和辻は構造的に説き明かした。人々がこれに驚異の眼を見張り、この書物を画期的と評したのも無理はない。これは従来のニーチェ像を完全にくつがえす視点であり解釈だったからである。ほとんどニーチェの全主要著作に及ぶ資料の中から必要な言説を選んで論理を構築する和辻の明晰な思考力は、やはり抜群である。

この研究は、当時注目を浴びていた「生の哲学」の流行という時代背景から、ベルグソンやW・ジェームズ、それに当時日本で脚光を浴びていた西田幾多郎の影響も感じられる。

これに較べれば、後年和辻と同じ形而上学的視点から権力意志を扱ったアルフレート・ボイムラーの著作などはきわめて時局に偏したものである。彼はニーチェの思想を、ニーチェが唾棄した「国家主義者の再生」、「ビスマルクの系譜に連なるもの」と見なしている。一九三一年(昭和六年)、和辻より二十年近くも遅れて彼が『ニーチェ――哲学者にして政治家』を書いたのは、ヒトラーが政権を取る二年前のことだった。彼はナチス御用学者の中心的人物の一人として活躍し、あの悪評高いベルリンの焚書事件でも大きな役割を果たしたといわれる。もっとも、ボイムラーはニーチェ学者としては著名で、クレーナー版のニーチェ全集や遺稿集『生成の無垢』の編者でもある。日本でも芳賀壇のように、『権力意志』の中のニーチェの言葉を引きながらナチス思想を喧伝した人もいた。ボイムラーの著作も昭和十九年には翻訳されている。しかし彼らが日本であまり勢力をもたなかったのは、和辻のような学問的水準の高い権力意志論がすでに影響力をもっていたからであろう。

先述したように、和辻は日本の問題ではないとしてニヒリズムにあまり関心を示さなかった。このため首をかしげるような解釈もある。「認識としての権力意志」の結論で、「認識は人の解釈である」、「認識はただ生のために最も動的に世界を整斉していれば好い」とニーチェの認識論を総括する和辻は、ニーチェが最も怖れたのは知識の凝固だといい、その例として嘔吐、嘔吐、嘔吐と叫ぶニーチェの嫌悪感も、真に生きる者の「知識の凝固に対する嫌悪」だという。しかしこれは、ツァラトゥストラが「永遠回帰」の思想を呼び出す場面において発する嫌悪の叫びである。卑小な人間存在への嫌悪感や、ニヒリズムの思想、永遠回帰の思想を前提にしなければこの嫌悪の叫びは解けない。

とはいえ和辻の研究のうち最も斬新で、ニーチェ解釈の上で重要なのは、従来の本能主義や主我主義的解釈の誤謬を明快な論理で鮮やかに論破した、「認識としての権力意志」の解釈だということに変わりはない。

### 理想主義的・人格主義的ニーチェ像

和辻のニーチェ解釈は理想主義的解釈と言われる。これは「第一章　権力意志」で和辻が生の哲学の立脚地から、ニーチェの鋭い直覚・洞察を生み出した生の燃焼に高い人格的評価を与えていたことからもうかがえるし、また「第二章　認識としての権力意志」の解釈で、従来の自我を否定し、和辻が人格の頂点と見なす自己を称讃したことからも見てとれる。しかし、和辻自身が人格主義的ニーチェ論をまとめて展開している「第四章　人格としての権力意志」は、これまで触れる機会がなかったので、ここでいくらか見ておきたい。

第四章のタイトルは、妹たち編集の『権力意志』の第三書3の標題、「社会および個人としての権力意志」に対応しているが、和辻がこれを「人格としての権力意志」に変えたのは、彼が人格的観点から個人としての権力意志を重視したことを表している。人はその本質において人格的存在である。ニーチェは人格の強弱を内面的な質にみた。そこで人の階級も人格的に存在することになる。「ダ・ヴィンチやミケランジェロやラファエルなどが、最も平凡な市井の俗人と同一の価値を有するとはどうして考えられよう」と言う。ニーチェの説く階級は生まれに関わりなく、内面的な生のみが問題なのである。

和辻は、ゲオルク・ジンメルがニーチェの階級の力説を心理学的な差異への欲求にみていることに猛烈に反撥している。また「貴族的」と「平民的」との対照としてジンメルがニーチェとメーテルランクとを対立させていることにも反撥し、むしろ両者の同質性を挙げている。

ニーチェは人格的の尊貴と強烈を力説するが、これは少しも珍しいことではない。強い個性を有する人は、あらゆる卑劣と怯儒と浮誇と虚栄とを斥け、赤裸々な、純粋な人として生きる。強健な人の間では常にかくのごとき人が尊貴とせられた。精神的に高貴であるということも、実は人の知能によって計ることの出来ない人格の深みにおいての強烈を意味している。（中略）とにかく彼は外面的の階級の代わりに内面的の階級を説いているのである。

しかし和辻はこのあと、突然「この点においてはジンメルの意見がはなはだ正当であるように思われる」と書いている。これが何を意味するか、明瞭な説明がないのではっきりはわからない。

だがジンメルの著作『ショーペンハウアーとニーチェ』（Schopenhauer und Nietzsche, 1907）の第八講で著者は、マックス・シュティルナーを単なる主観的な我の主張者とし、彼とニーチェを峻別してニーチェの説く高貴性の徳を高く評価している。ジンメルの考えでは高貴な人格は客観性を重んずるが、客観性とは気高さを意味する。敵対者に対しても客観的な公正な態度をとり、自分に対しても厳しく、自己の生存の価値を外的地位といった偶然性に求めない。ここから高貴な人間の「品位」が生じる。彼を成り上がりや利己的な享楽主義者と区別するのは、自己の人格の質を通じて、自分がそのことに相応しいと信じ、かつまたそれに応じた振る舞いをすることだと述べている。和辻はこうしたジンメルの考えを取り入れ、「ニーチェの人格主義は主我主義でもなくまた快楽主義でもない」と結論したのかもしれない。彼の「人格としての権力意志」はこの言葉で終わっている。

ジンメルの高貴な人格の解釈は、武士道道徳を知る日本人和辻には共感しやすい素地があっただろう。この著作を執筆していた頃の相談相手阿部次郎が、和辻よりはるかに深い影響をジンメルから受けていたことも大きかったかもしれない。それにオイケンの新理想主義を説く安倍能成を加え、この三人が漱石の公正厳格な人格や求道精神に傾倒したのは、彼ら自身がそれぞれの研究を通じてその身に培った人格主義的思想をもっていたからであろう。

和辻の『ニイチエ研究』は、戦時中の昭和十七年にも改訂第三版が出版され、戦後の昭和二十三年にも同じ版が出版されて息の長いロングセラーとなった。これは日本で最もよく売れ、最も影響力の強かったニーチェ解釈の一つといえる。このため、彼の描いた理想主義的・精神貴族的ニーチェ像は、旧制高校生はじめ知識階級の精神貴族的な生き方の原型となったとも考えられる。

# 第四節　阿部次郎の『ニイチエのツァラツストラ　解釈並びに批評』

## 1　執筆動機

阿部次郎は、「一、序論」の冒頭から彼自身はニーチェ通ではないことを認め、詳しく読んだのは『ツァラトゥストラ』一作だけだが、あえてこのような著作を書こうとしたのはあまりにひどいニーチェへの誤解を解きたいからだ、と断っている。最近瞥見したポール・ケーラスの著書（Paul Carus ; Nietzsche and other Exponents of Indeviduallism, 1914）のニーチェ解釈の粗雑さ、無理解に驚きあきれ、「自分と雖も、この類の人達よりは遙かに徹底せる解釈を下し得ることを確信する」とも述べている（註8）。ニーチェ移入の最初期、長谷川天渓が『早稲田学報』で「非人類的怪想」などという言葉を使って「本能主義者」、「利己主義者」と批判的なニーチェ紹介を行ったが、天渓の紹介ソースの一つがこのポール・ケーラスの論文だったことは、すでに本書の第一章で紹介した。

阿部は「今時の大戦が始まってから、目前の大事に心奪われて哲学者の冷静を失った英仏諸国の批評家達は、ニーチェに対する誤解の上に誤解を積み重ねて、トライチュケ等と並べて、普露西亜軍国主義の責任をさえ彼に負わせんとする勢いであるらしい」と書き、ニーチェに負うところの多かった自分たちは今や「哲学者の冷静を以て此の種の問題に対しても自己の立場を定めて置かなければならない」という。第一次世界大戦終了の翌大正八年（一九一九年）に刊行された『ニイチエのツァラツストラ　解釈並びに批評』（以下『ニイチエのツァラツストラ』と略記）は二年前に東京帝国大学基督教青年会で行った講演を基礎としているので、時局にも触れている。当時の日本が英仏側に立ち、ドイツは敵国側だったことを思えば、彼の態度には勇気がある。もっとも阿部以前に漱石がこれに似た意見を公表し、先例を示している。

漱石は大正五年元旦から一月二十一日まで朝日新聞「点頭録」で、まさに「軍国主義」と「トライチケ」という二つの表題をもつ文章を書いている。この二つの論考にはともにニーチェに関する叙述がある。ここでは「トライチケ」という表題の文章をみてみよう。

欧州戦争が起つてから、独乙の学者思想家の言論を実際的に解釈するものが続々出て来た。最初英吉利の雑誌にはニーチエといふ名前が頻りに見えた。ニーチエは今度の事件が起る十年も前、既に英語に翻訳されている。英吉利の思想界にあつて別に新らしい名前でもない。然し彼等は其名前に特別な新らしい意味を着けた。さうして彼の思想を此大戦争の影響者である如くに言ひ出した。是は誰の眼にも映る程繰り返された。基督の道徳は奴隷の道徳であると罵つたのは正にニーチエであると同時に、ビスマークを憎みトライチケを侮つたのもニーチエであるとすると、彼が斯ういふ解釈を受けて満足するかどうかは疑問である。

つづいて漱石はニーチェが侮ったというトライチュケについて説明し、統一以前のドイツの状況に強い不満を抱いていたこの有名なドイツの歴史学者が、若いときから強硬なプロイセン中心の統一主義者、軍国主義者であったことを詳しく説明している。ここで漱石がいいたいのは、ニーチェがキリスト教道徳を奴隷道徳として罵倒したのは事実だが、同時にニーチェは普仏戦争（独仏戦争）の勝利者にしてドイツ帝国の宰相となった軍国主義者ビスマルクを憎み、熱狂的な軍国主義者トライチュケを侮った人物である、したがって英国批評家による軍国主義的ニーチェ解釈には説得力がないということであろう。

「軍国主義」の項でも同じ趣旨のことが述べられているが、漱石はこの論考で戦争自体愚劣なものだと書き、彼の平和志向を明らかにしている。これを書いた大正五年の暮れに漱石は永眠した。阿部次郎が

『ニイチエのツァラツストラ』の基礎となる講演を行ったのはその翌年、大正六年である。時期的にも内容的にも、阿部次郎は漱石の伝える英国の反ニーチェ論調に刺激されて、ツァラトゥストラ解釈の書物を書こうとしたと推測される。その際、日本の同盟国、英国の論調を批判する漱石の反骨精神、時局におもねらない態度は、彼に勇気を与えるものだったであろう。

## 2　阿部の著作全体の概観

阿部の著作は十章からなるが、その目次は次の通りである。

一、序論
二、ツァラツストラの成立
三、ツァラツストラの解剖（上）
四、ツァラツストラの解剖（下）
五、ツァラツストラにおける外見的矛盾
六、ツァラツストラの個人主義
七、ツァラツストラの超人（上）
八、ツァラツストラの超人（中）
九、ツァラツストラの超人（下）
十、ツァラツストラの永劫回帰

執筆動機を語った「一、序論」の内容はすでにみた。「二、ツァラツストラの成立」では、この作品が生まれた時の状況や、ニーチェ哲学において占める位置を説明している。「三」も「四」も作品の構成や梗概を中心に、『ツァラトゥストラ』の内容を概略的に説明している点は同じだが、「三」はこの作品の前半第一部、第二部を扱い、「四」は後半第三部と第四部を扱っている。ここまでは作品全体の予備的知識として伝記上の事実や作品の構成、梗概などの客観的事実の祖述が多い。したがって「三」「四」については阿部自身の解釈や視点と関係のある部分だけを取りあげたい。

「五」、「六」は阿部独自の問題意識にもとづく事柄を考察している。「五、ツァラツストラにおける外見的矛盾」は彼の研究の方法論の説明ともいえる。一見矛盾しているとみえるニーチェの言説を比較考察し、どのような形でその統一点を見出していくか、実例に則してその方法を論じている。「六」の個人主義の問題は、日本でも西欧諸国でもニーチェ解釈や論争の焦点となったテーマである。

「七」から「十」までは『ツァラトゥストラ』で扱われた二つの重要なテーマ、超人と永遠回帰を対象としている。この部分がやはり阿部の『ニイチエのツァラツストラ』解釈の最も重要なところであろう。超人思想はニーチェ独自のまったく新しい思想である上、「超人」という言葉自体が象徴的表現で、斬新であるが分かりにくい。この時代にはニーチェ哲学は超人哲学と呼ばれるほど超人はニーチェ哲学の中心概念と見なされていた。そこで阿部も「七」、「八」、「九」の三章にわたって考察したのだろう。一方、この頃はまだ荒唐無稽な思想として顧みない人も少なくなかった「永遠回帰」の思想についても、阿部はこれをニーチェの主要概念と認めて「十」の一章を設けている。このように阿部の著作は問題点がよく整理されているので、筆者もこの構成に従って彼のツァラトゥストラ論を考察したい。

## 3　『ツァラトゥストラ』の成立事情と作品の特徴

阿部次郎は「二、ツァラツストラの成立」において、この作品はニーチェがその前半生で得た思想の芸術的総計だとし、芸術家ニーチェの頂点だという。そして「従来の彼の認識は、悉くここに集成せられたるのみならず、それは新たにして纏まりある聯絡を得ることによつて一層の深さを加へ、その驚嘆すべき表現法は一々の句に一種独特の美的深さを与へた」と述べる。さらに「ニイチェの如何なる著作も『ツァラッストラ』ほど強い人格的必然性をもっているものはない――それは猶ベナレスにおける仏陀の説教、若しくは基督の山上の垂訓の如く、ニイチエの生涯の事業にとって欠く可からざるものなのである」というR・M・マイヤーの『ニーチェ』(一九一三年)(註9)の中の文章を引用して、この作品を大宗教の開祖のもっとも重要な説教に比している。

このように芸術作品としても、思想内容からみても、第一級の作品として阿部が絶讃する作品はどのようにして生まれたか。それを明らかにするため伝記的事実が説明されていく。崇拝するヴァーグナーとの素晴らしい友情にみちた交際とその別離、若い頃の親友たちとの別離、最後には自分の思想の後継者として期待した若き女性の弟子ルー・サロメとの別離、この間に彼を襲った神秘的な永遠回帰の思想の体験も語られるが、しだいに孤独を深めていく『ツァラトゥストラ』執筆以前のニーチェの姿がここには描かれる。しかしニーチェは、彼の事業を「人類の未来」において完成しようとする改革者である。彼は彼以上のもの、「超人の国」を熱望したが、この書がまたもや世に容れられなかったとき、彼の自己礼拝の痙攣が始まったと阿部は書く。

引きつづき『この人を見よ』の記述に従って、今では伝説と化している『ツァラトゥストラ』執筆時の状況や、インスピレイションによって第三部までが各部十日で仕上げられたことなどが語られる。彼が無比の霊感と緊張によって書いたこの作品にも読書界の反応はなく、孤独はいまや「七重の皮を重ねて、最早何物もこれを貫くことが出来なかつた」。その上、体調が極度に悪化してくる。しかし「天才という暴君」はこれまでにもまして急速度で彼を駆り、『善悪の彼岸』、『道徳の系譜』、『権力意志』の未定稿などの労作を書かせた。不断の緊張と仕事とますます鬱屈していく孤独がニーチェを狂気に導いていったのは当然だ、ニーチェの生涯はその意味において「悲劇的」であり、彼は「創造しつつ痛ましく勇ましく没落して」いったという文章でこの章は終わる。

ここに描かれた『ツァラトゥストラ』を中心とするニーチェ像は、かなりパセティックな印象を与える。しかし十九世紀末に始まるヨーロッパの若者たちのニーチェ熱は『ツァラトゥストラ』と『悲劇の誕生』を中心としたもので、超人のために没落する「悲劇の英雄」というニーチェ像はかなり一般的なものであった。ニーチェは異常なほど神格化され、「勝利と英雄の碑」というニーチェ記念碑の設立構想が生まれたほどである。知識人、芸術家、学者、政治家、財界人ら五十人から成る記念碑設立委員会のメンバーには、ドイツ人ばかりでなくフランスの作家ジュール・ド・ゴーチェやアンドレ・ジード、ノルウェーの画家ムンクなども名を連ねている。ただしこの計画は、記念碑の建築様式に対する意見の相違や大戦勃発という事情もあって、結局実現しなかった。

しかしドイツを中心とするヨーロッパの支配的ニーチェ像と英国のそれは、戦争直前という同じ時期にもかかわらず、百八十度異なっていたことがこの計画からも分かる。阿部次郎の「ツァラツストラの成立」に見られるニーチェ像は、当時のこうしたドイツを中心とするニーチェ解釈の圏内から産まれたものと考えられる。阿部次郎は「凡例」で、解釈については「リヒヤルト・マイヤーの博識」と「ゲオルク・ジンメルの鋭利《シャルフジン》」に負い、マイヤーがツァラトゥストラを釈迦や基督にも比すべきものとして神格化していることを紹介している。「ツァラツストラの成立」の章末でニーチェの生涯を「悲劇的」と呼び、彼は「創造しつつ痛ましく勇ましく没落して」いったと結論した阿部のニーチェ像は、まさにこの時代の支配的ニーチェ像と同じである。

「三、ツァラツストラの解剖（上）」、「四、ツァラツストラの解剖（下）」はともにこの作品の内容の特徴を解説したものである。「三」の冒頭で阿部は、この書の主人公がニーチェではなくツァラトゥストラであることを強調する。ニーチェはこの作品とその主人公を創造し、これらを通じて自己を表現しようとした芸術家なのである。この作品は「ツァラツストラという人格の運命を描ける叙事詩」なのであり、芸術家ニーチェは細心の注意をもって伏線を設け、主人公の思想と運命を展開している、というのである。

「彼の世界は永劫回帰〔「永遠回帰」の阿部の訳語〕の深淵の上を、超人欣求の嵐が憧れつつ狂いつつ疾駆し行く世界である」、「彼は永劫回帰の形而上学の上に――この悲痛にして寂静なる肯定の歓喜の上に――超人の理想を実現せんとする予言者的哲学者である」と阿部はツァラトゥストラについて説明する。またその運命は「人間に対する抑え難き愛の故に山上の幸福を捨てて自己の没落に急ぎ行く予言者の運命」であり、さらに「彼の自己犠牲は彼の征服であり、彼の没落は彼の勝利なるが故に、これは又彼の使命の勝利」だと解説する。そしてこの作品は一個の予言者が「創造しつつ没落して行く」運命の歴史だと結論する。この解釈は「二、ツァラツストラの成立」の結論と全く同じである。ここから「三」、「四」の作品解剖もまたマイヤーの影響下に書かれたと推測できる。この阿部の見解は、あのニーチェ記念碑を「勝利と英雄の記念碑」と命名しようとしたニーチェ崇拝者たちのツァラトゥストラ像につながる。

この作品がツァラトゥストラという予言者の没落していく運命の歴史なら、その運命の展開、つまりその言行録を知らなければならない。「三」、「四」ではこの作品の梗概が要領よくまとめられてはいるが、かなりの分量である上、まさに客観的事実の祖述なので、ここでは割愛したい。

## 4 『ツァラトゥストラ』における「外見的矛盾」(第五章)

誤解の是正を執筆動機とした著者は、その原因を一見内容的に矛盾してみえるこの作品の表現にあると考え、一つの問題に対する相反する言説を集めていわば弁証法的に総合的見解を得ようとする。そこで著者は、「血、民衆、戦ひ、自由」という四つの項目を取りあげる。最初の「血」は、血の比喩の事例を集めたレトリックの問題で、文脈をたどれば分かるような簡単な内容なので、ここでは取りあげない。

次の「民衆」については、ニーチェの民衆蔑視は周知の事実として阿部もこれを否定しない。「市場の蠅」の章の「民衆は偉大なる者を——換言すれば創造者を理解することが少ない」という言葉などを挙げて阿部もこれを認める。しかし彼は、ニーチェが単なる貴族主義者ではなく、民衆を愛した者だと主張する。その第一の論拠は、第一部の「新しき偶像について」の章で示されるニーチェの近代国家に対する憎悪である。近代国家は自然の境界を乱し、一切を自分に奉仕させようとする「あらゆる冷血なる怪物の中最も冷血なるもの」である。「彼における一切のものは虚偽である」、「彼の内臓そのものさへ虚偽である」。こうした近代国家への憎悪に反し、同じ章の中の民族への愛を示す言葉を阿部は引用する。「民族を創造してその上に一つの信と一つの愛とを掲げたる者は創造者である」、「あらゆる民族は善悪に関する彼の言語を持つ。隣邦はこれを理解するところがない」。

さらに「一千の民族ありしが故に、従来一千の標的があつた」、「然しまだ一つの標的が欠けて」おり、「まだ人類は何の標的をも持つてゐない。故に我等はこの一つの標的を創造しなければならない」という「千と一つの標識について」の章句を第二の論拠とする。つづいて「贈るの徳」の章から「汝等今日の孤独なる者よ、(中略)汝等は他日民衆とならなければならない。自らを選びたる汝等から、選ばれたる民は——その民の中から超人は起こらなければならない」という文言を重ね合わせる。こうして阿部はツァラトゥストラの民衆軽蔑は、民族から出て新しい民衆にいたるまでの通路、新しい民を呼び醒ますための「鉄槌」にすぎないと解説し、民衆軽蔑の根底には偉大なる者「超人」への愛があると結論している。

この民衆解釈は、阿部がここで取りあげた項目のうちもっとも説得力のある新しい解釈である。彼が強調する近代国家へのニーチェの憎悪や、人類が一つの目標をもつべきだという主張は、現在でも大きな意味をもつニーチェ解釈と思われる。ベルリンの壁崩壊後に統一国家となり、EU圏の一員ともなったドイツでは、「よきヨーロッパ人ニーチェ」というイメージを伝える多くの書物が店頭を飾った。その根拠も近代国家に対するニーチェの徹底的憎悪や、人類は今やひとつの目的をもつべきだという思想である。その意味で阿部の紹介は早々とニーチェの新しい一面を示したものといえる。

第三に取りあげる「戦ひ」の問題は、阿部執筆の動機となった英国の軍国主義的ニーチェ解釈の誤解を解こうとする試みになってくる。彼はまず、近代的国家を憎み民族を揚げるニーチェに、プロシャ軍国主義の責任を負わせ得ないことは半ば以上明白だという。武器により殺戮戦争をしている点は英仏米みな同じだ、ドイツへの非難は民族の権利を守るからでもない、アメリカのウィルソンは世界における民族主義のために戦うと宣言して、すべての連合国から称讃を受けている、と非難する。もちろんこれは、ニーチェの著作に基づく発言ではなく、当時の現実政治の話である。調子もかなりファナティックになり、哲学者の冷静はどこへいったのかという印象もうける。結局阿部は、連合国のドイツ非難の理由はドイツが侵略的な帝国主義戦争を起こしたからだとし、ここでも、最初から侵略的帝国主義の圏外に立っているニーチェをプロシャ軍国主義の責任者とすることは到底不可能だと主張する。

もう一つ阿部が挙げる根拠は、『ツァラトゥストラ』第一部、「戦争と戦士」の章の戦争観である。彼が最初に強調するのは、ニーチェがまず是認するのは思想上の戦いであって、殺戮戦争ではないことである。これはまさにそのとおりである。つづいて阿部は、「しかしツァラツストラは、トルストイ流の非戦論者ではない」といい、「彼は殺戮的戦争をも『危険と遊戯との愛』故に、その旺盛なる『権力意志』の故に、懶惰と卑怯と無気力とより優るとしたことは疑いない」と推測する。しかし、阿部の引用する「戦士は危険と遊戯を愛する」という言葉はたしかに『ツァラトゥストラ』の中にあるが、この言葉は女性に対する戦士の態度に関する叙述であり、第一次世界大戦のような近代的殺戮戦争を予想して書かれたものではない。また、内容のまだよく理解されていない「権力意志」という言葉を何の説明もなく使っているのも気になる。その説明がなければ、この言葉は時代が時代だけに、放縦な支配欲を認める権力意志と考えられる怖れがある。

また、キリスト教奴隷道徳論が出てくるあの激烈な否定の書『道徳の系譜』を取りあげていないことは、阿部の主張の説得力を弱めている。ニーチェが肯定の書と呼んだ『ツァラトゥストラ』一冊だけで、「戦争」という問題を彼の方法で扱おうとすること自体に、限界があるように思われる。この「戦ひ」に関する阿部の矛盾の解決は、綜合的な視野のもとにニーチェの矛盾する言説を統一的に明らかにするもの、破壊的なニーチェの側面を吸収してなおかつ次郎の主張するニーチェの正当性を説いたものというより、その破壊的な側面を捨象して作りあげられた半面像という印象が強い。

第四の「自由」の問題については、「三態の変化」で説かれた教説、精神は最初重い価値を背負って従順に砂漠を行く駱駝から自由な獅子へと変貌し、さらに獅子から新しい価値の源泉である小児へと変化することや、高きを目指して登る若者の苦しみを描いた「創造者の道」の教説を根拠に、ツァラトゥストラの説く自由は無責任な放縦とはおよそ正反対に、「一切の桎梏を脱することではなくて積極的に何事かをなす力を有すること」、「自ら法則を立てて自ら立てる法則に服従すること」であるという。そしてその自由は「カントのそれの如く――自己より出でて自己を桎梏するの道である」と結論する。

ニーチェの自由とカントの自由が同じという結論は説明不十分で分かりにくいが、全体としては阿部の理想主義的といわれるニーチェ解釈がここにはよく表れている。ただ阿部の意識の中には、これまでの放縦な本能主義者という解釈を是正したい意図があったのであろうが、反対の言説は具体的に紹介されていないので、彼の矛盾の解決法が達成されているとは言えず、その意味で彼の自由の解釈は一面的な印象を与える。とはいえ、今まで知られなかったこうした新しいニーチェ像を提示したこと自体には、少なからぬ意味があると言えよう。

## 5 「ツァラツストラの個人主義」

個人主義は、利己主義、本能主義と混同されて当時もっとも問題視されていたニーチェ思想の一つであった。この思想を解明するに当たって阿部が大前提としているのは、ニーチェが人間愛、人類愛の人だということである。人類愛を強調した背後には、阿部自身その解釈を負ったというジンメルの影響が考えられる。阿部は人類愛の典拠として、ニーチェが遺した「ツァラトゥストラの草稿」のなかの「現今は往時に比して一層一つの標的と愛が――一つの新しき愛が必要である」という言葉を挙げているが、この「草稿」はのちに見るように、ジンメルもよく引用している。さらに阿部は、ツァラトゥストラが「超凡者」(氷上訳では「ましな人間」)に対し、「諸君は唯自己の故に苦しむのみ、諸君は未だ人間の故に苦むことをばしなかつた」、「諸君は一人と雖も、今余が苦しんで来たところのものの故に苦しんでゐない」と語った言葉を挙げている。こうした視点のもとに見られる個人主義は、きわめて倫理的・理想主義的色彩を帯びてくる。阿部はこれを態度の個人主義、内容上の個人主義、ツァラトゥストラ独自の個人主義の三つにわけて考察する。

最初の「態度の個人主義」は、自己のうちに善悪を創造し自己の徳に従って行動する態度であり、弟子への教えにもっともよく表れている。「彼の教育は自発を主義とするもの、内面的把握を第一義とするものとして、画一的強制的教育の正反対」だと解説する阿部は、「与ふる徳」(第一部最終章)で彼が弟子たちに告げる有名な別れの言葉を引用する。「余を離れよ、ツァラツストラに対して自らを護れ。そうして更によきは――汝等彼を恥とせよ」。「人が常に唯弟子たるままに止まるは、よくその師に酬いる所以ではない」。こうした個人主義が、自己ゆえではなく人類ゆえに苦しむ心と矛盾しないのは当然だと阿部はいう。

第二の「内容上の個人主義」は、ツァラトゥストラのいわゆる天才主義、超人の思想と関連がある。ツァラトゥストラの人類愛は、最大多数の最大幸福といった大衆福祉ではなく、超人の産出を意味する。ツァラトゥストラの説く我欲とはおよそ普通の利己主義とは正反対に、「人類の向上を自己の中に貯えんとする衝動」であり、「超人を生まんがためには自己を犠牲にせんとする精神と連るもの」である。ここで阿部は「与ふる徳」の教説を引用しつつ、ニーチェの我欲の思想が普通のいわゆる利己主義といかに異なるものであるか、まして物質的な幸福などとは無縁なものであるかを論証する。「ツァラツストラは人格主義者として、利己主義とは決然たる反対の位置に立つている」といい、この点については、ジンメルの『ショーペンハウアーとニーチェ』の中に、明快なる議論があるという。阿部もまた和辻同様、ニーチェの説く高貴性の徳にたいするジンメルの高い評価を称讃している。これは、二人がともにニーチェを人格主義的哲学者として評価する理由である。阿部に対するジンメルの影響は和辻の場合よりもはるかに深いが、これについては後述したい。

このの ち阿部は例の草稿を引用して、「高貴な感じ方」とは我々が単なる存在の享楽者であることを禁止するものだ、支配者が被支配者の無条件の信頼を得るのに必要なことは、自己の幸福と快適とを断念することだと述べる。幸福の請求権を自己ではなく、もっとも低劣なものに与えるというニーチェの言葉を紹介し、高貴な者にとって必要なのは彼の事業であって、幸福などは人生の随伴現象、「些事」にすぎないと阿部は解説する。

このようにツァラトゥストラの関心は自己ではなく人類であり、人類の向上である。したがってその個人主義は、人類を愛し、人類のために自己を犠牲とすることと矛盾しない。ただ、人類向上は代表的偉人の高さによって標識されるが故に、彼の人類主義は依然として個人主義の色彩を失わない。このような解釈によって阿部の説く「ツァラツストラの個人主義」は、超人の産出という目標によって表される人類愛のなかに解消され、人格主義と等価のものになっていく。従来の解釈の対極をなす彼のこうした人格主義的個人主義は、斬新な解釈として人々の耳目を引いたであろう。

ただし次の第三の個人主義に対しては、阿部自身が異論を唱えている。これは「病後の人」の章のなかの「個人と個人との間には渡るべからざる溝梁がある」というツァラトゥストラの言葉を問題にし、すべての人がそれぞれの徳、別の世界をもつとしても、人は融合しあえると阿部は主張する。そして「彼の個人主義がカントの意味における普遍的妥当性の否定を意味するならば、私は、この点に於いては彼に賛成することが出来ない」と言う。またしてもカントであるが、次郎はこうしたニーチェの言葉は彼の貴族的性癖から来るもので、「私の性癖として、この意味の個人主義に同感することが少ない者である」と述べて、この問題をニーチェ個人の性癖に帰していることも付記しておきたい。

## 6　超人の思想

### 超人とは何か

超人は当時の人々が最も関心を抱いた思想だけに、阿部も三章をこれに当てている。ツァラトゥストラは、「人類の未来」に対する希望に生きている者である。阿部はこの作品全体に、未来に向かう爽やかな、憧れに満ちた風が吹き渡っているという。人生は「烈しき嵐の前に円み、脹み、戦慄しつつ」海を超え行く帆である（「名高き智者」）。「蒼白き月の光を駆逐して近づき来る太陽の愛の渇きと熱き息とを身に感じつつ、思慕のために其の胸を高め行く海――太陽の渇きに接吻せられ、吸ひ上げられて、自らも空に融け、高みに昇り、光明の路となり、光明そのものとならんと欲する深き海である」（「純粋認識」）。「汝等孤独なるものよ、眼を覚して耳傾けよ。ひそやかな鼓翼《はばたき》を以て未来より風は吹き来る。敏き耳によき音信は到る」（「与ふる徳」）。未来の音信に耳傾けつつ生きるツァラトゥストラは、現在の享楽に耽溺するものではない。かれは本能主義、いわゆる「ニーチェ主義」の正反対である。一切のものは超人の産出にあづかることによって初めてその存在理由を獲得する。

このような詩的な言葉で超人への憧れを語るツァラトゥストラの超人とは、概念的には、人間の終局の目標、人格の完成といったものではなく、生のあらゆる瞬間の上に置かれた永久の指標である。つまり超人は人生のどんな時期にも「自己以上のもの」としてその上におかれた規制的な観念である。この意味で阿部はジンメルの意見に同意する。

そこでジンメルの著作（註10）に当たってみると、阿部のいうとおり、彼の超人解釈は基本的にはジンメルのそれに従っている。ジンメルは『ショーペンハウアーとニーチェ』の第一講「ショーペンハウアーとニーチェの精神的地位」で、幾世紀もの間ヨーロッパの人々に生きる価値と目的を与えてきたキリスト教が力を失って絶対目的は喪失したが、絶対者への憧憬はなお残っているという文化状況を説明して、ここにこの二人の哲学者に共通する出発点を見いだしている。しかしショーペンハウアーが生きることに価値を見いだせず、絶望的厭世観を抱くに至ったのと全く逆に、ニーチェは生に対する全面肯定の感情を獲得する。こうした差が生じた原因をジンメルは、両者の間に現れたダーウィンの進化論に求める。ニーチェがそこに、生に内在する発展の法則を見いだしたことが決定的となる。第七講でジンメルは、ニーチェの教説は発展思想の最も純粋な表現だとし、超人はキリスト教のような終極目標ではないが、瞬間ごとの自己克服の目標であることにより、生の絶対的価値となりえたという。

ついで阿部は、予言者としてツァラトゥストラが広場の群衆や弟子たちに語った超人の内容にそって、具体的に超人を説明する。「序説三」の解説では、超人は通常の人間とは隔絶した偉大さをもつ者なのだが、今日の人間はみな矮小にすぎるという。人間が体験できる最大のものは自己に対する侮蔑、「偉大なる侮蔑の時」だけである。理性、徳、正義、同情も、灼熱の情熱によって狂気となるほどでなければ唾を吐きかけ、「貧窮と汚辱と憐れむべき安逸」にすぎないと感じるとき、人は初めてその偉大な瞬間を享受する。超人こそ彼らを舐める電光であり、狂想である。彼の要求する偉大と強烈とは、生そのものの偉大と強烈を意味している、と。

　偉大さと並んで超人が要求するのは「全きもの」つまり「完全なもの」である。ここで阿部は「救済」の章（第二部）に出て来る「転倒の廃人」について語る。ツァラトゥストラが一つの橋を渡ったとき、「人の如く大なる耳」を見た。その巨大な耳は、憐れなほど小さく、痩せ細った茎の上に座っていた。しかもその茎には小さな嫉妬深い顔と膨れた魂さえ懸かっている。世人はこの耳の怪物を天才と呼ぶ。しかしツァラトゥストラにとっては、「一切に於いてあまりに少なく、一点に於いてあまりに多きに過ぐる」転倒の廃人に過ぎない。彼にとって現在と過去を通してあるものはただ人間の四肢と断片だけである。断片であり謎であり恐ろしき偶然である者を一つに結合して集成すること、これこそツァラトゥストラの企図の一切である。超人の偉大は単なる局部の偉大ではない。ただし、いたずらに広さを求めることではない。ここで阿部は再び「序説四」に戻って、「一つの徳は二つの徳よりも更に徳である。何となればそれは、宿命がこれに懸かる結び目となるが故に」生の根底の一点にその生命を打ち込むことになるからだという。

　最後に、このように全く生きるものは自由でなくてはならない。超人は自己に法則を与えるもの、他から強制されることの絶無のものであるが、「一個人として自由であるばかりでなく人類を代表しても自由でなければならぬ」という。超人の自己立法は人類に対する命令である。そこで彼はまた人類の統治者としての資格ももたなければならない。

こうした超人独自の特色について阿部は説明と解釈を加える。偉大さ、全きこと、自由、この三つの要素で超人を測ることは一般に理想を測る尺度に等しい。では超人の特色とは何か。それはツァラトゥストラが大地と肉体とに重きを置いて、現象の背後の世界、彼岸、精神などを否定したことである。阿部は「肉体の侮蔑者」（第一部）からの引用を交えつつ、その内容を次のように説明する。

肉体は偉大なる理性、一つの意義を持つ複数、戦争と平和と、畜群と牧者とである。汝等が「精神」と名くる小さき理性は、汝の偉大なる理性の工具にして、玩具に過ぎない。（中略）自我より大きいのは汝の「肉体」である。汝の感官と精神の背後にはさらに「自体」がある。この自体が感官の眼をもつて探り精神の耳を以て聴く。／汝の思想の背後には一人の威力ある命令者、一人の知られざる賢者が立つている。――その名は自体である。自体は汝の肉体の中に住む。彼は汝の肉体である。汝の肉体の中には汝の最良の知恵よりもさらに多くの理性がある。さうして汝の肉体が汝の知恵をいかに使役するかを誰が知り得よう。自体が自我に向かつて「ここに快楽を感ぜよ」と言へば自我は悦楽する。「ここに苦痛を感ぜよ」と言へば自我は苦悩する。

ここまでは主としてニーチェの肉体論の紹介だが、問題はこのさきの阿部の解釈である。阿部によれば、これらの文章によって明らかになるのは、ツァラトゥストラが大地の対立物として考えるものは、「飛び去れるもの」、実体なきものであり、肉体の対立物は無意識の根底を欠く「意識」である。肉体の意味は意識の測定を絶する本性の神秘である。こうした主張を象徴的なものと解釈しなければ、肉体の意志、創造的肉体、自体の笑いなどという心理的概念は、きわめて粗野な矛盾を表すにすぎないものとなる。しかし象徴的な解釈をすれば、我々は地と肉体とを重んずる彼の思想に、根深いものにたいする愛と人性の神秘とに対する感覚とを豊かに発見できるという。しかしつづけて、根深いものに対する愛と人性の神秘に対する感覚が、何ゆえ彼岸や精神や純粋認識の否定という形式で表れなければならなかったのか、我々はツァラトゥストラの断定を聴くのみで、その理由をきくことはできないと阿部はいう。

たしかにその理由は『ツァラトゥストラ』にははっきりと書かれていない。しかし大地や肉体の思想、意識と無意識、大きな理性と小さな理性、自我と自己（「自体」）などは、友人の和辻哲郎が「認識としての権力意志」において精緻な議論を展開し、彼の研究の評価を高めた根本的視点である。和辻はこうしたニーチェの肉体解釈を手掛かりに、意識下にあって意識を動かしているものが権力意志であって、それがこれまで物議を醸してきた本能に等しいものであることや、論理や理性、霊魂、精神、言語、概念も、肉体の中で意識下の権力意志が生のために創り出したものだと解釈した。こうした論拠から彼は、ニーチェが彼岸的なものを否定し、大地の思想を説いたことを構造的に明らかにしたのである。和辻は阿部のように根深いものに対する愛や、人性の神秘に対する感覚といった曖昧な心理的概念は使っていない。和辻執筆時の相談相手だった阿部が、和辻の研究をどのように読んだのか不思議な感じがする。

ともあれ、こうして阿部は、ニーチェが大地や肉体の思想を主張する三つの心理的理由を推測する。その第一は現実の生に対する熱愛。第二は知らぬまに科学的実証主義に感染して唯物論的解釈を混入したこと。第三は、彼が量的否定を知ること多く、質的否定を知ることが少なかった点だという。ここで突然阿部はキリスト教を持ち出し、罪に死して神に蘇るというキリスト教の、「自体」の根本的更正による救いについて述べ、ニーチェにとっては「彼岸、精神、神といった更正の原理が切要ではなかった」と解釈する。このキリスト教の問題はジンメルのニーチェ解釈と深い関わりがある。阿部はニーチェの教説をきわめてキリスト教に近いものと考え、「ツァラツストラの超人（中）」ではこの問題を大きく取りあげている。

## 神の代替物としての超人

ツァラトゥストラは自ら「神を無《な》みするもの」と自称した神の否定者である。そこで彼の超人は神の代替物と考えられる。阿部はニーチェの神の否定は「彼があまりに神を愛するからだ」とし、また彼自らも神になることを欲し、彼以上の神があることに堪えられないからだという。したがって彼が神を否定するのは、神に無関心な実証論者の無神論ではない。最も神に拘泥するがゆえの無神論である。こうした解釈から阿部は『ツァラトゥストラ』の中から、主人公が常に「神を信じる者」と血縁を感じていた例を示す。老齢のツァラトゥストラが山中で出会った元法王は、「汝は汝が信じるよりも敬虔である」と彼にいう。ではその彼が何ゆえ神の否定者となったのか。

阿部は「幸福の島」冒頭に出てくる無神論の根拠を引用する。その一は、「神は一つの推測である」、「汝等の推測が思考し得べきものの範囲に局限されることを欲する」という言葉である。これは理性で考えられない限り神は存在しないという無神論である。また第二の理由として「もし神々があるとするなら、どうして自分が神でないことに堪えられようか」という言葉を引きつつ、神を否定した者の苦悩について語り、創造こそがこの苦悩を救い、生を軽やかにするのだという。

阿部がニーチェ無神論を神に拘泥するがゆえの無神論としたのは、名前こそ出していないが明らかにジンメルに負っている。ジンメルもニーチェの神の否定の根拠として、もし神々があるなら自分が神でないことに耐えられないという『ツァラトゥストラ』の中の「幸福の島」の言葉を引用し、キリスト教の中には、神に対する無限の隔たりの感情と並んで、神と等しくなろうとする理想が生きているとする。あらゆる時代や宗教の神秘主義思想を貫いている憧れ、マイスター・エックハルトのように神と完全に一つになろうとする憧れ、あるいはもっと大胆な言い方をするなら神になろうとする憧れがある。スピノザやニーチェを満たしているのもこれと同じ情熱である。神でないことの耐え難さのために、彼らは神か個人のどちらかを除去しようとする。スピノザは自我の否定により、ニーチェは神の否定によってこれを達成した。ジンメルはさらに、強者の哲学やキリスト教奴隷道徳論、民主主義の否定といったニーチェ哲学の全体的展望に加え、聖フランチェスコに関する説明などキリスト教の知識を駆使して、ニーチェの教説とキリスト教の前提となっている感情や思考の類似性を指摘する。そしてニーチェの見解は、彼が表現しているほど逆説的ではないという。

こうした論理によるジンメルのニーチェ解釈は、阿部に大きな示唆を与えたと思われる。ジンメルによればさらに、キリスト教にとってもニーチェにとっても肝心なことは、世界の内部における絶対的な価値の担い手である完成された人格性を、なんとかして現存在の意味や目的構造に組み入れることだったという。キリスト教は、魂がこの地上においても彼岸においても属している神の国という理念によってこれを達成し、ニーチェは、ますます完全になっていく個人によって、また個人としての発展が行われている人類という理念によって達成する。

ただしこうした細部にわたるジンメルの解釈は、阿部の著作では紹介されていない。おそらく彼は、ニーチェの教説の根底がキリスト教と類似しているというジンメルの結論だけを取って、この有名なアンチクリストを、もっとも敬虔なキリスト教徒よりもさらに徹底した宗教的情熱の持主として紹介したのだろう。そして「一切を外なる神に任せて自らは惰眠を貪らむとする者の信仰」や「自己苛責の快楽を貪り、憂鬱の黒き甘さに耽らんがための責道具」となっている信仰の邪路を鋭くつくものとして、ニーチェの無神論を高く評価するのである。

しかし最終的に阿部は、ニーチェの無神論が信仰の空気の浄化に甘んぜず信仰の本尊を撃破したと信じるのは空想だといい、「それは稀有にして高貴な動機を出発点としながら、しかも次第に迷路の中に深入りして行く誤解の歴史」だと結論する。ここで阿部は何を言おうとしているのであろうか。

ジンメルは客観的理論家のカントが、無時間的に理想として存在している人間理性の「事実」だけを定式化しようとしているのに対して、実践的な説教家タイプの道徳家ニーチェは、一つの新しい理想を打ち立てようとしているという。このようにニーチェはインモラリストではなく本質的にはモラリストだと解釈するジンメルが、続く第八講「高貴性の道徳」でニーチェの説く高貴性の道徳を高く評価したことには論理的一貫性がある。

ジンメルは、カントやショーペンハウアーのように超越的感性をもつ哲学者、無時代的に通用する普遍的真理を追求する伝統的な哲学者を高く評価した。そのため普遍的なものではなく一回的・偶然的な歴史に基礎をおくニーチェの思想を低く見る傾向があった。しかしその根底に、キリスト者と同じ宗教的情熱を見、超越的なものにたいする感性の萌芽を見いだしている。さらにいま見たように、高貴の徳を説くニーチェの実践的道徳性は高く評価している。一方、カントにもキリスト教にも基本的にシンパシーを抱いている阿部は、それらとの共通性を認める限りでジンメルの解釈は喜んで受け入れる。しかし抵触する場合はその限りではない。その結果阿部は、ニーチェ超人論の根底をなすキリスト教の神の否定は、受け入れることができなかったと考えられる。

このあと阿部次郎は「超人(下)」において、ニーチェの隣人愛や同情の否定について論じているが、ここでも阿部の思考パターンが繰り返されている。隣人愛否定は堕落した隣人愛への警告としてこれを聴く理由は充分にある。またニーチェが豊かな同情心に富む人であることも充分理解できる。しかし阿部は、超人産出のために自己ばかりではなく、他人を犠牲にすることもはばからない隣人愛否定や同情否定を、最終的に承認することはできなかった。

## 7　永遠回帰の思想

「超人とは未来を正しくし過去を救済するもの」であり、「人間という汚れたる流れを受容しつつしかも自ら不純となることなき大洋」でなければならない。彼は現世の外に救済を求めず、現世の背後に自由を求めず、現世をこのまま肯定し、このままの存在を聖化しなければならない。しかしこの悲惨と痛苦と深淵に満ちた生、しかも嘔吐を催させる矮小と卑劣に満ちた生をどうしたらこのまま肯定できるか。

ニーチェの教説中、もっとも奇怪で空想的な思想と阿部がよぶ永劫回帰＝永遠回帰の思想は、この問題に答えるニーチェの神秘的直感から生まれたと彼はいう。この思想によってニーチェは現世に永遠の相を与え、現世の意義を極度に重くすることによって、歓喜、憂愁、恍惚、悲痛をない交ぜた生の全体を人の胸に印象づけようとする。生が永遠に回帰することを願うほど生を熱愛できれば、そのとき初めて人は現世の束縛を超越し、現世の外に逃れることなく心情の自由を獲得できる。永遠回帰の思想は人を鍛えて超人とするための鉄槌である。この思想の克服によって超人は生の全てを肯定できる。このように阿部はいう。

では、永遠回帰とは何か。それは要するに、一切のものが厳密に一度あった形で、矮小な点まで少しの変更もなく、永遠にくりかえされるという思想である。それを阿部は『ツァラトゥストラ』第二部の「幻影と謎」や「病後の人」によって説明する一方、「ツァラトゥストラの草稿」の中から、「生そのものが、生にとって最も困難なこの思想を創造した。生はその最大の障害を超越せんと欲する」というニーチェの文章を紹介する。

ここで阿部が問題にするのは、永遠回帰の教えはなぜ超人を鍛え出す鉄槌となるかという問題である。これをツァラトゥストラの言葉で説いたのが、先にも引用した第二部の「救済」の章である。阿部は「草稿」にしたがってこう解説する。この教えは過去に対する痛恨と、これより生ずる復讐の念とを洗いさるために必要である。人生において修正不可能なものは過去である。特に過去の罪悪、痴愚、屈辱、滑稽である。人は過去を思い出すたびに何らかの痛恨事に触れて呻吟する。彼はこの痛恨による不機嫌を世界のいっさいに拡充してこれを呪詛する。これが復讐精神の根本動機である。しかし人はこの痛恨と復讐欲に囚われる限り、とうてい世界の束縛から逃れ得ない。こうした束縛から逃れるには過去をそのまま是認し、再び意欲することのみがある。過去に対する嘔吐を過去に対する熱愛に改造するのである。すべての過去を永遠に回帰するものと見て、過去を肯定することを学べ。その時人は真正に自由となることができよう。それゆえ永遠回帰の教えは、超人を鍛え出す鉄槌となるのである、と。

「救済」の章では「意欲は解放する」というが、この意志もまだ鎖に繋がれている。なぜなら、「意志は過去に向かって意欲することを得ない」からである。「時間の背行せぬこと、これが彼の痛恨」であり、「かくて彼は痛恨と不機嫌の石を転ばし、彼と等しく怨恨と不機嫌とを感ぜぬ者の上に復讐を行う」。そして復讐の精神はその行為に刑罰という名を与え、虚言によって自己を良心あるもののごとく装ったという。つまり、実態は復讐なのにそれを刑罰と称しているのである。しかし、意欲者も時間に逆らって意欲しえない苦悩があるために、意欲そのものとあらゆる生は刑罰になる。しかしツァラトゥストラが「意志は創造者である」と教えたとき、「存在は永遠の刑罰である」といった妄想から彼は人々を救い出した。「一切の嘗てありき」は断片である、謎である、恐ろしき偶然である——創造する意志がこれに対し「『されどかくあるは余が意欲せしことなり』と言うまでは」。彼はすべての過去の罪悪も回帰するという耐え難い信条の鉄槌によって過去を聖化し、現在と未来とを鍛錬する。

しかし「病後の人」の章では、過去ばかりではなく、嘔吐をもよおす者は人間に対する大いなる嫌悪でもあることが語られる。耐え難いあの小さな人間も回帰することを考えたとき、ツァラトゥストラは嘔吐、嘔吐、嘔吐と叫ぶ。この試練の克服によって初めて彼は「運命の愛」を知る。厭世主義はここに悲痛な歓喜、勇敢な現世の肯定として蘇る。勇気は最良の撲殺者である。彼は死をもまた撲殺する。彼は「この如きが人生なりしか、よし！　今一度！」と叫ぶのである。

永遠回帰を説明しおえた阿部は、ここで自分の見解を述べる。過去や運命の意義を認めて肯定することは、永遠回帰の思想によらなくても、例えば宗教的な道によってもできることではないか。これは凌辱された者が永遠に回帰し、過去の罪過を心から悔やむ者にその罪過と後悔を永遠に体験させ、売られた女や、裏切られた夫にも永遠にこの体験をさせるということである。このようなことが過去を聖化するために必要な事だろうか、と阿部は問う。これの答えとして彼は、ツァラトゥストラが現実の生活のあらゆる瞬間に対して、これと別れることに耐えないほど強い愛情を抱く人であり、個々の体験に対してもその回帰を要求せずにはいられないほど愛情を感じたのだと解釈している。

この論拠として阿部は、妹編集の『権力意志』第四編第三章の「永劫回帰」の文章や「ツァラトゥストラの草稿」の文章を引用する。

「二つの最大なる哲学的観点――（a）転成と進化とのそれ、（b）存在の価値に従うそれ、この二つのものが余によって決然たる方式において結合された。一切が再び生成し、永劫に回帰する！　脱出することは不可能である」（永劫回帰）。

「一切が回帰することは、転成の世界の、存在の世界に対する、最も極度の接近である」（草稿）。

実はジンメルも「草稿」のこの文章を第八講「高貴性の道徳」のなかで引用し、「これによって、回帰説を有限性の要求と無限性のそれとの総合性であるという私の解釈は、形而上学の最高の段階からしてその正当性を認められている」と述べ、ニーチェの永遠回帰に哲学的観点から極めて高い評価を与えている。存在と生成はいっさいの人間的本質の図式である原理的二元論だとするジンメルは、あらゆる偉大な哲学は両者の間に新しい、融和的ないし一方的に決定するような関係を作り出すと主張する。ニーチェも永遠回帰思想により、この二つの側からの同時の接近が実現されていると評価する。

阿部はこうしたジンメルの永遠回帰への高い評価についてはふれていないが、ジンメルがこの間の消息を解説して、これはカントが空間的に「汝の行為の準則を普遍化せよ」と言ったのと同じ気持ちを、時間的に言い直したものだとしたことを、卓見として賞讃している。これを受けたのか、阿部もまたニーチェは現世の各瞬間に愛着するためだけではなく、生の各瞬間に永遠の重さを付与するためにこの説を唱えたという。つまりこの教えの重点は、あらゆる瞬間をそれが永遠に回帰しても悔いないほど充実したものにせよという点にある。

阿部は、永遠回帰の思想の客観的可能性にもわずかだが触れている。ニーチェはこの思想を科学的に証明しようとしたが失敗した。ジンメルもある計算式をつくって検証したが、この思想が物理的には不可能だという結論に達した。永遠回帰の事実上の可能不可能などは枝葉の問題にすぎない、重要なのはツァラトゥストラがこの思想を信じることによって得た体験だ。これにより彼は生の惨苦、矮小、醜悪を克服し、生に対し、よし、と叫ぶ勇猛心を得たのだ、と。阿部は人生の最後に「この如きが人生であったか、今、一度！」と叫ぶツァラトゥストラの言葉を挙げ、生への愛を歌った「第二の舞の歌」の中の「深夜の鐘の歌」をドイツ語で引用して彼の著述を終わっている。

## 8　結論――理想主義的・人格主義的ニーチェ解釈

以上、阿部次郎の著作の構成に従い彼の著書の内容をみてきた。まず注目したいのは著者の叙述の巧みさである。テーマに応じて『ツァラトゥストラ』から非常に多くの文章が引用され、それらがテーマにそった脈絡のうちに紹介されていくので、一見ばらばらで内容の分かりにくい章句の意味も判然として来る。もともとこの作品の表現には斬新卓抜な詩的魅力がある。そうした文章の引用をちりばめながらなされる解釈により、読者は阿部の著作自体から、ニーチェ作品の詩的香気や雰囲気を味わうことができる。その意味でも阿部の著作は、この作品のよき手引きだったであろう。

ここで提示されたのは、きわめて理想主義的なツァラトゥストラ像で、それまでの本能主義的利己主義者というニーチェ像からからみれば百八十度の転換である。当時の人々にとってこれは新鮮な驚きだったに違いない。とりわけ前半の阿部の解釈には、当時のヨーロッパで異常に神格化されたニーチェ崇拝が反映されている。その崇拝の中心はツァラトゥストラであり、超人思想であった。作品『ツァラトゥストラ』は神なき聖者の聖者伝といった趣きさえあった。阿部が参考にしたマイヤーも、この作品は芸術的にも思想的にもニーチェの絶頂を示す作品であり、それはベナレスにおける仏陀の説教やキリストの山上の垂訓に比すべきものという。彼を通じて阿部の描くツァラトゥストラも、当時のドイツやヨーロッパのニーチェ像を反映することとなった。このような前提から解釈されるツァラトゥストラから、毒針のように標的を過たず射当てるような、後期の鋭い文化批判が欠落するのは当然である。この作品自体の中に存在する批判的要素も捨象されがちで、阿部のニーチェ解釈は新しい一面を示してはいるが、ニーチェの全体像からみれば部分的な印象を与える。

後半の主要思想、超人や永遠回帰の思想についての阿部の解釈では、ゲオルク・ジンメルの影響が圧倒的に強い。もちろん阿部独自の意見や批判も述べている。しかし基本的にはニーチェの倫理的人格を高く評価する阿部は、同じくニーチェの人格を高く評価して、ニーチェを人類愛の人とみるジンメルの解釈をそのまま取りいれている。また無神論を認めることはできなかったが、阿部は超人とは人間の終極目標ではなく、人生のどんな時期にも「自己以上のもの」としてその上におかれた規制的な観念だとする。永遠回帰の思想についても、多少の疑問は呈するが、生の悲惨も卑小も全てが回帰するという思想を受け入れることで全的な生の肯定に至るという基本解釈の点で、阿部はジンメルを踏襲している。

こうしてみると、阿部の著作は解説書としては優れているが、解釈の基本は当時のドイツの代表的解釈によるもので、そこに独創性を認めるのはむつかしい。しかしここで一貫しているのは、理想主義的・倫理的ニーチェ解釈であり、ニーチェの特殊性よりむしろ普遍性に着目しようとした普遍化への意志である。これはカントの普遍妥当性にニーチェ思想が抵触するかどうかにこだわる阿部の姿勢にも現れている。この普遍化への意志はまさに大正教養主義の体質である。読書と内省にあけくれ、自己の世界を模索する三太郎は古今東西の文献を読破し、それを「あれかこれか」という対決によって批判するのではなく、「あれもこれも」取り入れて総合しようとする。彼の目ざすのはこれらの思想の総合による自己の立揚の確立である。このような読み方による限り、ニーチェもキリストと並べて解釈され、近代精神史上におけるニーチェ独特の位置を失ってしまう。そして、キリスト教に伍しうる倫理的な面だけが高く評価されて、他の問題的要素が曖昧なまま残されてしまうのである。

ただしこうした解釈は、阿部の人格主義の主張と呼応して青年たちの心を捉え、この時代の人々に高い理想と目標を与えたことは評価すべきであろう。

## 註

（1）以下の文献表は、雑誌『実存主義』（理想社）第二十五号巻末の信太正三氏作成の文献目録、および白水社版ニーチェ全集の別巻『日本人のニーチェ研究譜』所収、高松敏男編「I　書肆篇」を参考に作成した。

（2）日本近代文学館に所蔵されているこの絵は、最初は『漱石と十弟子』と題され、大正七年に現代俳画展に出展された。空襲で焼けてしまったため、青楓が残っていた写真を頼りに描きなおしたものの事情が記されている。巻頭に掲載されているこの復元画と、日本近代文学館所蔵の絵を較べると、題名に違いがあることと、漱石の名が前者では「大明神」であるのに対し後者が「即天居士」になっていることとくらいで、大差はない。蕪村の「蕉門の十哲」をヒントに描いた『漱石と十弟子』について、後の随筆『漱石と十弟子』では、当然入れるべき和辻哲郎などを人数の関係で入れられなかったことを嘆いている。こうしたこともこの絵の題名変更の理由かもしれない。

（3）明治四十三年三月から四十四年八月にかけて執筆された鷗外の『青年』の主人公小泉潤一は、この頃『ツァラトゥストラ』翻訳の教えを請うために鷗外のもとに通っていた生田長江がモデルともいわれる。漱石の青春小説『三四郎』と並び称される『青年』は、『三四郎』よりも思想性が高いともされるが、思索的傾向の強い長江がモデルであるなら、それもその一因を成しているかもしれない。

（4）筆者の利用した和辻哲郎全集第一巻（岩波書店、昭和三十六年）では新かな表記が採用され、また「ニイチェ」と表記されているので、以下の引用中ではそのように表記する。

（5）精神病学者としても一流であったヤスパースは、『ニーチェ哲学入門』（一九三五年）のなかでこの問題を扱っている。彼は、一八八八年末のニーチェの精神的破局以後についての担当医のカルテがあるので、進行性麻痺（脳梅毒）という診断を認るものの、それ以前の発病の時期や他の病気との関連は何ともいえないとして診断を保留している。彼や、彼以前にこの問題を扱った精神病学者でニーチェ研究者クルト・ヒルデブラントがメービウスを激しく批判したのは、永遠回帰や超人の思想まで妄想と言い捨てるメービウスの哲学や文学に対する無理解に対してであった。日本では斎藤茂吉が、昭和二十七年に「ニーチェの病気」と題する一文を草している（氷上英廣編『ニーチェ研究』所収）。茂吉もまたヤスパースの結論に従っているといってよい。最近ではドイツ文学者で精神病医の元慶応大学教授小林真『ニーチェの病跡』（金剛出版、一九九九年刊）がこのテーマを扱っている。これは一世紀にわたるニーチェ病跡研究の歴史的概観を示す極めて示唆に富んだ力作である。イエーナ大学病院に残るニーチェの病床日誌を全訳するなど、発病から死に至るまでの病態像を客観的に叙述したのち、メービウス始め一九九〇年までの欧米の主だった研究者九人の研究内容について紹介している。メービウスの診断を最終的には全員が認めているが、ニーチェのように極めて精神的能力が高い人物の場合、病気が創造的に働くという知見や、前駆症状の多幸症や妄想形成も感情基盤だけの問題であって、知力とは無関係だという見解も紹介される。著者自身はニーチェの深層心理学的洞察力を高く評価し、病跡研究者としてのメービウスの古典的地位を認めながらも、読者には自由な読み方を勧めている。

（6）西尾幹二『ニーチェ』（中央公論社、昭和五十二年）は、和辻の独創性はニーチェの存在の根本形式を「権力意志」にみた着眼にあり、しかもそれは「ニーチェの全体的な世界観の形而上学的な解析であって、この意図に類似したニーチェ論は、当時世界には全くなかった」とする。

（7）権力（Macht）というと政治的権力、支配的権力を想起し、ナチズム等に結びついて解釈されやすい危険をもっている。実際のちにはそのように解釈されたことも歴然たる事実あった。しかし和辻の権力意志解釈の前提になっているのは、「生命その物として生きること」を意味する「生の哲学」の立場であって、暴力的政治権力とは無関係である

（8）阿部次郎『ニイチエのツァラツストラ　解釈並びに批評』からの引用は、初版（新潮社、大正八年）による。昭和二十六年刊の新潮文庫版は『ツァラツストラの解釈、批評』と改題されているが、内容は変わっていない。

（9）マイヤーは、もともとインド哲学者であったが、西欧のすさまじいニーチェ熱に触発されて R. M. Meyer: Nietzsche, 1913 を著した。これはニーチェの個々の作品についても解説した大著で、『ツァラトゥストラ』の解釈はその一部である。

（10）Georg Simmel: Schopenhauer und Nietzsche, ein Vortragszyklus, Verlag von Duncker und Humblot,1907

# 第五章　萩原朔太郎、ニーチェの熱狂的崇拝者

# はじめに

『月に吠える』や『青猫』の詩人、萩原朔太郎（明治十九年―昭和十七年）を思うとき、人はすぐ病的に鋭くとがった神経や、存在の不安におののく魂といったもの、それと不思議に交錯する官能の世界、あるいは憂鬱と倦怠の情緒に深く沈みながら、何かある捉えがたいものへの憧れにやるせなく身悶えている姿などを連想するであろう。こうした感情、魂の状態、朔太郎の表現でいえば「せんちめんたる」の情緒、「魂ののすたるぢあ」を象徴的にイメージ化し造型することによって、彼は日本近代口語詩に一新生面を切り拓き、日常的論理の次元をこえた新しい美を創造した。

しかし、この詩人がニーチェの崇拝者であることを知ったとき、人は一種の戸惑いを感じるかもしれない。ヨーロッパ二千年来の価値観を転覆させて、虚無の上に新しい価値観を樹立しようとした認識の戦士、自己を世界史を二分する者とまで感じたこの破壊と創造の精神ニーチェの、どんな面に朔太郎は共感し、崇敬したのか。

西洋の文学者で、僕が真に畏敬している者は三人しかない。ポーと、ニイチェと、ドストエフスキーである。昔からさうであつたが、今日でも尚さうである。／僕は実に驚嘆した。こんな深刻な大思想家、こんな鋭利な心理学者、こんな詩人的メタフィジアン、その上にもこんな力強い意志を高調した大精神が、かつて何処にあつたらうか。僕はニイチェの前に対して、自分が全く取るに足らない鈍物であり、巨人に対する虫ケラのような卑下を感じた。／ニイチェの哲学は、不思議な芸術的の魔力によつて、僕等の生命感を手づかみにする。ニイチェの思想は哲学でなく、むしろ電気力のやうなものである。だれでもそれに触れたものは、強い雷雲の中で寸断される（註1）。

昭和五年、朔太郎四十五歳のときに書かれた「ポー、ニイチェ、ドストエフスキー」のこれらの章句は最上級の讃辞にいろどられ、落雷に打たれたもののごとく彼がいかにニーチェの精神に震憾したかを雄弁に物語っている。しかもこの畏敬の念は、朔太郎の生涯を通じて変わらなかった。

感性を通じて捉えたニーチェの印象をこのように鮮明に語る朔太郎は、具体的にニーチェのどの著作から影響を受けたか、ニーチェ思想をどう評価するか、といったことについてはきわめて言葉少なく、抽象的にしか語っていない。ニーチェからは「思想」を学んだ、「ニイチェは僕の生き得た『生活』だつた」、あるいは彼に「戦ひ生きることの意志をあたへた」（前掲論文）といった類の発言である。このように実体の曖昧な表現ではあるが、朔太郎にとってニーチェが単なる畏敬の対象にとどまらず、彼の内部に深くかかわる一つの師表としての意味をもっていたことが、これらの言葉からうかがわれる。ニーチェとの関わり合い方の軌跡を追うことは、あるいは朔太郎という詩人の内面を照射する鏡の役割を果たし得るのではないか、といった期待がここから生ずる。また西洋に憧れ、西洋に学ぶことのみを望んだ、その意味で代表的な大正のこの知性にとって、西洋のもっていた意味を具体的に確認したいという興味も生ずる。こうした観点から本章の考察を進めたい。

# 第一節　アフォリズム表現への感嘆

## 1　長江訳『人間的な』によるニーチェとの出会い

言葉のもつ本当の意味で朔太郎がニーチェに出会ったのは、大正六年頃と推定される。その処女詩集『月に吠える』を出版した直後のこと、年齢でいえば三十を二つほど越えたころであろう。後年彼は往時を回顧して、二十代のころ『ツァラトゥストラ』を読んだが皆目わからなかったことを告白し、のち生田長江訳の『人間的な余りに人間的な』(以下『人間的な』と略記)を読んで「完全に畏れ入って摺伏した」(前掲論文)と述べている。この訳書が公刊されたのは大正五年十月のことで、翌六年十月二十六日付、高橋元吉あての書簡に、朔太郎の書いたものの中でおそらく初めてニーチェに言及した言葉が見出される。したがってこの期間中、すなわち五年末から六年末の間に『人間的な』を読んだことが推測されるのだが、六年二月に出版された『月に吠える』は、それまで書きためた詩稿から選んで編纂されたのであるから、この詩集の成立とニーチェとはまず無関係と断定してよいだろう。ところが七年、雑誌『文章倶楽部』が行った「最も好きな人」というアンケートでは、朔太郎は「ニイチェとドストエフスキーが殆んど崇拝的に好き」と答えるに至っている。

こうした事情から考えると、朔太郎のニーチェ理解は長江の訳業と密接な関係があることがわかる。そこで朔太郎に対するニーチェの影響を考察するには、長江の仕事について留意する必要があるが、長江の訳業については前章の第四章ですでにある程度詳しく述べた。日本で最初に完訳されたニーチェの著作は、明治四十四年の長江訳『ツァラトゥストラ』(新潮社)であり、朔太郎が二十代のころ読んでまるで分からなかったと言っているのはこの訳本であろう。大正に入って長江は、たった一人で十年以上の歳月をかけてニーチェ全集全十巻の翻訳を完成して新潮社から出版した。この全集によってニーチェは初めてドイツ語履修者以外の日本の読者層に、その全容を現したのである。長江訳の各巻別内容と発行年月を次に掲げておこう。

人間的な余りに人間的な(上)　大正五年十月
人間的な余りに人間的な(下)　大正六年二月
黎明　全一冊　大正七年四月
悦ばしき知識(全)　大正九年六月
ツァラトゥストラ(全)　大正十年十一月
善悪の彼岸　道徳系譜学　大正十二年四月
権力への意志(上巻)　大正十三年十二月
権力への意志(下巻)　大正十四年三月
偶像の薄明(外五篇)　大正十五年十一月
(内容　偶像の薄明　反基督　この人を見よ　ワグネルの事件
　ニイチェ対ワグネル　詩)
悲劇の出生　季節外れの考察　昭和四年一月十五日

朔太郎が電撃的ショックをうけた『人間的な』は、さきに単発的に出た『ツァラトゥストラ』を除けば、長江の系統的ニーチェ訳の第一回目のものである。朔太郎が長江訳の進捗と歩調をあわせてしだいにニーチェの理解を深めていったことは、のちに自ら述べている。

この翻訳順序をみると、『人間的な』、『黎明』（白水社版では『曙光』）、『悦ばしき知識』（白水社版では『華やぐ知慧』）など中期のアフォリズム群が最初に訳され、ついで『ツァラトゥストラ』はじめニーチェの主要思想のあらわれる後期の作品、そして最後に初期の『悲劇の出生』ほかという順序になっている。このことから朔太郎のニーチェ理解の端緒は、その中心的思想よりもむしろまだ、ニーチェが模索状態にあった時期のアフォリズム群にあったことが分かる。

## 2　ニーチェ・アフォリズムの魅力

ではいったい、これらの著作の何がそれほどまで朔太郎の心を惹きつけたのか、朔太郎自身がニーチェのアフォリズムについて語っている言葉に耳を傾けてみよう。

ニイチェの理解に於ける困難さは、彼の初期に於ける少数の著書論文（悲劇の出生など）を除いて、その後の者《ママ》が多くアフォリズムの形式で書かれて居ることにある。彼がこの文章の形式を選んだのは、一つには彼の肉体が病弱で、体系を有する大論文を書くに適しなかつた為もあらうが、実にはこの形式の表現が、彼のユニークな直覚的の詩想や哲学と適応して居り、それが唯一最善の方法であつたからである。アフォリズムとは、だれも知る如くエッセイの一層簡潔に、一層また含蓄深くエキスされた文学（小品エッセイ）である。したがってそれは最も暗示に富んだ文学で、言葉と言葉、行と行との間に、多くの思ひ入れ深き省略を隠して居る。即ち言へば、アフォリズムはそれ自ら「詩」の形式の一種なのである。／／

アフォリズムは詩である。故にこれを理解し得るものも、また詩人の直覚と神経とを持たねばならない。そこでニイチェを理解するためには、読者に二つの両立した資格が要求される。「詩人」であつて、同時に「哲学者」であることである。純粋の理論家には、もちろんニイチェは解らない。だが日本で普通に言はれているやうな範疇の詩人（彼等は全く没思想である）にも、また勿論ニイチェは理解されない。だがその二つの資格を持つ読者にとつて、ニイチェほど興味深く、無限に深遠な魅力のある著者は外にない。

昭和九年「ニイチェに就いての雑感」のこの文章で、朔太郎はまずニーチェの何に驚嘆したかをはっきり語っている。それは表現である。表現の魅力にわしづかみにされたのである。もちろん表現と内容とは不離一体の関係にあるが、表現の魅力なしに朔太郎がそれほどまでにニーチェから圧倒的感銘を受けたとは考えられない。自ら表現という仕事に創造的生命をかけ、表現の問題で苦しんだ朔太郎が、まずニーチェの表現の力に屈服したということはきわめて自然な現象だと考えられる。長江訳という屈折した径路を経ているとはいえ、ルター、ゲーテ以来、ドイツで三番目にすぐれた名文家だと自讃したニーチェの文章の魅力を、朔太郎は詩人的感性で適確にとらえたのである。彼はニーチェの中に詩人的天性を認め、そこに共感の源泉を認めた。

しかしそれは、抒情詩人萩原朔太郎が思想詩人ニーチェに感嘆したという意味ではない。むしろ抒情詩人をはみ出す部分において、彼はニーチェに惹きつけられたのであった。

『月に吠える』において彼は、自己の存在内部の情緒を見事なまでに独得のヴィジョンとして造型した。ここでいう情緒はもちろん刺戟に反応する表層の感情のことではない。心の最深の核心をなす感情である。日常的次元への関心が薄く、内部世界に閉じこもっているこの詩人の外部世界との隔絶感、孤独、しかも内部に確固としたよりどころをもち得ぬ方向喪失の感情、強迫観念にまでなった生の無目的感、一種の実存的危機感、こうした基本感情に加えて、それだけはある確実な生命感を感じさせる性の感覚、なやましい官能の悶え、陰湿なしかし甘い情緒、こうしたものの一切が『月に吠える』の世界である。おそらく朔太郎は、自分の魂にだけ、内部の世界にだけ関心のあるタイプの詩人であった。そして彼の魂はいま病み衰え、脱出口を求めて求め得ず、さらに無力感を強めて生の不安におびえていた。詩をつくるという行為は朔太郎にとって、そうしたぎりぎりのところから出た行為であった。彼はこの状態を象徴的な美の世界にまで高めることによって自己の救済をはかったのだ。彼は表現に創造的生命を賭けたのである。それゆえにこそこの詩集は、瞠目させる表現技術の才能をこえて、人の心を捉える迫力をもち得たのであろう。

こうした資質にとって、「芸術のための芸術」、あるいは「表現のための表現」の世界、美のみの世界に安住することはむつかしい。なぜなら、いかに彼が美に対する繊細な感覚の持主であるとしても、彼のポエジーの源泉そのものである魂が病んだままの状態であるなら、それを美の世界に結晶させようとしても、状態の描写という域にとどまることはできないであろう。生の目標をたずね、世界や人間の意味について省察するという性癖を捨てることはできないからである。しかも朔太郎は、その点でほどほどに人生と折り合いをつけるという器用な世間的才覚をもたず、またデカダンや官能の情緒に酔いしれるにはあまりにさめた知性と真摯な性情の持主であった。晩年「『思想する』といふことは、僕の生れついた宿命的の性癖であって、それなしには生活することができないのだ。僕の生活に於ける思想の位置は、抒情詩よりも尚必要なパンなのである。思想することを止める位なら、むしろ詩人であることを止める方が好いのであつた」(「著者の悲哀」昭和十一年)といっているのは、この詩人のあり方を端的に示している。

彼の詩論、美学は、抒情詩に理論や概念をもちこむことを許さなかった。抒情詩はあくまで具象的なイメージの世界、感性の世界であるべきだった。しかし彼自身のなかには、抒情詩をはみでる要素があまりに多く存在していた。そして彼はそれを「思想」と名づける。とはいえそれは、いわゆる観念哲学にみられるような抽象的・思弁的な思想ではない。もっと情緒に溶解された思想である。朔太郎は考える人であるが、感性を通じて考える人である。彼がニーチェに感じたものは、まさに同じ資質のすぐれた精神を発見した喜びであったのだろう。朔太郎が抒情詩人として表現し得なかった感性的思想は、内面の衝迫として常に何らかの表現を求めつづけていた。従来の論文形式で表現し得るような体系的なものではなく、もっと直覚的な詩想に結びついた、独自の表現形式を彼はまだ発見しえないでいた。そのとき朔太郎は、アフォリズムという形式によって感性と思想性とを見事に統合しているニーチェに出会ったのである。これこそ求めて続けていた表現形式だと彼は直観したのであろう。

## 3　第一アフォリズム集『新しき欲情』の成立

その影響は朔太郎のアフォリズム集『新しき欲情（情調哲学）』となってあらわれる。大正十一年四月刊。草稿は大正八年頃から書きためられ、最初の論稿は「社会主義の悪徳」だといわれる。この標題がすでに社会主義を賤民の思想と罵ったニーチェとの関連を予想させるが、内容の検討はさておき、まずはその発表時期に注目したい。八年といえば、朔太郎がニーチェを発見し驚倒した時期に連続的に接続している。彼がこうした表現形式を選んだ直接の契機としてニーチェの影響を考える所以である。さらにこのアフォリズム集に冠せられた『新しき欲情』というタイトルそのものは、長江訳『黎明』（白水社版氷上英廣訳では『曙光』）のアフォリズム四二九番の標題（氷上訳では「新しき情熱」）からとられている。

それればかりではない。この書物の序文ともいうべき「概説」のほとんどすべてがニーチェを暗示している。ここで朔太郎は、今まで知られていなかった彼の半面、「思想家としての私」が世に出ることを高らかに宣言する。最初に情調哲学と称する書名の由来を説明して、「私の思想は――すくなくとも私自身の気分に於いて――論文とか評論とかいふやうな堅苦しい抽象的な名辞に適応しない。そんな者《ママ》でなく、私はもつと情感の豊かな、叙《ママ》情詩的の湿ひのある、香気の高い言葉を感じている」と書いている。この文からは、朔太郎がニーチェに感じた詩と哲学との統合を志向した意図がはっきり読みとれる。
さらにつづいて朔太郎は、この書物にあらわれる思想が一見無系統でばらばらであるにもかかわらず、円球の中心、人格の意志において、いっさいの力が統一されていることを力説している。これも、世界や人間、文化のさまざまな事柄について記したニーチェの一見無系統な著述から、朔太郎が著者の一貫した強烈な人格やパトスを感じつづけたことに関連があると考えられる。こうした発想には大正期のニーチェ研究の影響があったかもしれない。例えば和辻哲郎が詩人哲学者ニーチェの鋭い直覚を強調し、その直覚による哲学は無体系の哲学でありながら強烈な人格による統一力をもっているとする解釈の影響である。『新しき欲情』の中には、読者を興奮させ、高翔させ、陶酔させるニーチェのセンチメントに言及した「気位の高い人々」というアフォリズムがある。朔太郎はニーチェと同じく、熱と力のこもったパトスの効果を彼の叛逆の書『新しき欲情』にも期待したのであろう。
「概説」の中にはさらに「書物の読み方」という小見出しをつけて、読者に次のように要求しているくだりがある。

げにこれは「通読」さるべきものではない。これらの書物は、よき読者にまで常に「繙読」さるべきである。読者は散歩の道すがら、また公園のベンチの上で、または海岸の砂丘の上で、どこでも諸君の手に触れたページをひらき、さてまたすぐに巻を閉ぢて懐に入れるべきである。

この文章については、『黎明』四五四番に全く同じ趣旨のアフォリズムがある。ちなみに、長江訳のニーチェ本文を次にあげてみよう。

脇道へそれて。――此書物のような書物は通読されたり朗読されたりすべきものではなくむしろ繙読さるべきものである――とりわけ散策のとき、旅行のときなぞに。人は頭を一寸突き出して、直ぐに引込めることが出来なければならぬ。

これなどはもはや影響という言葉さえ不適当である。むしろ完全にニーチェと同化した態度が示されており、朔太郎のこの第一アフォリズム集に対する抱負や姿勢は、ニーチェの直訳的影響下にあると考えられる。またこの「概説」全体を通じて、日本の従来のエッセイなどには見られない密度と思想性の高い、新しい詩文学の形式を草創するのだという意気込みが見られる。そのとき彼が頭に描いた理想像として、ニーチェが輝く星のようにきらめいていたのであろう。

およそ感銘する気持が深ければ深いほど、その影響は生な形であらわれやすい。ことに朔太郎は感情移入が激しく、敬愛する人物に身も心も捧げつくすような熱狂的傾向がある。以前、白秋や犀星に異常な傾倒ぶりを示したときにも、彼自身の詩作にその影響のあとを払拭しきれず、彼らの亜流のような詩しか作れないと嘆じていた。だがこれは、朔太郎の美質ともいい得る。それは一方では感じやすく、他人の精神や感情の奥底まで同化しうる想像力と、人を受け入れる素直な開いた心の証しでもあり、このような過程を経てはじめて彼は、彼本来のものに他人のよきものを付け加えることができるのかもしれない。

それはともかく、『新しき欲情』の文体は長江訳のニーチェの文体に酷似している。すでにさきに引用した「概説」中の、「げにこれは通読さるべきものではない」というときの「げに」という副詞、「よき読者にまで常に『翫読』さるべきである」の「まで」という特異な助辞、『新しき欲情』に頻々と出てくるこれらの言葉は、長江訳ニーチェに頻出する。また詠嘆的叙述が多く、それも「いかに……することぞ」、あるいは「……することよ」と文語まじりの調子を用い、副詞的接続詞として「されば」を乱発するなど、長江ボキャブラリーの使用はいたるところにみられるが、それにとどまらず文章の構造そのものも長江訳ニーチェの影響のあとをみせている。ここで任意に一つの文例をあげて検討してみよう。

いかに人々は長い間、その怪しい幻影に悩まされたか、今朝我等の床に於てさへ、尚且つ眩暈を感じさせる所の、あの一つの錯誤せる妄想に就いて。おおげに私は自然主義に就いて、あの啓蒙思想・に就いてそれを言つて居るのだ。いかに人々は「啓蒙の啓蒙」といふ言葉を思議し得るか。この新奇な言葉について彼等は耳を慣らせる必要があるだらう。いかなれば彼等は、あのおびただしい誤謬について、あの驚くべく笑止なる、ふざけきつたる過去の啓蒙思想について、更にまた一つの新しい啓蒙思想を要求しなかつたか。現代は、さなり現代は、すべての古き啓蒙思想の新しき啓蒙時代である。それによつて強く踏みつけられ、踏みにじられた一切の者——趣味や、道徳や、人道や、叙情詩や、恋愛や、感傷や、快適や、そしてあらゆる文化的の精神や——は、今や水気のある空気の雨景に萌えつつある。(「新しき欲情」)

自然主義を攻撃してやまなかった朔太郎の、自然主義論難の文章である。この文においても、関係代名詞の直訳を思わせる「所の」といった表現や、わざと副詞句を主文の後に配置するなど生硬な翻訳調の作意が目立つのは、名訳といえるかどうか分からない長江翻訳調の模倣によると考えられる。のちの朔太郎のアフォリズムやエッセイに較べて自然な流露感を欠く上に、ことさらもってまわった新奇難解な表現が多い。「怪しい幻影」とか「眩暈を感じさせる」、「錯誤せる妄想」、あるいは「おびただしい誤謬」、「驚くべく笑止なる、ふざけきつたる過去の啓蒙思想」のように、極端なはげしい言葉で自然主義を形容しているのは、ニーチェ流の表現を真似たのでもあろうが、これに響きの強い漢語をあてたのは長江訳に倣ったのであろう。

こうした長江訳ニーチェの文体をまねることによって朔太郎は、ニーチェのアフォリズムから放射するパトスを自分の文体にも期待し、力強さを与えようとしたのではないだろうか。『新しき欲情』の中にはもっと素直な散文詩に近い文章もあって、すべてを長江訳ニーチェ調でわりきることはできないが、そのうちの多くのものはやはりその影響のあとを示していると考えられる。

## 第二節　叛逆の『新しき欲情』、倦怠の『青猫』

### 1　『人間的な』の特質

ここで、論旨をすすめるため今まで便宜上さけてきたニーチェの著作内容の問題に立ち入りたい。『新しき欲情』が出るまでに朔太郎が読むことのできた長江訳ニーチェの著作は、中期の作品群、『人間的な』上下、『黎明』、『悦ばしき知識』の四書である。これら著作の文体は全てアフォリズムである。では、これらのアフォリズム群の特徴は何か。とりわけ朔太郎が「完全に畏れ入って摺伏」してしまった『人間的な』とはどんな書物か。

のちになってニーチェは『人間的な』という書物に対する哀措の念をこめつつ、これを「私の危機の記念碑」と呼んでいる。その内面的事情を、自伝『この人を見よ』の「人間的な、あまりに人間的な」の彼自身の叙述によって見てみよう。

当時私に決定的であったのは、ヴァーグナーとの決裂というようなものではなかった。――私は私の本能の全般的迷誤を感じた。個々の誤りはヴァーグナーにせよ、またバーゼルの教授職にせよ、単にその徴にすぎなかった。自分に対する焦燥が私を襲った。私は私自身に立ちもどって省思すべき絶好の時だと洞察した。突然私は、いかに多くの時間がすでに浪費されたか――また文献学者という私の存在全体が、私の課題にとっていかに無益にいかにでたらめにみえるかが、おそろしいほど明らかになった。

すでに本書で何度も触れたとおり、二十四歳でバーゼル大学の教授になった若きギリシャ古典文献学者ニーチェは、同時にショーペンハウアーの哲学に心酔し、ヴァーグナーの音楽に熱狂する理想主義者、芸術主義者であった。初期のニーチェを支えていたもの、それは古典ギリシャの精神と形而上学と芸術という三つの柱である。ところがあるとき、この世界が音をたてて崩れてしまった。その直接のきっかけは病気である。もとより病気はきっかけであって原因ではない。以前から予感として感じられていたものが、病気という契機によって顕在化したのである。考える時間を与えられたニーチェは自己を振りかえり、あまりに憔悴しきった自分自身に愕然とした。職業的良心という義務に束縛され、埃っぽい知識のがらくたの中に埋もれてしまっている自分自身の姿を見たとき、おそろしい「自己喪失」の感情が彼を襲った。ヴァーグナーの芸術やショーペンハウアーの形而上学は、実は自己喪失による彼の飢餓感情を麻痺させる役割をになっていたにすぎないのではないか、という疑惑がそれにつづいて起こった。そのとき彼は、自分自身を所有する自由な精神となることを決意したのである。そしてその最初の成果が『人間的な』一巻の書物であった。いわばこれはニーチェの起死回生の書、哲学者として自覚的に新しい未知の領域へ踏み出す第一歩であった。

私はこの本によって私の性質の中の身につかぬものから自分を解放したのだ。私の身につかぬものに理想主義がある。標題の意味はこうだ。「君達が理想的なものを見る所で、私は見る――人間的なものを。ああ、あまりに人間的なものを！」

こうしてニーチェは彼の魂が今まで拠り所としていたものも含めて、すべての理想的なものにつぎつぎと切りこんでゆく。彼はあらゆるものを吟味する。形而上学を、道徳を、宗教を、芸術を、一つひとつ秤にかけ、およそ人間が魂の安全な隠れ家としてもっているもの、人間を高め、高貴にしている一切のものを明るみに出し、その本性を曝露する。その方法は、有名なニーチェの心理的曝露戦術であり歴史的考察である。彼は今まで価値ありとされてきた一切のものに疑惑の目を向け、その歴史的成立を考察し、その根底に人間の心理的欲求を発見することによって、その事柄自体の絶対価値を否定するのである。このように、人間を支えてきた価値を一つひとつ切り崩していくことは、虚無の深淵にのみこまれていくことにほかならない。にもかかわらずニーチェは、魂の冒険者として、実験する精神として、この道をあえて突きすすんだ。その先に何が残るか、生を肯定する勇気をもち得るか否か、自己の存立する立場を失う危険を賭して彼は徹底的な誠実さをもって、認識への道をつき進んだのである。「精神とは、生の中へ切り込む生である」(『ツァラトゥストラ』)と語ったニーチェにとって、認識への道とは生の危険を賭して初めて得られる苦悩の道であった。このような過程を経たのち、ニーチェはついに、自らをヨーロッパの運命を先取りした「ヨーロッパの最初の完全なニヒリスト」と断言するに至ったのである。

本質的に過渡期の所産である中期のアフォリズム群は、こうした否定の精神、破壊の精神、現実的実証的精神に彩られている。そのなかでもこれらの特徴を最も烈しく表しているのが『人間的な』上巻である。朔太郎が感じたニーチェの力強さの印象は、その文体とあいまって、破壊への意志の気迫、否定のパトスの激しさによるものであろう。

## 2 破壊のパトスを継承した『新しき欲情』

『新しき欲情』の中で、この否定への意志、破壊への意志を受けついでいるものは、まず朔太郎の激烈な自然主義攻撃である。『新しき欲情』はさまざまな事柄の省察を含んでいるが、自然主義批判については「概説」のなかの「季節遅れの由来」という小見出しをもつ文章において、一種の弁明が行われている。これらは数年前、自然主義が絶叫されていた頃、抑えきれない「時流への叛逆心」から書かれたが、敵の影が薄くなった今日では相手を失っている。しかしこの季節遅れの思想も、新しい敵への義憤として爆発するという。新しい敵とは、いま流行の幸福論やレアリズム、自然主義末派に胚胎された現実的な安易思想である。朔太郎の批判精神の原点は、こうした時流への叛逆であり、これが『新しき欲情』の思索を貫いている。朔太郎の気質や詩人観からすれば、現実べったりの自然主義文学が芸術と呼ばれ文壇の主流をしめてきたという事実は、彼の最大の痛憤事であっただろう。朔太郎が芸術に求めたものは、苦悩する魂の慰めであり、美による浄化作用であった。朔太郎自身の言葉を使ってひと言でいうなら、「浪漫主義」の精神である。朔太郎はニーチェの破壊への意志のなかに、自然主義打倒や新しい敵への叛逆意志を見出したのである。

とはいえ、否定という一点で交叉はしていても、『人間的な』を書いたこの時期のニーチェと朔太郎では精神の方向が正反対である。この時期のニーチェは、理想的なものに「あまりに人間的なもの」を見ることによって理想主義を否定し、現実的なものを直視しようとした。ニーチェの懐疑の眼差しは、朔太郎の主張する浪漫主義芸術をも差し貫く。むしろニーチェは浪漫的芸術の絶対価値そのものを否定する。一見人生に深奥な解釈を下し、人の心に訴えながら品位や尊厳のために闘っているかにみえる芸術家は、真実の認識という点についてはしょせん地味な思想家には及び得ないという(『人間的な』一四六番)。また、詩人がその思想を韻律の車にのせて仰々しく運んでくるのも、その思想が一人で歩くことができないからだ(『人間的な』一八九番)といった痛烈な皮肉もある。

朔太郎の主張する浪漫主義や理想主義は、ニーチェが『人間的な』によってまさにかなぐり捨てたものである。この点に朔太郎が違和感を抱いたのは当然であろう。朔太郎は「楽天的自然主義と悲観的自然主義」と題するアフォリズムのなかで、ニーチェを悲観的自然主義者の一人に数えあげて、彼らしい弁明を行っている。

そこには多血質な時代の革命児が居る。道徳を破壊し、趣味を殺戮しようとする、反逆の啓蒙思想がある。燃えてやまない不平、自然と人生の一切に挑戦しようとする感情がある。げに何物にも満足することのできないつむじ曲りの鬱憤があるではないか。（中略）さらば私をして後者の悲観的自然主義（即ち啓蒙自然主義）にまで何かの好意をもたしめよ。彼等の「思想」には反対を唱へつつも、彼等の「感情」には同感し得るといふやうな、一つの矛盾した好意を示さしめよ。

ここで使われている叛逆の啓蒙思想や啓蒙自然主義という概念は、普通の文学史的常識を無視しており、朔太郎の造語によるこうしたドグマ的論述は珍しくはない。しかし「日本の自然派文学」というアフォリズムの中には、楽天的自然主義と悲観的自然主義の説明がある。前者は老子流の自然主義で、天性現実的で楽天的な日本人は古来伝統的に自然を愛し、自然と同化し、その倫理学も現実を楽しみ、分に安んずるという徹底自然主義者である。これにたいし後者は、フランスを中心に起こった自然主義で、基督教の迷信を打破し、旧浪漫主義の謬見を啓発し、道徳と趣味のいっさいに叛逆する「否《ナイン》」の思想だという。あくまで自然を征服しようとするこの西洋の自然主義に属する者として、朔太郎はルソー、ゾラ、モーパッサン、ニーチェ、ボードレールをあげ、その文学を啓蒙自然主義とも呼ぶのである。

このように朔太郎はニーチェの破壊への意志には最後まで共感を寄せているが、ニーチェの浪漫主義否定の主張には反対せざるを得なかった。浪漫主義の芸術は朔太郎にとって酔いをもたらすはずのものであった。現実の痛苦を忘れ、夢幻境に遊ぶ境地を芸術の中に夢みていたのだ。ニーチェも芸術が病んだ魂の慰めとなることは認めていたが、しかし彼自身は認識への意志のために、仮象の世界に逃れるという慰めは拒否する。朔太郎がニーチェと同様の態度をとれば、芸術家朔太郎の存在根拠は破壊されてしまう。ニーチェのように芸術そのものに対して拒否的態度をとることは彼には不可能であった。

ここには明らかに姿勢の差がある。精神の方向の差がある。しかしこの姿勢の相反は、決して資質の差を証しているのではないことに注意したい。むしろ朔太郎は精神の方向は違ったとしても、詩人らしい鋭い直観によって、ニーチェの中に自分の魂との血縁性を見出したのではないかと思われる。たしかにニーチェはこの時期に、芸術を、形而上学を、イデアの世界を、虚妄として否定はしている、しかしそれらはついさきごろまで彼が住んでいた世界であり、その魅惑も、昂揚させる力も、魂に与える効果も知悉していた。かつて生の盲目意志を説くショーペンハウアーのとりこになったニーチェは本質的にペシミストであり、「生は苦悩である」という根本認識は、はじめから一貫して変わっていない。若いニーチェはその苦悩の生を救済するものとして芸術を考えていた。支配的であったヴィンケルマン流の明るいギリシャ観からギリシャを解放し、古代ギリシャ人こそ生存の恐るべき不条理を身をもって体験したものと彼は考えた。ギリシャ悲劇を生の救済作用と観じた『悲劇の誕生』の発想そのものがそれを語っているし、また現代の無秩序、無意味な世界を救済せんとするヴァーグナーの芸術を至上のものとして絶讃した。それは世界に意味を与え、解釈を与え、単純化する力をもっている。生の不条理を深く感ずるがゆえにいっそうその意味を求めるニーチェの形而上学的欲求は、彼の気質に生得的なものであり、彼は芸術の中にその欲求を満足させる絶大な力を感じる感性をもっていた。

中期のニーチェは芸術を単なる仮象、単なる慰めとして厳密な学問的認識の下位においてはいるが、『この人を見よ』の中では、この時期には意図的に自分に反自然を強いたのだと述べている。彼の当時のアフォリズムの中には芸術に対し、旧来と変わらぬ感じ方をしてしまう例が見いだされる。たとえば『人間的な(上)』のなかの「芸術は思想家の胸を重くする」というアフォリズムでは、すべての形而上学的なものを放棄したはずの自由思想家において、芸術の最高の効果が形而上学的な弦と共鳴現象を起こし、ベートーベンの『第九』のある箇所などでは地上の星の丸天井の中を、胸に不死の夢を抱きながら浮動するように思うこともあると述べ、このような瞬間に彼の理智的性格は試されるという。

キリスト教の宗教音楽として発達したドイツのクラシック音楽が、超越的・天上的なものへの憧れを呼び起こす心理作用をもつとすれば、これを意志の力で押しとどめるのは容易ではない。この例にみられるように、ニーチェはさまざまの事柄の影響から自己を解放する自由精神への努力の過程で、一種の反自然を自己に強いたのであった。このような反自然は、彼が事物に対する距離とパースペクテイヴを獲得するためにどうしても必要な過程であった。しかしニーチェは生理的には朔太郎と同じ気質をそなえた浪漫主義者であり、二人は同じ空間に住む魂であった。その関係はいうなれば写真のネガとポジのようなものであり、運動の方向、ベクトルの方向が正反対であったとしても、同一座標軸中に位置している。「『思想』には反対を唱へつつも、彼等の『感情』には同感し得るといふやうな、一つの矛盾した好意を示さしめよ」という、朔太郎のアンビヴァレントな気持を生じさせるに充分な魂の類縁性が、二人の間には存在したと考えられる。

後年、朔太郎は『人間的な』を読んだときの衝撃を、「ポー、ニイチェ、ドストエフスキー」の中で、次のように回想している。

　この著はニイチェ哲学の入門書である所から流石頭脳の悪い僕にも理解された。（中略）初めてそれが照らす所の世界の景色は、白昼よりも輝かしく、熱と生命で氾濫してゐる。思想の深刻さは無限であり、どこまで掘つても掘りきれない。心理の解剖は髄に達し、どんな小説も及び得ない。／／僕等の智力を以てみれば、ニイチェはいくら掘つても掘り尽せず、無限の地獄に達してゐる底なし井戸だ。

この回想は、『新しき欲情』で「思想には反対する」と述べていることと一見矛盾してみえるが、そうではない。朔太郎が追随しえなかったのは、芸術の慰めを退けるニーチェの態度であって、芸術やその他の事柄に関するニーチェの洞察そのものではない。そしてさまざまの省察のなかでも朔太郎が最もよく理解し得たのは、やはり芸術に関する洞察だったと考えられる。事実彼は次のように述べている。

ニイチェは正しく僕の「先生」である。だが僕の学んだ部屋は、主としてニイチェの心理学教室であつた。形而上学者としてのニイチェ、倫理学者としてのニイチェ、文明批評家としてのニイチェには、僕として追跡することが出来なかつた。（中略）僕は「心理学」と「文学」だけを彼に学んだ。

（「ニイチェに就いての雑感」）

ニーチェが芸術について語るとき、その対象となるのは主として浪漫的芸術である。それはかつての己のすみ家であっただけにその事情にはすみずみまで通じている。その知識と体験と心理的洞察をもって、彼は芸術にまつわるさまざまの神話のヴェールをはぎとってゆく。芸術が人間の魂に与える効果、どのようなものが最もよく効果を与えうるか、どのようなものが素材として扱われるか、芸術家はどんな創造の秘密をもっているか、芸術家とはどんな種類の人間か、芸術の与える感情は歴史的にはどのような形で発展してきたか、インスピレーションとは？　天才とは？　一般大衆と芸術家との関係は？　こうしたさまざまな観点から『人間的な』の中でなされる考察は、まだ決裂以前だったヴァーグナーへの配慮からその名前こそ出されていないが、実際にはヴァーグナーを念頭において書かれたものであるだけに、音楽を中心とする浪漫的芸術の本質をついたものが多い（註2）。音楽に対する異常なまでの嗜好をもち、抒情詩と音楽を同質的なものと感じていた朔太郎は、自分が漠然と感じていた芸術というものの実体を白昼のもとにさらすように、表から裏から明確に描き出しているニーチェの鋭い洞察に、驚異の念をおさえることができなかったであろう。なかでも朔太郎を最も惹きつけたのは、芸術における形而上学的なもの、イデアという観念ではなかっただろうか。人間を芸術へとつき動かす原動力としての形而上学的欲求、そして芸術がより高い宇宙の本質を示すかにみえるとき、それは最大の効果を発揮するという発想である。

筆者はこの観念の役影を、『新しき欲情』よりもむしろ詩集『青猫』に感ずる。そこで次にこの詩集について考えたい。

## 3 「霊魂ののすたるぢあ」、「いであへの憧れ」

『新しき欲情』の書かれた時期は、朔太郎の第二詩集『青猫』が書かれていた時期と一致している。彼は一方では激烈な論調のアフォリズムを書きながら、他方では倦怠と憂鬱の情緒に支配された絶望の詩人であった。『月に吠える』の不安定感は『青猫』では澱のように魂の内部に沈澱し、「憂鬱なる」という言葉のおびただしい使用にみられるように、厭世的な無為のアンニュイが詩篇をおおっている。しかし、ある眼に見えぬ実在を夢みるむなしい憧れの情緒も、ここには見出される。『青猫』の序文でそれは次のように述べられる。

私の情緒は激情《パッション》といふ範疇に属しない。むしろそれはしづかな霊魂ののすたるぢやであり、かの春の夜に聴く横笛のひびきである。//

かくて私は詩をつくる。燈火の周囲にむらがる蛾のやうに、ある花やかにしてふしぎなる情緒の幻影にあざむかれ、そが見えざる実在の本質に触れようとして、むなしくかすてらの脆い翼をばたばたさせる。私はあはれな空想児、かなしい蛾虫の運命である。

されば私の詩を読む人は、ひとへに私の言葉のかげに、この哀切かぎりなきえれぢいを聴くであらう。その笛の音こそは「艶めかしき形而上学」である。

「霊魂ののすたるぢや」、「春の夜にきく横笛のひびき」、「燈火の周囲にむらがる蛾」、「哀切かぎりなきえれぢい」、「艶めかしき形而上学」などの表現はあまりに朔太郎的ボキャブラリーであるが、その意味するところはすべて、ニーチェの説く芸術における形而上学的な欲求に帰一する。朔太郎はそれまで漠然と感じていた自己の芸術衝動の一つを、ニーチェを通じて「霊魂ののすたるぢあ」、「いであへの憧れ」という観念でつかんだのではないだろうか。

この「芸術における形而上学的なもの」という観念は、ニーチェ独自の発想というよりショーペンハウアーの美学にその淵源をもっている。この時期、ショーペンハウアーの厭世哲学にも惑溺した朔太郎は、むしろ、その倦怠のムードとともに芸術の中に彼岸を夢みるあの実在への憧れを、ショーペンハウアーからも学んだに違いない。それゆえここではニーチェとショーペンハウアーが二重写しになっている。

だが「むなしくかすてらの脆い翼をばたばたさせる」、「私はあはれな空想児、かなしい蛾虫の運命」と、一方では芸術の虚妄性、あるいは限界を意識している朔太郎にとって、この形而上学的なものは、人の心情を全面的に支配する観念としての実体的強さをもってはいない。それはあくまで漠とした憧れであり、とらえどころのない情緒である。このことはそのまま彼の実作にあてはまる。仏教に興味をもったショーペンハウアーのように、涅槃の境地を夢みて作られたいくつかの仏陀の詩、たとえば、「仏の見たる幻想の世界」には、青白く病的ではあるが、一方幻想の華やかさと恍惚を思わせる奇妙に不安定な仏陀の姿が描かれる。この仏陀は「あやしげな聖者の夢」を結ぶ幻想の仏陀であって、朔太郎その人の姿ともいえよう。仏陀はこの場合、朔太郎の内部感情をイメージ化する一つの素材にすぎないのであって、具体的に仏陀の思想がこの詩で扱われているわけではない。

また、朔太郎の表現者としての才能を見事に表していると定評のある「黒い風琴」についても、同じことがいえる。「おるがんをお弾きなさい　女のひとよ」とOの母音を巧みに使ったこの句のリフレーンをくりかえしつつ、しだいに高まってゆくフーガのオルガン曲のように暗い不安な情緒を盛りあげていくこの詩の中心には、「宗教のはげしい感情　そのふるへ／けいれんするぱいぷおるがん　れくれえむ！／お祈りなさい　病気のひとよ」とやはり宗教的な感情がある。この場合もさきの仏陀の場合と同じく、キリスト教はある宗教的雰囲気を醸成する一つの意匠にすぎないのであって、観念上のアクチュアリティーをもったものではない。感情表出の素材や意匠としての対象であるなら、彼にとってキリスト教も仏教もそれほど大きな違いはなかったであろう。これをいみじくも朔太郎は、「思想は一つの意匠であるか」という仏陀をうたった詩において自ら述べている。

　鬱蒼としげつた森林の樹木のかげで
　ひとつの思想を歩ませながら
　仏は蒼明の自然を感じた
　どんな瞑想をもいきいきとさせ
　どんな涅槃にも溶け入るやうな
　そんな美しい月夜をみた。

　「思想は一つの意匠であるか」
　仏は月影を踏み行きながら
　かれのやさしい心にたづねた。

朔太郎にとって形而上学的観念とはこのようなものであって、人間の価値観を決定するような観念上の実体ではない。かつて世界に意味と統一を与える力を芸術の中に認めたニーチェとは、その形而上学的なものの内容には実体と影ほどの差がある。始めから芸術の虚妄性を意識している朔太郎は、この点で中期のニーチェに近いともいえるが、ニーチェが芸術を仮象として斥けるまでに演じられた精神のドラマは朔太郎にはなかった。同じく仮象といい、むなしいとはいっても、その言葉の蔵している内容にはかなりの落差がある。

この時期、朔太郎はどんなに憂鬱と倦怠の気分に浸されていたとしても、芸術家としては幸せな時代であった。彼は芸術に夢を託し、そこに魂の慰めを見出すことができた。何物にも完全に酔うことのできない自分をしばしば『新しき欲情』の中で嘆いてはいるが、彼は絶望の感情に酔うことができた。そして一方では、むなしいと知りつつも形而上学的な実在への憧れの情緒に身をひたし、悩ましい官能の情緒をうたうこともできた。彼は幻影の中に生きる時間をもち、そこに歌うべきものをもっていたのである。

だが、このことがとりもなおさず朔太郎とニーチェとの距離を作っているのであり、かたや理想主義や浪漫主義を否定し、かたやそれを主張するという正反対の精神方向となって表れているのである。幻影の夢に酔う詩人は、認識への意志のためにそれをすてたニーチェを理解することができなかった。朔太郎はニーチェと気質を同じくする部分ではそのよき理解者であったが、ニーチェの否定の根底にあるヨーロッパ人としての精神構造を理解し得なかった。ニーチェの否定の激しさは朔太郎の目を奪い、その否定のパトスが何に根ざすかを考えてはみたものの、彼がニーチェに感じたのは叛逆的気質でしかなかったのだ。ニーチェをおそった激しい懐疑、むしろ自己の気質をのりこえたところに自己をおき、距離とパースペクティヴを得ることによって主体性を回復しようとした自己回復への意欲、生存の危険を賭した認識への徹底的な意志、これらが否定の背後にあることを朔太郎はみなかった。

にもかかわらずニーチェの破壊への意志は、朔太郎に叛逆の書『新しき欲情』を書かせる一つの契機となった。芸術をめぐる問題以上にもっと深く、朔太郎の直接の生の意識にかかわる部分で、彼はニーチェに惹きつけられたにちがいない。でなければ本章冒頭で引用したような、「ニイチェは僕の生き得た『生活』だつた」とか、「戦ひ生きることの意志をあたへた」といった発言が出てくるはずがない。次に節を改めてこの問題を考察したい。

## 第三節　ニーチェに学んだ「全体のもの」、「生への意志」

### 1　敗残者意識からの救い

　元来、僕は気質的にデカダンスを傾向した人間である。（中略）それが幸ひ（だか不幸だか知らないが）一つの昂然たる貴族的精神によつて、今日まで埋没から救はれてるのは、ひとへに全くニイチェから学んだ訓育の為である。そしてこの一事が、僕のニイチェから受けた教育のあらゆる「全体のもの」なのである。

これは朔太郎最晩年にあたる五十歳ころに書かれたかなり長いエッセイ、「ニイチェに就いての雑感」の末尾を飾る文章である。このエッセイは、さすがにニーチェを自分の問題として数十年も熱心に読みつづけた詩人の書いたものらしく、きわめて優れたニーチェ論だと筆者には思われる。その最後で「昂然たる貴族精神」により埋没から救われた、これがニーチェから受けた教育の「全体のもの」だと結論的に述べられた言葉は、彼とニーチェとの関わり方を解く一つの重要な鍵である。

　ではニーチェの貴族精神とは何か。ニーチェにおいては常に卓越する個人が問題であった。ショーペンハウアーやヴァーグナーに対する初期の熱狂的天才崇拝はそれを最も端的に示している。否定と破壊の精神にみちた中期には、偉大なもの、高尚なものより、現実的なものの方が優先しているかにみえる。これまでの最高価値の体現者、哲学者、聖者、偉大な芸術家等はたしかに斥けられるが、これにかわって登場するのはすべての既存の価値から解放された自由精神である。この自由精神は決して卑俗な日常生活に埋没する平凡人ではなく、切り裂くような苦難の道を経て自己の道を見出そうとする認識の戦士であり、第一級の人物である。ニーチェは人間を常に精神的にすぐれた者とそうでないものという二つの類型に分類する。精神的エリートと大衆である。そしてニーチェが問題としたのは徹底して前者の問題で、これはどの時期にも一貫している。

中期の自由精神が発展していったとき、後期のツァラトゥストラのようなより高次の自由精神が最高の人間類型となる。それは単なる否定の精神ではなくて、破壊と同時に創造する精神、否定と肯定とをあわせもった精神である。ニーチェほど卑小化する現代の傾向を予言的に洞察し、偉大なものへの憧憬を呼び起こそうと努めたものはいないであろう。『ツァラトゥストラ』にはこの気分がみなぎっている。

ニーチェは『人間的な』やその他のアフォリズムにおいて、こうしたより高級な人間についてさまざまの省察を行なっている。彼らはより高いもののために苦しむ能力をもった人間で、単に労働するために生まれてきた人間ではない。彼らには苦難に耐えうる精神的な強さがあり、きわめて繊細な魂であるだけに傷つきやすく脆い面もある。彼らはその意味で注意深く保護されなければならない。パンを獲得する苦労などでその最高の能力をすり減らしてしまってはならない。自由精神を生む基盤として、そのような日常的なものから解放された生活が保証される必要がある。とはいえ彼らの内的生活は一般大衆の幸福に及びもつかないほど苦しい。だがこれこそ本当の文化を生む力となるのである。

こうした精神貴族主義、精神優位の思想は、終生日常性との葛藤に悩みつづけた朔太郎を鼓舞激励したにちがいない。中学を何度も落第し旧制高校も中退した朔太郎は、どうしても現実の中に働く場所を見出すことができなかった。彼には働くということの意味が理解できなかった。大正六年十一月、高橋元吉あて書簡の中で朔太郎は次のように書いている。

「こうしては居られない、何かしなければならない。併し何をしてよいか分からない。」これです。

この声が我我にとつていちばん恐ろしい聲なのです。明らさまに言ふと我々には理想も目的も持たないのです。（中略）時に私はこうした近代病の苦悩のために他の何びとよりも烈しくやられて居るのです。私は中学を卒業するときから此の病気にかかつたのです。多くの友人たちが希望にかがやいていて未来を語り合つているときに私一人は教室の隅で黙つて陰気な顔をして居ました。「何でもいいから目的を立てろ」父はこう云つて絶えず私を責めました。実際私にはその目的が見つからなかつたのです。友人たちは私のために芸術家という見立てをしてくれました。併し私の考えでは芸術は人間の目的ではなかつたのです。「人間として為すべき仕事」（特に男子として）それを私は求めました。そして逐に何物をも発見することができませんでした。（中略）

そして今に至るまで私は何の理想も目的も見出すことができません。これがどんなに辛いことだといふことはあなたにも御推察になることと思います。しかも幸か不幸か、私は生活のために労働する必要がないのです。従つてその労働にまぎれて、そうした苦悩を忘れるという時間が私にはないのです。朝から晩まで私を悩み苦しめるものはただ一つこの思想です。「何のため？」、「何の目的で？　お前は生きて居るのだ？」これです。

朔太郎にはニーチェのように精神の優位を信じて日常性を無視することなどできなかった。彼は日常的なもの、現実的なものの圧迫を常に感じつづけ、そこに理想も目的も見出せぬ自分を卑下し、劣等意識に苛まれつづけた。前橋の名望家で生き神様といわれた医師である父、現実の社会の中にどっしりと根をすえ典型的な良き市民である父は、朔太郎にとって反感の対象であるよりも、畏敬と恐怖の対象であった。そして父の期待に添い得ぬ自分を不肖の子と卑下し、妻子をもってもなお生計を営み得なかった彼を「飼い殺しにしてやる」と父が面罵しても、ただ黙って頭をさげ、焦慮と憂鬱と悲嘆にくれるしかなかった。彼にとって現実の中に根をすえた社会生活とは、自分には永遠に閉ざされた未知の領域であった。そしてそれに対する感情は、この父に対する感情に象徴的に表れている。自らパンも稼げぬ社会の敗残者としての自己意識である。

しかし朔太郎の存在意識は敗残者意識でぬりつぶされていたわけではない。彼は自己を日常世界に属する人間ではなくて、他の違った世界に属する人間だと感じつづけていた。

**地球を跳躍して**　たしかに私は、ある一つの独得な天分を持つてゐる。けれどもそれが丁度あてはまるやうな、どんな特別な「仕事」も、今日の地球の上に有りはしない。むしろ私をして、地球を遠く圏外に跳躍せしめよ。（『新しき欲情』）

このように自らを高しとする意識は、敗残者意識を生む原因であっても、結果ではない。つまり朔太郎は、現実の社会生活に適応できないからこのような意識をもつに至ったのではなく、このような意識の故に、現実に希望や意味を見出すことができなかったのである。音楽に激しい喜びを感じ、哲学書や文学書を漁り読む少年であった朔太郎にとって、そのような魂に直接かかわる世界こそリアリティーを感じさせる世界、自己を没入できる世界であって、現実の社会の方にリアリティーがなかったのである。この意味で朔太郎は生まれながらのロマンチスト、理想主義者であった。

しかし彼はこうした精神的領域においても確固とした拠り所をもち得なかった。彼の生の意識の最も奥深いところで、その思想の核を与えるようなものに巡り会うことがなかった。ここで彼は前にも行けず後にもひけぬ方向喪失の感情に捉えられてしまう。そしてこの無目的感は彼の魂の内部に深く喰い入り、生理的な神経症的様相さえ呈してくる。哲学青年や文学青年にありがちなこうした状態を、朔太郎はより深く体験する。それは一面、絶対価値や理想を求めて求め得ない現代の精神状況を先取りしているといえなくもない。その意味で朔太郎は、近代日本の悩みを深刻に悩んだ最初の詩人の一人なのである。

## 2　朔太郎の二面性――現実への叛逆性と超俗性

朔太郎には、日常性に対する劣等意識とは違ったもう一つ別の感情がある。生存の目的に対する疑惑を感じることもなく、安易に日常性の渦の中にまきこまれてしまう人間に対する軽蔑と強い怒りの感情である。一面で劣等意識をもっているだけに、このような人間に卑下しなければならぬことに対する憤怒が燃えあがる。また自分自身の生にははっきりした方向を与える確固としたものを求めているのに、それをつかみ得ぬ憤懣と怨恨の情が油をそそぐ。表面的には一見矛盾した二つの感情が彼の中には同居していた。彼が自己を精神貴族と感じ、自らを高しとする昂揚した情緒の中にいるときは、現実に対する激しい憤怒、破壊欲が彼を捉える。朔太郎が自ら叛逆性と呼んでいる性向である。

> 私の情操の中では、二つのちがつたものが衝突してゐる。一つは現実にぶつかつて行く烈しい気持ちで、一つは現実から逃避しようとする内気な気持ちだ。この前の気質は「叛逆性」で、後の気質は「超俗性」である。前者は獅子のやうに怒り、後者は猫のやうに夢をみてゐる。
>
> そこで私の思想には、いつもポーとニイチェとが同時に棲んでる。私が芸術的感興にのつてくる時、いつもポーの大鴉のやうに、神秘な幻想境に入つてしまふ。//
>
> 私の中に棲む芸術家は、私に『青猫』のユートピアを幻影させた。願はくはいつもあの理想の中に、あの阿片の夢の中に眠つてゐたい。しかしながら白昼《ひるま》がくる。そして惨ましい現実があらはれてくる。ああ私は夜に魔薬《ママ》し、朝に痛恨の苦悶に悩んでゐる。そして白昼《ひるま》に「新しき欲情」の懺悔をかく。私は夢み、また醒めて現実の怒りにもだえてゐる。（「烈風の中に立ちて」大正十五年）

朔太郎がニーチェの否定の書『人間的な』を読んだとき、その破壊精神が朔太郎の叛逆性に強く訴え『新しき欲情』を書かせた。この叛逆性の根底には自らを精神貴族と感ずる昂揚した感情がある。ニーチェの中に「昂然たる貴族精神」を見出したとき、朔太郎は自己を例外者として許容する発想をそこから得たのである。ともすれば敗残の意識と方向喪失の感情におし流されそうになるこの絶望の詩人は、ニーチェの中に力を感じ、勇気づけられ、己の存在根拠を見出した。ニーチェから生きる意志を学んだという発言もここから発している。『青猫』と『新しき欲情』を同時に書いていたこの詩人は、当時を回想して次のように述べている。

かうした生活の中で、私は人生の意義を考へ詰めて居た。人は何のために生きるのか（中略）或る時はニイチェを読み、意気軒昂たる跳躍を夢みたが、すぐ後からショーペンハウエルが来て、一切の意志と希望とを否定してしまつた。（「青猫を書いていた頃」）

『青猫』が涅槃を夢みるショーペンハウアーの意志否定の道なら、『新しき欲情』はニーチェの生の意志に至る道であった。ニーチェは彼にとって強さと意志と昂然たる貴族精神のシンボルであり、それは生への道であった。だが、朔太郎の敵が日常性であり現実であり、それゆえにこそ日常性とべったり癒着した自然主義であったとすれば、日常性の問題などはるか眼下に見下していたニーチェの問題は、全然別のところにあったことに注意しなければならない。ニーチェには朔太郎のような日常性とのなまなましい葛藤はなかった。ニーチェが挑んだ闘いの相手は、それまでのヨーロッパを支配してきたもろもろの価値である。

それに対して自然主義との闘い、日本的現実との闘いに力点をおく朔太郎の問題は、彼個人の問題であるばかりでなく、彼のおかれた大正という時代の要請でもあった。「文学は男子一生の仕事にあらず」と嘆いた明治有数の文学者二葉亭四迷と同じく、朔太郎の内部に根強く存在していたのは、開国日本の近代化をおしすすめてきた実学優位の思想であった。これと闘い精神の領域を確立することが当面の朔太郎の問題であり、また大正知識人の問題でもあった。だが現実社会に拮抗しうる、あるいはそれを支配しうるような近代精神の領域は日本には確立されておらず、西洋こそは文化であり精神であり、学ぶべき対象、憧れの対象だと感じられていた点が大正文化人の特質である。朔太郎もまた時代の子として同じような感情に捉えられていた。

朔太郎の青年期にあたる明治末期から大正の始めにかけては、こうした意味でとくに洋化熱のさかんな時代であった。五色の酒に酔い、西洋風のカフェに出入りするといった風俗上のエキゾチシズムにひたったばかりではなく、青年たちは西洋の精神を内面的に受けとめ、自己の精神の確立をはかろうとした。前章で見たように、新カント派の書物や、オイケン、ベルグソン、ニーチェなども次々に訳され、哲学は一種のブームとなり、西洋思想を通じて近代的自我をおのがものとすることが彼らの課題であった。西洋はその意味で到達すべき目標物であり、光芒を放つ憧れの星であった。大正の知性にとって西洋がこのような上昇的意味をもつものである以上、西洋の没落、頽廃への傾向を鋭く見抜き、その歴史的認識から伝統的思惟への対決を迫ったニーチェ・ニヒリズムの問題は、朔太郎がいかに気質的にデカダンやニヒリズムへの傾向をもっていたとしても、そのまま彼自身の問題になり得なかったのは当然であろう。朔太郎にとって西洋は、第一に自己の精神や知性に真実の何かをもたらすはずのもの、魂の渇きをいやすはずのものであって、批判や弾劾の対象ではなかったのである。

既に述べたように、晩年の朔太郎が「ニイチェに就いての雑感」のなかで、「形而上学者としてのニイチェ、倫理学者としてのニイチェ、文明批評家としてのニイチェは追跡し得なかつた」と回想しているのは、その意味でも正当な自己評価である。学者のように知的興味からその思想の軌跡を追うのではなく、自己の心情に照らして自己の問題からニーチェに接近した朔太郎が、西洋の伝統文化を背景にしたニーチェの問題を完全に理解しきれなかったのは当然の帰結であり、また朔太郎らしい正直な感想だったともいえる。

## 3　打ち砕かれた西洋への夢

たしかに朔太郎は彼自身よくいうようにニヒリストであった。近代日本の状況下で彼は生存の目的をたずねて見出し得ず、しかも生涯の大半をこの問題に悩みつづけた。この無目的の生に耐えるという苦悩からの救済を求めたが、疲れ、そして何物をも見出し得なかった。『新しき欲情』以後も朔太郎は次々にアフォリズム集を刊行していったが、その題名からも、彼が力の充溢によってニヒリズムを克服したのではなく、しだいに深い虚無感にめりこんでいったことが看取される。大正十一年の『新しき欲情』という題名からは、新しいものへの気概と意欲が感じられるが、それに続くのは『虚妄の正義』（昭和四年刊）であり、『絶望の逃走』（昭和十年刊）である。これをニーチェのアフォリズム集のタイトルと比較すればその違いは明瞭である。ニーチェにあっては、『人間的な』に続くのは『曙光』（白水社版氷上英廣訳、長江訳では『黎明』）であり、『華やぐ知慧』（白水社版氷上訳、長江訳では『悦ばしき知識』）である。ここには否定から肯定へと移りゆく精神過程が表現され、ニーチェのニヒリズム克服の過程が暗示されている。

従来の諸価値の検討過程で単純な善悪という価値観を脱し、悪と呼ばれてきた諸衝動や行為にも人類を益してきた根元的な力を認めるにいたったニーチェは、今やあらゆる価値観からはなれ、人間の彼方六千フィートの高みで善悪の彼岸に立ち、破壊と創造をくりかえす無目的の生成を眺める認識者の眼を獲得する。恣意と偶然の支配する生成のいとなみに翻弄される人間は、この認識によって舞踏する足で生成の遊戯を共に楽しむ共演者となる。苦悩の認識は一転して華やぐ知恵となり、その哲学は哄笑の哲学となる。そして彼は無目的の生の深淵に向かってなお肯定を叫ぶ強い精神を獲得するのだ。またそれは、宿命に悩む人間ではなく、宿命を受け入れる精神でもある。ニーチェが晩年に抱いた運命愛とは、より高次の生成の認識を背後にひめた肯定する精神に裏打ちされたものであって、朔太郎が晩年に抱いた暗い宿命論とは異質のものである。朔太郎自身もそのことは意識していた。彼の晩年のアフォリズムには偶然や宿命について述べたものが多いが、その中に「ニイチェの偶然論」（『絶望の逃走』）と題する文章がある。

ニイチェの必死の苦悩は、決定論の自律する宇宙の外に、彼自身を切り抜けることであつた。（中略）彼は、如何にしてもそれを切り抜けなければならなかつた。ニイチェのあらゆる熱意は、かうした因果の鉄則する宇宙の外に、すべての宿命を超越した自由人（即ち天才）を求めることであつた。そして遂に超人の思想に到達した。超人！　それは百千万人に一人しかないところ、真の奇蹟的な偶然人であつた。全人類の中にあつて、ただ彼一人が自由人であつた。

超人、永遠回帰、力への意志などのニーチェ主要思想の哲学的意味の解明は本章の目的ではない。ここでは宿命のわだちを断ち切ったニーチェに対する、朔太郎の驚嘆の念を読みとれば充分である。

年を経るにしたがって朔太郎は、ニヒリズムの克服者としてのニーチェの境位と、おのれの境位との懸隔をはっきり自覚するに至った。もはやニーチェを自己と同一視するような態度はどこにも見出せない。昭和十二年、死の五年前、朔太郎はそれまでの論考をまとめた『無からの抗争』という散文随筆集の冒頭で、「私の詩人とツァラトストラ」という題名で『ツァラトゥストラ』序説のパロディーを書いている。

私の詩人は、年三十歳の時、ニイチェのツァラトストラと共に山に入り、鳥と雲とを友として閑寂孤独の生活をした。そして年四十歳の時、ツァラトストラと共に森を出で、山を降つて人間の世界へ這入つて行つた。

三十歳で山に入り、十年たって人間のもとへ下って行く『ツァラトゥストラ』の序説の構成をそのまま受けて書かれたこのパロディは、朔太郎がいかにニーチェに心酔し、それを範として精神的な彷徨を続けたかを描こうとしている。しかしその最後は悲惨である。

そして私達の去つた後で、群衆の聲高く笑ふのを聞いた。「見ろあの狂人の説教者、ツァラトストラの後について、一疋の痩せた驢馬が歩いて行く。自ら何物をも所有せず、自ら何の栄養をも持たないくせに、人を説教しようとするところの妄想狂者。あはれなロマンチストの影が歩いて行く。」

ここにはその後半生を通じて、愚直なまでにニーチェを信奉し追随してきてなおその真髄に達し得なかった朔太郎の、苦い自嘲の響きが聞かれる。この意識は、朔太郎最晩年の、あの日本への回帰という現象にも通じている。『無からの抗争』刊行の翌昭和十三年に出版された『日本への回帰』の冒頭、「日本への回帰　我が独り歌へるうた」では次のように書いている。

少し以前まで、西洋は僕等にとつての故郷であつた。昔浦島の子がその魂の故郷を求めようとして、海の向うに龍宮をイメージしたやうに、僕等もまた海の向うに、西洋といふ蜃気楼をイメージした。だがその蜃気楼は、今日もはや僕等の幻想から消えてしまつた。（中略）そこで浦島の子と同じやうに、この半世紀に亘る旅行の後で、一つの小さな玉手箱を土産として、僕等は今その「現実の故郷」に帰つて来た。そして蓋を開けた一瞬時に、忽として祖国二千余年の昔にかへり、我れ人共に白髪の人と化したことに驚いてるのだ。

これは、ある意味で朔太郎の宿命であった西洋、というよりも大正知識人の宿命であった西洋との総決算であり、朔太郎とニーチェとの総決算だったのではないか。ここに見たように、ニーチェの到達した境位の高さを認めつつも、完全には自己のものとしてはそれを理解しきれなかった朔太郎は、ニーチェの背後に横たわる西洋の伝統と自己との隔絶を意識したに違いない。同じニヒリズムという言葉を用いてはいても、ニーチェのニヒリズムはヨーロッパ二千年来の歴史の帰結としてのニヒリズムであり、伝統的思惟との対決がニヒリズムの克服者としてのニーチェを生んだ。しかし朔太郎の現実である日本にはそのような歴史的状況は存在せず、ニーチェの思想を追体験する基盤も欠けていた。始めから思想の中心をもたない朔太郎のニヒリズムは、それを克服する契機もまたその中にもってはいなかったのである。

思想を生むことはむつかしい。日本の現実や伝統を拒否してもっぱら西洋に範を求めた大正の知識人朔太郎は、ついに無そのものから借物でない本物の思想を生むことの不可能を感じたのではないか。それが日本への回帰という想いを彼に抱かせた原因ではなかったか。「我れは何物をも喪失せず／また一切を失ひ尽くせり」。朔太郎が『無からの抗争』の裏表紙に掲げ、『日本への回帰』の巻頭論文の中でも引用している最終詩集『氷島』の中のこの一節は、彼の最後の心境を見事に表現している。『氷島』はまた、長江訳ニーチェの影響が強いといわれている詩集でもある。最後にこの詩集について考察したい。

## 第四節　『氷島』とニーチェの抒情詩

### 1　序詩「漂泊者の歌」

日は断崖の上に登り
憂ひは陸橋の下を低く歩めり。
無限に遠き空の彼方
続ける鉄路の柵の背後《うしろ》に
一つの寂しき影は漂ふ。

ああ汝　漂泊者！
過去より来りて未来を過ぎ
久遠の郷愁を追ひ行くもの。
いかなれば蹌爾《そうじ》として
時計の如くに憂ひ歩むぞ。
石もて蛇を殺すごとく
一つの輪廻を断絶して
意志なき寂寥を踏み切れかし。

ああ　悪魔よりも孤独にして
汝は氷霜の冬に耐えたるかな！
かつて何物をも信ずることなく
汝の信ずるところに憤怒を知れり。
かつて欲情の否定を知らず
汝の欲情するものを弾劾せり。
いかなればまた愁ひ疲れて
やさしく抱かれ接吻《きす》する者の家に帰らん。
かつて何物をも汝は愛せず
何物もまたかつて汝を愛せざるべし。

ああ汝寂寥の人
悲しき落日の坂を登りて
意志なき断崖を漂泊《さまよ》ひ行けど
いづこに家郷はあらざるべし。
汝の家郷は有らざるべし！

詩集『氷島』の冒頭をかざるあまりにも有名な序詩である。昭和六年の作。この詩集ほど毀誉褒貶相半ばし、未だにその声価の定まらぬ詩集はほかにない。『月に吠える』や『青猫』が、ほとんど口語の可能性をぎりぎりまで表現しえたものとして、一般にその評価が安定しているのに対し、文語を使用せざるを得なかった『氷島』は、まずそれだけで一種の退却とみなされた。伝統的な漢文的表現は当時一般的にみられたものであるだけに、詩作技術上での革新を感じさせず、読者はまずそこに失望し、朔太郎が詩人としての野心を放棄してしまったと感じたのであった。また存在の内部感情をイメージ化するという、彼の特異な才能もここでは跡をたったかにみえる。あれほど攻撃してやまなかった自然主義的告白スタイルへ、彼自身が落ちこんでしまったのだという印象もこの詩集は与えた。それにまた漢語のおびただしい使用は、それだけで詩の抒情的美感を殺ぐとも感じられる。『氷島』への批判が、言葉の問題、表現する技術に心を砕いている人、例えば日夏耿之助や三好達治、那珂太郎など、実作者側から多くなされているのは故ないことではない。

しかし一方、この詩集に、詩人としての高い境地を認める寺田透や、朔太郎の使用する漢文脈に逆に新しい近代的センスをみる篠田一士のように、この詩集にすぐれて高い評価を与える一群の論者もいる。評価はあとにゆずるとして、私としてはまずニーチェとの関連においてこの詩集の考察をしたい。

「漂泊者の歌」は題名からすでにニーチェを連想させる。これはニーチェが好んで使用した比喩である。

『人間的な』上巻の最後は「漂泊者」というタイトルのアフォリズムで終わっている。それを受けるように『人間的な』下巻の副題は「漂泊者とその影」である。

ではニーチェにとって漂泊者とは何か。ニーチェは、いくらかでも理性の自由に達した者は、この世で自分を漂泊者として以外に感じることはできないという。長江訳によって『人間的な(上)』の最終アフォリズムからその一部を引用しよう。

勿論かくのごとき人には悪しき夜々《よなく》が来るであらう――彼が疲れて来たとき、そして彼に休息を提供すべき市《まち》の門が閉ぢられているのを見出すとき。恐らく彼は見出すであらう――その上、東方諸国に於けるごとく、砂漠が市の門まで届いてゐること、猛獣が或は近く或は遠く咆え立てること、一陣の強風が吹き起ること、盗賊が彼の猛獣を掠めて行くことを。やがて恐ろしい夜が、砂漠の上の第二の砂漠のごとく、彼の上に下つて来る。そして彼の心は漂泊をいやになつて来る。

漂泊者とは自由精神の別の名である。それは目標をもたず、すべてのものに捉われない。安住の地をもたぬ彼は、この引用にみるように孤独と砂漠の恐怖に苛まれることもある。しかしこの続きを読めば、懐疑と絶望が完全に彼を打ちのめしはしないことがわかる。彼は本当の自由精神のもつ晴れやかな喜びを感じ、それに思いをめぐらすことができるのだ。ニーチェの漂泊者のイメージには、孤独と悲惨の面のほかに、漂泊を喜ぶ別の心情がある。それはこの漂泊の過程のうちに、真の認識に達しうるのだという熱意と希望に通じている。

朔太郎の漂泊者のイメージはこれよりはるかに暗い。「蹌爾として、時計の如くに憂ひ歩む」漂泊者は、落日の光を受けて「寂しき影」のようにさまよう孤独の人である。希望も喜びももたず、愁い疲れてなお帰すべき故郷をもたぬ絶望の孤独者である。ここには前節までにみた朔太郎とニーチェの差が歴然と現れている。それでは、朔太郎は漂泊者というイメージを、単に言葉としてニーチェから借りただけなのであろうか。そうではない、朔太郎のこの詩は、むしろ、ニーチェのある詩をほとんど全面的に創作のモチーフとしていると考えられる。説明はあとにゆずるとして、孤独者の嘆きをうたった次の詩を長江訳で紹介したい。

## 2　ニーチェの詩「寂寥」の影響

鴉等は鳴き叫び、
風を切りて町へ飛び行く。
間もなく雪も降り来らむ――
今尚ほ、家郷ある者は幸なるかな！

今汝は凝然として立ち、
嗚呼、背後を眺めてあり！　如何に久しきかな！
如何なる愚者なれば、なんぢ、
冬にさきだちて世界に逃げ込まむとはするぞ！

世界は、無言にして冷かなる
幾千の砂漠への門戸！
汝の失ひし物を失ひし者は、
何処に停留することなし。

今汝は冬の旅路へと宿命づけられて、
色蒼ざめて立てるかな、
つねにより冷き天《そら》を求むる
かの煙の如くにも。

飛べ、鳥よ、汝の歌を
砂漠の鳥のきいきい聲に歌へかし！
汝愚者、汝の血の出づる心臓を
氷と侮蔑との中にかくせよかし！

鴉等は鳴き叫び、
風を切りて町へ飛び行く。
間もなく雪も降り来らむ——
家郷なき者は禍なるかな！

（長江訳）

町へ急ぐ鴉によせて故郷喪失の嘆きをうたうこの漂泊者の姿は、落日の断崖に立つ朔太郎の故郷喪失者の姿に酷似していて、両者の詩の中心的ポエジーはまったく等質的なものともいえる。ところでニーチェの「寂寥」には次のような反歌がついている。

神よ、憫めよかし！

人謂《おも》へらく、我がふり返りて
独逸的なる暖かさに　愚かしき
独逸的なる室房の居心地よさに憧れたりと！

我が友よ、ここにして
我を阻止するものは、汝の頭脳、
汝に対する憐憫なり！
独逸的なる悪しき頭脳に対する憐憫なり！
（長江訳）

冬空に故郷を失ったことを嘆く漂泊者は、しかし断じて書斎の幸福へ戻ろうとはしない。彼はそこに住む教養俗物たちに毒々しい侮蔑と嘲笑を投げつけ、漂泊への意志を新たにするのである。この詩には『人間的な（上）』のアフォリズムに見られたような、漂泊の喜びは何も歌われていない。あるのは暗い孤独の悲惨のみだが、しかもあえてこの孤独に挑もうとする意志が反歌から読みとれる。

そしてこれも朔太郎の詩「漂泊者の歌」に共通する要素である。「石もて蛇を殺すごとく／一つの輪廻を断絶して／意志なき寂寥を踏み切れかし」、あるいは「いかなればまた愁ひ疲れて／やさしく抱かれ接吻《きす》する者の家に帰らん」などの詩句には、ニーチェの場合と同じく、われとわが故郷を拒絶し、漂泊の孤独に挑もうとする意志がうかがえ、一種の孤高の悲愴を感じさせる。「石もて蛇を」云々はわかりにくいイメージであるが、輪廻はニーチェを愛した朔太郎のボキャブラリーであるだけに、この哲学者の永遠回帰の思想を連想させる。そしてさらに「石もて蛇を殺す」という情景は、『ツァラトゥストラ』の中で永遠回帰が語られる神秘的で謎めいた章「幻影と謎」の中で、おそらくこの恐るべき思想の象徴である蛇が牧人の口の中へ入り込み、牧人が恐怖のうちにその頭を噛み切るという情景を連想させる。この牧人は蛇の頭を嚙み切ることで、変化した者、光にとりかこまれた者となるのだ。口で嚙み切るのと石をもて打ち殺すという差はあるが、蛇を殺すことによって、救いのない永遠回帰の思想――朔太郎はあるところでこれをニヒリズムの最も意地悪しき定式と呼んでいる――を克服したニーチェに対する思いが、この三行の詩句には秘められているのではないか。朔太郎は、たとえ希望の光を見出すことができなくとも、無意味の生に耐え、孤独の漂泊に耐えようとする意志を、ニーチェから学んだのではないだろうか。ここでまた思い起こされるのは、あの「ニーチェから生きる意志を学んだ」という朔太郎の言葉である。

## 3 『氷島』の背景をなす生活破綻

ここで目を転じて、『氷島』の背景をみたい。『氷島』は昭和九年に出版されたが、その詩作がなされたのは主として昭和五、六年である。

昭和五、六年といえば、生活者朔太郎にとって生涯で最も悲惨な破綻の直後の時代であった。精神的にも気質的にも、なんら共通点のない妻との結婚生活は早くから崩壊の兆しをみせていたが、昭和四年半ば、朔太郎はついに離婚の決意をし、家庭は完全に崩壊した。二児をつれ生活のあてもなく、また故郷前橋へ寄食するため帰って行く四十四歳の初老の男の心境は惨憺たるものだっただろう。前橋の詩碑にきざまれている「わが故郷に帰れる日／汽車は烈風の中を突き行けり」と歌い出す「帰郷」の詩、あるいは妻との陰惨な沈黙の対立をうたった「家庭」などは、こうした日常的生活体験を背景に生まれた詩であったし、二児を故郷の母に托して一人アパートで懶惰の日を送る「乃木坂倶楽部」、あるいは場末の酒場で酔って、群がる女に金をまきあげられる「珈琲店　酔月」の孤独の男の姿には、生活敗残者の面影が濃い。こうした面を強調し、ヴィジョンの多彩さを生み出す能力を失った朔太郎が、日常的・現実的な次元で自己劇化をはかることにより、むなしい自己反芻の演技を続けたにすぎぬと酷評する那珂太郎のような解釈も生まれる。

ただし、現実の状況が彼の孤独の本質を決定したのではない。『氷島』以前、大正十三年刊行の『郷土望景詩』の詩境は『氷島』の前駆的性格をもち、そこにはすでに暗い思い出にみちた、しかし心から離れることのない故郷の風物に対する望郷の念という現実的素材が選ばれ、しかもこの望郷の思いを拒絶しようとする態度が暗示されている。ここでは詩語としても、すでに漢語が使用されている。この場合故郷とは、現実の前橋の風土であってしかもそれのみではない。それは朔太郎が拒絶してしきれず、たえずからみついてくる暗い日本的現実の象徴であり、彼の時代の象徴であり、彼の魂に重くのしかかっていた全てのものの象徴なのだ。そしてなおこの現実に支配され、しかも自己の精神に決定的な方向を見出しえない朔太郎のニヒリスティックな気持は暗く重く沈んで、年ごとに深くなってゆく。この詩集から朔太郎が数編を選んで『氷島』に再録したことには充分理由がある。

昭和二年、「我れの持たざるものは一切なり」（『氷島』所収）とうたった詩人の魂は、無の意識に空転するペシミズムに深くのめりこんでいた。一方彼は、日常的なものを軽蔑すると同時に、その圧制を怖れ憎み、その幻影の恐怖に脅えていた。しかしこの危機が来たとき、むしろ彼はこの幻想の恐怖を脱することができたのではないだろうか。すべては失われ、今や失うべきものは何一つないという認識。しかし始めから自分には何もなかったのだという認識。精神上の、また生活上の紆余曲折や苦悶ののちにたどりついたのは、この裸の自分であった。「我れは何物をも喪失せず／また一切を失ひ尽せり」（「乃木坂倶楽部」）と歌うことができたとき、彼は赤裸々の己を突き放して客観的に自己を凝視し得る真の認識者、己を知る者となり得たのではないだろうか。己の弱さを徹底的に知るものは、それによって捨身の強さを獲得する。『青猫』の幻影に酔えなくなった詩人は、また逃れるべき幻影を必要としなくなった詩人でもあったのだ。

「わが感情は飢えて叫び／わが生活は荒寥たる山野に住めり。／いかんぞ暦数の回帰を知らむ／見よ！人生は過失なり」とうたう詩人は、しかし続けて「今日の思惟するものを断絶して／百度《たび》もなほ昨日の悔恨を新たにせん」(「新年」)とうたう。過失の人生ではあったが、思えばこれは己の必然だったという思い。そのとき彼は自己の運命を宿命として甘受しようと決意する。「冬の凛烈たる寒気の中／地球はその週暦を新たにするか。／われは尚悔いて恨みず／百度もまた昨日の弾劾を新たにせむ」(「新年」)。もはやここには悔恨の涙にかきくれる姿はない。つづいて「いかなれば虚無の時空に／新しき弁証の非有を知らんや」とうたうとき、未来は暗たんとして希望の光はない。虚無そのものである。自分を待つのは孤独と悲惨だけかもしれないが、しかし彼はなお悔恨の人生を「もう一度」と叫ぶのである。

これは閃光のごとく襲ってきた永遠回帰の思想を前にして、無気味な生の深淵に向かって「もう一度」と叫んだニーチェに共通する態度である。同じものがくりかえし生起するというニーチェのこの定式は、その形而上学的意味の当否はさておき、彼の個人的存在体験としてはきわめて恐るべきものであった。人間の意志はいかにして救済されるか。この恐怖の思想に、この無意味な生の定式化に耐える強い精神こそ、朔太郎がニーチェから学んだ最も大きいものであったのだろう。これこそ、朔太郎をしてニーチェから戦い生きる意志を学んだと言わせたものだったのである。

詩集『氷島』一巻は朔太郎の行きつくべくして行きついた最終の境地であって、単に枯渇した詩想を漢文脈という意匠によって紛飾したものとは考えられない。この詩集の背後には、その資質に従って彼の時代を、彼の問題を生きぬいてきたものの全存在の重みがある。また、その概念用語はときにこなれない生硬な感じを与えるとしても、朔太郎の内部の必然にもとづいた朔太郎自身のボキャブラリーである。詩としての完成度に欠けるものがあるとすれば、それは思いの激しさが形式を破ってしまったのであって、詩想の枯渇ゆえの演技の空しさによるものではない。たしかに生活的・自然主義的な要素は他の詩集よりも濃厚であるが、その悲愴な身振りの背後には、裸の己の存在に対する透徹した眼と、その存在を受け入れ肯定し、無意味な生をもさらに意欲しようという決意がある。この最も本質的な部分にニーチェが関わっているのである。

## 4　詩人ニーチェ発見の感動と『氷島』の成立

詩集『氷島』の中心テーマ、ポエジーは、序詩として掲げられた「漂泊者の歌」である。この詩は精神的にも日常的にも一切を失った朔太郎が、初めから自分には失うべき何もなかったのだという自覚に達し、孤独と絶望の悲惨のうちに彼の生を宿命として受け容れ、生への意志を新たにしようとする決意をうたった詩である。そしてその思いを抒情詩の形式でうたった背景には、ニーチェの「寂寥」という詩があった。この詩との類似性からみて、朔太郎の「漂泊者の歌」がニーチェの詩を直接の契機として生まれたことは確実と思われる。

では、朔太郎がニーチェの詩に接したのはいつだったのか。

それは、年号が昭和に改まる直前の大正十五年十一月、長江訳ニーチェ全集十巻中の第九巻が刊行されたときであった。この巻にはニーチェ発狂の年の著作『偶像の薄明』、『反基督』、『この人を見よ』などの他、ニーチェの詩が訳出されている。ここで初めて朔太郎は抒情詩人ニーチェに出会ったのである(註3)。

この出会いの数ヶ月後、昭和二年三月には、のちに『氷島』に収録される「虚無の鴉」と、「我れの持たざるものは一切なり」の二編の詩が発表されている。「我れはもと虚無の鴉／かの高き冬至の屋根に口を開けて／風見の如くに咆号せむ。／季節に認識ありやなしや／我れの持たざるものは一切なり」。ニーチェの「寂寥」と似たポエジーこの短い「虚無の鴉」の末尾の詩句をとって題名としたのが第二の詩である。わずか十五行の短いこの詩のなかで「我れの持たざるものは一切なり」という題名通りの詩句が二度も繰り返され、最後は「ああすべて卑穢なるもの／汝の非力なる人生を抹殺せよ」といった激しい句で終わっている。ここにあるのは深い喪失感と、己の過失の人生に対する絶望と強い怒りである。

これらはニーチェの抒情詩を初めて読んだときの衝撃の強さから生まれた詩であろう。天にも届く高峰、地獄に達するほどの深い思想の持ち主と畏れ崇めてきたニーチェの半面に、これほど深い孤独と絶望の悲哀があったことを知ったとき、朔太郎は深い驚きを感ずると同時に、そこに自己の孤独と悲哀の心情を全面的に代弁しているニーチェを見出し、懐かしさと親しみの湧きあがるのを禁じ得なかったのではないか。『郷土望景詩』からの再録四篇を除く二十一篇の『氷島』の詩の中で、離婚以前の詩で『氷島』に収められているのはこの二篇だけである。昭和三年には若干の詩を書いているが、生活の破綻した四年には詩そのものを全然書いていない。これに続く昭和五年には五篇、六年には十篇と、『氷島』の実に多くの詩がこの二年間に作られている。それ以降の作は三篇しかない。

昭和四年、朔太郎は詩作こそしなかったが、この年の暮れに「ニイチェの抒情詩」という文章を書いている。すべてが終わって荒漠たる寂寥感に襲われたとき、思いを至すのはあのニーチェの詩であった。

秋深くして、常にしきりに思ふはニーチェの敍《ママ》情の詩である。（中略）ああ家郷あるものは幸なるかな。僕の如く久しく迷ひ、懐疑につかれ、人生の帰すべき宿をもたないものは、秋風の中に気死して、蹌踉たる路を行く外はないであらう。季節は冬に向い、まもなく雪も降り来らん。いかにしてこの寂寥と寒気の中に、人は耐へることができるか。

このエッセイで彼は「仇敵の間に立ちて」というニーチェの詩を引いて、ニーチェが終生誰にも理解されず、先輩、友人、文壇、ジャーナリズムのすべてが皆誹謗者となり、仇敵に囲まれながら孤独に耐えて戦い抜いたことを称讃すると同時に、さすがにその心は傷つき破れて抒情詩に救いを求めたのだと述べる。そして「寂寥」と並んで「秋」というニーチェの抒情詩を絶讃している。

こうしたニーチェの心理に自己を投影した朔太郎は来し方を振り返り、ニーチェと同じく救いを抒情詩に求めて『氷島』の詩をつぎつぎに書いていったのだろう。「漂泊者の歌」を書いたのが昭和六年なら、「乃木坂倶楽部」、「帰郷」、「家庭」、「珈琲店　酔月」、「新年」を書いたのも六年である。この詩集を編むことによって、朔太郎は己の宿命を受け入れる精神的境位の高さを獲得していった。もはやニーチェの詩を読んだ直後の詩のように、「我れの持たざるものは一切なり」と絶叫し、「汝の非力なる人生を抹殺せよ」と自殺を思わせるほどの絶望を叩きつけた姿はない。「乃木坂倶楽部」の「我れは何物をも喪失せず／また一切を失ひ尽くせり」の詩句には、荒涼とした喪失感ばかりでなく、もともと自分には失うべき何物もなかったという自己認識がある。「新年」には、悔恨の人生を何度でも新たにしようという決意がある。

『氷島』を刊行したのと同じ昭和九年、これまでたびたび言及した「ニイチェに就いての雑感」を発表しているが、このなかでも朔太郎はニーチェの抒情詩について次のように述べている。

抒情詩人としてのニイチェには、僕としてあまり崇拝できない点がある。ゲーテも言ふ如く、詩人に哲学する精神は必要だが、詩に哲学を語ることは望ましくない。（中略）しかし流石にその二三の作品だけは、ニイチェでなければ書けない珠玉の絶唱で、世界文学史上にも特記さるべき名詩である。特に「今は秋、その秋の汝の胸を破るかな」の悲壮な声調で始まつてる「秋」の詩。及び「鴉等は鳴き叫び」（以下「寂寥」初節引用）の初連で始まる「寂寥」の如き詩は、その情感の深く悲痛なることに於て、他に全く類を見ないニイチェ独得の名篇である。これら僅か数篇の名詩だけでも、ニイチェは抒情詩人として一流の列に入り得るだらう。

これほどの讃辞を惜しまなかったニーチェの抒情詩が、これを知った直後の『氷島』を書く動機となったと考えるのは不自然ではない。それは単に、朔太郎の「漂泊者の歌」とニーチェの「寂寥」のイメージやポエジーの共通性といった程度のものではなく、詩集『氷島』を規定している根本的情感に関連している。もとより『氷島』は朔太郎の内的必然性により、彼自身の世界をうたった詩集である。しかしそこでうたわれた詩想を刺戟し、表現の意欲へとかりたてていった契機の一つとして、孤独の痛苦と悲哀という等質的ポエジーをもったニーチェの詩を知ったことが、大きく作用したと考えられる。

『氷島』の心境は、この詩集執筆の頃から朔太郎の新しい出発点になったといえる。ただし、昭和十三年刊行の『日本への回帰』の冒頭を飾る「我が独り歌へるうた」あたりになると、虚無の空漠感は個人的なものというより文化的なものに向けられ、西洋文化を本当には理解し得なかったエトランジェの悲哀感が語られる。同時に、西洋への旅によって得た西洋的な知性により、この虚無の上に新しい日本を建設する文化的使命についても語られている。

とはいえ、朔太郎の本質はやはり詩人であり、『日本への回帰』の「狼言」ではまたもやニーチェの抒情詩について発言している。朔太郎は、自分とニーチェを比較した馬場久治の批評を取りあげ、「これは少々過賞すぎて背汗ものであつた。ニイチェの如き宇宙系の太陽と比較されては、僕の如きは糠星《ママ》的の存在であり、物の屑にさへも入らないのである。しかし人物の気質や性癖の点から見れば、病理学的に多少似たところがないでもない」と謙遜する。

> 即ちその陽性の気分が続いた時期に、彼〔ニーチェ〕はいつもエッセイを書き、その陰性の悲しい時期に、いつもきまつて詩を書いて居た。だから彼の論文が、誇大妄想狂的に思ひあがり、権力主義を振りかざした傲岸不遑の物であるに反し、彼の抒情詩が女らしくメソメソして、いつも孤独の寂

寥を悲しみながら泣いているのである。ニイチェほど、その詩と論文との間に、ちがつた風貌のコントラストを示すものはない。「秋」とか「寂寥」とかいふ彼の悲しい詩を読んだ人は、これがあの『権力への意志』を書いた、傲岸不逞の鉄人ニイチェの同じ作かと、目を疑はずには居られないのだ。（中略）この不幸な精神病的なところだけが、僕のニイチェに似たところである。

病理学的な面からのニーチェとの比較ということから来るのか、冷めた調子の発言ではあるが、ニーチェを宇宙的系の太陽と呼び、「寂寥」や「秋」の抒情詩を問題にしている点はこれまでの主張と変わっていない。西洋の夢を蜃気楼と呼んでいてもニーチェへの高い評価も変わっていない。

さらに文語脈の使用についても、朔太郎は「氷島の詩語について」という文章で詳細に論じている。『青猫』の情感を表現するには歯切れの悪い、抑揚のない口語の、ネバネバしてからみつくような特性がむしろ効果的に作用したが、『氷島』の絶叫ともいうべき切迫した憤怒の情や、強い意志の決断をあらわすには、アクセントの強い漢字漢語を使用せざるを得なかったという。元来漢字漢語の排斥論者であった朔太郎にとって、これは完全な敗北であった。それをよく知りつつも、促音のない平坦な大和言葉では、「氷島の詩やニイチェの詩のように、弾力的な強い意志を持った情操が歌へなくなる」と考える朔太郎は、『氷島』とニーチェの詩の情操の等質性をはっきり自認している。ここから分かるように、日本語の特質を考え抜いた朔太郎にとって、『氷島』の漢語調はまったく彼自身の表現の苦しみから出てきた必然的形態であった。年来の主張との矛盾を犯してまでこれを選ぶ過程において、長江のニーチェ訳詩の漢語調は、すぐれた実作の生きた例として、彼を勇気づける働きをもったのではないだろうか。

思えば朔太郎は詩人であり、言語の美と秘密に奉仕した人であった。ニーチェとの関わりにおいてもこの面がきわめて大きい。旧制高校を中退し、ドイツ語がそれほど堪能でなかった朔太郎にとって、長江訳のもつ意味は重大である。初めてその散文に接したときも、最後に抒情詩に接したときも、その表現の力が彼を強く動かした。

それと同時にニーチェは彼の魂に指標を与えた。もとよりニーチェのニヒリズムと朔太郎のニヒリズム、虚無の感情は異質である。その意味ではニーチェの問題は朔太郎の問題と交錯しえなかった。しかし荒漠たる無の意識にたどりついたとき、その主体的・個人的な存在体験として朔太郎は、ニーチェの抱いた永遠回帰の恐怖を体感的に理解したのである。そのときニヒリズムの超克者としてのニーチェが、彼に生きる支えを与えた。このようにして達した高い精神的境位は、この詩人にとってはかけがえのないものであって、たとえ詩人としての表現の敗北と見なされたとしても、彼は漢語表現を諦めようとはしなかったのであろう。

弟子の三好達治は、朔太郎がちょっとした旅行時にもニーチェの著作をもち歩いていたと述べている。教養とは、考える力を養い、判断する力の基礎となるものである。朔太郎のニーチェとの関わり方は、まさにそうしたものであった。その資質に従って自らの思想を生もうと苦しみ、時代を生きぬいたこの詩人の誠実さに、筆者は限りない懐かしさを感じるのである。

## 註

（1）朔太郎自身の作品の引用は萩原朔太郎全集（新潮社、昭和三十四年、三十五年）に拠る。また、本章のニーチェ関係の引用は、朔太郎のニーチェ理解に関わる箇所については、生田長江訳ニーチェ全集（日本評論社、普及決定版）に拠る。その他、氷上英廣訳等を使わせて頂いた（註3参照）。
（2）ヴァーグナーは、十九世紀後半のヨーロッパにヴァグネリズムとよばれる文化現象をひきおこしたことでも知られる。ニーチェは処女作『悲劇の誕生』の末尾数節において、ヴァーグナーこそ新しい文化の創造者だとして絶讃したが、その後決裂したこともよく知られている。だが、発狂寸前の自伝『この人を見よ』の中では、バーゼル大学に就職したばかりのニーチェが、ほとんどの週末を同じスイスにあったヴァーグナー夫妻の美しい別荘で過ごしたことに触れ、当時の完璧な友情の日々を何物にも代え難いものとして懐かしんでいる。要するにニーチェのヴァーグナーに対する思いは、愛憎ない混ざった複雑なもので、簡単に割り切ることはできない。

（3）

第四章で述べたように、生田長江訳のニーチェ全集は、大正五年から昭和四年にかけての新潮社十巻本と、昭和十一、十二年の日本評論社の決定普及版（十二巻本）の二種類がある。後者が二巻増加している第一の理由は、最終巻として書簡索引その他を追加したことによる。第二の理由は、新潮社の十巻本が当時の長江の判断に従い、中期の『人間的な』に始まり初期の『悲劇の出生』に終わるという順序で訳されているのに対し、日本評論社の十二巻本は原則としてニーチェの執筆順序にしたがって編集されていることに関係しているであろう。例えば新潮社版で、『悲劇の出生』と『季節外れの考察』は最終巻として一巻に収められているが、日本評論社版では第一巻、第二巻とに収められている。しかし最後期のヴァーグナー関係の小品も第一巻に収められているのは、紙数の調整の意味もあったかもしれないが、最初期の『悲劇の誕生』でヴァーグナーを絶讃したニーチェが、最後にはどれほどの嘲罵をこの大作曲家に浴びせたか示すための編集だったとも考えられる。

ここで問題にしているニーチェの詩は、日本評論社版では『悲劇の出生』と同じ巻に収められているが、新潮社版では大正十五年刊の第九篇に、『偶像の黄昏』『この人を見よ』など最後期の作品と共に収められている。朔太郎は新潮社版によってニーチェを読んでいったのであるから、彼がニーチェの詩を始めて知ったのはもちろん新潮社版第九篇が出た年、大正十五年である。手に入りやすい決定普及版であった日本評論社版と混同しないよう注意する必要がある。

# 第六章　芥川龍之介、ニーチェと出会う

# はじめに

昭和二年七月、芥川龍之介（明治二十五年－昭和二年）が自らの手で満三十五歳の生涯を閉ざしたとき、その死が世人に与えた衝撃は異常なほど大きかった。当時の新聞や雑誌でも、彼の自殺は一文壇人の死以上のもの、ある時代的なものの象徴として受けとられた。芥川の死のほとぼりもまださめやらぬ昭和四年、小林秀雄と首位をあらそい一位を獲得した宮本顕治の『改造』懸賞論文は、プロレタリアートの立場から芥川の文学を「敗北の文学」として否定したものであった。宮本は戦時中その思想に殉じて十二年を獄中に過ごし、戦後は長く共産党書記長の座にあった人物である。一方、いわゆる芸術派の青年たちもまた芥川の死に自らの危機を感じとった。堀辰雄、中村真一郎、唐木順三などは、芥川の死を乗りこえることを自分の文学的出発点としたともいわれる。文学史の上でも芥川の自殺した昭和二年頃を境に、大正期を代表した既成の耽美主義的作家たちは急速にその力を失っていく。芥川の死をもって大正文学の終焉とみなす見解は、今日の文学史でほぼ定説となっているようである。

芥川龍之介は漱石にその才能を激賞され愛された最後の弟子にふさわしく、豊富な読書と内面生活とを重んじた大正知識人として、古今東西の文献に通じた読書家であった。また晩年には自らジャーナリストと名乗っただけに、小説のほかにも随筆雑文のたぐいも多く書いており、ニーチェにふれている文章も少なくはない。それらはまとまったニーチェ論ではなく、断片的な叙述ではあるが、彼が描いたニーチェ像を再構成することは可能である。そこで大正期の代表的知識人の一人である芥川がどのようなニーチェ像を抱いていたか、逆にニーチェが芥川自身にどんな影響を与えたか、その一端を明らかにすることが本章の目的である。

芥川が死の前夜まで書きつづっていた『西方の人』は、いわゆるキリスト者の信仰告白といったイエス伝でもなければ、学問的なイエス伝でもない。それは芥川がイエスという人格に托して、自らの最後の心情を吐露した作品であり、その意味で一種の迫力をもって人に迫ってくるものがある。この作品中には、かなりの頻度でニーチェに対する言及があると同時に、彼特有の用語、「善悪の彼岸」、「超人」といった言葉も登場する。また『西方の人』の第一章には「この人を見よ」というタイトルがつけられているが、これがニーチェの有名な自伝の標題であることは、大正という哲学ブームの時代を生きた当時の知識人たちにとっては自明のことだっただろう。もとより標題の一致は、レトリックに敏感で換骨奪胎の名人である芥川のことだから、ニーチェの『人間的な、あまりに人間的な』をもじって、『文芸的な、余りに文芸的な』という標題をつけた場合と同じく、本質的に重要な意味をもたないかもしれない。しかし『西方の人』全体から受ける印象としては、最晩年の芥川がいずれにせよ本気でニーチェに関心と興味を抱いていたことを思わせる。

自殺の原因として、芥川自身は「ぼんやりとした不安」によるものとしている。彼は死の二、三年前から極度に激しい神経衰弱に陥っていた。芥川の遺書の一つ、葬儀の場で久米正雄が読み上げた「或旧友へ送る手記」において、彼は自らこの「ぼんやりとした不安」についてさまざまな原因をあげ、自殺者の心理を冷静客観的に分析して報告している。この分析を手掛かりに、彼を死に至らしめた不安についてこれまで多くの人が多くのことを述べてきた。肉体的衰弱、狂人の子という遺伝的要素に対する恐怖、家族関係の重荷や女性問題の悩み、プロレタリア文学の台頭、社会的思想状況の変化に対する不安等々、おそらくこれらすべてのことが彼の疲労した神経を圧迫し、悩ませ、自殺へと追いやったのであろう。しかしはっきりしていることは、ここで芥川が「生きる」という問題に突き当たっていたことである。唯美主義的な神経の持主といわれた芥川は、その晩年には芸術を信じ美の神に仕えることによって、図太くあるいは逞しく生きていくことができなくなっていた。彼は自分の生を支えるに足る何ものかを求め、ストリンドベリの世紀末的人生観に共感し、神に救いを求めてキリスト教に接近していく。だが結局彼は奇跡の宗教を信じることはできなかった。

このような時期に興味を抱いたニーチェに対する芥川の関心の実体を追跡することは、あるいは芥川の晩年の精神を解明する一つの手がかりになるかもしれない。最晩年の芥川は人生を地獄よりも地獄的といい、自らを「世紀末の子」と称していた。

ニーチェこそは来たるべき世紀のニヒリズムを運命的に予言し、神なき時代のニヒリズムの問題を徹底的に考えぬいた人であつた。西洋の十九世紀末はいったいどのような形で大正の子、芥川に受容され、癒着し、変貌していったのか、この問題をニーチェという西洋近代の超克のために苦しんだ世紀末の精神と対比させながら考えてみることは、必ずしも意味のないことではないであろう（註1）。

## 第一節　読書体験からみた若き日の芥川とニーチェ

### 1 『ツァラトゥストラ』の原典読書と芥川のドイツ語力

それは或本屋の二階だった。二十歳の彼は書棚にかけた西洋風の梯子に登り、新らしい本を探していた。モオパスサン、ボオドレエル、ストリントベリイ、イブセン、ショウ、トルストイ、……
そのうちに日の暮は迫り出した。しかし彼は熱心に本の背文字を読みつづけた。そこに並んでゐるのは本といふよりも寧ろ世紀末それ自身だつた。ニイチエ、ヴェルレエン、ゴンクウル兄弟、ダスタエフスキイ、ハウプトマン、フロオベエル、……

久米正雄に托した『或阿呆の一生』は、芥川自殺の一ヶ月ほど前の昭和二年六月二十日に脱稿し、同じ年の『改造』十月号に遺稿として掲載された。この引用はその中の「時代」というタイトルをもつ第一節冒頭の文章で、芥川の読書歴を語るものとしてしばしば引用される。それと同時に「時代」というこの節の最後を飾る主人公の言葉、「人生は一行のボオドレエルにも若かない」という言葉もまた有名である。迫りくる夕闇のために本の背文字を読み続けることができなくなった彼が西洋風の梯子を下りかけたとき、突然ぽかりと明かりがついた。急に主人公の眼に入ってきたのは階下の店員や客の姿である。彼らに小さとみすぼらしさを感じた主人公が口にするのがこの言葉である。ここには、現実の生活や人生よりも、読書を通じて得られる美や芸術の世界に対して絶対の信頼をもった若き日の芸術至上主義者、芥川龍之介の姿が象徴的に表現されている。

明治四十四年、当時の年齢の数え方で芥川は二十歳となり、ちょうどこの年に生田長江による最初の日本語訳『ツァラトゥストラ』が刊行された。また明治四十三年九月に一高に入学した芥川にとって、この年は一年生の後期から二年生前期にあたる。第二学年九月から入寮した彼にとって、この年は生涯の親友となり切磋琢磨しあった恒藤恭や藤岡蔵六との親交が深まった年でもあった。第四章で述べたように、大正初期の哲学流行の風潮の中で、カントやオイケン、ベルグソンらと並んでニーチェも非常に大きく取りあげられた哲学者の一人であった。読書家として知られ、哲学にも強い興味を抱いていた芥川が、ニーチェの思想に関心を示したのも当然であろう。

最初に手に入れたらしい『ツァラトゥストラ』は、本郷の古本屋で一九一三年（大正二年）二月十一日に購入したことが、表紙裏の記載から推測されている。同年七月に第一高等学校を卒業した芥川は、九月からは東京帝大の英文科に進学した。そのため英語で欧米の書物を読むことが多かったが、芥川の買った『ツァラトゥストラ』は英語ではなくドイツ語版であった。二月という時点でドイツ語版の『ツァラトゥストラ』を買ったのは、この詩人哲学者の代表作そのものへの興味が主要動機であったとしても、それに加えて高校卒業のドイツ語試験に備えておきたかったのかもしれない。勉強の甲斐あったのか芥川は二十七人中、二番の成績で一高を卒業した。大学でも二年のとき、ドイツ語優秀という理由でドイツ大使からアルントの詩集四冊を貰ったことを「赤門生活」の中で書いている。もっとも、この褒美については、床屋でドイツ語の先生に順番を譲ったことが原因だと今もって確信している、という芥川の解説がついている。

本郷の古本屋で買ったドイツ語の『ツァラトゥストラ』は現在、東京駒場にある日本近代文学館の芥川文庫の中に大切に保存されている。芥川文庫のニーチェ関係の書物を調査した論文（註2）によれば、この文庫にはニーチェ関係の洋書が六冊保存されている。ニーチェの作品としてはほかに英文の『善悪の彼岸』、『道徳の系譜』の二冊があり、いずれも丸善から購入されているが購入年月はわからない。残る三冊はいわば参考文献で、ニーチェの妹の編集した『ニーチェ＝ヴァーグナー書簡集』（英文）、ついでアロイス・リール『芸術家・思想家としてのニーチェ』（独文）、最後の一冊はD・アレヴィの『ニーチェの生涯』（英文）である。ドイツ語で書かれた本は二冊あるわけだが、彼のドイツ語力については疑問視する声が多い。例えば関口安義編『芥川龍之介新辞典』（翰林書房、二〇〇三年）の「ドイツ文学」という項のコラム「龍之介の語学力」では、「博覧強記を誇る龍之介も英語以外の外国語には苦戦したようである。日本近代文学館の芥川龍之介文庫に所蔵される二十二冊のドイツ語原書には、多くの書込みが残されているが、そのほとんどが語意で、苦労して読んだあとが生々しい。しかも最後まで読み切ったと思われるものは皆無である」と述べ、さらに中学以来の親友、山本喜誉司にあてた書簡や、芥川自身の「独逸語も仏蘭西語もものにならなかった」という言葉を証言として引用している。

これについては筆者も芥川文庫を訪れ、文庫所蔵のドイツ語によるニーチェ文献について確認したが、同じような印象を抱かざるを得なかった。例えば古本屋で買ったというドイツ語版の『ツァラトゥストラ』には、十八ヶ所に下線や傍線が引いてあるが、そのほとんどが巻頭に近いごく一部分に集中している。『ツァラトゥストラ』は四部からなる書物で、第一部の冒頭に「ツァラトゥストラの序説」があり、これに続いて「ツァラトゥストラの教説」が始まる。この教説の部分は第一部だけでも二十二の章におよび、第二部、第三部、第四部にそれぞれ二十前後の章がある。要するに合計八十以上の項目についてニーチェの主要思想が多岐にわたって説かれている。ところが芥川が線を引いた十八ヶ所中、その三分の二にあたる十二ヶ所が最初の序説の中にある。しかも十項目から成るこの序説で芥川が線を引いた箇所は、前半の五項目までに限られている。残る三分の一、六ヶ所が本論の教説の部分なのだが、これらも第一部の最初の方に集中している。（「身体の軽蔑者」の項で二ヶ所、「喜びの情熱と苦しみの情熱」で三ヶ所、「読むことと書くこと」が一ヶ所で、合計三項目六箇所である。）つまり芥川がドイツ語原典で読んだ『ツァラトゥストラ』は、極めてわずかな部分だったといわざるを得ない。

## 2　A・リールの『芸術家・思想家としてのニーチェ』

芥川文庫所蔵のもうひとつのニーチェ関係ドイツ語文献、アロイス・リールの『芸術家・思想家としてのニーチェ』についても似たようなことがいえる。この書物にも下線が引かれているが、やはり初めの方に集中している。全二百六十八頁のこの著作で芥川が線を引いているのはわずか三頁までで、その中の八ヶ所の文章と三つの単語に赤ペンの下線があり、単語については行間に語意が記されている。リールのこの書物は、和辻哲郎を読書界で一躍有名にしたあの浩瀚な『ニイチエ研究』の末尾で、参考文献の一冊としてあげられている。

和辻は漱石門下生として芥川の先輩格にあたるから、芥川とは面識があるばかりか、彼の第一短編集『羅生門』の出版記念会（大正六年六月二十七日）にも出席している。和辻はこの会の一ヶ月前、大正六年五月に彼の新訳『ニイチエ書簡集』を芥川に贈っている。その返礼の手紙で芥川は、「二、三日前にリイルを読んだあとなので何だかニイチェに縁のあるような気がします」と書いている。したがって、この書物をいくらかでも読んでいたことは確かだが、書込みは三頁だけだとすると、どの程度読んだのかはわからない。『芸術家・思想家としてのニーチェ』という題名はいかにも芥川好みなので、いずれ読めたら読みたいと思って買ったのであろう。だが大学卒業後、一年経つや経たずのうちに文壇に華々しく登場し、しだいに売れっ子になっていく芥川に、あまり得意とはいえないドイツ語で三百頁近い研究書を、読み通すだけの時間的余裕と興味があったかどうかは疑問である。下線の引き方から見る限り、和辻あての芥川の手紙はあまり大袈裟に考えない方が良さそうである。芥川は社交性に富み、対人関係では非常に如才なく人によく気を使ったという。和辻にリールのことを書いたのも一種の社交辞令だったのかもしれない。それにこの優秀な若きニーチェ研究者に対する自己宣伝の気持ちもあったであろう。

芥川はドイツ文学を愛好していたが、これには彼の私淑していた森鷗外の存在が大きく影響していたと考えられる。前掲の『芥川龍之介新辞典』のコラムによれば、芥川がその偉大さに脱帽したゲーテ始め、シラー、ハイネ、シュニッツラー、ハウプトマンなどの作品、および彼らについての伝記や批評もすべて英語文献で読んでいるという。そこで不思議なのは、もし初期の芥川がニーチェの思想自体にたいする興味を強く抱いていたならば、何ゆえ彼の代表作である『ツァラトゥストラ』の英語版ももたず、この詩的作品を彼の得意な英文で読み解こうとした形跡がないのかということである。長江訳があったとはいえ、読みにくい長江訳より英訳の方が読みやすかったと思われる。にもかかわらず英語版でこの著書を求めようとしなかったのは、やはり当時の芥川にとってニーチェは、ドイツ語で挑戦してみたい教養の対象ではあっても、それ以上のものではなかったからかもしれない。この点からみて筆者は、芥川の若い頃の作品にニーチェ思想の本質的影響をみる見解には、疑問をもたざるをえない。

### 3　若き芥川の愛好した外国人作家

佐藤春夫は芥川の若いときからの良き友であった。春夫は先に述べた『羅生門』出版記念会の発案者でもあったという。彼は芥川の没後三十年あまりを経た一九五九年、それまでジャーナリズムの求めに応じて書いてきたさまざまな文章を集めて、『わが龍之介像』という書物を編んでいる。そこに収められている「芥川龍之介評伝」のなかで彼は、若い頃芥川の愛好した外国作家について次のように述べている。

彼の作風はその初期にアナトール・フランス、イエーツ、ゴオチェなどを選んで翻訳したのを見てもその好みと志すところとは自づと判明するが、その愛読して学んだところはプロスパア・メリメ、ポオ、ボオドレェルであったと云えば一層明らかであろう。一方高等学校時代からストリンドベルヒを愛読して『歯車』などにその影響は多少とも見えてゐるかと思ふ。

ここには多くの十九世紀末作家の名前が並んでいるが、ニーチェの名前は挙がっていない。また同じく佐藤春夫の『わが龍之介像』の中に収録されている「芥川龍之介論——大正期文壇のチャンピオンとして」では、換骨奪胎の名人であった龍之介のお手本についての叙述がある。それに先立ち春夫は、「誤解を避けるために一言するが、自分は換骨奪胎を芸術活動のために重要な才能とこそ思へ、それを非難し落しめる意向は少しも持つてゐない。——シェクスピヤにしても換骨奪胎の親玉なのだから」と彼自身の換骨奪胎論を披瀝し、さらに菊池寛などの仲間も明治以来の二番煎じではなく、新しい種捜しに鵜の目鷹の目だったという当時の実情を描いたあと、次のように述べている。

芥川もお手本をしこたま腹のなかに蓄へてゐたと思ふ。アナトール・フランスやプロスパア・メリメ、E・A・ポオ、E・T・A・ホフマンなどぐらゐは自分も知つてゐるけれど、自分などの知らない走り種のお手本を多く持つてゐたに違ひないし、これは走りではなく近代文学の古典とも言ふべきストリンドベリなども高等学校時代から愛読してゐたのを晩年の作品でその影響を見せてゐるなど、いろ〳〵なお手本をしこたま仕込んで置いて必要に応じては或は構想の参考に或は描写のお手本にした。

ここに出てくるほとんどの作家は前述の引用に出てきた人たちである。新しい名前としてドイツの怪奇小説家ホフマンが挙がっているが、ニーチェの名前は出て来ない。もし若い頃の芥川が、ニーチェに対して原書であれ長江訳であれ、その主著を読み通すほどの強い関心を抱いていたとしたら、春夫はニーチェについて語るに最も相応しい相手だっただろう。彼は芥川とは同じ一八九二年(明治二十五年)生まれだが、中学校卒業後ただちに上京して生田長江に師事し、ハイネ、ゲーテ、ニーチェ、ブレイク、イエーツについて長江から学んだという。それはちょうど長江があの『ツァラトゥストラ』の翻訳に取り組んでいた時代で、春夫は超人社と名付けられた住居で長江と起居をともにした。その後春夫は慶応大学で学んだが、彼にとって長江は終生変わらぬ大切な恩師であった。その春夫がのちに芥川の文学を論じたエッセイの中で、芥川の愛好した外国作家や手本にした人物としてニーチェを挙げていないことは、若き芥川のニーチェに対する関心の度合いがそれほど強くなかったことを示しているとも考えられる。

芥川が初期・中期にはニーチェにあまり言及していないことは、すでに述べたとおりであるが、後期になると事情は変わってくる。

自殺の二年半前にあたる大正十四年一月の『中央公論』に掲載された『大導寺信輔の半生』の中では、青年時代に読んだ『ツァラトゥストラ』について、ある痛みを伴った懐旧の情とともに一つの思い出が語られている。本に対する異常なほどの嗜好と渇望をもちながら、満足に本の買えない中流下層階級出身の信輔が、古本屋の店舗でつい二ヶ月ほど前自分の売った『ツァラトゥストラ』をみつけ、倍の値段で買い戻してくるという話である。この場合、信輔と芥川を同一人物と断定することはできない。この作品は自伝的素材を扱っているように見えながら、かなり脚色されており、著者の強調する中流下層階級出身という叙述も、必ずしも芥川の家庭には当てはまらないという。彼の貰っている小遣いも潤沢で、家庭では大切に育てられたらしい。これは一高時代からの芥川の親友で、学生時代から彼の家庭をよく知っている恒藤恭の言葉である。この自伝的小説を書いた大正十四年ころには芥川の神経衰弱はもう始まっており、自虐的傾向が見られたともいわれている。

すでに述べたように、芥川がドイツ語版の『ツァラトゥストラ』を買ったことは事実である。この本には芥川とは異なる筆跡で、京都の南江堂という書肆名と通生という人物名と、そして芥川購入日の一年ほど前の日付が記されている。倍の値段で一度売った本を買い戻したことは虚構の可能性が高いが、たとえ虚構であったとしても、彼がここで表現したかったこの本に対する懐旧、哀惜の念は、芥川の真情といえよう。とはいえ文脈から青年期の芥川がとくにニーチェに心を奪われ、その思想に深く沈潜したことを示しているとまではいえない。『ツァラトゥストラ』を買い戻したという話が出てくるのは、貸本屋、古本屋、図書館などさまざまなところで本を利用したが、「内容の如何を問わずに本そのものを愛したのはやはり彼の買った本だった」という叙述のあとだからである。この文脈からすれば、『ツァラトゥストラ』

の内容よりも、むしろかつて自分の所有した本に対する愛着の念に比重があるとも考えられる。

## 第二節　後期に始まる超人への関心

### 1　『僻見』の岩見重太郎論と超人

しかし、いわゆる後期になると、ニーチェの思想そのものに対する言及が芥川の書いたものの中に現われ始める。その一つとして『大導寺信輔の半生』を書く前の年、大正十三年四月から九月にかけて、雑誌『女性改造』に掲載された『僻見』と題する随筆風の文章を取りあげたい。これは架空・実在に関わりなく、古今の人物の中から芥川が特別の愛好や興味を抱いた数人の人物論を展開したものである。この人物論はあくまで芥川の好みが中心であることを序文で述べているが、『僻見』などという題をつけたのも、公正中立を狙ったというより独断と偏見によることをあらかじめ断ったのであろう。しかし好み中心だと始めから開き直っているために、かえって気取りや構えが少なく、芥川一流の韜晦趣味からも解放されて、むしろ著者の心を生き生きと伝えるエッセイになっている。文章に彫心鏤骨の苦心をほどこしすぎて流露感に乏しいという欠点もなく、芥川その人の生身の声、彼の心が素直に表れている。とりわけ最初の斎藤茂吉論などは、芥川の茂吉に対する敬愛の気持と、彼による歌への開眼に対する感謝の念が全篇に溢れている。

さて、この『僻見』の中で取りあげられた人物の一人に、戦国時代の伝説上の剣豪、岩見重太郎がいる。

あの狒々退治で有名な豪傑、講談本の中で活躍する岩見重太郎である。幼い芥川が初めてこの豪傑を知ったのは、彼が幼年時代を過ごした本所御竹倉の貸本屋であった。梅干しを貼った婆さんが一人で内職の花簪を作っている古ぼけた貸本屋、夏の西日のさしこむ狭苦しいこの店で知った岩見重太郎は、子供心に深い憧憬の気持を植えつけたことを『大導寺信輔の半生』の中で述べている。そして今もなお芥川は童心に近い心で重太郎を思うのである。歴史上であれ現実においてであれ、実在したどの人物よりもはるかに生命にあふれた人物として、この伝説化した英雄を芥川は懐かしむのである。おそらくこの気持自体に偽りはない。しかしここで筆者の注意を惹くのは、芥川が岩見重太郎をニーチェの説く超人と結びつけて礼讃している点である。

芥川はさまざまな比喩を用いながら重太郎の生命力を礼讃するが、知識人芥川が重太郎に多少の軽蔑を感じているのも事実である。

　重太郎も国粋会の壮士のやうに思索などは余りしなかつたらしい。たとへば可憐なる妹お辻の牢内に命を落した後、やつと破牢にとりかかつたり、妙に夢知らせを信用したり、大事の讐《かたき》打ちを控へてゐる癖に、狒《ひ》々《ひ》退治や大蛇《おろち》退治に力瘤を入れたり、いつも無分別の真似ばかりしている。（中略）けれども岩見重太郎は如何なる悪徳をも償う位、大いなる美徳を持ち合せてゐる。いや必ずしも美徳ではない。寧ろ善悪の彼岸に立つた唯一無二の特色である。岩見重太郎は人間以上に強い。（中略）兎に角重太郎の強いことは天下無敵と云はなければならぬ。こう云ふ強勇はそれ自身我々末世の衆生の心に大歓喜を与へる特色である。

芥川の重太郎礼讃の中心をなすものは、何といってもその強さに対する絶対肯定の感情である。そしてこれを「いかなる悪徳をも償う位、大いなる美徳」、「寧ろ善悪の彼岸に立つた唯一無二の特色」と呼ぶ。この「善悪の彼岸」という特殊な用語は直ちにニーチェを連想させる。これが強者の讃美と結びつくとき、君主道徳や強者の道徳を主張したニーチェと重なり合う。

重太郎論の展開から、この重太郎＝ニーチェの関係はますます明らかになってくる。芥川が重太郎を強者として讃美する理由は、この豪傑が善悪の観念を足下に蹂躙してすこしも罪悪感を抱くことがないからである。罪悪感どころか道徳をも神をも平然と一笑し去る強い精神の持主だからである。したがって芥川が数ある重太郎の冒険の中でとりわけ興味を示すのは、牢破りと狒退治の二つということになる。牢破りはいうまでもなく人間の定めた国法を犯す行為であり、一方、狒退治も年ごとに人身御供をさせていた妖神の化身であり、神ともいうべき偶像の法を蹂躙した行為であった。重太郎のように人の法であれ神の法であれ、既成の善悪の観念を足下に踏みにじることのできることこそ強者・英雄の特質であって、これひとえに「我」に対する信仰の強さによるものだと芥川は解釈する。

「我《が》」に対する信仰の薄い、永久に臆病なる我々は我々の中にある自然にさへ罪悪の意識を抱いている。が、豪傑は我々のやうに罪悪の意識に煩はされない。実践倫理の教科書はもとより、神明仏陀の照覧さへ平然と一笑に附してしまふ。一笑に附してしまふのは「我」に対する信仰のおのづから強い結果である。（中略）我々はかう云ふ旺盛なる「我」に我々の心を暖める生命の炎を感ずるのである。或は我々の到達せんとする超人の面輪《おもわ》を感ずるのである。

ここにおいて芥川の重太郎は、ニーチェの超人と等しいものとなる。芥川の重太郎解釈はとりもなおさず芥川の超人解釈をそのまま援用したものにほかならない。すなわち善悪の彼岸に立って、倫理や法、宗教を無視し、あるいは超越し、強者の徳を誇る超人、強い己我のみをたのむ超人というニーチェ超人思想の解釈が、重太郎論の骨格をなしている。この重太郎論は、正面きったニーチェ論ではない。ひょっとしたらニーチェをパロディー化しているのではないかという疑念も起こるが、そうとはいえない。あの『大導寺信輔の半生』の「本」という項目では、父の蔵書で見つけた『水滸伝』が小学生の彼に本への情熱を教えたと書いている。幼い彼はこの本を何度も繰り返して読み、その情景を想像し、裏庭で想像上の水滸伝中の人物たちと木刀を振り回して格闘したという。このような英雄豪傑への憧れが幼いころからあったとすれば、好みの人物として岩見重太郎を取りあげるのも本心からであり、その好みの理由を、当時流行のニーチェを使って説明したものと考えられる。いずれにせよ『僻見』の重太郎論は、芥川のニーチェ理解を知る一つの手がかりを与えてくれる。

ここに現れた芥川のニーチェ解釈は、日欧を問わず最も早い時期のニーチェ解釈を典型的に示している。これまでも繰り返し述べたように、発狂直後の一八九〇年代、突如として時代の脚光を浴びたニーチェは毀誉褒貶の渦に巻き込まれた。いわゆる世の良識ある人々からは道徳の破壊者、強者のエゴイズムを説く者、本能主義者という非難がおこり、ニーチェは道徳の破壊者と見なされた。批判者たちが問題にしたのは、最晩年の著作『道徳の系譜』や『善悪の彼岸』で示された既存の価値体系の破壊者としてのニーチェであり、彼の説く君主道徳や、それと直結して解釈された超人の思想であった。もっぱら強い「我」の主張者、個人主義者としてのニーチェ解釈である。日本のアカデミズムの世界に入ってきたのも、まずこうした危険思想としてのニーチェ解釈であった。芥川のニーチェ像は基本的にはこうした解釈によっている。ところが芥川は欧米や日本の識者のようにこれを批判するのではなく、英雄豪傑讃美の肯定的根拠にしてしまった。

一方ドイツを始めヨーロッパでは、若者や芸術家たちが創造を高く評価するこの新しい思想に心を奪われ、「超人」が彼らの合言葉になった。比喩や象徴を駆使し、まったく新しい言葉で超人の思想を語った『ツァラトゥストラ』に熱狂し、この書物は彼らの聖典となった。大正期の理想主義的ニーチェ解釈はこうした西欧のニーチェ像を背景にしている。和辻哲郎は「力への意志」の解釈に独創的見解を示したが、当時のドイツのニーチェ解釈に力のあった生の哲学者ジンメルの影響をある程度受けている。またジンメルの影響を強く受けていた阿部次郎のニーチェ像は、彼がこのころ主張し始めた人格主義者と見まがうほど理想化されている。

芥川は超人に見立てた滅法強い重太郎を、いささかの罪悪感にも煩わされない善悪の彼岸に立つ「我」の人として讃美しており、その土台にある超人理解は、同じ漱石門下生でありながら、大正期の哲学科出身の和辻や阿部次郎の理想主義的ニーチェ解釈とは、ほとんど関係のないものといえる。

それでは一体、何を根拠に、また何をきっかけとして、芥川はこのような主張をしたのであろうか。次にそれを検討したい。

## 2 『江南游記』の水滸伝観劇と超人ボルジア

実はこの『僻見』が発表される二年前、大阪毎日新聞社に掲載された『江南游記』(大正十一年一月、二月)には、重太郎論のニーチェ解釈と同じような発想の叙述がある。芥川はその前年、大正十年三月末から七月末にかけて、大阪毎日新聞社の海外視察員として四ヶ月にわたり中国を旅行した。この大旅行は最初から御難つづきで、出発直後に大阪で風邪をひいて足止めされ、やっと日本を出発したかと思うと今度は上海到着早々、乾性肋膜炎にかかり、四月一日から三週間も日本人の経営する里美病院に入院した。中国国内の見学や旅行が始まったのはやっと退院してからである。上海見学に始まり、杭州、西湖、蘇州、揚州と江南の名所をめぐり、さらに南京、廬山、漢口、長沙、洛陽を経て北京にたどりつき、天津まで足をのばすという大旅行である。この旅行の無理がたたったのか、帰国後は健康がすぐれず、神経衰弱にも悩まされるようになった。新聞社と約束した旅行記も八月から九月にかけて連載した『上海游記』を書いただけで、『江南游記』の発表は翌大正十一年の一月二月になった。

『江南游記』の中には、著者が蘇州城内の見世物を見物しながら水滸伝の豪傑たちに思いを馳せる場面がある。ここで彼はボルジアと関連させながらツァラトゥストラを思い起こすのである。芥川は区々たる殺人放火のごときを問題としない豪傑の士の、善悪の彼岸に立つ超道徳的心情を思い、その図太い心こそ読む者をして酔わしめるものだという。さらに「英雄頭を回《めぐ》らせば、即ち神仙」という言葉を引いて次のように述べている。

もし、嘘だと思う人は、試みにニイチェを開いて見るが好い。毒薬を用いるツァラトストラは、すなわちシイザア・ボルジア（チェーザレ・ボルジアのこと）である。（註3）

これは重太郎論とまったく同じ発想である。重太郎も水滸伝中の英雄も神仙も、ツァラトゥストラもボルジアも、等しく超人である。彼らの特質は超道徳的心情と強い我と生命力の持主ということで共通していて、普通の人間の是非善悪の規格にはまらない。このように見てくると、『僻見』の重太郎＝超人論はちょっとした奇抜な思いつきといったものではなく、芥川の意識のなかで相当深く根を張っていた考えのように思われる。

それにしても「毒薬を用いるツァラトストラ」という表現は、かなりショッキングなイメージである。しかもそれをボルジアだと言い及ぶとなると、いくらかでも『ツァラトゥストラ』という書物に通じている人には、まさかと思わせる効果がある。また通じていない人には、ツァラトゥストラはそんな悪逆非道な人間なのかと驚かせる効果がある。小国が分立し、権謀術数渦巻くルネサンス時代のイタリアで、法王領を支配したチェーザレ・ボルジア、当時の法王の甥にあたるこの人物は冷酷無比をもって知られ、政敵や気にいらぬ者たちを次々に毒殺して粛正した。第二次大戦前には『ボルジア家の毒殺』と題する大衆娯楽映画まであった。つまり毒殺とボルジアという人物はしっかりと結びついており、これは大衆レベルにまで浸透した月並みなボルジアのイメージなのである。しかしニーチェが肯定の書と読んだ『ツァラトゥストラ』の主人公と「毒殺」とは、そんなに容易に結びつけられるイメージではない。第一『ツァラトゥストラ』にはボルジアも出てこなければ、ツァラトゥストラが毒薬を用いる場面も出てこない。

この文章を書いた芥川の真意はよく分からないが、やはりこれは芥川一流のレトリック趣味からでた逆説的表現であろう。つまりツァラトゥストラは超人である。毒薬を用いるボルジアも超人である。したがって超人ツァラトゥストラが毒薬を用いたならば、彼は超人ボルジアと同じであるという単純な三段論法が背後にあって、「毒薬を用いるツァラトストラは、即ちシイザア・ボルジアである」という表現になったのであろう。しかしこれが『ツァラトゥストラ』という書物から引いた発言でないことは、先に述べた通りである。それでは芥川は何によってこのようなことを述べたのだろうか。

## 3　ニーチェの著作中のボルジア讃美

「毒薬を用いるツァラトストラ」を「シイザア・ボルジア」だとする芥川は「嘘だと思う人は、試みにニイチェを開いて見るが好い」と書いているが、その書名は明らかにしていない。そこでグロイター社のドイツ語によるニーチェ全集研究版の索引により、ニーチェがボルジアについて述べている作品およびその言及箇所を検索してみると、次のようになる。

1、『善悪の彼岸』第五章「道徳の博物学考」(一九七番)
2、『アンチクリスト』(四十六番)
3、『アンチクリスト』(六十一番)
4、『偶像の黄昏』「ある反時代的人間の逍遙」(三十七番)
5、『この人を見よ』「なぜ私はかくも良い本を書くのか」(一番)

（括弧内の数字は、1～3の著作については著作全体の項目別通し番号、4、5の著作については章中の項目別通し番号）

これらの五ヶ所について内容を検討してみよう。

ニーチェがボルジアについて述べている五ヶ所の文章で、芥川が確実に読んでいると論証できるのは、『善悪の彼岸』第五章「道徳の博物学考」（一九七番）だけである。『善悪の彼岸』の英語版を芥川が所蔵していたことはすでに述べた。そこで芥川文庫所蔵の『善悪の彼岸』に当たってみると、第五章「道徳の博物学考」の一九七番という番号の下には芥川の引いた下線がある。

『江南游記』が発表されたのは大正十一年一月、二月であるから、遅くとも芥川は大正十年末までにはこの書物を入手していたはずである。彼がツァラトゥストラ＝ボルジア説の根拠とした『善悪の彼岸』一九七番は、ニーチェとしては比較的短いアフォリズムなので、全文をここに引用しよう。

猛獣や猛獣的人間（たとえば、チェーザレ・ボルジア）は根本的に誤解されており、すべての熱帯産の怪獣や植物のうちでもっとも健康なこれらのものの根底に、なおも「病的なもの」を探したり、あるいは、これらのものに生まれつきの「地獄」を探すことまでしているかぎり、自然は誤解されている――、これまではほとんどすべての道徳家がこういうことをやってきたのだが。道徳家たちには原始林や熱帯に対する憎悪のようなものがあるのではなかろうか？　また、「熱帯的人間」は人間の病気や退化としてであれ、固有の地獄や自己拷問としてであれ、どんなことがあってもいかがわしいものにされなくてはならない、ということがあるのではないか？　しかし、なぜだろう？「温帯」のためにか？　穏和な人間達のためにか？「道徳家たち」の？　凡庸な者たちの？――これは「臆病としての道徳」の「章」にまわすことにする。――

『善悪の彼岸』（一八八六年）はそのかなりの部分が『ツァラトゥストラ』最終第四部と同じ時期に並行して

書かれた書物で、ニーチェ自身『この人を見よ』のなかで、この書物から彼の否定的側面が始まると述べている。しかし『ツァラトゥストラ』の穏やかな雰囲気がまだ残っているせいか、文体的には最晩年の書物ほど戦闘的ではない。十九世紀フランスの大批評家イポリット・テーヌがいちはやく早く無名のニーチェのこの書物の価値を認めているし、また日本でも人気のあったトーマス・マンが、この著作の文体をもっとも完成された散文として高く評価したのも、挑発的要素がまだそれほど目立っていないことが一因をなしているであろう。

引用のアフォリズムにおいては、ニーチェが猛獣的人間、熱帯的人間と呼ぶボルジアを健康な者として評価していることは確かだが、ここには彼を超人として評価するといった記述はない。これまでの道徳家たちのほとんどすべてが彼をいかがわしい者としてきたことに対しては、直接彼らを攻撃するのではなく、「しかし、なぜだろう?」と疑問形にすることによって問題を和らげている。そして最後は「これは『臆病としての道徳』の『章』にまわすことにする」と締めくくっているのだが、『善悪の彼岸』の中にはこうした内容をもつ章はない。これはむしろ翌一八八七年に刊行された『道徳の系譜』の内容に相当する。この著作でニーチェがキリスト教道徳を弱者の道徳、奴隷道徳として徹底的に攻撃したことは有名だが、しかしここにはボルジアに関する記述はない。したがって、芥川とボルジアとの関係でこの著作を問題にする必要はない。芥川は英語版の『道徳の系譜』を所蔵していたが、これには下線はいっさい引かれておらず、ただ日本の古代の貴族が、世界史に名だたる当時の勇猛な戦士たちと並べて叙述されているページだけが折られている。この点からもこの著作を芥川が精読したとは考えられない。

『善悪の彼岸』以外にボルジアに関する記述のある他の三つの著作についてもここで触れておきたい。『アンチクリスト』、『偶像の黄昏』、『この人を見よ』はいずれもニーチェが狂気に陥る直前に書かれたもので、どれも攻撃的・挑戦的な傾向が強い。なかでも一八八八年八月末に完成した『アンチクリスト』は、最大級の言葉を使ったキリスト教攻撃の書物で、アンチクリストという署名が末尾に付されている。ドイツ語のアンチクリストという言葉は反キリスト者、反キリスト教徒、キリスト教の教えに背く者という意味で、反イエスの意味ではない。「本当のキリスト教徒はただ一人で、その人は十字架の上で死んだ」というニーチェの言葉はよく知られているが、実際ニーチェはイエスを攻撃誹謗したことは一度もない。

ニーチェの矛先が向かうのは、彼が憎悪の天才、復讐の天才と呼んだパウロである。ニーチェは『新約聖書』にたいし烈しい嫌悪を示す。とりわけパウロの『コリント全書』からいくつもの例を引きながら、彼の復讐の本能について解説している。『アンチクリスト』の四十五番はこのような解説にあてられているが、これに続く四十六番であのチェーザレ・ボルジアが出てくる。四十六番の最初は「新約聖書を読むときには手袋をはめた方がよい」という有名な言葉で始まる。「こんなひどい不潔さのそばでは、そうでもするより仕方がない」というのである。「そこではいっさいが卑怯、いっさいが眼を閉じること、自己欺瞞に尽きている。新約を読み終わった直後なら、どんな本でも清潔になる」と述べたあとで、次のように締めくくる。

私はパウロを読んだすぐ後で、あの実に愉快極まる、人を食った嘲笑者、ペトロニウスをうっとりとして読み耽ったものだ。かってドメニコ・ボッカチオがチェーザレ・ボルジアを評してパルマ公に書き送った言葉「全くのお祭り騒ぎ」は、ペトロニウスにぴったりの言葉かもしれない――不滅なまでに健康、不滅なまでに快活。そしてすばらしい出来の良さ。

ペトロニウスは古代ローマ帝政時代の詩人で、猥雑な風俗小説『サテュリコン』の作者として知られる。しかし雅俗折衷の文体を駆使するその洗練された趣味をニーチェは愛していた。このペトロニウスに似た人物としてボッカチオはチェーザレ・ボルジアの名を挙げた。ニーチェの見るところ、ペトロニウスとチエーザレ・ボルジアの二人の共通点とは、健康、快活さ、要するに出来の良さであって、不潔なキリスト教徒の対蹠的人物だという点である。ボルジアの最高の健康さへのこうした評価は、もはや『善悪の彼岸』の場合のように曖昧な疑問符つきではなく、はっきりとキリスト教徒の対蹠的人物だという点にある。しかしここでも彼が超人であるとは言っていない。

『アンチクリスト』の中のもう一つ、六十一番の記述もまたニーチェ独特の見方で、宗教改革とルネサンスとの関係を論じたものとして有名である。古代の復興を意味する偉大なルネサンス文化が今やキリスト教に片を付けようとしていたとき、ドイツの一修道士ルターがローマへやってきて教会の腐敗を攻撃することにより、逆に教会を再興してしまったというのである。これはカトリック側の反宗教改革を指している。ニーチェによれば「キリスト教はその頃もはや法王の座についてはいなかったのである！　そうではなく、法王の座に着いていたのは生であった！　生の凱歌であった！　すべての高い、美しい、大胆な事物への偉大な肯定であった！」そのルネサンスがルターにより、「無意味な出来事、一つの大きな無駄になった！」とニーチェは嘆く。

ここで、ニーチェが生の凱歌と呼んだ当時の法王の座と関連して、チェーザレ・ボルジアへの言及がなされる。「私は一つのお芝居をありありと思い浮かべる。それはまことに含蓄があり、また同時に、言いようもないほど奇妙に逆説的なものなので、オリュンポスの神々が見たら、一人残らず、不滅の哄笑に誘われかねなかっただろう。――そのお芝居とは、法王としてのチェーザレ・ボルジアである」。

チェーザレ・ボルジアの実際の父親といわれる叔父の法王、アレッサンドロ六世もルターのいわゆる腐敗した法王で、その後継者はチェーザレと目されていた。ニーチェが言っているのはそのことである。およそキリスト教の反対物ともいうべき彼が法王の座に着いていたら、生が、つまりルネサンスが勝利し、キリスト教に片がついていただろうとニーチェは考える。しかし実際にはチェーザレが若くして死んでしまったため、こうした事態は起こらなかった。

ここで見るように、この場合もニーチェはチェーザレ・ボルジアをキリスト教徒の対蹠者として描いているのであり、超人とは言っていない。『アンチクリスト』では、もっぱら貧しく弱々しいキリスト者の生と対照的な、溢れるばかりの豊かな生を謳歌する者として、古代文化の復活者としてボルジアが描かれているのである。

『偶像の黄昏』ではやや視点が違っている。『アンチクリスト』の直後から書き始められたこの著作の「ある反時代的人間の逍遥」という章の三十七番では、近代人批判という文脈でチェーザレ・ボルジアが取りあげられている。華奢で傷つき易く、互いに思いやりを掛け合っている柔弱な人間性を近代人は積極的進歩とみなし、自分たちはルネサンス時代の人物をはるかに超えていると自惚れている。しかしこれは進歩でも何でもない。敵意をはらみ不信感をかき立てる諸本能の減退は進歩ではなく、生命力の一般的減退の結果に他ならない。「石一つにさえ当たりたくないというぶくぶく着ぶくれしたわれわれの人道主義を以てしては、チェーザレ・ボルジアの同時代人を前にしたら、腹を抱えて大笑いされるような喜劇を提供するのが落ちである」とニーチェは書く。そして我々の徳は、「生をもっと豊満に、もっと浪費的に、もっと満ち溢れんばかりの形で知っている人々の間でなら、もっと別の名で呼ばれていただろう」という。それは「臆病」とか「惨めったらしさ」とか「おばあさん道徳」という名である。

ここでもチェーザレ・ボルジアは、豊かな生にあふれるルネサンス人の代表者として描かれており、その豊かな生を讃えている点では、先の『アンチクリスト』と変わらぬボルジア像を示している。ここでもまたボルジアは超人とは呼ばれてはいない。

ところが『この人を見よ』の中には、ボルジアが超人の一面をもつことを暗示するような叙述がある。この著作の「なぜ私はかくも良い本を書くのか」と題する章の冒頭一番の項目で、ニーチェは自分の著書をこれまで理解する者がほとんどいなかったことを慨嘆し、「私は私という者を取り違えて貫いたくない」と要請する。また「多少とも理解したと思い込んだ人は、自分の姿に合わせて、私を適当に拵え上げているにすぎないのであって――私自身とは正反対の像を拵え上げることも稀ではない」ともいう。そして『超人』というのは最高に出来の良い人間という一つのタイプを言い表す語であり、これと対立するのは『近代』人であり『善人』であり、キリスト教徒やその他のニヒリストたちである」と解説する。さらに超人解釈の様々な誤った例をあげて、「『超人』の例ならパルジファルのような人間よりむしろチェーザレ・ボルジアのようなタイプの人間を探した方がいいですよ、と私がある人の耳に囁いたら、その人は自分の耳を信じようとしなかった」と述べている。

『この人を見よ』の外国語版は芥川文庫にはない。日本語訳なら第四章で述べたように、安倍能成が大正二年に早々とこれを訳しているが、『江南游記』執筆当時に芥川がこれを読んでいたという確証はない。

以上、ニーチェの著作でボルジアに言及されている五ヶ所の内容を網羅的に検討したが、基本的には芥川が下線を引いた『善悪の彼岸』の「生に溢れる人間」、「熱帯的人間」としてのボルジア像が共通している要素である。この人物を、「我《が》」のためには善悪をも蹂躙してはばからない超人という形で叙述しているものは一つもない。『この人を見よ』には確かに超人との関連を暗示するような言葉があるが、それは狂気の闇に沈む直前のニーチェが、灼熱した頭脳で自己の生涯と思想を回顧し、後世の誤解に対する絶望的恐怖のうちに超人との関連が暗示的に述べられているにすぎない。このため、芥川の超人像は、ニーチェの著作以外の何らかの研究に影響されて形成されたのではないかと推察される。そこで思い出されるのは、鷗外の「妄想」の中の超人解釈である。

## 4　鷗外「妄想」のニーチェ解釈とボルジア

鷗外は明治三十年代のニーチェ論議には消極的だったが、日本におけるドイツ学の碩学だけあって、ニーチェの著作にふれたのは高山樗牛などより早かった。それは第一章でみたように明治三十年、友人賀古鶴所にあてた彼の書簡からうかがわれる。また樗牛を「牙なきニイチエ、爪なきニイチエ」と冷笑したこともよく知られている。しかし芥川の超人解釈との関係で最も注目されるのは、明治四十四年三月『三田文学』に掲載した「妄想」であろう。

この小品で過去を振り返る主人公の翁は、来たるべき死を思い、これまで過ごしてきた生を思い、ドイツ留学中に読んだ哲学書の内容を簡潔に要約して記している。それはハルトマンであり、ショーペンハウアーであり、マインレンダーであった。彼らはすべて厭世哲学者である。そしてこの小品の終わり近くで主人公は述懐する。「辻に立つ人は多くの師に逢つて、一人の主にも逢はなかつた。そしてどんなに巧みに組み立てた形而上学でも、一篇の抒情詩に等しいものだと云ふことを知つた」。しかしその直後、ちぎれちぎれに聞こえてきたアフォリズムの旋律により、彼は惰眠の中から鞭うち起こされたという。

それはニイチエの超人哲学であった。

併しこれも自分を養つてくれる食餌ではなくて、自分を酔はせる酒であつた。

過去の消極的な、利他的な道徳を家畜の群の道徳としたのは痛快である。同時に社会主義者の四海同胞観を、あらゆる特権を排斥する、愚な、とんまな群の道徳としたのも、無政府主義者の跋扈を、欧羅巴の街に犬が吠えてゐると罵つたのも面白い。併し理性の約束を棄てて、権威に向ふ意志を文化の根本に置いて、門閥の為め、自我の為めに、毒薬と匕首《ひしゅ》とを用ゐることを憚らないチェザレボルジアを、君主の道徳の典型としたのなんぞを、真面目に受け取るわけには行かない。

ここに引用した内容のうち、五行目までの前半部は、『善悪の彼岸』第五章「道徳の博物学考」二〇二番にほとんど同じ趣旨の文章がある。鷗外は非常に簡潔にニーチェの文章を要約しているが、利他主義道徳を「家畜の群の道徳」と呼んだことも、「社会主義者の四海同胞観」を否定したことも、無政府主義者の犬どもがヨーロッパの街で吠えているという表現も、そのまま二〇二番に見いだされる。しかし後半の「理性の約束を棄てて、権威に向ふ意志を文化の根底に置いて」にあたる言葉は見いだせない。もしこの「権威に向ふ意志」が「力への意志」を説明したものだとしたら、鷗外に似合わぬあまりに単純な解釈に驚くばかりである。もっともこの頃はまだドイツ本国でも「力への意志」の研究はほとんどなされていので、鷗外の解釈にも無理からぬところはある。

次のボルジアについての叙述の典拠としては、すでに述べたように芥川がその番号に下線を引いた『善悪の彼岸』一九七番がある。一九七番はすでにほぼ全文を引用して検討したが、ニーチェが熱帯的人間と呼ぶチェーザレ・ボルジアは、すべての熱帯的なものと同じく最も健康なものとして評価されていた。また、前項ではニーチェの全著作中のボルジアに関連した叙述を網羅的に検討したが、鷗外「妄想」のいう「門閥の為め、自我の為めに、毒薬と匕首とを用ゐることも憚らない」というボルジアの説明や、彼を「君主の道徳の典型とした」とする叙述はなかった。そこで、こうした説明は鷗外が解説的に付けたものといえる。

若い頃から芥川は漱石ばかりでなく、鷗外の短編作家、歴史小説家としての技量やその学識に深く傾倒していた。また鷗外の数々の外国小説の名訳に啓発され、その題材から小説手法、表現にいたるまで学ぶところも多かった。芥川は鷗外の書くもの、とりわけドイツ関係のものには強い信頼感を寄せていたと思われる。「妄想」の出た明治四十四年には長江訳の『ツァラトゥストラ』が世に出たが、そのころ芥川は一高の学生だった。まだ小説を書いてはいないが、文学部志望の読書家で中学時代から鷗外好きだった芥川が、いち早くこの「妄想」を読んでいた可能性、あるいはその後に読んだ可能性はきわめて高い。

『江南游記』で芥川がツァラトゥストラ＝ボルジア説を書いたのは、鷗外の死の半年ほど前である。この頃から健康を損ない、やっと書き始めた『江南游記』の「十四　蘇州城内（中）」において芥川は、野外劇で両刀と槍を使って戦う二人の『水滸伝』の英雄らしき人物たちの見事な立ち回りに、拍手喝采する観衆の姿に筆が及んだとき、芥川自身幼い日に夢中になった『水滸伝』の豪傑たちを懐かしさとともに思い起こしたのであろう。中国の民衆の反応に、大いに「水滸伝らしい心もちを感じた」という。それは「或支那思想の閃き」であり、芥川によれば、日本にも馬琴の八犬伝はじめ類書は多いが、水滸伝らしい心もちはどれにも写されていない。百八人の豪傑は、馬琴などが考えていたような忠臣義士の一団ではなく、彼らは無頼漢の結社である。そして芥川は、たしか水滸伝中の豪傑、武松の言葉だと断りながら、「豪傑の士の愛するものは、放火殺人だ」という言葉を紹介する。「豪傑の士たる以上、区々たる殺人放火の如きは、問題にならぬ」、「つまり彼らの間には、善悪を脚下に蹂躙すべき、豪傑の意識が流れている」。そしてこの「超道徳思想は、独り彼等の心ばかりじゃない。古往今来支那人の胸には、少くとも日本人に比べると、遙に深い根を張った、等閑に出来ない心」だという。ここから「妄想」のニーチェ論、ボルジア超人論まではあと一歩である。鷗外の解釈する超人哲学の毒薬や匕首を用いるボルジアは、まさに善悪を足下に蹂躙する超道徳的思想の持ち主である。芥川の思いが、おそらくかつて読んだであろう「妄想」のボルジア解説に向かったのはきわめて自然である。

しかし芥川の心を支配しているのは、幼い頃からどこかで続いている英雄豪傑への憧れである。彼は『水滸伝』が万人に愛されるのは豪傑たちの個々の冒険ゆえではなく、その全体に見られる「図太い豪傑の心もちが、直に読む者を酔わしめる」のだという。図太い豪傑の心もちとは善人でも悪人でもない、神仙にも比すべき超道徳的思想の持ち主の心を意味する。この評価は鷗外のボルジア評価の対極である。鷗外は、毒薬や匕首を用いるボルジアを君主の典型と見なすニーチェの超人哲学など、到底真面目に認めることはできないとしてこれを一蹴した。芥川はニーチェ解釈としては鷗外のボルジア論をそのまま信じたが、その結果としての鷗外の判断を受け入れることはできなかった。

芥川が『江南游記』でツァラトゥストラ＝ボルジアについて述べているのはほんの二、三行である。しかし読書家の彼はこれを書くために、おそらく手元にあったか、新しく手にいれた『善悪の彼岸』を参照したのであろう。そこに見いだしたのはボルジアの熱帯的ともいうべき健康と旺盛な生命力を讃えるニーチェのアフォリズムである。このアフォリズム自体に芥川はニーチェのボルジア讃美に共感する要素を見いだしたのだと思われる。それは逞しい生命力である。芥川がまさにその減退に悩んでいる生命力を、溢れんばかりに備えたのがニーチェの評価するボルジアだった。

芥川が『僻見』を書いたのは、大正十一年の始めに発表した『江南游記』の一年半近くのちのことである。その間芥川の病状は回復の兆しも見せず、神経衰弱はひどくなるばかりであった。重太郎論のテーマも同じく豪傑讃美論であるが、ここでは水滸伝の場合のように簡単な叙述ではなく、善悪の彼岸に立つ豪傑重太郎の超道徳的活躍が全編にわたって説明され、その生命力に対する飽くことのない讃嘆の念に満ちみちている。それは重太郎のように生命力に溢れ、罪責の観念をもたず、強力な「我」の信念を抱く者に対する驚嘆の念、永遠に臆病な自分が感じる驚嘆の念であった。

こののちも芥川は、こうしたボルジア的超人像に長いあいだ支配されている。そのことは、生命力の衰退と神経衰弱に悩み、しだいに自殺の想念にとらわれていく過程で示したニーチェへの関心に現れている。次の第三節では芥川の読書や彼の作品を通じて、その過程とニーチェへの関心を見ていきたい。

## 第三節　後期芥川の死生観とニーチェへの関心

### 1　芥川所蔵の英文『善悪の彼岸』書込み

ボルジアに関する記述のある芥川文庫所蔵の英文『善悪の彼岸』の一九七という番号の下に、芥川が赤線を引いていることはすでに述べた。この項目の含まれている第五章「道徳の博物学考」にはほかにもかなり多くの文章や番号に赤ペンで傍線や下線が引かれている。第七章にやはり道徳について扱った「われらの美徳」という章があるが、ここでは二つの項目に線が引かれている。全体としてみればこの書物では、道徳の問題に芥川の関心が集中している。

第二に、芥川が集中的に赤ペンで大量の下線を引いているのは、第四章の「箴言と間奏曲」と題する章の文章である。六三番から一八五番まで、その半数近い五十三もの数に下線を入れている。九章からなる『善悪の彼岸』の中間あたりにおかれたこの章は、「間奏曲」と題されているだけあって前後とはまったく異なる表現形式の箴言集で、二、三行のごく短い警句的な形式となっている。ここには言葉に敏感で、機知に富む警句を好んだ芥川の嗜好がよく表れている。この形式は、後の『侏儒の言葉』の文体などに影響を与えていると思われる。

このほか『善悪の彼岸』で線が引かれているのは、第一章「哲学者の先入観について」の最初の項目と第二章「自由な精神」の終わりに近い項目の二ヶ所のみである。しかもこの二つはほかと違って、赤ペンではなく黒ペンが使われている。したがってこの二つは異なる時期に読んだものと考えられる。このように『善悪の彼岸』の書込みからは、芥川のニーチェに対する関心が、彼の後期の問題や活動に関連する道徳問題と警句的箴言の二つに集中していることがわかる。

第一の道徳問題への強い関心は、やはり重太郎論と関連していると思われる。生命力の枯渇をますます感じてきた芥川は、鷗外の説く自我の強いボルジア的超人像に幼い頃にもまして強い憧憬を抱き、切れそうになる繊細な神経を生につなぎ止める最後のよすがとしたのではないか。おそらく彼は鷗外の超人像を補強し、その解釈を正当化できるようなニーチェの言葉を探したのだろう。しかしそうした期待は空しかった。この著作にそのようなボルジアに関する言説はない。しかし彼がこれほど「道徳」にこだわったのは、彼自身が超道徳どころか道徳に強く縛られていたことを意味していると考えられる。

読書を通じて自己形成した芥川にとって、観念的に考えた道徳は自由を束縛する以外の何物でもなかった。それは『侏儒の言葉』にあるように封建時代に作られた道徳であり、今や従うべき必要も根拠もないものであった。しかし頭では否定しても現実の生活はまた別である。のちに見るように養子の身の上という遠慮もあり、古い儒教的な孝養の念に縛られ、幼い頃から言いたいことも言わず窮屈な思いで暮らしてきた。おまけに彼を悩ませた女性関係の問題にしても、社会の掟を気にしないですんだらどれほど自由な気持ちになれたことであろう。子としての責任、夫としての責任、親として責任を果たさなくてはならないという伝統的道徳が、意識の底では彼の心を強く規制し続けていたと思われる。早くして文壇に認められた若き芥川は、芸術至上主義者として芸術にすべてを捧げることが可能であった。しかし健康をそこね、神経衰弱に悩まされ始めた芥川は、ここで初めて現実の生に直面し、生きるという問題を考えざるを得ない事態に陥った。そのとき彼は、幼時から憧れた水滸伝中の英雄や岩見重太郎に超人の面影を見て、心の支えとしたのであろう。

昭和二年二月から自殺直前の七月まで書かれた『文芸的な、余りに文芸的な』には次のような叙述がある。

僕等は皆多少の「生活者」である。従って逞ましい「生活者」にはおのづから敬意を生ずるものである。即ち僕等の永遠の偶像は戦闘の神マルスに帰らざるを得ない。（中略）ニイチエの「超人」も一皮剝いで見れば、実にこのマルスの転身だつた。ニイチエのセザアル・ボルヂアにも讃嘆の声を洩らしたのは偶然ではない。

ここでは超人はギリシャ・ローマ神話の軍神、マルスに擬せられている。『道徳の系譜』で芥川がページの端を折ったと思われる箇所は、ニーチェが日本の貴族をヨーロッパの名だたる戦士民族やホメロスの叙事詩の英雄たちと並べて強者の道徳を論じており、それを読んでマルスという言葉に思い至ったのかも知れない。あるいはニーチェがナポレオンやカエサルの崇拝者であったことを何らかの形で知り、マルスの名を出したのかもしれない。ここでは、芥川が「永遠の偶像」と呼ぶ生活力に満ちたマルスの転身が超人であった。そしてその超人は依然としてボルジアのイメージにも結びついている。鷗外によって強調された非情なルネサンス人のイメージである。

『善悪の彼岸』書込みから読み取れる第二のニーチェへの関心は、警句的箴言形式で、この直接的影響は『侏儒の言葉』に感じられる。このコラムは大正十二年一月、菊池寛が創刊した『文藝春秋』創刊号の巻頭を飾り、大正十四年十一月まで三年近くも連載され続けた看板的文芸欄であった。これは内容的にも本章のテーマにかかわる重要な要素をもっているので、次に項を改めて検討したい。

## 2　『侏儒の言葉』

### 鷗外「妄想」による呪縛

『侏儒の言葉』が書き始められた大正十二年一月は、あの『江南游記』発表のちょうど一年後に当たる。

『江南游記』執筆のために鷗外の「妄想」を読み返した芥川は、ボルジア超人像の論拠確認のために参照した『善悪の彼岸』の中で、関心をそそられた項目をその後も線を引きながら丁寧に読んでいったのであろう。そして彼の嗜好にあった警句的表現形式を、直ちに『侏儒の言葉』の一部で用いたのだと思われる。内容は芸術、恋愛、宗教等多岐にわたっているが、なかにはそれぞれの時期の芥川の問題意識を反映したものもある。冒頭近くの「修身」という項目では、『善悪の彼岸』で集中的に線を引かれた道徳がテーマになっている。

妄《みだり》に道徳に反するものは経済の念に乏しいものである。妄に道徳に屈するものは臆病ものか怠けものである。〃

我我を支配する道徳は資本主義に毒された封建時代の道徳である。我我は殆ど損害のほかに、何の恩恵にも浴していない。〃

強者は道徳を蹂躙するであろう。弱者は又道徳に愛撫されるであろう。道徳の迫害を受けるものは常に強弱の中間者である。

「修身」にはこのような箴言が十数個並んでいるが、強者・弱者の道徳を問題にするなど、「妄想」のニーチェ解釈に端を発する『善悪の彼岸』の影響は明らかである。強弱の中間者こそ被害者だという芥川自身の中間階層意識に引きつけた考察もあるが、基本的には彼は古い封建時代の道徳の否定者で、そこに何の価値も認めていない。実は『江南游記』を発表したのと同じ大正十一年夏に、森鷗外が世を去った。その数ヶ月後に書き始めた『侏儒の言葉』でまず道徳の問題を取りあげたのは、「妄想」に触発されて読んだ『善悪の彼岸』での最大関心が、道徳の問題だったことと直線的につながる。ここでも芥川は鷗外のように強者の哲学の道徳観を拒否してはいない。

ただ『侏儒の言葉』冒頭の道徳に関する箴言の後に記された「侏儒の祈り」という比較的長い文章は、

『ツァラトゥストラ』序説で超人の対極として否定的に描かれる「おしまいの人間」にヒントを得たかと思われるほど発想が似ている。もしそうなら、『侏儒の言葉』が書かれ始めた大正十二年一月には、芥川はすでに独文の『ツァラトゥストラ』を読み返していることになる。『善悪の彼岸』と同じ時期に、若い頃愛読したドイツ語『ツァラトゥストラ』を懐かしく読み返した可能性は充分考えられる。

「おしまいの人間」についてはのちに『西方の人』を扱った第五節で詳細に論じるので、ここでは詳しくは触れない。要するに、何事もほどほどにつつましく生きることができるよう祈る侏儒そのものが、ツァラトゥストラの否定した「おしまいの人間」に似ているのである。それは、彼がその後に書く重太郎論のなかで強い憧憬をもって描き出した、現世の法も道徳も蹂躙してはばからない強者としての超人像の対極像ともいえるほどかけ離れているので、一読、違和感を感じる。しかし重太郎論の前提になっているのは、「『我《が》』に対する信仰の薄い、永久に臆病なる我々」から見た豪傑論だということからすれば、むしろ「侏儒の祈り」の方が芥川の本心だったとも考えられる。これは生きることに疲れた芥川が、心の平安を求めていたことの証しかもしれない。

『侏儒の言葉』で「妄想」との関係を強く思わせるのは、鷗外の死生観の呪縛である。芥川は、葬儀で読み上げられた遺書の一つ、「或旧友へ送る手記」の冒頭近くで、「僕はこの二年ばかりの間は死ぬことばかり考えつづけた。僕のしみじみとした心もちになってマインレンデルを読んだのもこの間である」と書き、芥川と同じ三十五歳で自殺したドイツのこの厭世主義者の名を繰り返し挙げている。マインレンダーは先にも述べたように鷗外が「妄想」のなかでハルトマン、ショーペンハウアーと並んで挙げた厭世的哲学者だが、前二者ほど有名ではなく、日本ではほとんど知られていなかった。葬儀後にこの人物が話題になったとき、菊池寛や恒藤恭、豊島与志雄、山本有三など錚々たる旧友達も「マインレンデル」が何者か分からなかったというエピソードが残っている。その後、この人物が鷗外の「妄想」で取りあげられていることに気付いた人に正宗白鳥と臼井吉見がいる。臼井は芥川の死を論じた文章（芥川龍之介全集第六巻、解説、ちくま文庫、一九八七年）で、鷗外をあれほど尊敬した芥川のことだから、おそらく丸善を通してこのマインレンダーをドイツから取りよせて読んだのだろうと想像している。

しかし芥川の独語力を知る者にとっては、この本を芥川がドイツ語で直接読んだという前提そのものに無理が感じられる。芥川は自分で読んだように書いてはいるが、実は鷗外の「妄想」のマインレンダー紹介がこの哲学者に関する芥川の知識の全てではなかったか。

マインレンデルは頗る正確に死の魅力を記述してゐる。実際我我は何かの拍子に死の魅力を感じたが最後、容易にその圏外に逃れることは出来ない。のみならず同心円をめぐるやうにぢりぢり死の前へ歩み寄るのである。

『侏儒の言葉』の中の「死」と題して書かれたこの文章を、「妄想」の中のマインレンダーに関する叙述と比べてみよう。

人は最初に遠く死を望み見て、恐怖して面《おもて》を背ける。次いで死の廻りに大きい圏《けん》を描いて、震慄しながら歩いてゐる。その圏が漸く小くなつて、とうとう疲れた腕を死の項《うなじ》に投げ掛けて、死と目と目を見合はす。そして死の目の中に平和を見出すのだと、マインレンデルは云つている。

さう云つて置いて、マインレンデルは三十五歳で自殺したのである。

両者を比較すればその類似は一読して明らかである。となると、あの遺書で芥川が「マインレンデルをしみじみとした心持ちで読んでいる」と書いているのは、やはり彼一流のフィクションであろう（註4）。しかしここで述べられた心境そのものは、芥川の真実の思いを伝えていると思われる。次の文章は『侏儒の言葉』の「自殺」と題する項目の中で書かれたものである。

万人に共通した唯一の感情は死に対する恐怖である。道徳的に自殺の不評判であるのは必ずしも偶然ではないかも知れない。

又

自殺に対するモンテェエヌの弁護は幾多の心理を含んでゐる。自殺しないものはしないのではない。自殺することの出来ないのである。

又

死にたければいつでも死ねるからね。

ではためしにやつて見給え。

自殺をしようとする者の心理についてこのように述べたのち、「死」と題してあのマインレンダーに関する文章がでてくるのである。ここには自殺の考えに囚われ始めた芥川の心情が反映している。その実行を阻んでいるのは死への恐怖である。死への恐怖を実際に体験し、それにもかかわらず死の誘惑にしだいに捉えられていったマインレンダーの軌跡は、まさに芥川のたどった自殺への道と重なり合う。自殺を決意してから二年の間、ここに書いたように彼はマインレンダーについての鷗外のこの叙述を何度も思い出したのではないか。そして最後の遺書で、芥川らしく理知の人として死への過程を冷静客観的に叙述しようとして、何らかの形でこの自殺した人物に触れざるを得ない気持に駆られたのであろう。

思えば健康の衰えた芥川は、鷗外の拒否したニーチェのボルジア的超人哲学を肯定したばかりか、無類の強さを誇る伝説的な英雄豪傑の生命力に魅了され、ニーチェの超人のように善悪の彼岸に立つ彼らの超道徳的心情に魅せられ続けた。しかし最後に捉われたのは、鷗外がマインレンダーを通じて暗示した自殺への誘惑である。もともと「妄想」は鷗外の死生観を扱った小品である。五十歳になった主人公はかって興味を抱いたドイツの厭世的哲学者やニーチェについて述べる一方、「死への憧憬」も「死に対する恐怖」も抱かず、死に向かって下っていく自分の心境について語っている。最晩年の芥川が鷗外に抱いた感情の根底には、死に対するこうしたあまりにも強靭な鷗外の精神への驚嘆、羨望と同時に恐怖の念があったのではないか。マインレンダーへのこだわりは、彼が最後まで鷗外の呪縛から逃れられなかったことを示していると思われる。

## 鷗外の精悍な意力への感嘆

死の年、昭和二年に書いた『文芸的な、余りに文芸的な』の中の「三十　野性の呼び声」に鷗外を論じたくだりがある。

或友人は森先生の詩歌に不満を漏らした僕の文章を読み、僕は感情的に森先生に刻薄であると云ふ非難を下した。僕は少くとも意識的には森先生に敵意などは持つてゐない。いや、寧ろ森先生に心服してゐる一人であろう。しかし僕の森先生にも羨望を感じてゐることは確かである。森先生は馬車馬のやうに正面だけ見てゐた作家ではない。しかも意力そのもののやうに一度も左顧右眄したことはなかつた。

この引用冒頭の「森先生の詩歌に不満を漏らした」というのは、同じ『文芸的な』掲載の「十三　森先生」で、「先生の短歌や発句は何か微妙なものを失っている」と著者が批評したことに関連しているであろう。この批評には次のような言葉が続いている。

僕はかう云ふことを考へた揚句、畢竟森先生は僕等のやうに神経質に生まれついてゐなかつたと云ふ結論に達した。或は畢《つい》に詩人よりも何か他のものだつたと云ふ結論に達した。「渋江抽斎」を書いた森先生は空前の大家だつたのに違いない。僕はかう云ふ森先生に恐怖に近い敬意を感じてゐる。（中略）或は書かなかつたとしても、先生の精力は聡明の資と共に僕を動かさずには措かなかつたであろう。

つづいて芥川は、晩年の鷗外が、差出し年が書かれていない北条霞亭の手紙を年代順にきちんと整理した束を示したときの、昂然たる態度を感嘆符つきで叙述している。

『文芸的な』からのこの二つの引用で共通しているのは、鷗外の精悍な生きる意欲への感嘆の念である。「三十」の「意力そのもののやうに一度も左顧右眄したことはなかつた」という言葉、「十三」のたとえ『渋江抽斎』を書かなかったとしても「先生の精力は聡明の資と共に僕を動かさずには措かなかつたであらう」という言葉はそれを証している。死を従容として受け入れる覚悟のできた強い精神であればこそ、最晩年の実証的史伝物にみられる昂然たる態度や、毅然とした生き方を全うできたのだという鷗外への思いがここから読み取れる。とはいっても、ボルジア的ニーチェ解釈を一蹴した鷗外ではなく、強い精神力と生命力をもつ鷗外への、「恐怖に近い敬意」に裏付けられた賛嘆の念である。しかし迫り来る死を前にした芥川が、鷗外の強い精神と自分との懸隔を強く意識し、資質の差を感じたのも当然であろう。

この頃彼はキリスト教に救いを求め、絶筆となった『西方の人』を書くか、あるいは書こうとしていた。『西方の人』にはこれまでとは違ったニーチェ解釈を思わせる言葉が至るところに見られる。どうしてこのような変化が起こったのか。次に芥川最晩年のニーチェに関係のある小説を取りあげ考察したい。

### 3　『大導寺信輔の半生』、最後の作風の始まり

『大導寺信輔の半生』という自伝的小説が『中央公論』に発表されたのは大正十四年一月である。あの重太郎論を含む『僻見』連載の終わった前年九月から数えて、わずか三ヶ月しか経っていない。実際書いたのはそれより前と思われる。虚構を混じえたこの小説で、彼は古本屋で苦労して買った『ツァラトゥストラ』に対する限りない愛惜の念を表したが、時期的にみてこの作品を書いたのは、重太郎論で彼流の理解

による超人への思いや憧れを書いたことがきっかけになったと思われる。もっとも、このとき彼が愛蔵の独文『ツァラトゥストラ』をまた読み返したかどうかは、この作品からは分からない。その内容に対する論評がこの作品にはいっさい記されていないからである。しかしすでに述べた「侏儒の祈り」の内容などを考えれば、もっと前に読んでいた可能性は充分ある。

「或精神的風景画」という副題をもつ『大導寺信輔の半生』は、芥川の最後の作風の始まりとみなされ、おおむね好評をもって迎えられた。自然主義的な告白スタイルを拒否し、古典や過去に題材を求めた物語や外国種の小説を手がけて、芸術的完成度の高い作品の創造を目指してきた芸術至上主義者芥川は、ここで初めて彼自身の生活を取りあげ、フィクションを混じえつつも、彼の生活と精神的成長過程の真実を表現しようとしたのである。菊池寛もこの小説について好意的な批評を書いているという。

『大導寺信輔の半生』を発表した大正十四年一月は、芥川が自殺した昭和二年七月二十三日から逆算しておよそ二年半ほど前になる。彼は「或旧友へ送る手記」の中で「僕はこの二年ばかり死ぬことばかり考え続けた」と書いたが、実際彼の書く小説もこのころから死、自殺、狂気、幻覚などをテーマにしたものが多くなる。『大導寺信輔の半生』と同じ大正十四年一月発表の『馬の脚』は、心臓麻痺で突然死した北京駐在の平凡な日本人会社員が馬の脚をつけて蘇生復活し、苦悩の末、蒙古から来る黄塵の吹きあれる日、馬の脚の故郷蒙古を目指して失踪するという幻想小説である。ここにはいかにも芥川らしい怪奇趣味が現れてはいるが、異形の姿に変じたこの男の孤独と苦悩、社会に対する怖れは深い。しかし、この小説にたいする新聞記事は容赦なく主人公の失踪原因を精神異常と決めつけ、「わが金甌《きんおう》無欠の国体は家族主義の上に立つ物なり。家族主義の上に立つ物とせば、一家の主人たる責任のいかに重大なるかは問うを待たず。この一家の主人にして妄に発狂する権利ありや否や？　吾人はかかる疑問の前に断乎として否と答うる物なり」と書く。「金甌無欠の国体」とは、金でできた瓶のように完全無欠で、他国の侵略を受けたことのない国家を意味する。第二次世界大戦中よく使われた言葉だが、芥川がこの小説を書いた大正末期にも新聞紙上などで使われていたのであろう。また明治以来、日本では、天皇制家族国家観が国家の基礎と見なされてきた。この小説に描かれた主人公の苦悩や恐怖は、もはや観照的な立場からなされる他者の心理分析ではない。それはいよいよ生活力が減退して、死や発狂の恐怖を焦眉の問題として感じはじめた芥川自身の心理を投影しているであろう。だが、発狂による家族への責任放棄の罪を断固追求する新聞論調は、芥川自身の内心の声でもある。彼の『善悪の彼岸』の書込みや『侏儒の言葉』での道徳への関心は、彼の超人への憧れや願望とは裏腹に、現実の芥川がいかに強く家族への責任感や拘束感にあえいでいたかを表している。

この年九月発表の『死後』になると、もはや架空の主人公に託するのではなく、自分が死んでいる夢を見てその内容を語るというスタイルとなる。死んだ自分がある友人に会ったのち自宅へ帰ってみると、他人の表札が懸かっているのに驚き、妻に問いただして怒鳴りつけるという夢だが、目覚めてみると、妻は傍らで赤子とともに安らかに眠っている。自分は損な役回りを演じさせられた妻を気の毒と思うと同時に、夢の中で自分が恐ろしい利己主義者になっていることを認める。この頃芥川はもう自殺という考えに取りつかれていたと思われる。でなければ、これほど直截な形で死後の自分の心理を問題にするはずがない。「僕は一つには睡眠を得るために、また一つには病的に良心の昂進するのを避けるために〇・五瓦《グラム》のアダリンを噛み、昏々とした眠りに沈んでしまった」という文章でこの小説は終わっている。

この頃すでに芥川は睡眠薬なしには眠れない状態になっていた。それにもかかわらずこの年も精力的に仕事をし、『上海游記』、『江南游記』の続編ともいうべき『長江游記』、『北京日記抄』等を書いており、これらをまとめた『支那游記』を十一月に出版している。

だがこの年の暮れから翌大正十五年にかけて、神経衰弱はますますひどくなる。胃をやられ、不眠症に悩まされ、斎藤茂吉はじめ友人たちに病苦を嘆く愁訴の手紙が増してくる。青山病院で働く斎藤茂吉を訪ね、診察を請うてもいる。この年三月、実家の父の使用人だった室賀文武が贈ってくれた聖書を熱心に読んだが、彼はついにこの奇跡の宗教を信じることはできなかった。茂吉のすすめにより鵠沼で転地療養をしたが仕事はいっこうにはかどらず、睡眠薬の量も増え、ついには阿片エキスまで飲むに至った。芥川に現れ始めた幻覚症状は、こうした強い薬物の常用による作用だともいわれている。

## 4 『河童』の中の超人哲学

死の年昭和二年に入ると、新年早々芥川の姉の夫が大変な借財を残して自殺するという事件があった。姉の家は火災で焼け落ち、自殺した夫には保険金詐欺の疑いもかかっていた。芥川は養家の三人の老人の他、実姉の嫁ぎ先の面倒までみることになった。この事件の後始末に奔走する傍ら、そうした俗事への反動からか、憑かれたように次々と作品や評論を書いた。

難渋していた陰惨な『玄鶴山房』も書き上げ、この年二月にはニーチェの超人が登場する『河童』を脱稿した。これは芥川自身がスウィフトの『ガリバー旅行記』やゲーテの『ライネッケ狐』のようなものだといっている寓意小説で、ある精神病患者が誰にでも話す体験談という設定のもとに語られていく。上高地で道に迷った主人公が偶然落ち込んだ穴から河童の国にたどり着き、ここに住み着いて河童言葉を覚え、知己友人もできてけっこう快適にこの国で暮らすことになる。ここで芥川は河童の国の社会的生活から内面的精神的生活にいたるまで、風俗や習慣、男女関係、価値観、芸術、宗教などについてのびやかに空想の翼を広げながら、自由な筆を揮っている。

主人公が親しくなった詩人のトックは超人を自称している。トックは河童の生活を馬鹿にして、親子夫婦兄弟はお互いに苦しめ合うことを唯一の楽しみに暮らしているなどとうそぶく。トックは芸術の上でも独特な考えをもっている。芸術家はなにものの支配も受けない。芸術のための芸術である。したがって芸術家たるものは何よりも善悪を絶した超人にならなければならないと言う。彼は超人クラブの会員になっているが、そこには似たような考えの芸術家たちが集まっている。そして超人ぶりを示すために、ある雌の小説家などはテーブルの上に立ち上がってアブサント六十本を飲んで、テーブルから転がり落ち、たちまち往生してしまう。トックもまた平凡な家庭の団らん風景をみて羨望を感じ、ピストル自殺を遂げる。

ここに出て来る超人はもはや生命力溢れる英雄豪傑ではない。芥川に近い芸術家である。しかもカリカチュアライズされた芸術家たちである。彼はこの寓意小説を自己への「デグー」、自己嫌悪から書いたと述べている。だが古い道徳のくびきを裁ち切り、芸術家として善悪を絶して自由に生きるという超人像は、基本的には岩見重太郎論に代表されるような超道徳的超人像と同じである。しかしトックは自殺する。彼は超人になることに失敗した河童である。このトックは、芥川自身であろう。つまりここには、彼の描いた超人を信じ切ることができず、挫折し、自殺願望に取りつかれた芥川がいる。ここにはまた、あれほど救いを求めたのに、彼を救えなかった超人への不信感もある。これは芥川の超人像において、今までになかった新しい要素である。

『河童』にはさらにもう一つ、今までになかったニーチェ像が提出されている。それはニーチェ自身が、河童の国では一番勢力のある近代教、あるいは生活教とも呼ばれる宗教の聖徒として祀られていることである。この宗教では「生命の樹」を祀って礼拝しているが、生命の樹を神聖なものとする生活教というイメージからは、直ちに芥川の解釈したニーチェの超人が連想される。すなわち生活力の衰えた芥川がニーチェに求めたのは、生命力の権化と彼が考えたニーチェの超人である。ここからは、新しい奇抜な意匠をまとってはいるが、実体はこれまで彼が抱いてきたのと変わらぬ超人像が透けて見える。
ところで主人公たちを案内していた年老いた長老は、ニーチェの半身像の前に来たとき、次のように説明する。

これはツアラトゥストラの詩人ニーチェです。その聖徒は聖徒自身の造つた超人に救ひを求めました。が、やはり救はれずに気違ひになつてしまつたのです。若し気違ひにならなかつたとすれば、或は聖徒の数へはひることも出来なかつたかも知れません。

ニーチェが自分の作った超人に救いを求めたが、救われずに「気違ひ」になったという説明には、もちろん芥川自身の発狂への恐怖が重なっていると考えられるが、注目すべきは、ニーチェが気違いにならなければ聖徒にはなれなかったかもしれないという説明である。ここでは超人を問題にするというより、超人を人々に説いたにもかかわらず彼自らを救うことのできなかったニーチェ自身が問題にされている。これもまた鷗外が「妄想」で指摘した点で、鷗外は自分を救えなかったニーチェを否定した。しかし芥川は逆に、発狂したからこそニーチェは聖徒になったのだという。ここには彼の思想に殉じて破滅した犠牲者としてのニーチェという見方が感じられる。これは聖書をよく読んでいた当時の芥川の脳裏に、「受難のイエスに共通する要素をもったニーチェ」という新しいニーチェ像が浮かんだからかもしれない。聖霊をデーモンとし、それに捉らわれた人は破滅の危険に陥るという、あの『西方の人』の「聖霊」に通うものがここには感じられる。
そこで最後に『西方の人』について考察したいが、その前にニーチェの著作に即して超人思想をみておきたい。

## 第四節　ニーチェの著作からみた超人解釈

### 1　『ツァラトゥストラ』の超人

#### 『ツァラトゥストラ』という書物の特徴

超人という言葉がニーチェの書いたものの中で現れるのはきわめて早い時期、彼がまだギムナジウムの学生であった頃である（「バイロンの劇詩について」）。『ツァラトゥストラ』以前の諸作において時にこの言葉が見いだされたとしても、ニーチェ特有の超人内容ははっきり打ち出されていない。そもそも超人という言葉そのものはニーチェの発明ではなく、ゲーテが『ファウスト』の中で使った言葉である。ファウストが地霊を呼び出す場面で、彼は恐ろしい形相の地霊に対して「超人」という言葉を使う。生涯を通じてゲーテの愛読者であったニーチェがここから超人の言葉を借用したことは、ゲーテ研究者として名高かったコルフが早くから指摘している。しかしこれに独得の衝撃力の強いイメージを与え、人口に膾炙させたのはニーチェである。超人から直ちに連想されるのはニーチェであってゲーテではない。

ニーチェの著書で超人思想が最も集中的に語られているのは、主著『ツァラトゥストラ』においてであるが、ここで問題になるのはこの書物の性格である。本書はツァラトゥストラという人物（ペルシャの拝火教の始祖ゾロアスターのドイツ語名）の言行録という形をとり、その語り口は聖書のパロディーともいわれ、文体はきわめて象徴的・比喩的である。このため哲学的内容をもった書物としては、いわゆる体系や観念とは無関係な、きわめて異色の作品である。自己の哲学の到達した最高の思想をこのような形で表現せざるを得なかった理由としては、彼の詩人的素質のほかに、その哲学の性格そのものがあげられよう。

既存の価値体系に対する徹底的批判によって開始されたニーチェの思索は、人間の生を支えてきた諸価値の虚偽や欺瞞をつぎつぎに暴露していくことに費やされる。この過程を推し進めることは自らの生の基盤を切り崩し、深い絶望とニヒリズムに自らを導くことになる。しかしそれを極限まで押し進めたとき、一つの逆転がおこる。新しい認識の眼、人間の新しい存在の仕方、新しい世界の了解の仕方がニーチェの中に生まれる。否定につぐ否定の果てにニーチェは絶対肯定の心境に達するのである。『ツァラトゥストラ』はまさにこのような肯定的気分を土台としている。最後の自伝『この人を見よ』の中には、『ツァラトゥストラ』の成立事情がヴィヴィッドに描かれている。それはまさにインスピレーションの産物であった。

ほんの少しでも迷信の名残りを留めている人なら、そのとき、実際に自分が圧倒的に強い力の、単なる化身、単なる口、単なる媒体に過ぎないという想念をほとんど斥けることは出来ないであろう。（中略）人は聞くのであって、探しもとめるのではない。受け取るのであって、誰が与えるのか問いはしない。稲妻のように一つの思想が必然の力をもって、躊躇のない形で閃く。／／象徴や比喩が思いのままにならない事が最も注目に値する。我々はもう何が象徴であり、何が比喩であるかがわからない。一切が最も近しい、最も正確な、最も単純な表現となって、立ちあらわれる。

ニーチェはしばしば自らを「ツァラトゥストラの詩人」と呼んだ。世界や人間に対する彼の新しい認識は既存の諸概念の中にその言葉をもたず、彼自身の新しい言葉で語るしかない。しかもそれはニーチェの全存在をまきこみ、奔流のように押し寄せて来る思想の嵐とでも呼ぶべきものの表現であって、概念的な乾いた表現ではおそらくニーチェ思想の啓示的なものの威力は消失してしまったであろう。象徴や比喩で語ることには充分な必然性があった。

逆にいえば、この象徴や比喩によって語られているところに『ツァラトゥストラ』の最大の難解さがある。それはどのような解釈をも可能にする余地があり、たとえば超人という言葉によって誰が何を連想しても一応は許されるからである。ニーチェが『ツァラトゥストラ』に「万人のための、そして誰のためでもない本」という奇妙な副題を付けたのは、その意味できわめて意味深長である。

## 超人と神の死

さて、ツァラトゥストラはまず超人の説教者として群衆の前に現れる。第一部序説では、十年間の孤独な山中での思索生活を捨てて四十歳のとき人間の世界に下りてゆき、人間に現存在の意味を教えるツァラトゥストラが描かれる。現存在の意味とは超人の教えである。序説の第三節、四節のほとんどすべてはこの超人の教説にあてられている。彼が広場にいる群衆に向かって最初に語るのは「わたしはあなたがたに超人を教えよう。人間は克服されなければならない或物なのだ。あなた方は人間を克服するために、何をしたというのか？」というパトスに満ちた呼びかけである。

ここで注意しておかなければならないのは、ツァラトゥストラがまだ群衆に出会う前、山から下りて来る途中で、森の聖者に出会っていることである。人間に絶望し、神との対話、神への祈りだけに生きている森の聖者をツァラトゥストラは理解し、彼に敬意を表すのだが、別れたあとで、「いやはや、とんでもないことだ。この老いた聖者は森の中にいて、まだ何も聞いていないのだ。神が死んだということを、神の死ということを！」とつぶやくのである。「神の死」こそツァラトゥストラ＝ニーチェの出発点であり、ヨーロッパの精神史的状況に対する彼の認識の原点なのである。さらに第一部の「ツァラトゥストラの教説」をしめくくる最後の章「贈り与える徳」は、「すべての神々は死んだ。いまや、私たちは超人の生まれることを願う」という言葉で終わっている。

「神の死」という認識は「超人」の教説の前提をなしている。「神の死」という言葉から、直ちに思い出されるのは、『ツァラトゥストラ』直前の作、『華やぐ知慧』のなかの「気狂いじみた男」と題するアフォリズム一二五番である。昼日中、提灯を手に狂気のごとく走り回りながら「神の死」という大事件を告げ知らせるこの男を、群衆は不審げに眺めやるばかりである。男は「私は早くきすぎた」とつぶやく。

神様は死んだ！　死にきりだ！　そしておれたちが神様を殺したのだ！　おれたち——すべての殺害者中の殺害者であるおれたちはどうして自分達を慰める？　世界がこれまでもった最も神聖な、最も強力なもの、それがおれたちの匕首にかかって血を流したのだ。（中略）こうした行為の偉大さは、おれたちには偉大すぎはしないか？　こうしたことをやってのけるには、すくなくともおれたち自身が神とならねばならないのではないか？

このきわめて強烈で不気味な光景には、ニーチェが「神の死」という事実に感じた恐怖の意識が鮮明に表れている。『人間的な、あまりに人間的な』から『曙光』、『華やぐ知慧』と続く時期に、ニーチェは既存の価値に対する否定と破壊を開始した。その根底に「あまりに人間的なもの」しか見いだささなかったニーチェは、これらの理想の背後にキリスト教の神を発見する。それは虚偽と欺瞞に満ちたものであったが、しかし一方、これこそ人間の生を促進し、高め、一切のヨーロッパ文化を形成してきた原動力であったことも発見する。神の死によって、人間の存在は奇怪ものになり、意味を失い、その生は目標を喪失するであろう。キリスト教的価値観に支えられてきたヨーロッパ人の直面している巨大なニヒリズムの問題、これこそニーチェを慄然とさせた神の死の意味だったのである。それは単に信仰の喪失といった問題ではなく、ヨーロッパ文明の根底をゆるがし、人間の生の根拠そのものを崩壊させてしまうような事件である。奇怪なものとなった生に目標を与え意味を与えなければ人間の生命力は枯渇し、人間は無限の退廃の中に、無限の悲惨の中に沈むであろう。ここに神に代わるものとして超人の思想が現れる。背後から道化師に飛び越されたため、綱から落ちて死んだ綱渡り師の死骸の傍らでツァラトゥストラはいう（序説七）。

人間の存在はぶきみであり、依然として意味がない。一道化師さえ人間の不幸な宿命たりうるのだ。わたしは人間たちに、彼らの存在の意味を教えよう。それは超人だ。人間という暗雲から発する稲妻である。

## 超人とは何か

では、超人とは一体何であるか。

それは大地の意義なのだ。あなたがたの意志は声を発してこう言うべきだ。「超人こそ大地の意義であれ！」と。

わが兄弟たちよ。わたしはあなたがたに切願する。大地に忠実であれ、そして地上を超えた希望などを説く者に信用を置くな、と。かれらは、みずからそれと知ろうと知るまいが、毒を盛る者たちなのだ。（序説三）

超人とは大地の意義である。これは、超地上的、超越的、彼岸的存在である神のまさに反対概念である。さらにツァラトゥストラはこうつづける。

かつては肉体は霊魂に軽蔑の眼をむけていた。そして当時は、この軽蔑が最高の思想であった。——霊魂は肉体を、痩せて、醜い、飢えたものにしてしまおうと思った。こうして霊魂は肉体と大地から脱却できると信じたのである。おお、この霊魂自身のほうが、もっと痩せて、醜く、飢えていたのであった。そして残酷なことをするのが、こうした霊魂の快楽であった！（序説三）

ここには超地上的希望、神の概念が、いかに人間を不具にしてきたかが語られている。それは人間を霊魂と肉体に引き裂き、精神的なものは感性的なものを否認し、人間は治癒しがたい不具者となったのだ。

神は人間の生に目標と意味を与えてきたが、その半面、霊魂と肉体の間に治癒しがたい裂け目と対立を作ってしまったのである。ニーチェは、大地の意義である超人を説くことによって、この対立を治癒しようとする。超人は彼岸的・超越的な存在ではなく、あくまで此岸的・内在的な存在である。それは感性的なものを否定しない。だがニーチェの肉体肯定をもって、ただちにニーチェを動物的本能の放縦のみを認める本能主義者とみるのは見当違いである。

超人とは人間存在の意義であるから、超人思想はニーチェの人間観と密接な関係をもっている。ニーチェは人間の卑小を知り、人間的な現実を直視し、これに絶望した。それにもかかわらずニーチェの人間観の中心をなすのは、『ツァラトゥストラ』に何度もくりかえされる「人間は克服されるべきあるものである」という思想である。「克服されるべきあるもの」とは、自己の本質を超えて高く自らを創造していく者の謂であり、ここにはニーチェが人間の本質をその超越的な性格にみたことが明らかにされている。かつてこの自己超克は、もっぱら神へ、彼岸的なものへと向けられて来た。だが神の死んだいま、超人に対してこそ憧憬の矢が放たれなければならない。大地の意義である超人が、今まで神の占めていた位置を占めるべきなのである。その意味で超人とは神の代替物なのだ。ここで理想の新たな転回が起こるのである。

とはいえニーチェは超人の像を具体的に描いてはいない。それは「人間をなめる稲奏」あるいは「狂気」といった、衝撃的ではあるが具体的な内容を伴わない言葉によって代置されている。ツァラトゥストラは超人の告知者ではあるが、超人そのものではない。超人はニーチェ自身の思想の歩みやツァラトゥストラの言説から予感はされても、明確な輪郭をもった像としては現れない。超人は超人そのものによってではなく、超人に至るさまざまの人間の階梯によって暗示される。

『ツァラトゥストラ』の序説では、超人は「おしまいの人間」との対比によってまず暗示される。おしまいの人間とは、もはや創造的意欲もなければ自己克服の理想ももたず、ただ受身に安逸をむさぼるような人間である。この対極に位置するのが超人である。

人間は、動物と超人とのあいだに張りわたされた一本の綱なのだ――深淵のうえにかかる綱なのだ。渡るのも危険であり、途中にあるのも危険であり、ふりかえるのも危険であり、身震いして足をとめるのも危険である。

人間における偉大なところ、それは彼が橋であって、自己目的ではないということなのだ。人間において愛さるべきところ、それは彼が移りゆきであり、没落であるということである。（序説４）

没落するとは破滅することを意味する。これに続いてツァラトゥストラは、超人のために没落する人間たちを「私の愛する人間」としてさまざまに描く。それは自分自身をもっとも軽蔑することのできる大いなる軽蔑者であり、認識する者であり、徳を愛する者であり、内に大いなる熱情を抱き、その火のために我が身が焼け死ぬことをもいとわぬ人間である。彼らの熱情はいずれも超人に向かって捧げられるべきなのだ。この意味で超人は、人間の生き方に対する強烈な方向を示したのである。

## 超人と永遠回帰の思想

超人と「永遠回帰」の思想との関連は多くの解釈者によって取りあげられてきた。『ツァラトゥストラ』の構成はさまざまの言説で織り成されていて一見きわめてルーズ見えるが、第一部、第二部の神の死を前提とする超人のテーマ、第三部の永遠回帰のテーマ、この二つがこの作品の主要テーマである。永遠回帰はニーチェ自ら、『ツァラトゥストラ』という作品の「根本概念、および到達せられうる限りの肯定のこの最高方式」（『この人を見よ』）と呼んでいる思想である。啓示のごとくニーチェを電撃的に襲ったこの思想こそ、ニーチェの新しい世界了解のかなめになっている思想である。

では、永遠回帰とは一体何か。『ツァラトゥストラ』の中ではそれはきわめて神秘的・暗示的に語られ、ニーチェのこの体験の重さがさまざまな方法で示されている。概念的にいえば、それは時間と永遠とに関わる問題である。現在の瞬間から過去に通ずる永遠と、未来に通ずる永遠との二つの永遠が存在するとすれば、過去の永遠のうちには一切の生起し得るものはすでに生起したはずであるし、未来の永遠の時間の中にも一切のできごとが生起するはずである。この矛盾は時間を直線的なものと考えたことからおこる矛盾である。そこでニーチェは、時間は曲線であり円環だと考えた。しかし時間が円環だとすれば全てはすでにあったことであり、一切が回帰せざるを得ない。これが真理であれば、一切の卑小なものも回帰することになり、人間の努力も超人への意欲もすべて無意味なものとなる。永遠回帰は自らのうちに決定論、宿命論を含むおそるべき教説なのだ。ニーチェはこれを恐怖の思想、深淵の思想と呼び、ツァラトゥストラはこの思想の衝撃のために七日も床についてしまうのである（第三部、「快癒に向う者」）。しかし永遠回帰の思想に耐え通すことは、人間を決定的な変化に導く。

もはや牧人ではなかった、もはや人間ではなかった、――一人の変容した者、光につつまれた者であった。そして哄笑した。これまでこの地上で、かれが哄笑したように、これほど哄笑した人間はなかった！（第三部、「幻影と謎」）

この笑う者は超人を思い出させる。もとより超人とはニーチェのいうこの恐るべき体験を克服した非常に高い像だからである。

永遠回帰はたしかに一種の宿命論であるが、一切はここから決断されることになる。未来ばかりでなく過去をも意欲しうることになる。このことにより、今というこの瞬間が永遠にとって決定的な意味をもつことになるのである。時間はもはや一義的な方向をもたなくたり、瞬間が最高の意味をもつ。ニーチェのこの体験は単なる論理の帰結ではなく、彼の存在全体をゆり動かすような決定的な意味をもっていた。永遠回帰の思想の恐怖を克服した者はいわば時間の外に立って、世界の総体を見おろす認識者の眼を獲得する。それは時間内の制約に縛られず、善悪の彼岸に立って諸事物の生起を見おろす眼であり、絶対肯定の精神である。この肯定精神はさきに述べたように超人の内容にも通じていくものである。

## 2　後期の作品の中の超人

以上、『ツァラトゥストラ』を中心に超人の内容をざっと見てきたが、超人という言葉はその後の作品にもときおり現れる。この時期の著作群では、従来の価値の転換を理論的に遂行しようとする試みがなされる。この時期にあのボルジアを生命に溢れた人間として高く評価するような発言も何度かなされた。ニーチェはチェーザレ・ボルジアを超人とはいわないまでも、高級種の人間と見なしている。ボルジアばかりではない。キリスト教の同情道徳を否定したニーチェは、強壮な生に溢れる人物たち、カエサル、ゲーテ、ナポレオンなどを具体的にあげている。そればかりか『道徳の系譜』の中では、ゲルマンの森林を支配した昔の強壮な種族を金髪獣と呼び、これを肯定的に描いた。このことは後代、多くの人々の顰蹙をかい、誤解を招き、ナチスはこれを徹底的に利用して第三帝国の人種差別の理論的支柱とした。ニーチェの言説はパトスに満ち、ドラマチックで、異常なほど極端に走る。これらの言説をニーチェの全思想の運動から切り離せば、おそらくその極端な激しい言葉は人を不愉快にし、山師的発言とも受け取られよう。

しかしニーチェの超人は天才とか聖者といったものではない。それは善も悪ものみこんでしまい、一切の生成の潮流がその中に存在しているような何かである。ツァラトゥストラの説く教説は、既成の価値観を破壊する内容に溢れている。後期のキリスト教道徳や善悪の価値観の批判、デカダン本能に対する批判は、ニーチェを充溢した生と強い精神の讃美者にする。この意味ではチェーザレ・ボルジアを讃美したことにはそれなりの理由があるともいえる。しかしボルジア讃美に象徴としての意味よりも、むしろ極悪非道の人物というイメージの方が立ち勝って感じられるときは、もはやそれは説得力をもたなくなる。ニーチェの根元的な衝動の独自な感激性が溌剌としている限り、否定的な思想展開の内容はむしろ肯定的な言葉よりも充実している。（中略）それに反して肯定的な言葉はそれを象徴的に把握し、標識として読みとることができる限り、おそらく一瞬にして人の心を奪うことができる。そして肯定的な言葉は、その中に何らかの比喩、何らかの創造的な思想、何らかの象徴が認められない限り、再び平凡なものとなる。

ヤスパースのこのニーチェ評（『ニーチェの根本思想』序文）はおそらく当たっている。ニーチェの比喩も彼の思想全体の運動から切り離されると、現実性を失って奇怪なものとなってしまうのである。

## 第五節　『西方の人』とニーチェ

### 1　この人を見よ

ここで再び芥川に帰ろう。第二、第三節でみた芥川の超人像と、第四節でニーチェの著作に即してみた超人像の落差は明らかであった。戦闘の神マルス、飽くなき生活力の権化チェーザレ・ボルジアや、岩見重太郎のごとく「我」を信じ、善悪を蹂躙する超道徳的心情の持ち主といった超人像に芥川は憧れた。しかしこうした芥川の超人を思わせるものは『ツァラトゥストラ』にはほとんどない。『ツァラトゥストラ』序説で説かれる超人は、神なきいま、神に代わる位置を占め、人間が自己を超える高いものを創造するため憧れの矢を放つべき対象である。

だが、自死を目前に控えた芥川となると、様相は変わってくる。死の床で芥川が最期まで綴っていた『西方の人』にしばしば出てくるニーチェの名前や、ニーチェと関連のある事柄は、もはや善悪を蹂躙するボルジアのような超道徳的超人像ではない。むしろそれは『ツァラトゥストラ』の超人との関連を思わせる。『西方の人』の最初の項目には「1　この人を見よ」というタイトルがつけられている。「この人を見よ」がニーチェ最後の自伝のタイトルであることは、大正期の知識人にとってはほとんど常識に近いことだった。第四章で述べたようにこの自伝は、安倍能成によって非常に早い時期に訳された。「この人を見よ」とは、処刑を求めて叫ぶユダヤ人たちの前に引き出されたイエスについて、ローマの総督ピラトがいう言葉であり、また茨の冠をかぶったイエス・キリストの磔像をも意味する。アンチクリスト・ニーチェが、受難のイエスを意味する「この人を見よ」を彼の最後の自伝のタイトルに選んだことは、逆説的な意味でニーチェにとってイエスがきわめて重要な人物であり、彼の生涯の象徴となし得る人物だったことを表している。

「西方の人」がイエス・キリストを意味していることは「1」の内容からすぐ明らかになる。ここで芥川は、これまで彼がどのような形でキリストと関わってきたかについてまず述べ、最初は芸術的にキリストを愛し、ついで殉教者の心理に興味をもったという。これはキリシタンものと呼ばれる彼の作品群を考えればよく分かる。しかし「わたしはやつとこの頃になつて四人の伝記作者のわたしたちに伝へたクリストと云ふ人を愛し出した。クリストは今日のわたしには行路の人のように見ることは出来ない」と続けるとき、死の幻影に脅かされて悩み疲れた彼は、最後に救いと慰めを求めたイエスを愛しはじめたと言うのである。だが彼がここで記そうとしているイエスは、その言行を忠実に辿る学問的イエス伝とはほど遠い。また、ついにイエスの教えを信じることのできなかった芥川が、ここで信仰告白をしているのでもない。

彼はこの最初の節を「わたしは唯わたしの感じた通りに『わたしのクリスト』を記すのである。厳しい日本のキリスト教徒も売文の徒の書いたクリストだけは恐らくは大目に見てくれるであらう」という言葉で終わっている。

翻ってこうした内容に、芥川が「この人を見よ」というニーチェの自伝のタイトルをつけことは何を意味しているのか。この節には、最近になってクリストを愛しだしたことについて、「それは或は紅毛人たちは勿論、今日の青年たちには笑はれるであらう。しかし十九世紀の末に生まれたわたしは彼等のもう見るのに飽きた、——寧ろ倒すことをためらはない十字架に眼を注ぎ出したのである」という。「十字架を倒すことをためらはない人」の筆頭にあげられるのは、勿論神の死を説いたアンチクリスト・ニーチェであろう。ここにはニーチェに対する芥川のこだわりが感じられる。イエスをめぐってニーチェとは一見対極的な位置にあったようにみえる芥川が、イエスに託した最後の心情吐露ともいうべき『西方の人』の最初に「この人を見よ」というニーチェ自伝と同じタイトルの項目を置いたのは、彼のイエスがニーチェと何らかの関連があることを予想させる。その関連が何であったか、以下それを検討したい。

## 2　「永遠に守らんとするもの」、マリア

「1　この人を見よ」に次ぐ「2　マリア」の末尾に早速ニーチェが出て来る。「2」の冒頭は「マリアは唯の女人だつた」という文章から始まる。続いてすぐ、「が、或夜聖霊に感じて忽ちクリストを産み落した」と書かれている。ここで聖霊という言葉が出て来るのは非常に重要である。これは次の「3　聖霊」に深く関連しているからである。聖霊の意味は次の項で考えることにして、ここでは、聖母と呼ばれ、カトリックでは崇敬の対象であったマリアを、芥川がどのようなものとして描いたかを見たい。

まず第一に「マリアは唯の女人であつた」と芥川はいう。これは処女懐胎というキリスト教の奇蹟を否定する発言である。マリア自身は芥川にとって唯の女人であった。婚約者がありながら夫となるべき人以外の子を産んだマリアは、古代でも芥川の生きている時代と同じく、不倫の女として肩身の狭い思いをして生きたと彼は推測する。「6　羊飼いたち」では「マリアの聖霊に感じて孕んだことは羊飼いたちを騒がせるほど、醜聞だったことは確かである。クリストの母、美しいマリアはこの時から人間苦の途に上りだした」と書く。

第二に芥川は、「マリアは『永遠に女性なるもの』ではない。唯『永遠に守らんとするもの』」だと記す。ゲーテ『ファウスト』のなかの「永遠に女性なるもの」という有名な言葉は、死に臨んだファウストの魂を天上に引き上げる彼のかつての恋人、グレートヘンの「女性なるもの」の力を讃美した言葉である。これほどの力、「永遠に女性なるもの」を芥川はマリアに感じなかった。「マリアの一生もやはり『涙の谷』の中に通つてゐた」。マリアの一生は悲しみと忍従の一生であり、そして「世間智と愚と美徳とは彼女の一生の中に一つに住んでゐる」という。こうしたマリアを芥川はゲーテの「永遠に」という言葉だけをもじって、「永遠に守らんとするもの」と呼ぶのである。

マリアが普通の女性なら、どのような解釈も許されるであろう。このマリア像には、芥川自身の母に対する複雑な感情が投影されているように感じられる。彼が生まれるとすぐ発狂してしまった母、彼を養子として引き取った母の実家の伯父の妻に当たる養母、生涯独身を通してこの伯父夫婦と一緒に住み、芥川を愛し育ててくれた実質上の母ともいえる血の繋がった伯母。この三人の母の中で彼が最も愛し強い絆を感じていたのは実質上の母ともいえる伯母フキであった。芥川の遺作の一つで死後発表された『或阿呆の一生』の「三　家」の中には、この伯母についての叙述がある。郊外の妙に傾いた家の二階の彼の部屋で、伯母はたびたび彼と喧嘩した。「しかし彼は彼の伯母に誰よりも愛を感じてゐた」。そしてこの二階で何度も「互に愛し合ふものは苦しめ合ふのかを考へたりした」と書く。「悲しみと忍従の生涯」であり「世間智と愚と美徳」が一緒に住んでいるマリアは、清純無垢で自分の犯した罪の許しをひたすら神に祈ったファウストの恋人グレートヘンと同じではない。芥川を愛し彼も母のように愛した伯母は、よく彼の世話はしたが世間智に富み、時に彼を理解せず、お互いに苦しめ合うような存在であった。

しかし「永遠に守らんとするもの」マリアの意味はもちろんそれだけではない。それでは彼女が守ろうとしたものは、一体何だったのか。芥川は「我々はあらゆる女人の中《うち》に多少のマリアを感じるであらう。同時に又あらゆる男子の中にも。——いや、我々は炉に燃える火や畠の野菜や素焼きの瓶や頑丈に出来た腰かけの中にも多少のマリアを感じるであらう」と書く。この文章の、あらゆる女人の中にも、あらゆる男子の中にも、つまりあらゆる人びとの中に多少のマリアを感じるという表現から、マリアは単にキリストの母というより、すべての現実的なもの、生活的なものを守ろうとする者たちの象徴として解釈できる。また「炉に燃える火や畠の野菜や素焼きの瓶や頑丈にできた腰かけの中にも多少のマリアを感じる」という表現からは、彼女が守ろうとする現実の世界のささやかな生活の匂いが感じられる。

「2　マリア」は突然、「ニイチエの叛逆はクリストに対するよりもマリアに対する叛逆だつた」という短い文章で終わっている。これもまた一瞬戸惑うような意表をつく文章である。ニーチェはキリスト教やその道徳に叛逆したが、イエスの母マリアに叛逆したわけではない。しかし芥川が「永遠に守らんとするもの」と呼ぶマリアを、ささやかな生活の安定や穏やかな暮らしを望む現実的・保守的な精神すべての象徴と解釈するならば、ニーチェの叛逆をマリアへの叛逆と呼ぶことも許されるかもしれない。筆者がここで思い起こすのは、山を下りてきたツァラトゥストラが町の広場で、超人に続いて「おしまいの人間」について語ったときの群衆の反応である。

かなしいかな！　やがて人間がもはやそのあこがれの矢を、人間を超えて放つことがなくなり、

その弓の弦が鳴るのを忘れる時が来るだろう。（中略）
かなしいかな！　人間がもはやなんらの星を産むことができなくなる時がくる。かなしいかな！　もはや自分を軽蔑することのできないもっとも軽蔑すべき人間の時がくる。（中略）
「愛とは何か？　創造とは何か？　あこがれとは何か？　星とは何か？」――「おしまいの人間」はこうたずねてこざかしくまばたきする。
そのとき大地はすでに小さくなり、その上に、一切を小さくする「おしまいの人間」たちがとびはねている。その種族は地蚤のように根絶しがたいものだ。「おしまいの人間」はもっとも長く生きのびる。

このあとツァラトゥストラは快適さを求める「おしまいの人間」たちをさまざまに描き出す。温暖さを求める彼らは生きるのに厄介な土地を棄て、温暖さを求めて身体をこすりつけるために隣人を愛する。病気になることと不信の念をもつことを罪と考え、人間につまずき、摩擦を起こす者は馬鹿だと思う。労働は慰みだから彼らも働くが、身体にさわらないように気をつける。彼らはもう貧しくも富んでもいない。牧人はいなくて、畜群だけがいる。彼らは賢く世の中のことすべてに通じているが、何もかも彼らの笑いぐさになる。喧嘩をしても胃腸を害さないようすぐ和解する。健康を尊重する。これを聴いた群衆は歓声を上げ、「我々をこのおしまいの人間にしてくれ！　そうすれば、超人はあなたにあげる！」と叫ぶ。群衆に絶望したツァラトゥストラは彼を理解する道連れを求めて他の町へと立ち去る。
自己の生活の快適さのみを求める「おしまいの人間」の心情は、芥川が「永遠に守らんとするもの」と呼んだマリアに象徴される現実的・生活的精神に通うといえなくもない。芥川はこの意味で、「おしまいの人間」たちに絶望したツァラトゥストラ＝ニーチェをマリアに叛逆した者と呼んだのかもしれない。あるいは逆に、こうしたささやかな現実のしあわせと平和を守ろうとするマリア、芥川の「永遠に守らんとするもの」というマリアの解釈そのものを、ニーチェの「おしまいの人間」の教説から引き出したということも考えられる。

かつて「おしまいの人間」に似た侏儒として平穏の祈りを祈った芥川はここにはいない。逆に、彼が新たに把み直したニーチェは、快適な現実的生活を守ろうとする者の象徴ともとれるマリアへの叛逆者となっているのである。

### 3 「永遠に超えんとするもの」、聖霊の子、クリストたち

芥川によれば「2 マリア」で見たようにイエス・キリストは「聖霊の子」であった。「3 聖霊」には次のような説明がある。

聖霊は必ずしも「聖なるもの」ではない。唯「永遠に超えんとするもの」である。ゲエテはいつも聖霊に Daemon の名を与へていた。のみならずいつもこの聖霊に捉はれないように警戒してゐた。が、聖霊の子供たちは――あらゆるクリストたちは聖霊の為にいつか捉はれる危険を持つてゐる。聖霊は悪魔や天使ではない。勿論、神とも異るものである。我々は時々善悪の彼岸に聖霊の歩いてゐるのを見るであらう。善悪の彼岸に、――しかしロムブロゾオは幸か不幸か精神病者の脳髄の上に聖霊の歩いてゐるのを発見してゐた。

この文章では「聖霊の子」はイエス・キリスト一人ではなく、聖霊の子供たち、クリストたちと複数形で呼ばれている。聖霊、つまり「永遠に超えんとするもの」の子であれば、彼らはみな「聖霊の子」であり「クリスト」なのである。

芥川が最初に「聖霊は必ずしも『聖なるもの』ではない」と断るのは、この聖霊がキリスト教の holy

spirit の意味ではなく、ゲーテがそれにとらわれることを警戒した Daemon の意味だからである。ギリシャ語にその由来するデーモンという言葉は、古典ギリシャ時代には神と人間の中間の存在を意味していた。そしてキリスト教時代になると、悪魔や悪霊を意味する要素が入ってくる。そうしたキリスト教的な意味で芥川はこの言葉を使っているのではない。「聖霊は悪魔や天使ではない。もちろん神とも異なるものである」という文章がそれをはっきり示している。ドイツ語でデモーニッシュな人、デーモンに憑かれた人とは、何かある人力を超えたもの、外部の圧倒的な力に駆り立てられている人を意味する。

伝記作家として知られるドイツの作家シュテファン・ツヴァイクは、三人のドイツの有名な詩人、ヘルダーリン、クライスト、ニーチェを取りあげ、『デーモンとの闘争』というタイトルのもとに彼らの生涯を描きだした。その序文で、彼はデーモンについて次のように述べている。

この三人は三人とも、一種人力を超えた、あるいは現世を超えたといってもよい力に駆り立てられ、それぞれの住み心地の良い生活を捨てて情熱的な破滅的な颱風のなかに突き入り、命数に先んじて精神の恐ろしい惑乱、感覚の致命的な陶酔に落ちて、狂死し、あるいは自殺し果てるのである。時流と結ばず、同時代からは理解されず、彼らは流星のような短命の光を輝かせて彼らの使命の夜のうちに墜ちる。彼ら自身は己の道を知らず、己の意味を知らない。なぜなら彼らはただ無限の果てから飛び来たり、無限の彼方へ飛びゆくばかりなのだから。彼らはその生存の急激な下降と上昇との間に、現世世界にふれあうことすらほとんどない。彼らの内部には何かしら人間を超えたもの、自分の力以上の力が働いており、彼らは自らがその力に完全に帰属していると感じている。

ここにはまさにニーチェの生涯とニーチェを駆り立てていたデモーニッシュなものの正体が、まざまざと感じられる。芥川が聖霊という言葉に与えたデーモンもこのようなものだったのだろう。

ツヴァイクはこの序文で、ゲーテについても述べている。「すべて最高級の生産性、すべて重要な洞察……といったたぐいのものは、決して誰の自由になるものでもない。それはあらゆる地上の力を超えているのである」とゲーテがエッカーマンに語った言葉を引いて、ツヴァイクは、ゲーテはデモーニッシュなものの力をよく知っていたと語る。同時にこの力の恐ろしさや危険性もよく知っていたために、実際の生活ではこれを慎重に避けたとも述べている。この意味でツヴァイクは、あの破滅した三人の詩人の対極にあるものとしてゲーテを描くのである。

このゲーテ像も芥川が書いたゲーテのデーモン理解と一致している。「3　聖霊」で、具体的に名前があがっているのはゲーテとニーチェだけであることを考えれば、芥川の死の二年前、大正十四年（一九二五年）に出版されたツヴァイクのこの書物の内容を、芥川は何らかの形で知っていたのではないかとすら想像したくなる（註5）。そうでなくてもドイツ文学に強い興味を抱いていた芥川のことであるから、他の研究書などを通じてゲーテがデーモンに捉えられることを怖れていたという知識はもっていただろう。芥川がデーモン＝聖霊としたのは、ゲーテから得た着想だったとも考えられる。

しかし聖霊の子ニーチェはデーモンに捉えられ、その力によって破滅した。「我々は時々善悪の彼岸に聖霊の歩いてゐるのを見るであらう」という芥川の文章は、「善悪の彼岸」という言葉からみて、ニーチェについて述べたものであることは明らかである。だがそれに続く「善悪の彼岸に、――しかしロムブロゾオは幸か不幸か精神病者の脳髄の上に聖霊の歩いてゐるのを発見してゐた」という文章は、発狂したニーチェを念頭に置いている。チェーザレ・ロンブローゾは、ニーチェと同じ時代を生きた十九世紀イタリアの精神病学者であり、刑事人類学の創始者でもある。また天才と精神病者の類似性についての業績もある。当時は日本でも知られていたロンブローゾの名前をここで出したのは、ニーチェの狂気を印象づけるためだったのだろう。ここに出て来る「善悪の彼岸」には、もはやボルジアのように善悪を蹂躙する超道徳的心情を思い起こさせるものはない。ここを歩いているものは何か圧倒的な力をもったデーモンとしての聖霊なのである。「ロムブロゾオは幸か不幸か精神病者の脳髄の上に聖霊の歩いてゐるのを発見してゐた」という記述からは、「最後に発狂したニーチェ」という事実への芥川の強い関心が感じられる。

遺稿『歯車』に描かれているように、芥川には、「狂人の子」という遺伝的恐怖から、自分も発狂するのではないかという不安が常に存在した。また『或阿呆の一生』(四十九)が示すように、ほとんど書くことすら容易でなくなった芥川の前には「死か発狂か」という選択枝しかないと思うほど追いつめられた心境にあった。絶筆となった『西方の人』を書くずっと前から彼は死を覚悟していた。

追いつめられた芥川は自分の生涯をイエスに托して描こうとしたが、近代人たる彼はついにキリスト教を信じることができなかった。その時、神の死を宣言したアンチクリスト・ニーチェ、新しく高きものを創造しようとする情熱のために発狂したニーチェの姿とともに、彼が『ツァラトゥストラ』なかで説いた超人思想が大きく芥川の中に立ち現れてきたのではないだろうか。若い芥川がドイツ語で苦労しながら読んだ懐かしい思い出に満ちた超人の思想が。

そのように推察できるのは、「3　聖霊」で芥川が「聖霊の子」であるイエスの聖性を否定しつつも、聖霊の本質を「永遠に超えんとするもの」と表現しているからである。この表現はまさに、ツァラトゥストラが超人を説く際に用いた「人間は克服されなければならない或物なのだ」という表現で言おうとしたことと同義である。これは『ツァラトゥストラ』の序説三に出て来る言葉で、第四節ですでにいくらか引用しているが、非常に重要な意味をもつ文章なので再度詳しく検討したい。

わたしはあなた方に超人を教えよう。人間は克服されなければならない或物なのだ。あなた方は人間を克服するために、何をしたというのか？

これまでの存在は自分自身を乗り越える何物かを創造してきた。あなた方はこの大きな上げ潮にさからう引き潮になろうとするのか、人間を克服するよりもむしろ動物に引き返そうとするのか？

最初の「人間は克服されなければならない或物だ」という表現は、「人間は現在の自分自身を乗り越えて新しい高いものを創造しつつ生きていくべきものだ」という人間として最高のあり方、生き方を示している。こうした人間がこれまで目標としてきたものは神であった。「これまでの存在は自分自身を乗り越える何物かを創造してきた」という文章の「これまで」は、人々が神を信じ、神が人間に生きる意味を与えていた時代を指している。その神が力を失った現在でも大切なのは、高きもの、超越的なものを求める人間の意志である。この意志に目標や方向を与えようとしたのがニーチェの超人の思想であった。言い変えれば、この意志が失われたとき、人間はもはや高いものを創造する力を失い、地上が軽蔑すべき「おしまいの人間たち」の跋扈する世界となってしまうことがニーチェの最大の危惧であった。引用最後の「(あなたがたは)人間を克服するよりもむしろ動物に引き返そうとするのか?」というツァラトゥストラの問いかけの言葉はそれを意味している。直前の「この大きな上げ潮にさからう引き潮になろうとするのか」も同じことを意味している。

芥川が聖霊の本質の表現として使った「永遠に超えんとするもの」という言葉には、超人に至る道を人々に語るツァラトゥストラが人間に要請した「人間を克服すること」、「自分自身を乗り越えること」という言葉が直接的に反映している。しかもそれは、単に表現の問題としてばかりでなく、内容的にも反映している。「永遠に超えんとするもの」という言葉により、ニーチェは超人へ至る道を人々に説いた。芥川は「超人」という言葉は使っていないが、これが芥川の解釈した聖霊の本質を表現する言葉なのである。

自殺を考え、救いと慰めを求めて死の床にまで聖書を置いていた芥川は、最後までキリスト教をそのまま信じることはできなかった。しかし彼は『西方の人』冒頭の「1　この人を見よ」のなかで、「わたしはやつとこの頃になつて四人の伝記作者のわたしたちに伝へたクリストと云ふ人を愛し出した」と書く。続いて「クリストは今日のわたしには行路の人のやうに見ることは出来ない」とも書く。信じることと愛することは別なのである。彼が愛したイエスは奇跡の宗教といわれるキリスト教の創始者としてのイエスではない。彼が愛したのは人間としてのイエスであり、彼の生き方、生きる姿勢であった。そこで彼は歴史的事実や地理的事実などは顧みず、「わたしは唯わたしの感じた通りに『わたしのクリスト』を記す」と書く。「神なき人のクリスト」たる「わたしのクリスト」を書くと記すのである。

このとき芥川の描くキリスト像に強く働きかけたのは、神なき人ニーチェの説いた超人の思想だったと思われる。というより、超人に至る人間としての生き方だったと思われる。芥川が「わたしのクリスト」を書こうと思いをめぐらせたとき、若い頃熟読した『ツァラトゥストラ』の教説が、超人の姿が、新しい輝きをもって立ち現れたのだ。超人は神の代わりに人間が憧れの矢を放つべき対象である。『ツァラトゥストラ』のなかで超人へ至る道として説かれた人間としての生き方に、芥川はまさに彼が愛したイエスの生き方と共通するものを感じたのであろう。

『ツァラトゥストラはこう言った』の訳者氷上英廣教授は、自己犠牲ということがニーチェの超人思想のなかで重要な意味をもっていることを強調した（岩波文庫版解説）。その解説のなかでは、「人間における偉大なところは、それが橋であって、自己目的ではないということだ。人間において愛さるべきところは、かれが移りゆきであって、没落であるということである」というツァラトゥストラの言葉が引かれ、「ツァラトゥストラ自身が、発端で、山をおりて、没落する。没落するとは亡びるということである。かれは自己を犠牲にしようとするのだ。かれは群衆にむかって亡びることをすすめる。亡びようとする強い意志がしきりと求められる」と述べる。たしかに超人の教説には「わたしが愛するのは超人のために没落するものだ」という言葉が繰り返されている。そしてこの解説には次のように続けられる。

『ツァラトゥストラ』の読者が読まされるのは、この思想である。この意味では、これは亡びの歌であり、戦慄と狂気の書である。

破滅は人間の充実だが、この充実のさなかに、落日の風景にも似た金色のかがやきがあらわれる。この金色の反映が『ツァラトゥストラ』を染めている。そのために没落の意味を、人は読みおとすのである。

死に臨んだ芥川は、この没落の意味を読み落とさなかったのではないだろうか。自己犠牲を重要なものとみなし、超人のために破滅し亡びることをすすめるニーチェの超人思想に、彼は、自らを犠牲にすることを決意して十字架の死を遂げたイエスの生涯と重なるものを感じたとしても不思議はない。まして芥川自身が死を決意し、それを実行に移そうとする限界状況にあったことを思えば、自己犠牲としての死は彼の問題でもあった。芥川が『ツァラトゥストラ』の超人思想の中に、高い目標に達するための自己犠牲の歌を聴き取っていたとしたら、それはいっそう彼をこうした意味での超人思想に近づける働きをしたであろう。したがって筆者は、聖霊の特質を表す「永遠に超えんとするもの」とする芥川の言葉は、ニーチェの超人思想を媒介として生まれたものだと考えるのである。

同時に、ニーチェが聖霊の内容に影響を与えたとするなら、聖霊の子であるイエス・キリスト像にも影響を与えたはずである。つまりニーチェが、信仰の有無に関わりなく、自由なイエス像を描く根拠と思想を、あるいは前提と枠組みを与えたといってよい。たとえ市井に住もうとも、永遠に超えんとする意志を胸に秘めてさえいれば、聖霊の子供たちやクリストたちの一人になれるのではないか……と。

実際芥川はこの作品のなかでさまざまなクリストについて書いている。それをいま逐一顧みる余裕はないが、ただ一点、芥川の感じた「わたしのクリスト」像については項を改めて触れておきたい。

## 4　芥川のみた「わたしのクリスト」像

『西方の人』「18　クリスト教」のなかの「彼は彼の天才の為に人生さへ笑つて投げ棄ててしまつた」という文章は、匆論イエスの自己犠牲としての十字架の死を意味している。しかしこれは超人のために亡びることを勧めたツァラトゥストラの言葉とも対応している。またこの項の最後で、「クリストは兎に角我々に現世《げんぜ》の向うにあるものを指し示した。我々はいつもクリストの中に我々の求めてゐるものを、――我々を無限の道へ駆りやる喇叭の声を感じるであらう」という文章は、ツァラトゥストラが人々に呼び起こそうとした超人への憧れ、高いものへの憧れ、無限なるものへの憧れを呼び起こす力を、イエス自身がもっていることを語っている。

芥川の自由な解釈によれば、イエスの自己犠牲とは、彼が夢見たユダヤ人の天国へ入るためではなく、「彼の天才のために」人生を投げ棄てたことである。この場合の「天才」は、表現の天才、詩人としてのイエスを指している。イエスのこうした才能を芥川は「ジャーナリスト」という言葉で表現した。この言葉はこの作品のいたる所で見いだされる。「13　最初の弟子たち」では、「彼は彼等に囲まれながら、見る見る鋭い舌に富んだ古代のジヤアナリストになつて行つた」という。「14　聖霊の子供」では、「クリストは彼の詩の中にどの位情熱を感じてゐたであらう。『山上の教へ』は二十何歳かの彼の感激に満ちた産物である」と書く。「19　ジヤアナリスト」では、「花嫁、葡萄園、驢馬、工人」といったものすべてを比喩として使う彼の詩的能力を讃え、「善いサマリア人」や「放蕩息子の帰宅」は彼の詩の傑作だという。

こうした詩人としてのイエス、ジャーナリストとしてのイエスは、自らをジャーナリストと呼び詩人とも呼んだ後期の芥川自身を投影するものとなっていく。『続西方の人』には「6　ジヤアナリズム至上主義者」というタイトルをもった項目さえある。ここで彼は「クリストの最も愛したのは目ざましい彼のジヤアナリズムである。若し他のものを愛したとすれば、彼は大きい無花果のかげに年とつた預言者になつてゐたであらう」と予測する。「しかし運命は幸か不幸か彼にかう云ふ安らかな晩年を与へてくれなかつた。それは受難の名を与へられてゐても、正に彼の悲劇だつたであらう。けれどもクリストはこの悲劇の為に永久に若々しい顔をしてゐるのである」と述べている。

ここにはイエスとほとんど完全に自己同一化した芥川がいる。イエスは彼の天才的ジャーナリズム、文筆への、表現への情熱のために亡びた。これは正に芥川その人の自画像である。

『続西方の人』が書き始められたのは、芥川の死の十日あまり前のことである。この続編の「1　再びこの人を見よ」のなかで彼は、「わたしは四福音書の中にまざまざとわたしに呼びかけてゐるクリストの姿を感じてゐる」と芥川は書く。また最終項目の「22　貧しい人たちに」では、「クリストのジヤアナリズムは貧しい人たちや奴隷を慰めることになつた」と述べたのち、すぐに「いや、彼等ばかりではない。我々も彼のジヤアナリズムの中に何か美しいものを見出してゐる」という。

「彼の一生はいつも我々を動かすであらう。彼は十字架にかかる為に、――ジヤアナリズム至上主義を推し立てる為にあらゆるものを犠牲にした」と書くとき、イエスの言葉の力がユダヤの祭司や民衆を怖れさせ、彼らの怒りを買い、十字架の受難をもたらしたと芥川が考えたことがわかる。このように解釈したイエス・キリストの生涯は、言葉の力を信じた芸術至上主義者であり、自ら選んだ死を前にした芥川にとって、まさに自分自身を写す鏡だっただろう。また、そうしたイエス像は、彼にどれほど大きな慰めをもたらしたことだろう。死を決意しながら長いあいだ苦しんだ死への恐怖はここにはない。最後に「我々はエマヲの旅びとたちのやうに我々の心を燃え上らせるクリストを求めずにはゐられないのであらう」と書いて彼は筆をおき、翌朝未明には青酸カリを飲んでその命を絶ったのである。

## おわりに　遺作『闇中問答』

芥川は死にさいして、その遺書で自殺を決行する者の心理状態を冷静克明に記して人々を驚かせた。ここには書かずにはいられない表現者としての衝迫と同時に、意識の混濁や発狂の恐怖を克服し、最後まで自分らしく理知の人であろうとした芥川の意志と努力が感じられる。

芥川の遺作として残され、死後発表された小説『歯車』は、昭和二年と書かれているだけで、それ以上詳しい日付は明確ではない。虚構も混じっているかも知れないが、そこに描かれた姿はやはり戦慄的である。轢死して無残な姿をさらした義兄が最後に着ていたレーンコートをいたる所に幻視し、そのたびに死の影におびえる。開いた本のページ、偶然出会った人にも何かしら彼の弱った神経を刺激する針を感じる。何かのはずみに眼前で半透明の歯車が回りだし、その数をどんどん増して視野をさえぎっていく。最後に他の人に見えないおそるべき幻覚を見始めたとき、彼の神経は完全にずたずたに引き裂かれた。

筆者は、自分の不安や恐怖を客観的に描き出し得た芥川の技量に感嘆する。しかしここで筆者が取りあげたいのは、同じく昭和二年に遺作として残された『闇中問答』である。分裂した二つの自己の対話ともいうべきこの作品は、『歯車』ほど注目されてはいないが、もっぱら心や意識の問題に集中し、心境の変化を伝えている。その意味で我々にとって重要な作品である。

この作品では「或声」と称するものが、破滅に瀕した「僕」＝芥川に向かって彼の生涯を回顧し、あるいは彼を厳しく批判し、あるいは反対に彼に理解を示すのに対し、「僕」はそのどちらに対しても反論する。例えば「或声」が「お前の書いたものは独創的だ」というと、「僕」は「いや、決して独創的ではない。第一誰が独創的だつたのだ？　古今の天才の書いたものでもプロトタイプは至る所にある。就中僕は度たび盗んだ」という。「盗む」といった烈しい言葉を使って、自己の創作態度を批判する芥川の姿勢には驚きを禁じ得ない。死に臨んでいるとはいえ、誇り高く裸の己を曝すことに抵抗し続けた彼がそこまで書くことには、ある痛ましさが感じられる。つづいて「或声」はいう。

或声「お前は善悪を蹂躙してしまへ。」

しかし「僕」は答える。

僕「僕は今後もいやが上にも善人にならうと思つてゐる。」

振り返れば、かつての芥川の超人像には、ボルジアへのこだわりに象徴的に表れているように、善悪の彼岸に立ち、自己のためには毒薬でも匕首でも平然として用いる非情さが際立っていた。そこには家族関係に端を発する道徳の圧迫に苦しめられていた芥川の、それからの解放を願う心情が反映されていた。『或阿呆の一生』の「三十五　道化人形」では、七十歳を過ぎた三人の老人の面倒を死ぬまでみつづけた芥川の気持ちが語られている。「いつ死んでも悔いないやうに烈しい生活をするつもりだつた」彼は、相変わらず「養父母や伯母に遠慮勝ちな生活をつづけてゐた。それは彼の生活に明暗の両面を造り出した。彼は或洋服屋の店に道化人形の立つてゐるのを見、どの位彼も道化人形に近いかと云ふことを考へたりした」。芥川のボルジア的超人像は、彼を束縛するこうした一切の現実のしがらみから我身を解き放ちたいという、強い願望の結晶した理想像だった。

しかし現実の芥川は、老人たちを突き放すような図太い神経はなかった。養親たちやとりわけ彼を愛し育ててくれた叔母にもいろいろ悩まされながら、彼らに対する愛情もあれば、古い儒教道徳の要求する孝養の義務観念にも強く縛られていた。芥川は「或声」に逆らい現実を受け入れようとする。「或声」はさらにいう。

或声「お前は超人だと確信しろ。」

僕「いや、僕は超人ではない。僕等は皆超人ではない。超人は只ツアラトストラだけだ。しかもそのツアラトストラのどう云ふ死を迎へたかはニイチエ自身も知らないのだ。」

ツァラトゥストラの死に触れたこの文章もまた、あの鷗外の「妄想」に拠っているであろう。「妄想」においては、老いた主人公が近づく死について考えることが全体を流れるテーマであった。ニーチェの哲学を簡単に要約したあと翁は、「そこで死はどうであるか。『永遠なる再来』は慰藉にはならない。**Zarathustra** の末期に筆を下し兼ねた作者の情《じょう》を、自分は憐んだ」と書いている。

ニーチェの最初の構想では、ツァラトゥストラの死まで書くつもりだったといわれる。しかし結局この作品は、待ちわびていた徴が現れ、老いたツァラトゥストラが人間たちのもとへ山から下りて行くところで終っている。しかも『ツァラトゥストラ』の最終第四部は、その前の第三部までが圧倒的なインスピレイションのもとに短期間で仕上げられたのに対し、一年もかかった。鷗外はツァラトゥストラの死を書けなかったニーチェを憐れむと同時に、この哲学者を突き放したのである。

かつて鷗外の解釈を基盤に、芥川は生命力あふれる超人への憧憬を抱きつづけ、自らを支える力を得ようとしていた。しかし死の恐怖と闘っていたとき、ニーチェはツァラトゥストラの最期を書けなかったという鷗外の言葉に思いを致し、ニーチェ自身超人となり得なかったことを認識し、これまでの超人像と決別したのかもしれない。

『闇中問答』の最後で「お前は誰だ?」と尋ねた僕に対して、「或声」は「では俺を誰だと思ふ?」と問い返す。僕はそれに答えていう。

　僕は何と呼ぶかは知らない、しかし他人の言葉を借りれば、お前は僕等を超えた力だ。僕らを支配する **Daimôn** だ。

これは『西方の人』の聖霊と直接つながる言葉である。芥川はデーモン、聖霊に捉えられ、自殺の破滅に瀕している。ニーチェもまた聖霊に捉えられて狂気に陥った。『河童』を書いていた死の年の二月頃には、芥川はまだ一人で死ぬ決心がつかず、身辺にいた女性に心中をもちかけている。しかしキリストを愛しはじめると同時に、ニーチェの最期を憐れむ鷗外の超人解釈に思いを至した芥川は、かつて憧れた超人像から解放されたとき、初めて若いときに熟読した『ツァラトゥストラ』の超人の意味を彼は真剣に考えたのではないだろうか。

この書物の「現実の人間を克服して高いものを目指せ」という超人の教説は、神なき世界の人間としてのあり方、超越的なありかたを示していた。神の代替物として創造された超人の意味を、苦しみの果てに彼は直感的に理解したのであろう。最後まで芥川は尊敬する鷗外のニーチェ解釈を放棄することはなかった。しかし死の直前に、芥川は『ツァラトゥストラ』を通して新しい超人像を獲得したのだと考えられる。ここから「永遠に超えんとするもの」という言葉を創造したとき、この言葉によって芥川は自由に人間イエスを捉えなおし、解釈することができた。彼はかぎりない親しみをイエスに感じ、その十字架の死に自己の運命を二重写しにすることで、最後の慰めを得たのである。

『ツァラトゥストラ』で説かれた超人への道、人間としてのあり方を理解した芥川は、芸術的なもの一筋に過ごしてきた自分の生き方を肯定し、あのひどい自己嫌悪を克服したのであろう。このとき彼は、本当の意味でニーチェに出会ったのである。『西方の人』の最初の項目に「この人を見よ」というタイトルをつけたのは、ただキリストの生涯を追って自分の生涯を述べたからだけのことではない。そこには、キリストに託して「この人を見よ」というタイトルで最後の自伝を書いた、ニーチェへの思いも秘められているように筆者には思われる。

## 註

（1）以下の芥川の引用は、主に『芥川龍之介集』（講談社、昭和三十五年）、および芥川龍之介全集第五巻（筑摩書房、昭和三十九年）を参照させていただいた。

（2）大沢正善「芥川龍之介のニーチェ受容（続）　遺蔵本への書き込み状況」（『奥羽大学文学部紀要』一九九五年十一月、所収）

（3）『江南游記』の引用は、講談社文芸文庫『上海游記・江南游記』に拠った。そのため現代仮名遣いとなっていることをお断りする。

（4）芥川が遺書の中で、この二年ばかりしみじみとマインレンダーを読んだと書いているのは、フィクションだろうという考えは、鷗外に詳しい比較文学者が同様の見解をすでに表明している。

（5）芥川は『僻見』のなかで、岩見純太郎を論じる直前に「無邪気なる英雄崇拝の的になるものは大抵彼らの頭の上に架空の円光を頂いている」と述べ、その円光製造者の代表者としてツヴァイクの名を挙げている。これは世界的に有名な伝記作家としてのツヴァイクを例にとった文章とも読める。しかし「ロマン・ロオラン伝を書いた、善良なるシュテファン・ツワイグ」という芥川の表現から見て、ツヴァイクにたいする芥川の好意的関心が、たんなる一般的関心以上の物、ロマン・ロランに関連したものだということがわかる。ロランの『ジャン・クリストフ』に学生時代の芥川、成瀬正一、松岡譲らは熱狂的にのめり込み、その結果彼らは菊池寛も誘ってロランの『トルストイ』を共訳している。一方ツヴァイクも第一次世界大戦が始まってもなお絶対平和主義を貫いた理想主義者、ロランから非常に深い影響を受けている。こうした関係を考えれば、芥川のツヴァイクへの関心は通り一遍の物ではなく、芥川自裁の二年前に出版されたツヴァイクの『デーモンとの闘争』（一九二五年）という作品について、彼が知っていた可能性も排除できないと考えられる。

## あとがき

本書は、私が主として若い頃ニーチェについて書いた論考を基礎としてまとめたものである。各章に共通するテーマは、近代日本にニーチェの思想が入ってきたとき、この瞠目すべき思想に心揺さぶられ、興味をかきたてられた青年や知識人たちがどのようにニーチェを読み、彼から何を得たかという問題である。そこでまず、各章のタイトル名と、その基礎となった初出論文の一覧表を掲げよう。

**第一章　明治文壇を騒がせたニーチェイズムと高山樗牛**

「高山樗牛とニーチェ」（東大比較文学会『比較文学研究』一一号、昭和四十一年七月）

「ニーチェ解釈の資料的研究――移入初期における日本文献と外国文献との関係」（東大国語国文学会『国語と国文学』第五〇七巻、昭和四十一年五月）

「明治文壇を騒がせたニーチェイズム」（『武蔵大学人文学会雑誌』第七巻第四号、平成十八年三月）

**第二章　漱石の『猫』とニーチェ初出**

「漱石の『猫』とニーチェ」（『武蔵大学人文学会雑誌』第二六巻第二号、平成六年十二月）

**第三章　『武士道』とニーチェの強者の哲学**

「強者の哲学と『武士道』」（『現代思想・臨時増刊号　総特集ニーチェ』、青土社、昭和五十一年十一月）

**第四章　大正教養派の理想主義的ニーチェ像**

「ニーチェと大正教養主義――阿部次郎の場合」（講座『比較文学』第四巻『近代日本の思想と芸術Ⅱ』、東

京大学出版会、一九七四年六月）

第五章　萩原朔太郎、ニーチェの熱狂的崇拝者

「萩原朔太郎とニーチェ」（富士川英郎教授還暦記念論文集『東洋の詩　西洋の詩』、朝日出版社、昭和四十四年十一月）

第六章　芥川龍之介、ニーチェと出会う

「朔太郎とニヒリズム」（『ユリイカ』「特集萩原朔太郎」、青土社、昭和五十五年七月）

「芥川龍之介とニーチェ」（東大教養学部『教養学科紀要』三号、昭和四十五年十一月）

このように並べてみると、比較文学比較文化の研究室で学び始めた頃のことが生き生きと蘇り、恩師や先輩、学友たちの姿が懐かしく思い出される。もともと独立志向の強かった私は法学部へ入学したが、勉強し始めてみると実定法におよそ興味をもつことができず、それとは無関係な文学や思想関係の本を読んでいることが多かった。そこで卒業後はジャーナリズムの世界に入ろうと考え、放送記者になった。しかし組織の論理に振り回されることが多く、この世界にも精神的満足を見出すことはできなかった。さらに組合騒動に巻き込まれ心身ともにぼろぼろになったとき、私は初めからやり直すことを決心したのである。

駒場の大学院に入った私にとって、比較の教室はまるで目の覚めるような、心洗われる世界であった。創立十年足らずの新しい学科の学生たちには確実な就職の保証もない。しかし、それぞれが自分で立てた研究目標に向かって打ち込んでいる姿には、鬱屈した心情など吹き飛ばすような爽やかさがあった。それに素晴らしかったのは先生方である。私が入った頃、この教室にはドイツ系の優れた先生が多かった。学科の基礎を築かれた英文系の初代主任、島田謹二先生はお辞めになったばかりで、次の主任はリルケ研究で著名な富士川英郎先生であった。当時先生はリルケの他、あまり顧みられることのなかった日本の漢詩

人を一緒に読んで下さった。先生はこのお仕事で後年芸術院賞を受賞されている。温厚で典雅な雰囲気をたたえた先生には権威主義的な要素などは微塵もなかった。次の主任となられた氷上英廣先生は第一級のニーチェ研究者である。やはりもの静かで、端正な先生にはやや鋭い感じがあったが、どこか超俗的な点は富士川先生と共通していた。氷上先生は学者というより哲人というに相応しい方だった。私は助手時代を含めて長い間先生のツァラトゥストラの講義を聴かせて頂いたが、その静かなゆっくりとした語り口は、先生ご自身が内面の声を聴かれているようにも思われ、精神の充実の気配が教室を包んでいた。ほかにゲーテ研究で名高い菊池栄一先生もおられ、こうした先生方の指導を直接受けることができた私は思えば果報者である。先輩や友人たちも他所者の私を快く受け入れてくれ、ここで初めて私は自分本来のエレメントの中にいるように感じた。

私がニーチェを研究対象に定めたのは、もとより氷上先生の影響が大きい。以前から多少はニーチェを読み、惹かれてもいたがよくはわからず、大学院へ入るとすぐ氷上先生に指導教官になって頂き、修士論文ではニーチェを研究することにした。完全に方向喪失の感情に捉らわれていた私は必死で何か学ぶことによって、新しく生きる拠り所を得ようとしていた。その意味でニーチェは私にとって何かを予感させる対象であった。そこで「日本におけるニーチェ」という大きな枠組みはすぐ決まったが、研究の方法がよくわからない。とにかく移入最初期のニーチェ関係文献を片端から集めようと図書館や研究所をとび回る一方、ニーチェの著作も読み、結果的に原稿用紙五百枚という大部の修士論文を書き上げた。その結果、先生方のご努力でいくつかの雑誌にその内容を発表することができた。本郷から来ておられた国文学者の成瀬正勝先生は、国文系の雑誌にまで書かせて下さった。これらの論考を中心にまとめたのが本書の第一章である。今回数十年ぶりに修士論文を取り出し、富士川先生や氷上先生が達筆でさまざまのご教示を書き入れて下さっているのを読み返し、改めて学恩の深さに感じ入った。あの長たらしい論文を丁寧に読まれ、適切で暖かいご教示をして下さった先生方の、人間としての誠実さにも頭が下がった。

ところで今回、全六章を書き終わって痛切に感じたのは、ここで扱った明治、大正の最高の知性ともいうべき人々のニーチェとの関わり方に、ある種の共通性が認められることである。なにもかも価値観のひっくり返った近代日本に直面した人々にとって、各自が拠り所とする意味のある新しい生き方を見出すことは緊急の問題であった。この場合、学ぶ対象はやはり西洋であった。本書で取りあげたのは、やはり抜群の西洋知識と教養を備えた人たちだが、新しい時代に新しい生き方を模索することは、一般の人にとっても知識人にとっても変わらない。漱石の場合に典型的に見られるように、ニーチェは、彼の思想に対する読者の共感や反撥を通じて、その内なる問題を意識化させ、熟考させる触媒の働きするインパクトをもつ思想家であった。具体的にいえば、漱石は留学時代からひどい内因性鬱病に悩んでいた。勉強しすぎて発狂したという噂が日本で飛び交い、強制送還されそうになった人である。噂は間違いであったが、帰国後まもなく書いた『吾輩は猫である』の頃も鬱病は完治していない。しかし、おそらくその間に熟読した『ツァラトゥストラ』を通じて漱石は、日本の近代知識人としての彼自身のあり方を吟味し、東洋人としての自覚に基づく文明批評論を披瀝するまでに至ったと私は考える。第二章の漱石『猫』論は、ニーチェとの接触によるこうした漱石の精神の軌跡を追ったものである。

あまり深くニーチェに沈潜したとは思えない最初期のニーチェ主義者、第一章の高山樗牛にも、形は違うが似たことがいえる。彼はこれまで主張してきた国家主義を否定して極端な個人主義者、本能主義者として美的生活論を書き、性欲満足こそ人生最大の至楽だと主張して世の人々を唖然とさせた。これをきっかけに明治のニーチェ論争が始まる。樗牛の主張を端緒に、自我の確立を求め人生問題に悩む青年たちが続出する。だが樗牛のこの主張の背後には突然彼を襲った病苦という事情があった。若くして論壇の寵児となり、学問的にも認められ、官費によるドイツ留学を控えた時期に喀血した樗牛の心痛は大きい。生死の問題を目前にして、ニーチェは彼の心境に決定的変化を与えた。「イゴイスト」を名乗った樗牛は、偉大な「イゴイスト」日蓮に最後の救いを見出す。

第三章の新渡戸稲造は札幌農学校に学び、クラークの教えを継いだ明治の筋金入りクリスチャンである。彼の書いた『武士道』は世界的ベストセラーとなり、各国語に翻訳され、今もってサムライ日本のイメージを高めている。渡米以前、幼いころから徹底的に武士道精神によって訓育された新渡戸は、この道徳体系に限りない愛着と誇りを抱き、いまや制度的地盤をうしなった武士道の道徳的価値が滅びていくことを怖れている。同じ武人の徳、強者の哲学を説いたニーチェの思想に彼は幾分かのシンパシーを示しているが、最終的にはキリスト教道徳を否定したニーチェを受け入れることはできなかった。さりとて新渡戸は、キリスト教の普及状況から見てこれにも大きな期待を寄せてはいない。新渡戸の不安や怖れは、古い価値観の通用しない近代日本に直面した者の不安であった。

第四章「大正教養派の理想主義的ニーチェ像」の前半は、漱石門下から輩出したニーチェ研究者や翻訳者のことを扱っている。これは今回新しく書き足した部分である。文学者の漱石から直接指導を受けたわけでもないのに、何故漱石門下の哲学青年たちから多くのニーチェ研究者が出たのか。若き悩みを抱える哲学青年たちは、とりわけ漱石晩年の求道精神に感動し、その公正への熱情と、私情を去ろうとする努力、高潔な人格に対し、圧倒的な尊敬の念を抱いた。こうした気持ちがどこかで彼らの理想主義的人格主義的ニーチェ像につながっているのではないか。後半はこうしたニーチェ解釈の代表者ともいうべき和辻哲郎と阿部次郎のニーチェ像をテーマとしている。和辻哲郎は今回書き足したが、阿部次郎も初出論文に大きく手を入れている。これまでの本能主義的解釈とは百八十度異なる彼らのニーチェ解釈は、当時、原典に依拠した学問的労作で高い評価をうけた。生まれではなく精神の貴族性に人間の価値をみる和辻の解釈は広く世に受け入れられた。和辻の高貴な貴族精神に満ちたニーチェ像は、新渡戸が消滅を怖れた「武士道」から「武人の徳」という要素を取り出し、その道徳的価値を再構成したとも考えられる。

第五章の萩原朔太郎は、内部の不安感を独特のイメージに形成することによって、口語詩に一大新生面を切り開いた。しかし生の無目的感に悩む朔太郎には、抒情詩では表現しきれない思想的要素があまりに多く存在した。このとき出会った生田長江訳のニーチェ・アフォリズム集に感激し、自ら『新しき欲情』等のアフォリズム集をつぎつぎに書いていくが、それを読もうとする人もいない。孤独の悲哀をかこつ朔太郎は生活にも破れ悲惨のどん底にあったときに、ニーチェの孤独の悲哀をうたった詩を知った。長江訳による漢詩調のニーチェの詩に朔太郎は感動し、口語を棄てて漢文脈の詩集『氷島』を出版する。表現者としての朔太郎がニーチェから受けた大きな影響は表現の問題ではあっただろう。しかし朔太郎は、それまで埋没から救われてきたのは「生きる意志」「昂然たる貴族精神」をニーチェから学んだからだという。ニーチェは半世紀近くにわたって彼を支えつづけた哲学者だったのだ。

最終第六章の芥川龍之介については、初出論文に大幅に手を加えている。初出では、講談本などの主人公として活躍し、半ば伝説化している英雄岩見重太郎を芥川がニーチェの超人に見立て、道徳を足下に蹂躙する重太郎の「我」の強さを賞讃していることに驚いた。知性の人と定評のある芥川の、あまりに単純なニーチェ理解に落胆し、わたし自身が早々と論考の筆を折ってしまったのである。だが今度読み返し、ニーチェに関する芥川の発言を調査し直すと、それが彼の自殺の想念と繋がっていくことを発見した。臨終の書『西方の人』に頻発するニーチェは、死の直前の芥川に慰藉を与えたニーチェであり、重太郎論のニーチェではない。芥川も生死の境において彼の本当のニーチェに出会ったのである。

このように見てくると、ニーチェはまさに生き方や死に方、人間が人生の根本問題について悩むとき、ある力を発揮していることがわかる。そのことは、ここに挙げた最高の知識人ばかりではなく、すでに述べたように一般の人についてもいえることだと思われる。価値観が揺れ動き、確信のもてないこの悩み多き時代に、私たちの先達が何に悩み、ニーチェから何を得たか——これをテーマに書かれた本書を、息苦しい現代の悩みを悩んでいる人にこそ読んで頂きたいというのがわたしの願いである。

晩年のニーチェは、ニヒリズムが今後二世紀のヨーロッパを支配するであろうと不気味な予言をした。ニーチェのいうニヒリズムはキリスト教の神の死を前提にしている。これまで人々に生きる意味を与えてきた神を信じられなくなったとき、人は生きる意味を失い、無限の悲惨の中に漂流するであろうという危機感がニーチェを動かしている。ニーチェはニヒリズムの到来を歴史的必然として予言したが、彼自身はすでにニヒリズムを徹底的に経験し、克服したものとして生きる意味を説こうとしている。これを間違ってはならない。ニーチェをニヒリストと混同して安易な虚無主義者と見なしてはならない。超人や永遠回帰は彼の説く新しい生き方の指標なのである。このような要素があればこそ、異なる伝統的価値観をもつ日本人にとっても、近代化の波が押しよせてきたとき、ニーチェは生きる意味や目標を与えることもできたのではないだろうか。

私なりに精一杯努力をして書き上げたつもりではあるが、対象も多岐にわたり、至らぬところは多々あると思われる。皆様のご叱正をお待ちしたい。

最後に、本書を完成するにあたって、協力して下さったすべての方に心から御礼を申しあげたい。残念ながら恩師の方々は皆鬼籍に入ってしまわれた。しかし比較の教室の諸先輩、友人たちは、何かにつけ良き相談相手になって下さった。武蔵大学の同僚だった先生方のご厚意も忘れられない。日本近代文学や中国文学の方々にわからぬところを質問すると、実によく調べて丁寧に教えて下さった。夫を始め、息子夫婦、娘夫婦も、集まれば私の本を話題にし、関心をもって見守り、さまざまな面でサポートしてくれた。最後に白水社の編集担当者、稲井洋介氏には最大級の感謝の言葉を捧げたい。最初は既出の論文をまとめるだけのものを考えていたのに、やはり若書きの欠点が目立ち、研究状況も変化しているため書き直しているうちに大部のものになってしまった。このため完成も当初の予定より随分遅れてしまったが、辛抱強く待って下さり、励まし、助言し、その献身的なご助力には感謝の言葉もない。再度ご助力下さった方々すべてに感謝の意を表し、私の筆を措きたい。

二〇〇九年師走

杉田弘子

# ニーチェ全集

ニーチェ全集の決定版である独グロイター版からの完全邦訳。

（※品切れの巻あり）

■タルモ・クンナス　杉田弘子訳

## 笑うニーチェ

ニーチェの著作に頻出する「滑稽なもの」の表現が、あらゆる価値の転換を目指すその思想表現の有力な武器となっていることを指摘し、その重層的構造を明らかにする画期的な論考。

■ゲオルク・ジンメル　吉村博次訳

## ショーペンハウアーとニーチェ

ショーペンハウアーとニーチェの思想的な一致と反撥に広い視野から照明を当てる。「生の哲学」生成の一側面を伝える西洋精神史の一ドキュメントとも言えるジンメルの哲学的主著のひとつ。

■岡村民夫

## 旅するニーチェ リゾートの哲学

サン＝モリッツ、ジェノヴァ、ニース……。ニーチェが旅行者として生き、もっとも多産に著作した十年間。アフォリズム・スタイルを生んだ「歩行する思想」のノマディスムを解明する。

著者紹介
杉田弘子（すぎた・ひろこ）
1935年，松山市に生まれる．57年，東京大学法学部卒業後ジャーナリズムに従事し，68年，東京大学大学院比較文学比較文化博士課程満期終了．同大学院助手を経て独，伊，米で滞在研究．武蔵大学教授を経て現在武蔵大学名誉教授
主要著書・論文
『ツァラトゥストラ』（共著，有斐閣新書，1980年）
『ファミリーズ──欧米の家庭、日本の家庭』（ＴＢＳブリタニカ，1981年）
「ドイツ精神の悲劇と運命　ニーチェ・ロマン『ドクトル・ファウストゥス』をめぐる考察」（『ニーチェとその周辺』所収，朝日出版社，1972年）
「笑いの予言者、ツァラトゥストラ」（日本独文学会『ドイツ文学』第85号，1990年）
「ディオニュゾス・ゲーテ」（『ゲーテ年鑑』43巻，2001年）
「古代ローマとキリスト教」（人文学会雑誌34巻3号，2003年）
主要訳書
ニーチェ全集第Ⅱ期第5巻『残された断想』（白水社，1984年）
ニーチェ全集第Ⅱ期第6巻『残された断想』（共訳，白水社，1984年）
クンナス『笑うニーチェ』（白水社，1986年）

漱石の『猫』とニーチェ　稀代の哲学者に震撼した近代日本の知性たち

2010年1月15日　印刷
2010年2月10日　発行

著　者 ©　杉　田　弘　子
発行者　及　川　直　志
印刷所　株式会社　三秀舎

発行所　株式会社　白水社
〒101-0052　東京都千代田区神田小川町3の24
電話　03-3291-7811（営業部），7821（編集部）
http://www.hakusuisha.co.jp
乱丁・落丁本は，送料小社負担にてお取り替えいたします．

振替　00190-5-33228　Printed in Japan　松岳社 株式会社 青木製本所

ISBN978-4-560-08044-3

# 人名索引

原則として実在の人物に限ったが、『猫』の主要登場人物名も加えた。
「註」に出て来る欧文の人名は割愛した（文献索引における欧文書名も同様である）

## 文献（書籍・雑誌・新聞・論文・詩、他）索引

『ツァラトゥストラ』については、その項目の下に章名も「 」に入れて示した。
朔太郎の詩については、詩集名以外に個々の作品も「 」で示して加えた。
芥川作品については、単行本化されていないものもすべて『 』で示した。